本书受到国家自然科学基金地区科学项目"市场整合视角下 GVC 网络结构与区域出口韧性：理论及中国经验"（项目编号：42061025）、"劳动者就业保护、专用性技能获取与中国企业出口转型"（项目编号：71763031）的资助

劳动保护
推动中国制造业
出口转型升级研究

LABOR PROTECTION PROMOTING CHINA'S
MANUFACTURING EXPORT TRANSFORMATION

李 波 著

社会科学文献出版社
SOCIAL SCIENCES ACADEMIC PRESS (CHINA)

前　言

　　制造业是国民经济的主体，是立国之本、兴国之器、强国之基，是一国综合实力和国际竞争力的根本。2010 年，中国制造业总产值超越美国，成为全球制造业第一大国，并于 2015 年成功超越美国，成为全球第一大出口国；2013 年，中国超越德国成为世界第一大贸易国。中国出口贸易在这一扩张过程中，以劳动力低成本为出口竞争优势、以间接出口和加工贸易为出口模式、以"低质量、高数量"为出口增长方式，这些出口特征已难以适应高质量发展阶段下贸易强国建设的现实要求，是严重制约中国出口贸易进一步发展的障碍。

　　可是，一个严峻的现实是，中国经济先前经历的二元经济结构转换带来的劳动力供过于求的局面发生了根本性转变，人口红利正在逐渐消失，劳动力成本快速上涨；与此同时，劳动者权益保护意识日益增强，劳动争议也逐渐增多。如何有效减少劳动力成本上涨的不利影响，快速地推动中国制造业生产率进步，推进出口向高效高质转变，提升出口国内附加值，实现制造业出口转型升级，已然成为高质量发展阶段制造强国和贸易强国建设的关键环节。相比于全球外部环境变化，本国劳动力成本上升的压力更易通过制度与政策得到缓解。可喜的是，为适应劳动力市场的变化，保护劳动者的合法权益，稳定劳企双方雇佣关系，中国政府也积极探索完善劳动力市场制度，对劳动力市场的干预和调节也逐步展开，《劳动合同法》于 2008 年施行，劳动保护制度也逐渐成形。

　　劳动保护制度作为与制造业发展紧密关联的制度，深刻影响着制造业的劳动、资本及人力投入，对制造业技术进步和发展有着不可替代的作用。积极推动劳动保护制度改革，维持和谐稳定的劳动关系，丰富劳动保护制度的各个维度，不仅是中国制造业高质量发展的重要力量，更是中国从贸易大国向贸易强国转变的内在动力之一。因此，本书在明确中国劳动保护制度演进历程、发展特征及中国制造业出口转变特征的基础上，通过理论和实证分析劳动保护对中国制造业生产率进步、出口产品质量升级、出口技术升级及出口国内附加值转变的作用，并在技能专用性视角下，基于全球跨国数据，厘清劳动保护制度对出口比较优势形成的作用，结合劳动保护制度实施较为典型国家的经验和启示，从劳动保护制度方面提出推动中国制造业出口转型升级的适应性调整对策。

本书共由八章组成。第一章为中国劳动保护制度演进及发展特征。本章介绍新中国成立以来中国劳动保护制度的演进历程，并结合劳动保护度量指标对中国劳动保护强度的变化趋势和特征进行总结。第二章为中国制造业出口转变特征。这部分从出口结构、出口产品质量、出口技术含量及出口国内附加值等方面明确中国制造业出口转变的现实特征。第三章至第六章为本书的核心内容，是基于 2008 年《劳动合同法》实施引致的劳动保护加强，结合劳动经济理论、制度经济理论、国际经济理论，利用中国工业企业数据库和海关进出口数据库，从理论和实证两方面分析劳动保护对中国制造业生产率进步、出口产品质量升级、出口技术升级及出口国内附加值转变的作用，明确劳动保护推动中国制造业出口转型升级的作用机制。第七章为劳动保护制度与制造业出口比较优势：跨国证据。本章基于劳动技能分工与合作的存在，从技能专用性视角，构建比较优势模型，分析劳动保护加强如何通过技能专用性水平影响一国比较优势的形成，并结合全球 115 国的跨国数据，对其进行实证验证。第八章为劳动保护下中国制造业出口转型的对策。本章是比较和总结几个典型国家在劳动保护相关法律法规、工会组织和职业技能培训等方面的特点和经验，提出加强和完善中国劳动保护制度的适应性对策，以推动中国制造业转型升级。

因个人能力所限，书中难免存在差错和不足，真切希望读者批评指正。

目　录

第一章　中国劳动保护制度演进及发展特征 ……………………… 1

第一节　中国劳动保护制度的演变 …………………………… 1

第二节　中国劳动保护强度的变化趋势与特征 ……………… 9

第二章　中国制造业出口转变特征 ……………………………… 17

第一节　中国制造业出口结构转变 …………………………… 18

第二节　中国制造业出口产品质量变化 ……………………… 50

第三节　中国制造业出口技术含量变化 ……………………… 58

第四节　中国制造业出口国内附加值变化 …………………… 67

第三章　劳动保护与中国制造业生产率进步 …………………… 76

第一节　中国制造业生产率变动特征 ………………………… 78

第二节　劳动保护与制造业生产率：理论分析与研究假说 … 89

第三节　劳动保护影响企业生产率的计量模型构建 ………… 96

第四节　劳动保护影响企业生产率的因果检验 …………… 101

第五节　劳动保护影响制造业生产率增长的实证分析 …… 118

第六节　研究结论与启示 …………………………………… 127

第四章　劳动保护与制造业出口产品质量升级 ……………… 129

第一节　劳动保护与出口产品质量的研究进展 …………… 130

第二节　劳动保护影响企业出口产品质量的理论分析 …… 135

第三节　劳动保护影响企业出口产品质量的计量模型设定 … 140

第四节　劳动保护影响企业出口产品质量的实证分析·········· 145

第五节　劳动保护与企业出口产品质量：扩展性分析 ········· 159

第六节　研究结论与启示·· 162

第五章　劳动保护与中国制造业出口技术升级 ············· 164

第一节　劳动保护与出口技术升级的研究进展············· 166

第二节　理论分析与研究假说···································· 169

第三节　劳动保护与企业出口技术升级：研究设计········· 174

第四节　劳动保护与企业出口技术升级：因果效应分析 ····· 181

第五节　劳动保护与出口技术水平：影响机制与异质性分析 192

第六节　劳动保护与行业出口技术水平变动：动态分解
　　　　与影响渠道考察 204

第七节　研究结论与启示··· 213

第六章　劳动保护与制造业出口国内附加值转变 ········· 215

第一节　出口国内附加值的研究进展························· 217

第二节　劳动保护影响出口国内附加值率的理论分析······· 222

第三节　劳动保护与企业出口国内附加值率：研究设计 ····· 228

第四节　劳动保护影响企业出口国内附加值率的实证分析··· 234

第五节　劳动保护对企业出口国内附加值率的异质性效应分析····· 242

第六节　研究结论与启示··· 246

第七章　劳动保护制度与制造业出口比较优势：跨国证据 ········· 248

第一节　劳动保护制度影响比较优势的研究进展············· 250

第二节　技能专用性下劳动保护影响出口比较优势的理论分析········ 253

第三节　技能专用性下劳动保护影响出口比较优势的
　　　　计量模型构建 257

第四节　技能专用性下劳动保护与出口比较优势：实证检验 ········ 262

第五节　研究结论与启示··· 283

第八章 劳动保护下中国制造业出口转型的对策 ………………… 286

第一节 劳动保护制度实施的国际经验与启示 ………………… 286

第二节 劳动保护推动中国制造业出口转型的对策分析 ………… 296

参考文献 ……………………………………………… 300

第一章　中国劳动保护制度演进及发展特征[*]

在人类社会发展历史上，劳动力因素在促进生产力发展和积累社会财富方面发挥着重要的作用。随着经济的快速发展和社会的变革，劳动力成为生产中不可或缺的要素之一，如何最大限度地发挥劳动力的作用，始终是各国面临的一个重要议题。劳动保护制度是充分发挥和调动劳动者积极性的根本制度，厘清劳动保护制度变迁历程对推动中国经济高质量发展有重要的现实意义。本章首先综合梳理新中国成立至今的中国劳动保护制度演进过程，同时，就与劳动保护制度紧密关联的工会制度和社会保险制度的发展过程进行概述；进一步地，结合劳动保护的测度指标，从工会参与率、社会保险覆盖率以及劳动争议处理率等方面对中国劳动保护强度的发展趋势和区域特征进行刻画，以期更为全面地了解中国劳动保护制度的发展历史和特征。

第一节　中国劳动保护制度的演变

从劳动保护的内容和范围来看，劳动保护制度也属于劳动力市场制度的范畴，而劳动力市场制度的表现可归纳为工会、最低工资立法、就业保护、失业保险及其他的劳动政策等劳动力市场制度。[①] 因此，本部分在综合整理中国劳动保护制度的基础上，还将对工会制度和社会保险制度的演

---

[*]　本章作者为李波和李善萍。

[①]　Holmlund, B., "What Do Labor Market Institutions Do?", *Labour Economics*, Vol. 30, 2014.

进过程进行简述。

一 中国劳动保护制度的演进历程

自 1949 年新中国成立至今，中国已经实现了由计划经济向市场经济的转轨；与此同时，中国劳动力市场发生了深刻变革。伴随中国法治化建设的发展和完善，劳动关系、用工制度以及劳动保护获得了动态性发展，劳动力市场规制在曲折中前行。中国政府相继出台了一系列政策法规对劳动力市场进行干预和调节，提高了劳动者保护程度。但是，国家和特定社会导向，使得中国劳动保护制度在不同的社会发展阶段呈现不同的阶段性特征。具体地，中国劳动保护制度发展可分为以下 4 个阶段（见表 1 - 1）。

表 1 - 1   中国劳动保护制度的演进历程

阶段	主要特征
初步形成期（1949～1965 年）	成立劳动保护机构，劳动保护的主体向重工业倾斜
基本停滞期（1966～1977 年）	劳动保护机构瘫痪，积极调整但并未得到有效执行
恢复调整期（1978～2007 年）	受历史遗留问题和新的社会环境变化双重压迫走向调整
完善促进期（2008 年至今）	劳动保护法制化，强调"以人为本"，劳动保护法规范围广、层次高、内容得到扩充

资料来源：笔者整理所得。

（一）劳动保护制度初步形成期 （1949～1965 年）

新中国成立初期中国的经济发展还很落后，其劳动保护政策受到高度集中的政治经济体制影响，发起了自上而下的改革。如表 1 - 2 所示，这一时期的劳动保护工作主要服务于大规模的经济建设和国民经济的恢复及发展，劳动保护的目标群体向重工业倾斜[①]，分别在政府机构、工业产业部门和工会组织建立了专门的劳动保护机构，重视安全生产和卫生检查，覆盖工伤保险和安全事故，为后续劳动保护工作和立法奠定了坚实的基础。

---

①   苏汝维：《劳动保护工作三十年的回顾与展望》，《经济与管理研究》1981 年第 5 期。

表1-2　劳动保护制度的初步形成期

时期	发展历程
国民经济恢复期 (1949~1952年)	基于1949年《共同纲领》提出"劳资互利",约定最低工资与工时,重视安全检查和女工权益,形成初步劳动保护制度;1951~1953年召开劳动保护工作会议落实劳动机构的建立工作和安全生产工作
"一五"经济建设期 (1953~1957年)	进一步完善劳动立法,1954年通过《宪法》明确劳工权益,改善劳工恶劣工作条件,随后颁布《工厂安全卫生规程》并加强劳动保护工作的检查监督。第一个五年计划期间,劳动保护达到了最高水平
"大跃进"时期 (1958~1960年)	"左"倾思想导致生产的激进和冒进,"重生产,轻安全"使劳动保护管理机构受到削弱,安全事故高发并达到第一次事故高峰
经济调整时期 (1961~1965年)	1961~1965年恢复执行安全生产规章制度,精简劳动保护机构,工人的防尘意识也逐步提高,多种劳动工作中的职业病和中毒比例大为降低

资料来源:笔者整理而来。

（二）劳动保护制度基本停滞期（1966~1977年）

十年"文革"断送了5年经济调整时期（1961~1965年）日益好转的劳动保护局面,劳动保护机构在"四人帮"的蓄意破坏下被迫陷入瘫痪状态。政治上的动乱将劳动保护曲解为"资产阶级的活命哲学",辛苦建立的安全生产制度被恶意抹黑并遭到严重批判,自此劳动保护工作和劳动保护机构毁于一旦,劳动保护制度被废弃,其发展遭受重创。从劳动安全来看,1970~1972年是新中国成立以来第二次劳动者安全事故发生的高峰,并且,这种局面在粉碎"四人帮"和政府着手恢复劳动保护管理监督工作[1]之后也未得到根本性的扭转。由于劳动保护的安全监督工作并未得到有效落实和后续对右倾的过度批判,安全事故持续恶化,事故伤亡率并未得到有效控制,仅1971年一年,工伤事故年死亡人数就达到17610人,且事故伤亡率仍旧呈现增长态势。[2] 据不完全统计,工矿企业因事故死亡人数在1971~1973年达到了年平均增长16119人之多,较1962~1967年

---

[1] 1970年国家计委设立劳动局恢复了劳动保护管理监督工作,并于1970年12月11日出台《中共中央关于加强安全生产的通知》,重新确定了正确的劳动保护方针,但并没有得到有效执行。

[2] 范维唐主编《我国安全生产形式、差距和对策》,煤炭工业出版社,2003,第36~38页。

的第一次事故高峰的年平均事故死亡人数增加了 2.7 倍。① 虽然后续加强了劳动保护制度的恢复和执行力度，但仍未完全摆脱"文革"的遗留问题，收效甚微。

（三）劳动保护制度恢复调整期（1978～2007 年）

改革开放初期，劳动保护遭受十年"文革"的历史遗留问题和新市场经济体制改革的双重挑战，但随着改革开放和中共中央在政治思想上的拨乱反正，劳动保护工作进入了全面恢复和整顿阶段。在此期间，国家强化了对劳动者的安全管理和安全意识教育，逐步建立起劳动保护制度的教育宣传体系，不断地进行摸索与开拓。1979 年以来，劳动者的事故伤亡率逐渐下降，到 1987 年减少了 1/3。② 1980 年开始，我国有些地方已经开始试行劳动合同制。1983 年 2 月，劳动人事部发出《关于积极试行劳动合同制的通知》，提出全民所有制单位及县、区以上的集体所有制单位，在招收普通工种或技术工种的工人时，用工单位与被招用人员均要订立具有法律效力的劳动合同。1986 年 7 月，国务院发布《国营企业实行劳动合同制暂行规定》等"四项规定"，体现了改革国营企业劳动制度、保证劳动者合法权益的主旨。这些规定要求企业在国家劳动工资计划指标内招用常年性工作岗位的工人，除国家另有规定者外，统一实行劳动合同制。这一阶段劳动合同制的实行奠定了今后改革的基础。但随之而来的是农村剩余劳动力向城市转移，农民工的"此等劳动力市场进入"在劳动力市场中趋于劣势，面临一系列群体性缺乏劳动保护的问题，为劳动保护政策的制定、发展和完善带来新挑战。因此，我国于 1994 年 7 月颁布了《中华人民共和国劳动法》（简称《劳动法》），这是新中国成立以来第一部保障劳动者合法权益的基本法，是我国劳动法制建设的重要里程碑。《劳动法》不仅明确规定了建立劳动关系应当签订劳动合同，还系统地规定了劳动合同的定义、适用范围、内容、变更、解雇和终止等情形及其法律适用。随着《劳动法》的全面实施，我国从 1996 年开始在全体员工中实行劳动合同制。随着劳动力市场的动态调整，我国劳动保护制度得到恢复和调整，并不断

---

① 《李毅中谈我国安全生产现状、发展趋势和对策措施》，中央人民政府门户网站，https://www.gov.cn/gzdt/2007 - 02/14/content_527114.htm。

② 《当代中国的劳动保护》编辑部：《新中国劳动保护四十年》，《劳动保护》1988 年第 7 期。

向前发展。表 1 - 3 列示了这一时期国家颁布和实施的一些劳动保护法规和制度。

表 1 - 3　劳动保护制度的恢复和调整

年份	主要法规的颁布
1978	形成了"通包统配"的固定用工制度
1982	颁布一些如《矿山安全条例》《矿山安全监察条例》的安全条例
1986	颁布《国营企业实行劳动合同制暂行规定》，劳企双方的双向选择关系初步形成
1991	颁布《禁止使用童工规定》
1992	颁布《中华人民共和国矿山安全法》
1993	颁布《企业劳动争议处理条例》
1994	颁布《劳动法》，该法在 2004 年被再次修订
1995	施行《劳动法》，明确市场经济条件下用人单位与劳动者在劳动关系中的主体身份，但仍然存在劳动合同化程度低、短期化以及虚假劳动关系等问题
2007	"劳动立法年"，实施《劳动法》，解决立法滞后问题、协调新型劳动关系

资料来源：笔者整理而来。

（四）劳动保护制度完善促进期（2008 年至今）

随着改革开放的深入，市场对劳动力的需求大大增加，劳动制度的变迁、非公有制劳动关系的增多、劳动关系的多样化和复杂性以及劳资纠纷的多元化等，使 1994 年《劳动法》中关于劳动合同的规定暴露出一些不足，严重侵害了劳动者的合法权益，影响了劳动关系的和谐。比如，关于合同责任的规定几乎全部集中在合同的终止上，没有对合同的形成做出详细的规定；没有限制或惩罚雇主滥用雇佣权的相关条款；缺乏规范非标准就业形式例如雇用临时工等的原则。因此，从劳动合同的原则出发制定权威的法律法规或公共政策是我国劳动力市场发展的现实需要。

为顺应劳动力市场劳动保护需求，2007 年 6 月和 8 月，全国人民代表大会分别通过了《中华人民共和国劳动合同法》（简称《劳动合同法》）和《中华人民共和国就业促进法》（简称《就业促进法》），并于 2008 年 1 月 1 日起施行。《劳动合同法》对当时劳动法规框架的缺陷进行了较为全面的补充，从劳动关系的具体标准、雇佣与解雇、社会保障、经济补偿以及合同期限等诸多方面做了限制性规定，规范劳动合同制度，保障劳动者合法权益，对我国重构劳动用工体系具有里程碑意义。首先，《劳动合同法》详细规范了劳动合同的内容及相关法律责任。雇主有义务提供书面雇佣合同，法律中有明确规定，不遵守就会受到相应的惩罚和制裁。比如《劳动合同法》第81条规定对没有书面雇佣合同的公司处以罚款；第82条规定对于无劳动合同而在用人单位工作超过一个月的员工，可以依法强制用人单位向其支付双倍的月工资；第14条规定无劳动合同的劳动者在用人单位工作满一年的，用人单位自动与该劳动者签订无固定期限劳动合同，直到该劳动者退休时为止；第17条、第38条声明，如果未能签署书面合同、按时支付工资或提供必要的社会保险福利，承担责任的用人单位也将被处以巨额罚款。鉴于上述严格规定，用人单位需要与劳动者明确约定各项权利与义务及合同条件，这极大地保障了劳动者的权益。其次，《劳动合同法》规范了员工个人和工会的权利。第一，《劳动合同法》增加了员工参与和其福利相关的规章制度决策的权利。第二，加强企业工会的权力，确保员工遵守劳动法规，如参与制定企业的员工管理制度、解决劳资纠纷、与用人单位协商、订立集体合同、监督用人单位履行劳动合同和集体合同等。这些对员工个人和工会的优惠条件不仅增强了他们的议价能力，而且客观上使员工更有可能参与公司的各种事务。第三，《劳动合同法》第一次明确规定了员工的知情权，包括工作内容、条件和地点、职业危害、安全生产状况、薪酬构成等员工需要知道的信息。在提高知情权的前提下，可以缓解员工与高级管理人员之间的信息不对称问题。

随着2008年1月1日《劳动合同法》和《就业促进法》的正式施行，我国的劳动保护提高到了一个新的台阶，劳动保护强度显著提升，表现为社会保险覆盖面扩大、侵犯员工权利现象减少、员工平均工资水平上涨。根据经济合作与发展组织（OECD）成员国适用的EPL指标测度，与其他国家相比，我国的劳动保护力度被认为是最大的。面对《劳动合同法》的约束，很多企业大量采用劳务派遣制等行为来加以应对，为了进一步规范上述行为，我国在2009年和2018年对《劳动法》进行了两次修订，2012年修订了《劳动合同法》，修订后的《劳动合同法》提高了劳务派遣单位的准入门槛、限制了劳务派遣的用工岗位范围、规定了被派遣劳动者享有与用工单位劳动者同工同酬的权利，并且加大了对违法行为的处罚力度。

与此同时，随着国际劳工标准的普及，我国的劳动保护政策也得到进一步完善。劳动保护制度不断完善，保障了劳动者的合法权益、提高了劳动者的劳保意识和话语权，为劳动力市场构建安全灵活的劳动关系提供了制度基础。

二　工会制度演进历程

《中华人民共和国工会法》指出：工会是职工自愿结合的工人阶级的群众组织。在我国，中华全国总工会及其各工会组织代表职工的利益，依法维护职工的合法权益。工会制度已然构成了我国劳动保护制度的重要组成部分。由于我国经济社会发展的特殊性，工会制度在我国的发展也呈现不同的特征。

我国第一个工会组织是 1920 年上海共产主义小组领导的上海机器工会，这是一个具有阶级性和群众性的工会组织，也是在五四运动后马克思主义与中国工人运动相结合的产物。孙中山先生还以大元帅的名义于 1924 年颁布了《工会条例》，这也标志着中国近代工会体制的正式形成。此阶段工会的主要功能是反抗资本家的压迫、实现工人的经济利益。然而，受当时国内政治动荡、国外入侵等因素的影响，中国近代的工会组织还被赋予了反帝反封建的历史任务，表现出明显的历史特征。

新中国成立后，我国工会组织的性质、地位和职能发生了根本转变。1950 年 6 月 29 日，中央人民政府颁布实施了《中华人民共和国工会法》，标志着新中国工会制度的建立。当时，我国实行计划经济体制，企业全部是从属于政府的国有企业，不具有事实上的独立法人资格，劳动者本质上直接与政府发生劳动关系。因此，当时的工会表现出典型的时代特征，不可能真正执行通过进入和干预劳动关系而发挥保护劳动者合法权益的职能，而仅仅是"党联系职工群众的纽带和桥梁，是人民民主专政的基础和柱石，是教育职工群众的共产主义大学校"。[1] 此阶段的工会是被政治化的，其主要职能和地位也发生一定的扭曲。

随着改革开放的进行，我国建立了具有现代意义的工会制度。1992

---

[1] 常凯：《劳权论：当代中国劳动关系的法律调整研究》，中国劳动社会保障出版社，2004，第 132 页。

年，我国开始实行社会主义市场经济体制；为了适应当时社会主义市场经济体制下劳动力市场的建设，1992 年 4 月 3 日第七届全国人民代表大会第五次会议表决通过了《中华人民共和国工会法》，1950 年的法律自动废止；2001 年 10 月 27 日，根据第九届全国人民代表大会常务委员会第二十四次会议《关于修改〈中华人民共和国工会法〉的决定》对《中华人民共和国工会法》进行了第一次修正。此外，根据《中华人民共和国工会法》及修正案还对《中国工会章程》进行了修改。至此，我国初步建立了具有现代意义的工会制度，工会的初始职能开始逐步恢复。基于社会主义经济和社会制度的特征，我国现行的工会制度既不同于计划经济体制下的"政治工会"，也不同于西方资本主义制度下的传统工会，而是表现出了鲜明的中国特色，即兼具维护、建设、参与、教育四大社会职能的社会组织。

三　社会保险制度的演变历程

社会保险制度是保障劳动者人身安全和未来利益的制度，萌芽于 16 世纪前后的英国，德国统一之后发布的相关法案标志着现代意义社会保险制度的诞生。相较于发达国家，我国社会保险制度的建立和完善相对较晚，但发展速度相对较快。

在新中国成立初期，国家为了适应计划经济体制，1951 年国务院颁布了《中华人民共和国劳动保险条例》，这标志着新中国社会保险制度的建立。其主要内容涉及国有企业职工的养老保险和医疗制度，以及机关事业单位的养老保险和公费医疗制度。这一阶段社会保险制度的特点是国家出资、单位管理。到 1966 年前后，由于企业人口结构、退休人口、养老及医疗负担情况发生变化，社会保险制度转变成企业保险制度。此时的保险制度还存在覆盖面窄、保险层面单一、保障项目不全等问题。

改革开放后，我国开启了真正有意义的社会保险制度改革。表 1-4 列出了改革开放以来我国社会保险制度的改革历程。1986 年 4 月的《中华人民共和国国民经济和社会发展第七个五年计划》中首次提出了社会保障的概念并要求按照经济社会发展进程有步骤地建立具有中国特色的社会保障制度。1993 年 11 月通过的《中共中央关于建立社会主义市场经济体制若干问题的决定》把社会保障制度列为社会主义市场经济框架的五大环节之一，标志着社会保障制度改革进入体系建设的新时期。为了进一步推进社会保险制度体系建设，2011 年 7 月 1 日施行了《中华人民共和国社会保险法》（简称《社会保险法》），该部法律是新中国成立以来第一部规范社会保险的综合性法律，确立了中国社会保险体系的基本框架。《社会保险法》对社会保险的作用、保障范围、缴纳和发放情况等多个方面进行了详细的规定，并强调职工应参加社会保险中的各项保障计划，该部法律还强调用人单位应依法办理社会保险登记，对参加劳动关系的劳动者在丧失劳动能力和失业时给予必要的物质帮助。

表 1-4　改革开放以来我国社会保险制度改革历程

年份	主要内容
1986	我国开始逐步推行退休费社会统筹制度
1986	国务院颁布并实施《国营企业职工待业保险暂行规定》，开始建立并完善了城镇职工失业保险制度
1998	为了配合劳动合同制和企业破产制的推行，国务院发布《关于建立城镇职工基本医疗保险制度的决定》，对医疗保险的相关问题进行了较为完整的规范
1999	国务院颁布《失业保险条例》，扩大了失业保险的覆盖面
2011	实施《社会保险法》，该部法律是新中国成立以来第一部规范社会保险的综合性法律，确立了中国社会保险体系的基本框架，并规定社会保险的项目包括养老保险、医疗保险、工伤保险、失业保险和生育保险等

资料来源：笔者整理而来。

第二节　中国劳动保护强度的变化趋势与特征

一　劳动保护的指标测度

劳动保护作为一个新兴的经济学研究领域，涉及劳动力工资、社会福利、职业培训、工作环境、劳动强度及合理择业权。广义上还包含确保劳动力在生产过程中的安全和健康等措施，以及劳动力调解、仲裁及工会组织能够公平、合理、有效地受理劳动争议案件以平衡劳动关系。其涉及的范围较广、领域众多，难以进行精确细致的度量，其经验研究也较为困难。学术界对中国劳动保护度量的主流做法是以 2008 年实行的《劳动合同法》作为一次性的政策冲击，研究其实施的经济效应。① 与此同时，还有基于劳动保护涉及的不同方面的分开度量，比如利用社会保险覆盖率②、工会参与率、劳动争议率③、最低工资政策④等方法来度量劳动保护强度。更有甚者，詹宇波等借鉴 Deakin 等的度量办法并对此做了改进⑤，首次用 5 维度的指标——劳动合同标准化、工作时间与休假制度、劳动合同执行与解除、集体议价制度、劳动争议处置来测度中国省际劳动保护强度指数。以上做法均只能反映劳动保护的部分，并不能全面反映劳动保护强度。为了直观感受中国劳动保护强度的变化，下文对劳动保护强度的测算综合了工会参与率、社会保险覆盖率以及劳动争议处理率 3 个指标（见表 1-5）。

表 1-5　劳动保护强度指标度量

指标	主要指标度量方法
工会参与率	地区工会会员人数与全部就业人数之间的比值
社会保险覆盖率	年末基本养老保险的职工人数与年末失业保险人数之和与各地区城镇就业人员数比值
劳动争议处理率	当期劳动争议处理数与上期末案件结案数以及当期案件受理数之和的比值
劳动保护强度指数	劳动合同标准化、工作时间与休假制度、劳动合同执行与解除、集体议价制度、劳动争议处置分项度量

资料来源：笔者整理而来。

---

① 廖冠民、陈燕：《劳动保护、劳动密集度与经营弹性：基于 2008 年〈劳动合同法〉的实证检验》，《经济科学》2014 年第 2 期；李波、蒋殿春：《劳动保护与制造业生产率进步》，《世界经济》2019 年第 11 期；李波、杨先明：《劳动保护与企业出口产品质量——基于〈劳动合同法〉实施的准自然实验》，《经济学动态》2021 年第 7 期。

② 孙睿君：《我国的动态劳动需求及就业保护制度的影响：基于动态面板数据的研究》，《南开经济研究》2010 年第 1 期。

③ 李祥云、祁毓：《中国的财政分权、地方政府行为与劳动保护——基于中国省级面板数据的分析》，《经济与管理研究》2011 年第 3 期；唐代盛、李敏：《四川就业保护制度严格性测量及比较分析》，《中国劳动》2016 年第 10 期。

④ 王雷、刘斌：《劳动力市场比较优势与跨区域资本配置》，《财经研究》2016 年第 12 期；陈强远、韦丰、曹晖：《最低工资标准调整与外资活动——来自国家企业信用信息公示的微观证据》，《统计研究》2022 年第 3 期。

⑤ 詹宇波、姚林肖、高扬：《中国劳动保护强度测度——基于 1994—2016 省际面板数据》，《上海经济研究》2020 年第 2 期；Deakin, S., Lele, P., Siems, M., "The Evolution of Labour Law: Calibrating and Comparing Regulatory Regimes", *International Labour Review*, Vol. 146, No. 3 - 4, 2007。

二 中国劳动保护强度变化趋势及特征

（一） 劳动保护强度总体变化趋势

此部分结合上文的度量方法，计算劳动保护强度为 3 个维度（工会参与率、社会保险覆盖率以及劳动争议处理率）指数算数平均值。

如图 1-1 所示，不难发现 1994～2019 年中国劳动保护强度指数总体在上升，表明随着劳动保护法律法规的健全，我国越来越重视对劳动者合法权益的保护。其中，2019 年劳动保护强度指数上升为 1994 年的 1.76 倍。此外，从图 1-1 还可直观看出中国劳动保护强度指数在 2001 年和 2008 年前后上升趋势较为明显，其他时段的上升趋势则较为平缓。这两个时间点分别为中国加入 WTO 和实施《劳动合同法》。一方面，中国加入 WTO 后，对外开放的进一步深入促使中国劳动保护法律与国际劳工准则相对接，从而劳动保护强度指数上升趋势较为明显。另一方面，2008 年《劳动合同法》实施，地方部门积极配合国家部门推动劳动保护的完善，提高了用工合同的签订率，极大地约束了劳动力市场上劳资不平等行为。

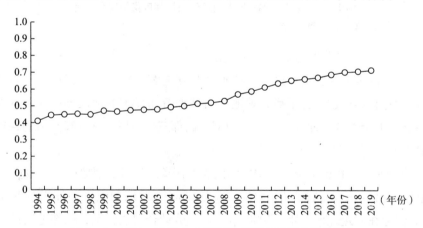

图 1-1 1994～2019 年中国劳动保护强度指数变化趋势

资料来源：笔者整理而来。

（二） 劳动保护强度分项指数变化趋势

图 1-2 为 1994～2019 年中国劳动保护强度的 3 个分项指标的变化趋势。由图可得，在考察期内中国劳动保护在不同维度上做出了相应调整。3 个分项指标中变化最为明显的是社会保险覆盖率，1994 年社会保险覆盖

率为 0.27，而 2019 年为 0.83，是 1994 年的 3.07 倍；在此期间上升幅度仅次于社会保险覆盖率的是工会参与率，2019 年工会参与率的水平是 1994 年的 3.49 倍；在考察期内变化最小的为劳动争议处理率，较另外两个指标而言，1994 年劳动争议处理率最高，为 0.88，2019 年上升至 0.96。这必然与我国的劳动力市场法规不断完善息息相关。

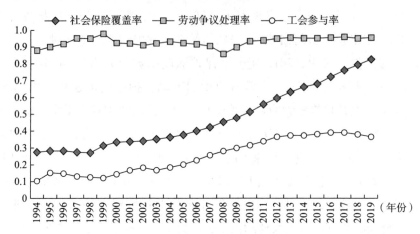

图 1-2　1994～2019 年中国劳动保护强度指标变化趋势

资料来源：笔者整理而来。

（三）劳动保护强度的区域特征

中国的劳动保护会由经济发展水平和其他客观因素导致劳动保护强度地区间存在异质性，为了更直观地看出这种劳动保护的地区异质性，本书将我国 31 个省区市划分为东部、中部、西部三个地区，并计算其劳动保护强度。

图 1-3 为我国 1994～2019 年东部、中部、西部三个地区的劳动保护强度的变化情况。从图中可看出三个地区间劳动保护强度整体上稳步上升，但存在一定地区差距。2008 年实施《劳动合同法》前，东部地区的劳动保护强度均高于西部和中部地区，与地区经济发展水平相符；但随后两年东部地区的劳动保护强度有所下降，之后一直低于西部。这一境况很可能与对外开放战略下的国际贸易格局有关，相较于其他两个地区，东部地区受 2008 年金融危机的冲击较大（劳动争议处理率下降），故而阻碍了其劳动保护的脚步。由此可以判断，劳动法规和政策的出台虽然是全国性的，但是地区间还存在较大实施方向和力度差异，其政策有效性还需进一

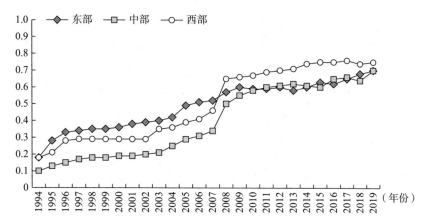

图1-3 1994~2019年中国东部、中部、西部劳动保护强度变化趋势
资料来源：笔者整理而来。

步提升。

（四）劳动保护强度的省际特征

为了比较我国各地区劳动保护强度变化情况，本书进一步刻画了30个省区市（由于数据可得性，此处没刻画西藏自治区）2000~2019年劳动保护强度变化趋势，如图1-4所示。整体而言，各地区劳动保护强度变化趋势与全国一致，但经济发达省份的劳动保护强度变化更加突出，这与我国劳动力市场变化及劳动力素质高度相关。相较于其他省份，天津出现了断崖式降低。由此可见，劳动保护政策在各个省份的执行力度和保护效用差异明显，尤其是存在大量普通劳动者的省份更是如此。普通劳动者时常面临着劳动环境差、工资低、强度大、劳动时间长、职业病和工伤事故多的困境，地方政府实施的往往是一种基于身份和地域差别的歧视性劳动保护政策，使得一些劳动者连基本的劳动报酬权都无法实现，劳动保护的执行程度不仅仅取决于既有的劳动保护现状，更取决于在一定制度约束条件下政府的政治经济目标。① 因此，制定劳动保护政策法规时，除了要考虑其普遍性，也应考虑其特殊性，同时各省份也要制定相应的辅助政策，以便国家劳动保护政策更好地执行及起到更好的保护效应。

---

① 李祥云、祁毓：《中国的财政分权、地方政府行为与劳动保护——基于中国省级面板数据的分析》，《经济与管理研究》2011年第3期。

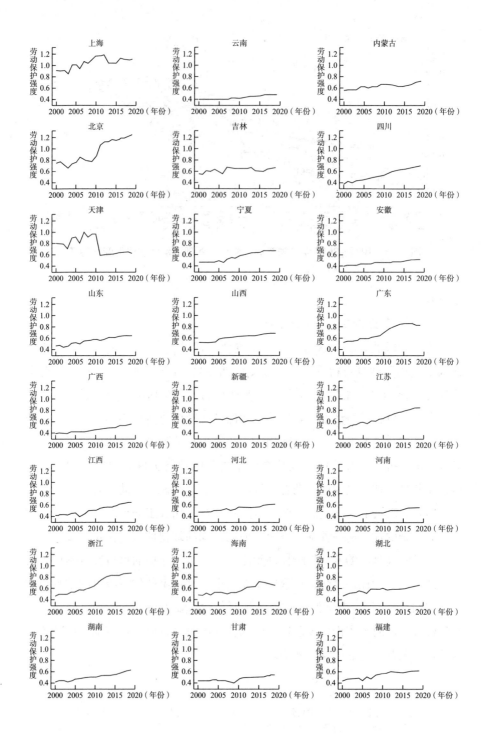

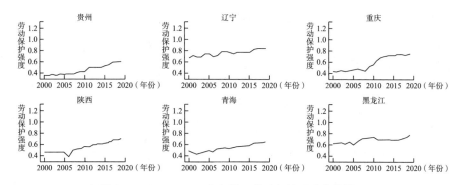

图1－4　2000～2019年各地区劳动保护强度变化情况

资料来源：笔者整理而来。

本书从工会参与率、社会保险覆盖率、劳动争议处理率进一步刻画引起各省份劳动保护强度变化的主要原因，如图1－5所示。近年来，在经济较发达省市（如北京、上海、广东）中社会保险覆盖率对提升该地区劳动保护强度的贡献最大，其他省份劳动保护强度中基本上劳动争议处理率的贡献最大。从社会保险覆盖率、工会参与率及劳动争议处理率三者变化特征来看，大多地区于2008年存在一定的波动。由此，随着我国各地区经济发展水平的提升，各地区想要提升其劳动保护强度，提升劳动者利益，除保障工会参与率外，提升社会保险覆盖率、劳动争议处理率也是最直接的方式。

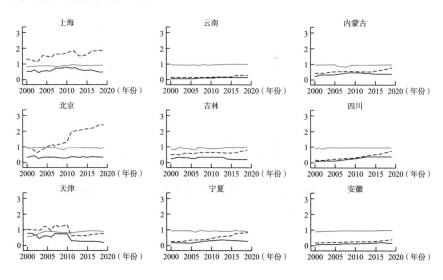

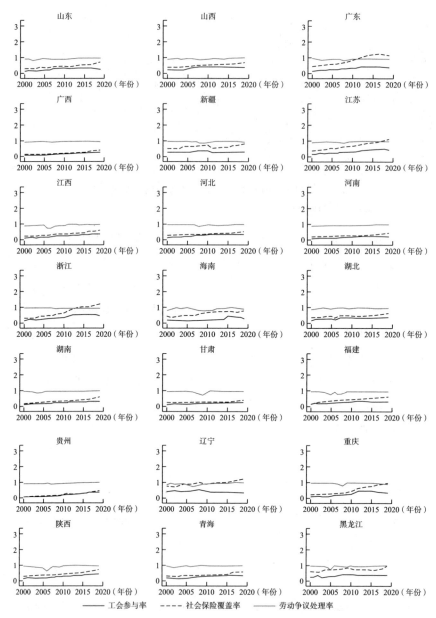

图 1－5　2000～2019 年各地区劳动保护强度指标变化情况

资料来源：笔者整理而来。

第二章　中国制造业出口转变特征

改革开放以来，特别是 2001 年加入 WTO 以后，中国对外贸易迅速扩张，取得了非凡的成就。其中，中国的出口贸易更是呈现"爆炸式"增长态势，2015 年中国出口总额占全球出口总额的 13.8%，成功超越美国，成为全球第一大出口国，早在 2013 年中国就超越德国成为世界第一大贸易国。这不仅仅是实施以市场化为导向的国内经济改革和出口导向战略获得丰厚贸易利益的结果，也是中国依靠劳动力资源禀赋，参与全球生产网络、融入经济全球化的综合体现。[①] 在中国出口贸易"爆炸式"增长的过程中，制造业出口规模大幅度扩张、企业出口频次大幅度增长、出口产品技术含量不断提高。尽管中国出口贸易取得举世瞩目的巨大成就，但也不可避免地带来了种种问题与隐患，如中国出口以劳动力成本低为出口竞争优势、以间接出口和加工贸易为出口模式[②]、以"低质量、高数量"为出口增长方式[③]。为此，本章将结合 2000～2013 年的"中国工业企业数据"

[①]　张幼文：《从廉价劳动力优势到稀缺要素优势——论"新开放观"的理论基础》，《南开学报》2005 年第 6 期；吴福象、刘志彪：《中国贸易量增长之谜的微观经济分析：1978—2007》，《中国社会科学》2009 年第 1 期；Hanson, G. H., "The Rise of Middle Kingdoms: Emerging Economies in Global Trade", *The Journal of Economic Perspectives*, Vol. 26, No. 2, 2012；王孝松、翟光宇、林发勤：《反倾销对中国出口的抑制效应探究》，《世界经济》2015 年第 5 期。

[②]　Tang, H., "Labor Market Institutions, Firm-Specific Skills, and Trade Patterns", *Journal of International Economics*, Vol. 87, No. 2, 2012.

[③]　Shi, B., "Extensive Margin, Quantity and Price in China's Export Growth", *China Economic Review*, Vol. 22, No. 2, 2011；李坤望、蒋为、宋立刚：《中国出口产品品质变动之谜：基于市场进入的微观解释》，《中国社会科学》2014 年第 3 期。

和"海关进出口数据"的匹配数据①，从微观层面探究中国制造业出口的结构、产品质量、技术含量及国内附加值等方面的变化情况，刻画中国制造业出口转变的现实特征。

第一节 中国制造业出口结构转变

一 中国制造业出口分布变化

（一）中国制造业出口规模分布

随着 2001 年中国加入 WTO，中国制造业出口贸易呈现"爆炸式"增长，增长率保持较高水平。如图 2 - 1 所示，2000～2013 年中国制造业出口总额从 616.08 亿美元增长到 13874.91 亿美元，增长了 21.52 倍；从增长率来看，除 2008 年金融危机前后的 2 年出现负增长率之外，其余年份的中国制造业出口总额都是大幅度增长，年均增长率高达 27%。

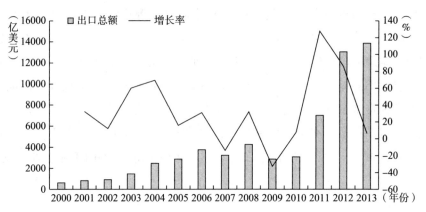

图 2 - 1 2000～2013 年中国制造业出口总额及增长率

从企业所有制属性差异来看，三类企业（国有企业、外资企业及民营企业）的出口规模都显著增长，并且外资企业主导了中国制造业企业出口规模扩张，民营企业在中国制造业出口中的地位也逐步增强。如表 2 - 1 第（1）～（3）列所示，2008 年国际金融危机之前，2000～2007

---

① 本章若无特殊说明，所有分析数据皆来自此数据，具体关于数据的匹配参见下文第四章。

年外资企业出口规模占全国出口规模的 70% 以上；2008 ~ 2013 年，除 2009 年和 2011 年之外，外资企业出口份额也长期保持在五成以上，占据中国制造业企业出口的半壁江山。在此期间，民营企业的出口规模也大幅度扩张，出口份额长期相对稳定，其出口规模从 2000 年的 70.46 亿美元增长到 2013 年的 2414.31 亿美元，增长了 33.26 倍，对应出口份额也从 2000 年的 11.44% 增加到 2013 年的 17.40%，民营企业出口地位逐步增强；而国有企业出口份额也在金融危机之后大幅度提升，对应出口份额从金融危机前 2007 年的 1.92% 增长到 2013 年的 25.40%，其国外需求越来越多。

从企业要素密集度差异来看，劳动密集型企业和技术密集型企业出口推动了中国制造业出口扩张。如表 2 - 1 第（4）~（6）列所示，2000 ~ 2013 年，劳动密集型和技术密集型企业出口规模总和占全国出口规模比重长期在 80% 左右变化，对应出口总额也从 2000 年的 503.64 亿美元扩张到 2013 年的 12050.36 亿美元，增长了近 23 倍。其中，技术密集型企业出口扩张最为明显，其出口规模从 2000 年的 312.78 亿美元增长到 2013 年的 9851.09 亿美元，增长了 30 多倍，其出口份额也长期保持在 50% 以上，且总体呈上升趋势；但是，劳动密集型企业出口份额则呈现下滑趋势。资本密集型企业出口份额有一定的下滑趋势，但总体趋势相对稳定，其出口份额在 15% ~31% 内波动。这充分说明中国制造业技术密集型企业的国际竞争力在不断增强，传统意义的劳动密集型企业出口的地位正在不断削弱。

从企业所属的区域差异来看，中国制造业出口以东部地区为主导，存在明显的东西部差距。如表 2 - 1 第（7）~（9）列所示，东部地区企业出口总额远远高于中西部地区，东部地区企业出口份额长期平稳，最低出口份额也有 88.07%，最高出口份额达 96.43%，而中西部地区企业出口份额除 2012 ~2013 年之外，其出口份额长期在 10% 以下，制造业出口东西部差距明显，但长期来看，中西部地区出口份额呈上升之势，在中国制造业出口中的地位逐步提升。这不仅与东部地区特殊的资源禀赋和地理位置有关，更与我国率先在东部地区实施对外开放的战略紧密相连。

表 2 - 1 2000~2013 年中国制造业出口规模分布情况

单位：亿美元

年份	所有制属性差异			要素密集度差异			区域差异		
	国有企业	外资企业	民营企业	劳动密集型	资本密集型	技术密集型	东部地区	中部地区	西部地区
	(1)	(2)	(3)	(4)	(5)	(6)	(7)	(8)	(9)
2000	36.94	508.68	70.46	190.86	112.44	312.78	589.35	16.25	10.48
2001	33.22	670.08	111.30	249.25	141.40	423.95	780.51	19.83	14.26
2002	36.77	727.17	148.64	265.01	160.61	486.96	876.38	20.90	15.30
2003	44.54	1184.79	232.11	369.72	215.25	876.47	1409.20	30.93	21.31
2004	64.28	1984.59	428.09	580.43	388.78	1507.75	2367.59	64.98	44.39
2005	60.03	2274.15	534.25	616.93	439.15	1812.35	2751.38	69.80	47.25
2006	86.65	2947.43	718.48	756.49	582.15	2413.92	3592.51	98.87	61.18
2007	62.05	2320.78	847.93	794.76	681.93	1754.07	3051.35	110.66	68.75
2008	1006.27	2193.28	1057.58	1108.79	874.78	2273.56	3995.39	166.88	94.86
2009	172.10	1158.81	1531.42	750.21	551.36	1560.76	2698.91	103.80	59.62
2010	51.59	1925.64	1101.74	802.50	641.24	1635.23	2871.57	129.80	77.60
2011	1941.54	3396.21	1673.50	1535.12	1422.51	4053.62	6475.33	347.11	188.81
2012	3253.88	7544.26	2250.05	2039.33	1837.99	9170.87	11704.24	588.85	755.10
2013	3523.85	7936.75	2414.31	2199.27	1824.55	9851.09	12219.83	795.62	859.46

资料来源：笔者整理而来。

（二）中国制造业企业出口频次①分布

自 2001 年加入 WTO 以来，中国制造业企业出口频次大幅度提升。如图 2 - 2 所示，2000~2013 年，除 2008 年金融危机导致的 2009~2010 年企业出口频次下降之外，其余年份的中国制造业企业出口频次均大幅度增加，从 2000 年的 76943 次增加到 2013 年的 473893 次，增长了 5 倍多，年均增长率达 15%。

从企业所有制属性差异来看，外资企业出口频次总体在增加，主导了中国制造业企业出口频次，民营企业在中国制造业企业出口中的地位也在稳步增强。如表 2 - 2 第（1）~（3）列所示，2008 年金融危机之前，2000~2007 年外资企业出口频次占中国制造业企业出口频次的比重长期保

————————
① 此处将制造业企业 - 产品维度上的出口界定为一次出口频次。

持在六成以上；2008 年金融危机之后，虽然外资企业出口频次略有下降，但除 2009 年之外，外资企业出口频次占所有制造业企业出口频次的比重也一直在 35％以上，这充分证明了外资企业在中国制造业企业出口中的重要地位。与此同时，民营企业的出口频次也在大幅度增长，其出口频次从 2000 年的 17320 次增加到 2013 年的 133052 次，占所有出口频次的比重也从 2000 年的 22.51％增加到 2013 年的 28.08％，民营企业在中国制造业企业出口中的地位不断增强。

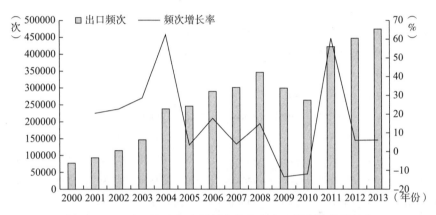

图 2 - 2　2000～2013 年中国制造业企业出口频次及其增长率
资料来源：笔者整理而来。

从企业要素密集度差异来看，劳动密集型企业和技术密集型企业主导了中国制造业企业出口频次的扩张。如表 2 - 2 第（4）～（6）列所示，2000～2013 年劳动密集型企业和技术密集型企业的总出口频次占全国总出口频次的比重长期稳定在 80％以上，但是，劳动密集型企业出口频次所占份额不断下降，技术密集型企业出口频次所占份额总体在上升，说明中国制造业技术密集型企业出口产品正在不断满足国际市场需求，技术密集型企业在中国制造业企业出口中的角色越来越重要。

从企业所属的区域差异来看，中国制造业企业出口频次存在明显的东西部差距。如表 2 - 2 第（7）～（9）列所示，东部地区企业出口频次远远高于中西部地区企业出口频次之和，东部地区企业出口频次占比长期保持在 90％以上，而中西部地区企业出口频次占比不到 10％，尤其是西部地区企业出口频次占比长期低于 3％，与东部地区企业出口频次相距甚远，这不仅与我国率先在东部地区实施对外开放的战略有关，也充分说明东部、西部企业出口竞争力的巨大差异。

表 2 - 2　2000～2013 年中国制造业企业出口频次分布情况

单位：次

年份	所有制属性差异			要素密集度差异			区域差异		
	国有企业	外资企业	民营企业	劳动密集型	资本密集型	技术密集型	东部地区	中部地区	西部地区
	(1)	(2)	(3)	(4)	(5)	(6)	(7)	(8)	(9)
2000	7163	52460	17320	43694	13122	20127	71972	2905	2066
2001	6082	60899	25714	50627	16354	25714	86236	4199	2260
2002	6884	72497	34344	62081	20095	31549	106597	4507	2621
2003	7130	91960	47144	79381	24915	41938	136608	5583	4043
2004	4877	153101	79457	124191	41260	71984	223812	8428	5195
2005	4581	157663	83358	127630	43041	74931	231630	8549	5423
2006	4317	179554	105323	144856	52198	92140	273168	9935	6091
2007	2957	182766	114811	143728	56300	100506	283599	10811	6124
2008	74599	158125	112564	158768	63039	123481	325843	13190	6255
2009	7134	88140	203464	132511	56364	109863	281705	11193	5840
2010	2335	143064	117528	116565	49956	96406	244492	11641	6794
2011	133762	162857	125034	153760	79818	188075	388450	22789	10414
2012	145630	180926	119930	155847	84116	206523	407681	25288	13517
2013	155703	185138	133052	160901	85720	227272	431816	28987	13090

资料来源：笔者整理而来。

二　中国制造业出口结构变化

（一）产品生产阶段差异下制造业出口转变

1. 总体发展趋势

中间品出口一直是中国制造业出口的主要产品，资本品出口份额总体在增大，消费品出口地位下滑。从表 2 - 3、图 2 - 3、图 2 - 4 可以看出，虽然在 2000～2013 年，中间品出口金额占比和中间品出口频次占比存在一定的波动，但其占比都在 35% 以上，尤其是在 2001 年加入 WTO 之后，二者比重更是呈现大幅度上升，最高增长 10 个百分点，中间品一直是中国出口的生力军。与此同时，中国制造业企业出口的资本品也在缓慢增多，出口金额从 2000 年的 153.53 亿美元增加到 2013 年的 5719.84 亿美元，其出口金额占比也从 2000 年的 24.92% 增加到 2013 年的 41.23%，逐渐成为中国制造业企业出口的主要产品。自 2001 年加入 WTO 之后，中间品和资本品的出口金额之和占比始终维持在 60% 以上，这不仅仅是中国积极融入全球化的体现，更是中国主动参与全球价值链分工的结果。与此同时，消费品出口金额占比却呈下滑趋势，无论消费品出口金额还是出口频次占比都下降明显，分别从 2000 年的 36.24% 和 54.40% 下降到 2013 年的 21.54% 和 32.22%，再次印证了中国制造业消费品出口大而不强的现实；且与前两种产品出口差距越来越大，出口增速也明显缓于中间品与资本品，这说明我国产品出口结构迎来调整，消费品在出口中的占比逐年降低。

表 2-3 2000~2013 年中国制造业企业不同生产阶段产品出口金额及频次

单位：亿美元，次

年份	资本品		中间品		消费品		其他产品	
	金额	频次	金额	频次	金额	频次	金额	频次
2000	153.53	5972	233.87	29094	223.30	41855	5.38	22
2001	199.00	7670	319.64	36189	290.15	48808	5.83	28
2002	226.88	9267	364.34	44926	315.02	59493	6.34	39
2003	437.44	12456	566.63	59388	447.39	74336	9.99	54
2004	728.40	21727	1016.01	99678	720.22	115935	12.33	95
2005	866.58	22805	1170.30	103329	811.17	119318	20.38	150
2006	1234.50	28654	1532.20	124735	966.76	135670	19.10	135
2007	825.20	31675	1456.68	133909	944.40	134851	4.48	99
2008	1067.38	39344	1887.54	153101	1290.19	152733	12.01	110
2009	720.06	34386	1273.66	139395	862.30	124865	6.32	92
2010	785.27	30413	1315.01	120867	971.51	111571	7.18	76
2011	2010.44	58166	3129.38	217493	1846.66	145818	24.77	176
2012	5354.55	63243	4842.24	234593	2796.53	148474	54.87	176
2013	5719.84	69227	5107.92	251757	2988.62	152701	58.54	208

资料来源：笔者整理而来。

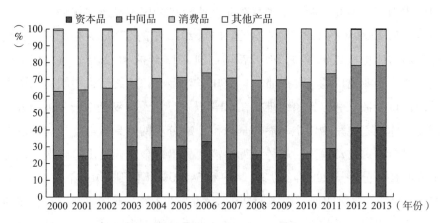

图 2 - 3　2000～2013 年中国制造业企业不同生产阶段产品出口金额占比
资料来源：笔者整理而来。

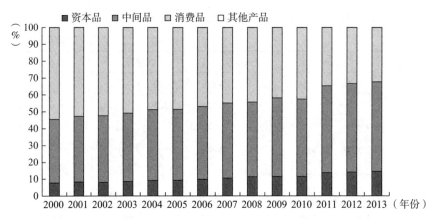

图 2 - 4　2000～2013 年中国制造业企业不同生产阶段产品出口频次占比
资料来源：笔者整理而来。

2. 分类发展特征

在中间品、资本品、消费品等产品的出口份额不断变化的背景下，其出口特征也会因企业所有制特征、要素密集程度及地理区域存在显著差异。

从企业所有制类型来看，虽然期初不同所有制类型企业主要出口产品生产阶段不尽相同，但随着时间的推移，三类企业出口的主要产品基本趋同，都是以中间品出口为主。如表 2 - 4 所示，2000～2013 年，民营企业的出口产品从 2000 年以消费品和中间品为主演变为 2013 年仅以中间品为主，消费品出口份额从最高点 2001 年的 43.84% 下降到 2012 年的 29.08%；中间品则长期维持在 40% 以上的出口份额，对应出口总额则从 2000 年的 30.12 亿美元增加到 2013 年的 1018.47 亿美元，增长了近 33 倍。但是，外资企业的出口产品则从初期的以中间品和消费品为主演变到后期以中间品和资本品为主，尤其是在 2001 年加入 WTO 之后，中间品和资本品的总出口份额不断上升，从 2000 年的 62.96% 增加到 2013 年的 83.50%，对应的出口总额也从 2000 年的 320.24 亿美元增加到 2013 年的 6627.13 亿美元，增长了近 20 倍。其中，中间品出口份额长期保持在三成以上，资本品出口份额则出现大幅度增长，从 2000 年的 27.25% 增长到 2013 年的 49.83%，这是中国制造业出口以外资企业为主导参与全球价值链的体现。对于国有企业而言，虽然其中间品出口份额在 2000~2013 年略有波动，但始终在 39%~80% 波动，一直是国有企业主要出口产品，对应出口总额也从 2000 年的 22.10 亿美元增加到 2013 年的 1417.22 亿美元，增长了 63 倍多，而消费品、资本品出口份额则存在此消彼长的关系。

　　从企业要素密集程度来看，不同要素密集型企业的主要出口产品也存在显著的差别。其中，劳动密集型企业出口产品以消费品为主；资本密集型企业出口产品以中间品为主；技术密集型企业出口则以资本品和中间品为主。如表 2-5 所示，2000~2013 年，劳动密集型企业的消费品出口份额虽然从 2000 年的最高点 76.39% 下降到 2013 年的 72.70%，但其消费品出口份额长期在七成以上，充分表明劳动密集型企业长期以出口消费品为主；资本密集型企业的中间品出口份额总体呈上升趋势，出口份额也从 2000 年的 52.85% 上升到 2013 年的 74.82%，增长了近 22 个百分点，对应的出口总额也从 2000 年的 59.42 亿美元增长到 2013 年的 1365.16 亿美元，也增长了近 22 倍，这表明中间品是资本密集型企业出口的主要产品；技术密集型企业出口的主要产品为中间品和资本品，两者总出口份额始终在 80% 以上，两者出口总额也从 2000 年的 258.38 亿美元增加到 2013 年的 8734.45 亿美元，翻了五番。其中，资本品出口扩张尤为明显，其出口份额从 2000 年的 40.04% 增长到 2013 年的 56.15%，对应的出口总额也从 2000 年的 125.25 亿美元增长到 2013 年的 5531.05 亿美元，增长了 43 倍多，展现了中国制造业的技术密集型企业技术水平不断提升的现实。

表2-4 2000~2013年制造业不同所有制企业不同生产阶段产品出口结构

单位：亿美元，%

年份	指标	民营企业				外资企业				国有企业			
		资本品	中间品	消费品	其他产品	资本品	中间品	消费品	其他产品	资本品	中间品	消费品	其他产品
2000	金额	11.02	30.12	29.31	0.01	138.59	181.65	183.08	5.36	3.91	22.10	10.91	0.02
	比重	15.64	42.75	41.59	0.01	27.25	35.71	35.99	1.05	10.59	59.83	29.54	0.04
2001	金额	15.07	46.85	48.80	0.58	180.61	251.58	232.73	5.17	3.32	21.21	8.62	0.08
	比重	13.54	42.10	43.84	0.52	26.95	37.54	34.73	0.77	10.00	63.83	25.94	0.23
2002	金额	22.60	63.78	62.24	0.02	200.23	276.72	244.51	5.72	4.05	23.84	8.27	0.61
	比重	15.20	42.91	41.88	0.01	27.54	38.05	33.62	0.79	11.00	64.83	22.50	1.67
2003	金额	36.29	100.91	93.94	0.98	396.58	437.54	343.15	7.52	4.57	28.18	10.30	1.50
	比重	15.63	43.47	40.47	0.42	33.47	36.93	28.96	0.63	10.26	63.25	23.13	3.36
2004	金额	69.81	192.13	165.99	0.17	650.20	780.57	541.86	11.96	8.39	43.32	12.37	0.20
	比重	16.31	44.88	38.77	0.04	32.76	39.33	27.30	0.60	13.05	67.39	19.25	0.31
2005	金额	95.66	222.90	200.52	15.16	766.18	901.40	601.89	4.68	4.74	45.99	8.75	0.55
	比重	17.91	41.72	37.53	2.84	33.69	39.64	26.47	0.21	7.90	76.61	14.58	0.91
2006	金额	131.94	316.44	269.48	0.63	1093.29	1147.48	688.26	18.41	9.27	68.29	9.02	0.07
	比重	18.36	44.04	37.51	0.09	37.09	38.93	23.35	0.62	10.70	78.81	10.41	0.08
2007	金额	164.17	403.66	277.98	2.11	655.09	1003.39	661.26	1.05	5.94	49.63	5.16	1.32
	比重	19.36	47.61	32.78	0.25	28.23	43.23	28.49	0.05	9.57	79.98	8.32	2.13

续表

年份	指标	民营企业				外资企业				国有企业			
		资本品	中间品	消费品	其他产品	资本品	中间品	消费品	其他产品	资本品	中间品	消费品	其他产品
2008	金额	209.74	473.38	368.32	6.13	588.90	907.83	693.74	2.82	268.75	506.33	228.13	3.06
	比重	19.83	44.76	34.83	0.58	26.85	41.39	31.63	0.13	26.71	50.32	22.67	0.30
2009	金额	281.17	667.41	582.33	0.51	374.72	518.10	265.38	0.61	64.17	88.14	14.59	5.19
	比重	18.36	43.58	38.03	0.03	32.34	44.71	22.90	0.05	37.29	51.21	8.48	3.02
2010	金额	241.22	487.13	370.96	2.44	539.28	785.21	597.28	3.87	4.77	42.68	3.26	0.87
	比重	21.89	44.21	33.67	0.22	28.01	40.78	31.02	0.20	9.25	82.74	6.33	1.69
2011	金额	404.31	746.64	508.79	13.76	1158.72	1445.22	788.32	3.94	447.41	937.52	549.55	7.07
	比重	24.16	44.62	30.40	0.82	34.12	42.55	23.21	0.12	23.04	48.29	28.30	0.36
2012	金额	608.54	974.46	654.38	12.67	3649.56	2591.17	1280.35	23.19	1096.46	1276.61	861.80	19.02
	比重	27.05	43.31	29.08	0.56	48.38	34.35	16.97	0.31	33.70	39.23	26.49	0.58
2013	金额	640.95	1018.47	744.92	9.96	3954.90	2672.23	1282.59	27.04	1123.99	1417.22	961.11	21.53
	比重	26.55	42.18	30.85	0.41	49.83	33.67	16.16	0.34	31.90	40.22	27.27	0.61

资料来源：笔者整理而来。

表2-5 2000~2013年制造业不同要素密集型企业不同生产阶段产品出口结构

单位：亿美元，%

年份	指标	劳动密集型				资本密集型				技术密集型			
		资本品	中间品	消费品	其他产品	资本品	中间品	消费品	其他产品	资本品	中间品	消费品	其他产品
2000	金额	3.74	41.32	145.80	0	24.54	59.42	23.26	5.22	125.25	133.13	54.23	0.17
	比重	1.96	21.65	76.39	0	21.82	52.85	20.69	4.64	40.04	42.56	17.34	0.05
2001	金额	4.41	57.11	187.74	0	23.47	82.77	29.99	5.17	171.11	179.76	72.42	0.65
	比重	1.77	22.91	75.32	0	16.60	58.54	21.21	3.66	40.36	42.40	17.08	0.15
2002	金额	4.04	62.61	198.37	0	23.47	95.01	35.83	6.31	199.38	206.72	80.82	0.04
	比重	1.52	23.62	74.85	0	14.61	59.15	22.31	3.93	40.94	42.45	16.60	0.01
2003	金额	7.43	95.84	266.45	0	31.64	126.93	47.82	8.85	398.36	343.85	133.12	1.14
	比重	2.01	25.92	72.07	0	14.70	58.97	22.22	4.11	45.45	39.23	15.19	0.13
2004	金额	11.54	156.05	412.85	0	46.62	255.16	75.20	11.80	670.24	604.80	232.18	0.53
	比重	1.99	26.88	71.13	0	11.99	65.63	19.34	3.03	44.45	40.11	15.40	0.03
2005	金额	13.31	161.39	442.08	0.14	43.83	296.63	80.44	18.25	809.44	712.28	288.64	1.99
	比重	2.16	26.16	71.66	0.02	9.98	67.55	18.32	4.16	44.66	39.30	15.93	0.11
2006	金额	15.28	195.19	546.00	0.02	43.03	426.03	96.28	16.81	1176.19	910.98	324.47	2.27
	比重	2.02	25.80	72.18	0	7.39	73.18	16.54	2.89	48.73	37.74	13.44	0.09
2007	金额	18.02	201.87	574.86	0	60.35	516.55	103.49	1.53	746.82	738.25	266.05	2.95
	比重	2.27	25.40	72.33	0	8.85	75.75	15.18	0.22	42.58	42.09	15.17	0.17

续表

年份	指标	劳动密集型				资本密集型				技术密集型			
		资本品	中间品	消费品	其他产品	资本品	中间品	消费品	其他产品	资本品	中间品	消费品	其他产品
2008	金额	27.21	256.20	825.36	0.02	75.73	672.33	124.51	2.21	964.44	959.01	340.32	9.79
	比重	2.45	23.11	74.44	0	8.66	76.86	14.23	0.25	42.42	42.18	14.97	0.43
2009	金额	24.24	190.92	535.03	0.02	24.76	422.35	101.39	2.87	671.06	660.39	225.88	3.43
	比重	3.23	25.45	71.32	0	4.49	76.60	18.39	0.52	43.00	42.31	14.47	0.22
2010	金额	19.33	186.14	597.04	0	53.20	472.66	111.44	3.94	712.74	656.22	263.03	3.24
	比重	2.41	23.19	74.40	0	8.30	73.71	17.38	0.61	43.59	40.13	16.09	0.20
2011	金额	37.04	391.80	1106.27	0.01	108.24	1105.82	205.53	2.91	1865.16	1631.76	534.86	21.85
	比重	2.41	25.52	72.06	0	7.61	77.74	14.45	0.20	46.01	40.25	13.19	0.54
2012	金额	46.38	493.19	1499.74	0.01	157.59	1382.06	272.63	25.71	5150.58	2966.98	1024.15	29.15
	比重	2.27	24.18	73.54	0	8.57	75.19	14.83	1.40	56.16	32.35	11.17	0.32
2013	金额	61.00	539.35	1598.86	0.07	127.80	1365.16	298.46	33.13	5531.05	3203.41	1091.30	25.34
	比重	2.77	24.52	72.70	0	7.00	74.82	16.36	1.82	56.15	32.52	11.08	0.26

资料来源：笔者整理而来。

从企业所处地理区域来看，不同区域企业产品出口发展趋势虽然存在一定的差异，但总体上，东部、中部、西部三个地区的企业主要出口产品都是从中间品和消费品，逐步演变到中间品和资本品，消费品出口份额下滑趋势明显。如表2-6所示，2000~2013年，东部、中部、西部三个地区出口的中间品和资本品总出口份额都由早期的六成左右，发展到后期七成以上的水平，并且东部和中部地区企业的两类产品出口发展趋势一致。其中，东部和中部地区企业的中间品出口份额各自长期在四成上下波动，中间品出口份额稳定；而西部地区中间品出口份额则下降明显，从2000年的68.15%下降到2013年的20.59%。东部、中部、西部三个地区的资本品出口份额则分别从2000年的25.89%、4.16%、2.78%上升到2013年的38.91%、41.52%、73.90%，对应的出口金额也分别从2000年的152.56亿美元、0.68亿美元、0.29亿美元增长到2013年的4754.39亿美元、330.31亿美元、635.15亿美元，资本品出口份额都大幅度上涨。可是，三个地区的消费品出口份额则出现了不同程度的下滑，东部、中部、西部三个地区的消费品出口份额则分别从2000年的36.62%、27.44%、29.07%下降到2013年的22.79%、19.89%、5.27%。

（二）产品竞争差异下制造业出口转变

本部分借鉴 Rauch 关于产品同质性和异质性的分类方法[1]，对所有海关出口产品进行分类，以区别产品的竞争程度。[2]

1. 总体发展趋势

长期以来，中国制造业出口一直是以异质产品为主。从图2-5的中国制造业企业不同竞争差异产品的出口份额情况可以看出，在2000~2013年，无论是采用保守还是自由的产品种类划分方法，虽然制造业企业异质产品出口份额略有波动，但始终在七成以上，以保守划分区分的产品中，其出口份额则长期超过80%，甚至接近90%，并且，从表2-7可知，相比于2000年，2013年其出口金额增长了接近23倍；图2-6报告了采用

---

[1] Rauch, J. E., "Networks Versus Markets in International Trade", *Journal of International Economics*, Vol. 48, No. 1, 1999.

[2] 本章若无特殊说明，针对产品竞争程度差异都采用此处相同的方法进行区分。

表2-6 2000~2013年不同区域制造业企业的不同生产阶段产品出口结构

单位：亿美元，%

年份	指标	东部地区				中部地区				西部地区			
		资本品	中间品	消费品	其他产品	资本品	中间品	消费品	其他产品	资本品	中间品	消费品	其他产品
2000	金额	152.56	215.61	215.79	5.38	0.68	11.12	4.46	0	0.29	7.14	3.05	0
	比重	25.89	36.59	36.62	0.91	4.16	68.40	27.44	0	2.78	68.15	29.07	0
2001	金额	197.86	297.67	279.16	5.82	0.66	11.63	7.55	0	0.48	10.34	3.44	0
	比重	25.35	38.14	35.77	0.75	3.30	58.63	38.06	0.01	3.34	72.53	24.12	0
2002	金额	225.32	339.23	305.50	6.33	0.89	13.20	6.79	0.01	0.66	11.90	2.74	0
	比重	25.71	38.71	34.86	0.72	4.26	63.18	32.49	0.07	4.34	77.78	17.87	0
2003	金额	434.66	531.49	433.16	9.89	1.51	19.22	10.10	0.10	1.27	15.92	4.12	0.01
	比重	30.84	37.72	30.74	0.70	4.88	62.15	32.65	0.32	5.96	74.68	19.35	0.01
2004	金额	719.61	944.49	691.32	12.18	5.32	42.17	17.36	0.14	3.48	29.36	11.54	0.01
	比重	30.39	39.89	29.20	0.51	8.18	64.89	26.72	0.21	7.83	66.13	26.00	0.03
2005	金额	855.66	1094.21	781.34	20.16	5.41	44.50	19.88	0.01	5.50	31.59	9.94	0.21
	比重	31.10	39.77	28.40	0.73	7.76	63.74	28.48	0.02	11.65	66.86	21.04	0.44
2006	金额	1216.49	1428.78	928.43	18.82	11.77	61.21	25.78	0.11	6.24	42.21	12.55	0.18
	比重	33.86	39.77	25.84	0.52	11.90	61.91	26.08	0.11	10.20	68.99	20.52	0.29
2007	金额	807.82	1337.02	902.85	3.66	10.06	73.97	26.30	0.32	7.31	45.69	15.26	0.50
	比重	26.47	43.82	29.59	0.12	9.10	66.85	23.77	0.29	10.63	66.45	22.19	0.72

续表

年份	指标	东部地区				中部地区				西部地区			
		资本品	中间品	消费品	其他产品	资本品	中间品	消费品	其他产品	资本品	中间品	消费品	其他产品
2008	金额	1028.53	1729.56	1231.09	6.22	27.09	95.76	38.86	5.17	11.77	62.22	20.24	0.63
	比重	25.74	43.29	30.81	0.16	16.23	57.38	23.29	3.10	12.41	65.59	21.33	0.67
2009	金额	697.86	1177.56	819.85	3.64	12.07	59.38	29.92	2.43	10.13	36.72	12.53	0.25
	比重	25.86	43.63	30.38	0.13	11.63	57.20	28.83	2.34	16.99	61.58	21.01	0.42
2010	金额	758.13	1193.72	914.11	5.62	15.82	73.74	39.71	0.52	11.32	47.55	17.69	1.04
	比重	26.40	41.57	31.83	0.20	12.19	56.81	30.59	0.40	14.59	61.28	22.79	1.34
2011	金额	1896.04	2851.63	1716.27	11.39	58.69	182.37	94.57	11.48	55.72	95.37	35.82	1.90
	比重	29.28	44.04	26.50	0.18	16.91	52.54	27.24	3.31	29.51	50.51	18.97	1.00
2012	金额	4557.22	4480.91	2626.08	40.03	246.77	204.74	124.97	12.38	550.57	156.59	45.48	2.47
	比重	38.94	38.28	22.44	0.34	41.91	34.77	21.22	2.10	72.91	20.74	6.02	0.33
2013	金额	4754.39	4632.44	2785.13	47.88	330.31	298.51	158.22	8.59	635.15	176.97	45.27	2.07
	比重	38.91	37.91	22.79	0.39	41.52	37.52	19.89	1.08	73.90	20.59	5.27	0.24

资料来源：笔者整理而来。

保守和自由两种划分产品类型的方法的中国制造业出口频次占比情况，结合表2-7数据不难发现，异质产品出口频次所占比重依然都在八成上下波动，保守和自由两种划分方法的异质产品出口频次年平均占比也分别为83.53%和80.65%，并且，相比于2000年，2013年的异质出口频次增长了5倍多，充分表明异质产品是中国制造业出口的主导产品。

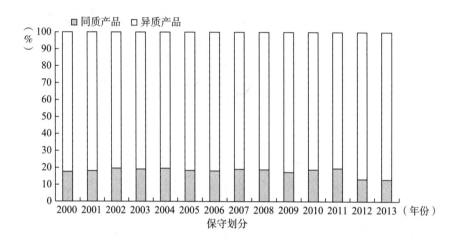

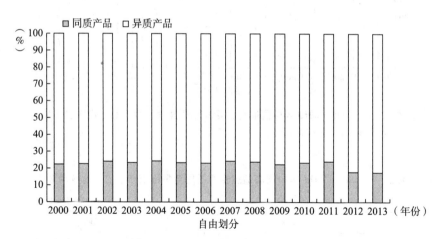

图2-5 2000~2013年中国制造业企业不同竞争程度产品出口份额
资料来源：笔者整理而来。

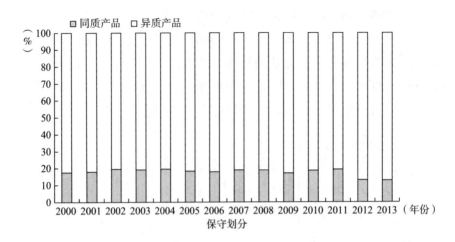

保守划分

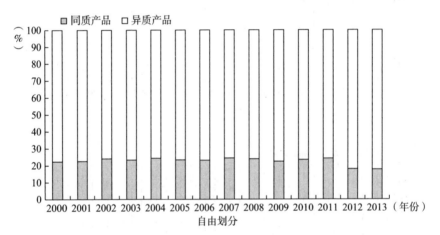

自由划分

图 2 - 6   2000 ~ 2013 年中国制造业企业不同竞争程度产品出口频次占比
资料来源：笔者整理而来。

表 2 - 7   2000 ~ 2013 年中国制造业企业不同竞争程度产品出口金额及频次

单位：亿美元，次

年份	保守划分				自由划分			
	同质产品		异质产品		同质产品		异质产品	
	金额	频次	金额	频次	金额	频次	金额	频次
2000	108.36	12584	507.71	64359	136.54	14448	479.53	62495
2001	146.03	15703	668.57	76992	182.42	18052	632.18	74643
2002	178.24	19588	734.34	94137	218.21	22402	694.37	91323

续表

年份	保守划分				自由划分			
	同质产品		异质产品		同质产品		异质产品	
	金额	频次	金额	频次	金额	频次	金额	频次
2003	278.36	25286	1183.08	120948	338.66	28903	1122.78	117331
2004	482.72	40537	1994.24	196898	598.13	46880	1878.83	190555
2005	526.31	41124	2342.12	204478	665.63	47650	2202.80	197952
2006	673.13	48578	3079.43	240616	865.85	56399	2886.72	232795
2007	610.00	46224	2620.76	254310	779.35	54265	2451.41	246269
2008	803.08	50478	3454.05	294810	1011.57	59903	3245.55	285385
2009	491.12	44999	2371.22	253739	639.24	53770	2223.10	244968
2010	578.72	41575	2500.25	221352	712.54	49182	2366.43	213745
2011	1360.74	73742	5650.51	347911	1677.52	88813	5333.73	332840
2012	1716.46	76357	11331.73	370129	2317.15	92961	10731.04	353525
2013	1778.31	79094	12096.60	394799	2427.22	97264	11447.69	376629

资料来源：笔者整理而来。

2. 分类发展特征

随着企业技术转变和升级，制造业出口产品的竞争程度也在不断变化，产品竞争程度的差异也导致不同类型企业出口主导产品的改变。

从企业所有制类型来看，虽然不同所有制类型企业主要出口产品略有波动，但三类企业出口都是以异质产品出口为主导。如表 2 - 8 所示，2000 ～ 2013 年，民营企业的异质产品出口份额呈上涨之势，异质产品出口份额从 2000 年的 70.65% 增长到 2013 年的 80.44%，增长了近 10 个百分点，对应出口金额也从 2000 年的 49.78 亿美元增长到 2013 年的 1942.03 亿美元，增长了 38 倍；外资企业出口的异质产品则在波动中上涨，其异质产品出口份额从 2000 年的 85.56% 增长到 2013 年的 90.96%，增长了 5.4 个百分点，出口金额则从 2000 年的 435.24 亿美元增加到 2013 年的 7219.04 美元，翻了四番；国有企业异质产品出口份额则呈现先下降后上升的趋势，异质产品出口份额先从 2000 年的 61.42% 减少到 2007 年的 40.07%，再上升到 2013 年的 83.30%，对应出口金额也先从 2000 年的 22.69 亿美元减少到 2007 年的 24.86 亿美元，最后增加到 2013 年的 2935.54 亿美元。

表 2 - 8 2000 ~ 2013 年中国制造业不同所有制企业不同竞争程度产品出口结构

单位：亿美元，%

年份	指标	民营企业		外资企业		国有企业	
		同质	异质	同质	异质	同质	异质
2000	金额	20.68	49.78	73.43	435.24	14.25	22.69
	比重	29.35	70.65	14.44	85.56	38.58	61.42
2001	金额	28.57	82.73	103.31	566.78	14.16	19.07
	比重	25.67	74.33	15.42	84.58	42.61	57.39
2002	金额	39.30	109.34	121.88	605.30	17.07	19.70
	比重	26.44	73.56	16.76	83.24	46.41	53.59
2003	金额	60.34	171.77	198.03	986.76	19.99	24.56
	比重	26.00	74.00	16.71	83.29	44.87	55.13
2004	金额	114.65	313.44	337.51	1647.08	30.56	33.72
	比重	26.78	73.22	17.01	82.99	47.54	52.46
2005	金额	137.52	396.73	354.82	1919.33	33.97	26.06
	比重	25.74	74.26	15.60	84.40	56.59	43.41
2006	金额	164.11	554.37	460.99	2486.44	48.03	38.62
	比重	22.84	77.16	15.64	84.36	55.43	44.57
2007	金额	191.24	656.69	381.57	1939.21	37.19	24.86
	比重	22.55	77.45	16.44	83.56	59.93	40.07
2008	金额	222.09	835.49	353.12	1840.17	227.88	778.39
	比重	21.00	79.00	16.10	83.90	22.65	77.35
2009	金额	266.70	1264.72	178.45	980.36	45.97	126.13
	比重	17.42	82.58	15.40	84.60	26.71	73.29
2010	金额	252.15	849.59	296.87	1628.77	29.70	21.89
	比重	22.89	77.11	15.42	84.58	57.57	42.43
2011	金额	354.82	1318.68	531.32	2864.88	474.59	1466.95
	比重	21.20	78.80	15.64	84.36	24.44	75.56
2012	金额	462.31	1787.73	693.09	6851.17	561.06	2692.83
	比重	20.55	79.45	9.19	90.81	17.24	82.76

续表

年份	指标	民营企业		外资企业		国有企业	
		同质	异质	同质	异质	同质	异质
2013	金额	472.28	1942.03	717.72	7219.04	588.32	2935.54
	比重	19.56	80.44	9.04	90.96	16.70	83.30

资料来源：笔者整理而来。

从企业要素密集程度差异来看，不同要素密集型企业的主要出口产品都是异质产品，只是各类企业出口份额略有差异。如表2-9所示，2000～2013年，劳动密集型企业的异质产品出口份额长期比较稳定，出口份额在76%～83%的区间波动，充分说明劳动密集型企业出口产品的稳定性；而资本密集型企业出口的异质产品份额则总体呈先下降后上升之势，其出口份额先从2000年的68.37%下降到2008年的56.71%，再上升至2013年的62.43%，对应出口金额也先从2000年的76.87亿美元下降到2008年的496.13亿美元，再上升至2013年的1139.15亿美元；技术密集型企业的异质产品出口份额长期在84%以上，最高出口份额甚至高达93%，出口金额也从2000年的274.74亿美元增长到2013年的9195.31亿美元，翻了五番，进一步说明中国制造业技术密集型企业技术水平的提升。

表2-9　2000～2013年中国制造业不同要素密集型企业不同竞争程度
产品出口结构

单位：亿美元，%

年份	指标	劳动密集型		资本密集型		技术密集型	
		同质	异质	同质	异质	同质	异质
2000	金额	34.76	156.10	35.57	76.87	38.04	274.74
	比重	18.21	81.79	31.63	68.37	12.16	87.84
2001	金额	48.51	200.75	43.25	98.15	54.28	369.67
	比重	19.46	80.54	30.59	69.41	12.80	87.20
2002	金额	54.20	210.82	49.48	111.13	74.56	412.40
	比重	20.45	79.55	30.81	69.19	15.31	84.69
2003	金额	76.05	293.68	70.54	144.71	131.77	744.70
	比重	20.57	79.43	32.77	67.23	15.03	84.97

续表

年份	指标	劳动密集型		资本密集型		技术密集型	
		同质	异质	同质	异质	同质	异质
2004	金额	130.13	450.31	141.06	247.72	211.53	1296.22
	比重	22.42	77.58	36.28	63.72	14.03	85.97
2005	金额	132.25	484.68	161.94	277.22	232.12	1580.22
	比重	21.44	78.56	36.87	63.13	12.81	87.19
2006	金额	164.04	592.45	243.75	338.40	265.34	2148.58
	比重	21.68	78.32	41.87	58.13	10.99	89.01
2007	金额	142.46	652.30	272.43	409.49	195.10	1558.97
	比重	17.93	82.07	39.95	60.05	11.12	88.88
2008	金额	167.19	941.60	378.65	496.13	257.24	2016.32
	比重	15.08	84.92	43.29	56.71	11.31	88.69
2009	金额	127.94	622.28	188.30	363.06	174.88	1385.88
	比重	17.05	82.95	34.15	65.85	11.21	88.79
2010	金额	166.18	636.33	246.99	394.25	165.56	1469.67
	比重	20.71	79.29	38.52	61.48	10.12	89.88
2011	金额	354.37	1180.74	586.92	835.60	419.45	3634.17
	比重	23.08	76.92	41.26	58.74	10.35	89.65
2012	金额	417.31	1622.02	672.09	1165.91	627.06	8543.81
	比重	20.46	79.54	36.57	63.43	6.84	93.16
2013	金额	437.13	1762.14	685.40	1139.15	655.78	9195.31
	比重	19.88	80.12	37.57	62.43	6.66	93.34

资料来源：笔者整理而来。

从企业所处地理区域来看，不同区域制造业企业出口都是以异质产品为主。如表 2 - 10 所示，2000~2013 年，东部地区企业的异质产品出口份额一直都稳定在 80% 以上，部分年份接近 90%，说明东部地区企业都是以异质产品竞争为主，其异质产品出口金额从 2000 年的 493.02 亿美元增长到 2013 年的 10694.86 亿美元，增长了近 21 倍；中部地区企业出口也是以异质产品为主，其出口份额长期维持在六成左右，对应出口金额也从 2000 年的 9.64 亿美元增加到 2013 年的 623.00 亿美元；西部地区制造业企业在金融危机之前以异质产品和同质产品接近均等的水平出口，在2008 年金融危机之后，西部地区制造业企业异质产品出口份额发生了大幅度提升，这充分说明西部地区制造业出口国际竞争力不断增强的现实。

表 2-10　2000~2013 年中国不同区域制造业企业不同竞争程度产品出口结构

单位：亿美元，%

年份	指标	东部地区		中部地区		西部地区	
		同质	异质	同质	异质	同质	异质
2000	金额	96.33	493.02	6.61	9.64	5.42	5.06
	比重	16.35	83.65	40.70	59.30	51.73	48.27
2001	金额	130.19	650.33	7.75	12.08	8.10	6.16
	比重	16.68	83.32	39.07	60.93	56.80	43.20
2002	金额	161.46	714.92	8.12	12.78	8.66	6.65
	比重	18.42	81.58	38.86	61.14	56.57	43.43
2003	金额	254.80	1154.40	11.87	19.06	11.69	9.62
	比重	18.08	81.92	38.37	61.63	54.86	45.14
2004	金额	432.51	1935.07	27.84	37.14	22.37	22.03
	比重	18.27	81.73	42.84	57.16	50.38	49.62
2005	金额	474.97	2276.41	28.84	40.97	22.50	24.74
	比重	17.26	82.74	41.31	58.69	47.63	52.37
2006	金额	603.55	2988.97	39.09	59.78	30.49	30.69
	比重	16.80	83.20	39.54	60.46	49.84	50.16
2007	金额	537.54	2513.81	40.84	69.82	31.62	37.14
	比重	17.62	82.38	36.91	63.09	45.99	54.01
2008	金额	703.88	3291.52	58.74	108.13	40.46	54.40
	比重	17.62	82.38	35.20	64.80	42.66	57.34
2009	金额	440.46	2258.46	26.82	76.98	23.84	35.78
	比重	16.32	83.68	25.84	74.16	39.98	60.02
2010	金额	502.94	2368.63	45.35	84.45	30.43	47.17
	比重	17.51	82.49	34.94	65.06	39.22	60.78

续表

年份	指标	东部地区		中部地区		西部地区	
		同质	异质	同质	异质	同质	异质
2011	金额	1183.52	5291.81	112.07	235.05	65.15	123.66
	比重	18.28	81.72	32.29	67.71	34.51	65.49
2012	金额	1531.69	10172.55	107.70	481.15	77.06	678.04
	比重	13.09	86.91	18.29	81.71	10.21	89.79
2013	金额	1524.97	10694.86	172.62	623.00	80.72	778.73
	比重	12.48	87.52	21.70	78.30	9.39	90.61

资料来源：笔者整理而来。

（三）产品技术密集度差异下制造业出口转变

本部分借鉴 Lall 关于产品技术密集程度的分类方法[①]，对所有企业海关出口产品进行分类[②]，以明确制造业出口产品转变情况。

1. 总体发展趋势

一直以来，中国制造业出口以中、高技术产品为主，低技术产品为辅。从图 2-7 的中国制造业企业不同技术密集度产品的出口份额情况可以看出，在 2000~2013 年，中国制造业出口的中、高技术产品的总出口份额一直占据半壁江山，占比长期在 50% 以上，结合表 2-11 数据可知，中、高技术产品的总出口份额从 2000 年的 54.82% 增长到 2013 年的 71.50%，对应的出口总额也从 2000 年的 337.74 亿美元增加到 2013 年的 9920.19 亿美元，增长了 28 倍。其中，高技术产品出口金额及比重增加尤为重要，其出口金额从 2000 年的 204.34 亿美元增加到 2013 年的 6771.27 亿美元，增长了 32 倍，对应的出口份额从 2000 年的 33.17% 增加到 2013 年的 48.80%，增长了 15 个百分点；从企业出口频次来看，中、高技术产品对应的企业出口频次占比也从 2000 年的 24.55% 上升到 2013 年的 39.32%（见图 2-8）。然而，低技术产品出口份额则不断下降，其出口份额从 2000 年的 34.06% 下降到 2013 年的 20.76%，对应的企业出口频次占比也

---

① Lall, S., "The Technological Structure and Performance of Developing Country Manufactured Exports, 1985-98", *Oxford Development Studies*, Vol. 28, No. 3, 2000.

② 本章若无特殊说明，针对产品竞争程度差异都采用此处相同的方法进行区分。

从 2000 年的 62.67% 下降到 2013 年的 48.97%。

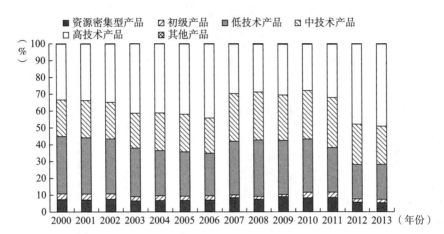

图 2-7　2000～2013 年中国制造业企业不同技术密集度产品出口份额
资料来源：笔者整理而来。

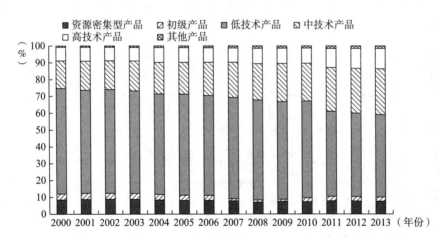

图 2-8　2000～2013 年中国制造业企业不同技术密集度产品出口频次占比
资料来源：笔者整理而来。

2. 分类发展特征

制造业出口产品的技术密集程度会因企业的所有制类型、要素密集类型及所处地区差异而不同，从而不同类型企业出口的主导产品也会存在显著差异。

从企业所有制类型来看，虽然不同所有制类型企业主要出口产品存在一定的变化，但是，三类企业出口的产品都以中、高技术产品为主，低技

表 2-11 2000～2013 年中国制造业企业不同技术密集度产品出口金额及频次

单位：亿美元，次

年份	资源密集型产品		初级产品		低技术产品		中技术产品		高技术产品		其他产品	
	金额	频次	金额	频次	金额	频次	金额	频次	金额	频次	金额	频次
2000	45.30	6491	21.55	2715	209.82	48219	133.41	12657	204.34	6234	1.67	627
2001	58.05	8069	28.60	3380	272.50	56740	179.82	16088	273.42	7684	2.21	734
2002	68.36	10020	29.70	4046	297.93	70104	198.52	19542	315.99	9068	2.08	945
2003	95.11	12815	38.16	5086	421.26	89117	302.55	26112	601.50	11738	2.86	1366
2004	167.45	19878	70.00	7850	664.36	141695	553.61	44749	1016.05	20820	5.50	2443
2005	196.00	19939	70.78	7540	755.67	147378	643.19	46667	1195.38	21323	7.42	2755
2006	261.01	23532	97.86	8660	946.48	171397	788.71	57340	1649.48	24770	9.03	3495
2007	272.65	23408	52.82	3902	1031.51	180623	912.95	63328	949.77	25328	11.05	3945
2008	316.37	24279	76.49	4627	1426.96	204931	1208.50	74860	1212.47	31495	16.34	5096
2009	257.99	22704	39.35	3767	919.81	173134	769.51	68015	863.09	26952	12.59	4166
2010	256.13	19346	103.20	6159	973.64	150989	884.78	59281	849.38	23569	11.85	3583
2011	599.14	33292	223.89	11337	1851.94	212871	2086.68	109641	2222.14	47799	27.46	6713
2012	751.01	34622	259.64	11681	2663.30	221573	3126.73	118846	6209.79	52577	37.71	7187
2013	758.58	36232	281.43	11791	2880.00	232075	3148.92	129452	6771.27	56875	34.71	7468

资料来源：笔者整理而来。

术产品为辅，并且，中、高技术产品出口份额不断增大，低技术产品出口份额不断缩小。如表 2 - 12 所示，2000~2013 年，民营企业、外资企业、国有企业三大类企业的中、高技术产品出口总份额分别从 2000 年的40.28%、57.94%、39.63% 上升到 2013 年的 57.45%、81.59%、58.39%，分别增加了约 17、24、19 个百分点，尤其是高技术产品，其出口份额增长明显，分别从 2000 年的 15.40%、37.16%、12.04% 增加到 2013 年的 26.96%、61.55%、35.05%，各自增加了约 12、24、23 个百分点，其出口金额也分别从 2000 年的 10.85 亿美元、189.04 亿美元、4.45 亿美元增加到 2013 年的 650.88 亿美元、4885.19 亿美元、1235.20 亿美元，都发生了大幅度增长；而对应企业的低技术产品则分别从 2000 年的 40.69%、33.01%、35.88% 下降到 2013 年的 30.44%、14.62%、27.94%，分别下滑了近 10、19、8 个百分点。

从企业要素密集类型来看，不同要素密集型企业的主要出口产品存在显著差异，劳动密集型企业主要出口低技术产品，资本密集型企业主要出口中、低技术产品，技术密集型企业主要出口高技术产品。如表 2 - 13 所示，2000~2013 年，劳动密集型企业低技术产品出口份额长期保持在 70% 以上，但总体也呈下降之势，表明劳动密集型企业主要产品的出口份额稳定；而资本密集型企业中、低技术产品总出口份额长期保持在六成以上，总出口份额相对稳定，其中，低技术产品出口份额先增加后减少，先从2000 年的 30.04% 增加到 2008 年的 39.98%，再下降到 2013 年的34.20%，而中技术产品出口份额相对稳定，长期在 25% 的水平上下波动，说明资本密集型产品的出口技术含量稳步增强；技术密集型企业则以高技术产品出口为主，其出口份额长期在 50% 以上，总体保持上升的势头，并在 2013 年出口份额达到最高值 67.12%，出口总额也从 2000 年的 189.45亿美元增长到 2013 年的 6611.88 亿美元，增长了近 34 倍，充分说明中国制造业技术产品的国际竞争力不断提升。

从企业所处区域来看，不同区域企业主要出口产品都存在差异，东部地区以中、高技术产品出口为主，中、西部地区以中、低技术产品出口为主，但高技术产品出口逐渐占据主导地位。如表 2 - 14 所示，2000~2013年，东部地区企业中、高技术产品出口份额从 2000 年的 56.04% 增长到

表 2－12 2000～2013 年中国制造业不同所有制企业不同技术密集度产品出口结构

单位：亿美元，%

年份	指标	民营企业						外资企业						国有企业					
		资源密集	初级	低技术	中技术	高技术	其他	资源密集	初级	低技术	中技术	高技术	其他	资源密集	初级	低技术	中技术	高技术	其他
2000	金额	7.15	6.23	28.67	17.53	10.85	0.03	33.42	11.00	167.89	105.68	189.04	1.64	4.72	4.32	13.25	10.19	4.45	0
2000	比重	10.15	8.84	40.69	24.88	15.40	0.04	6.57	2.16	33.01	20.78	37.16	0.32	12.79	11.70	35.88	27.59	12.04	0.01
2001	金额	10.11	7.47	48.17	28.06	17.44	0.05	42.17	16.63	213.49	143.79	251.86	2.15	5.77	4.51	10.84	7.97	4.12	0.01
2001	比重	9.08	6.71	43.28	25.21	15.67	0.05	6.29	2.48	31.86	21.46	37.59	0.32	17.38	13.57	32.63	23.98	12.41	0.04
2002	金额	14.84	9.51	62.59	38.43	23.25	0.03	46.86	16.06	223.88	151.37	286.95	2.05	6.66	4.13	11.46	8.73	5.80	0
2002	比重	9.98	6.40	42.11	25.85	15.64	0.02	6.44	2.21	30.79	20.82	39.46	0.28	18.10	11.24	31.15	23.73	15.77	0.01
2003	金额	23.91	13.95	93.79	65.50	34.90	0.06	62.40	21.06	313.96	225.14	559.45	2.78	8.80	3.16	13.51	11.91	7.15	0.02
2003	比重	10.30	6.01	40.41	28.22	15.04	0.03	5.27	1.78	26.50	19.00	47.22	0.23	19.75	7.09	30.32	26.74	16.05	0.04
2004	金额	49.92	24.71	161.20	124.21	67.76	0.30	109.66	38.47	485.14	407.21	938.99	5.12	7.87	6.83	18.02	22.19	9.29	0.07
2004	比重	11.66	5.77	37.65	29.02	15.83	0.07	5.53	1.94	24.45	20.52	47.31	0.26	12.25	10.62	28.04	34.52	14.46	0.11
2005	金额	74.13	27.15	183.32	148.10	100.98	0.57	110.84	36.65	552.61	476.64	1090.72	6.69	11.03	6.98	19.74	18.44	3.67	0.16
2005	比重	13.88	5.08	34.31	27.72	18.90	0.11	4.87	1.61	24.30	20.96	47.96	0.29	18.38	11.63	32.88	30.72	6.12	0.26
2006	金额	88.68	39.52	257.70	193.68	137.74	1.16	162.13	51.91	661.71	568.94	1494.89	7.85	10.20	6.43	27.07	26.09	16.85	0.02
2006	比重	12.34	5.50	35.87	26.96	19.17	0.16	5.50	1.76	22.45	19.30	50.72	0.27	11.77	7.42	31.24	30.11	19.44	0.02
2007	金额	108.96	25.65	308.87	245.82	157.07	1.55	154.83	25.75	699.17	642.00	789.69	9.34	8.86	1.42	23.47	25.12	3.01	0.16
2007	比重	12.85	3.03	36.43	28.99	18.52	0.18	6.67	1.11	30.13	27.66	34.03	0.40	14.27	2.30	37.82	40.49	4.85	0.27

续表

年份	指标	民营企业 资源密集	初级	低技术	中技术	高技术	其他	外资企业 资源密集	初级	低技术	中技术	高技术	其他	国有企业 资源密集	初级	低技术	中技术	高技术	其他
2008	金额	117.75	30.53	404.67	293.37	208.45	2.81	139.24	31.23	737.44	605.67	667.88	11.83	59.38	14.73	284.85	309.46	336.14	1.71
	比重	11.13	2.89	38.26	27.74	19.71	0.27	6.35	1.42	33.62	27.61	30.45	0.54	5.90	1.46	28.31	30.75	33.40	0.17
2009	金额	145.61	26.39	635.77	398.23	315.63	9.79	81.68	10.86	256.22	320.09	487.18	2.78	30.70	2.09	27.81	51.20	60.28	0.02
	比重	9.51	1.72	41.52	26.00	20.61	0.64	7.05	0.94	22.11	27.62	42.04	0.24	17.84	1.22	16.16	29.75	35.02	0.01
2010	金额	129.16	57.32	371.78	316.73	223.85	2.91	118.09	41.82	585.00	551.64	620.17	8.93	8.88	4.07	16.87	16.41	5.36	0
	比重	11.72	5.20	33.74	28.75	20.32	0.26	6.13	2.17	30.38	28.65	32.21	0.46	17.22	7.88	32.70	31.81	10.38	0
2011	金额	167.31	60.35	498.84	552.07	390.41	4.51	181.95	55.92	773.22	995.02	1371.13	18.95	249.88	107.62	579.88	539.58	460.60	4.00
	比重	10.00	3.61	29.81	32.99	23.33	0.27	5.36	1.65	22.77	29.30	40.37	0.56	12.87	5.54	29.87	27.79	23.72	0.21
2012	金额	198.40	75.92	656.96	693.96	616.83	7.98	229.99	60.09	1104.78	1641.83	4481.56	26.02	322.61	123.64	901.57	790.94	1111.40	3.71
	比重	8.82	3.37	29.20	30.84	27.41	0.35	3.05	0.80	14.64	21.76	59.40	0.34	9.91	3.80	27.71	24.31	34.16	0.11
2013	金额	208.92	76.99	734.95	736.18	650.88	6.39	217.43	59.88	1160.45	1590.21	4885.19	23.60	332.23	144.56	984.60	822.53	1235.20	4.73
	比重	8.65	3.19	30.44	30.49	26.96	0.26	2.74	0.75	14.62	20.04	61.55	0.30	9.43	4.10	27.94	23.34	35.05	0.13

资料来源：笔者整理而来。

表2-13 2000~2013年中国制造业不同要素密集型企业不同技术密集度产品出口结构

单位：亿美元，%

年份	指标	劳动密集型企业						资本密集型企业						技术密集型企业					
		资源密集	初级	低技术	中技术	高技术	其他	资源密集	初级	低技术	中技术	高技术	其他	资源密集	初级	低技术	中技术	高技术	其他
2000	金额	15.83	13.22	152.88	6.69	0.87	1.36	24.25	6.76	33.77	33.48	14.01	0.16	5.22	1.57	23.16	93.23	189.45	0.15
	比重	8.30	6.93	80.10	3.51	0.46	0.71	21.56	6.02	30.04	29.78	12.46	0.14	1.67	0.50	7.41	29.81	60.57	0.05
2001	金额	22.37	19.33	194.01	9.90	1.67	1.98	30.67	7.74	43.07	43.66	16.10	0.16	5.01	1.53	35.42	126.25	255.66	0.07
	比重	8.98	7.75	77.83	3.97	0.67	0.80	21.69	5.48	30.46	30.88	11.39	0.11	1.18	0.36	8.36	29.78	60.30	0.02
2002	金额	26.40	19.51	204.14	11.97	1.13	1.86	35.73	8.75	52.46	46.54	16.96	0.17	6.23	1.44	41.33	140.01	297.90	0.05
	比重	9.96	7.36	77.03	4.52	0.43	0.70	22.25	5.45	32.66	28.98	10.56	0.10	1.28	0.30	8.49	28.75	61.18	0.01
2003	金额	37.04	25.72	283.50	19.63	1.48	2.35	50.00	10.34	73.89	68.00	12.65	0.37	8.07	2.10	63.87	214.93	587.37	0.13
	比重	10.02	6.96	76.68	5.31	0.40	0.64	23.23	4.80	34.33	31.59	5.88	0.17	0.92	0.24	7.29	24.52	67.02	0.02
2004	金额	64.79	42.02	428.17	38.20	3.10	4.15	90.13	23.17	131.88	123.31	19.24	1.05	12.52	4.81	104.31	392.11	993.70	0.30
	比重	11.16	7.24	73.77	6.58	0.53	0.71	23.18	5.96	33.92	31.72	4.95	0.27	0.83	0.32	6.92	26.01	65.91	0.02
2005	金额	74.62	40.75	459.11	33.28	3.26	5.91	108.43	23.56	155.42	128.64	21.96	1.15	12.96	6.46	141.14	481.27	1170.15	0.37
	比重	12.09	6.61	74.42	5.39	0.53	0.96	24.69	5.37	35.39	29.29	5.00	0.26	0.71	0.36	7.79	26.55	64.57	0.02
2006	金额	103.70	46.53	557.45	38.54	3.28	6.99	137.36	41.85	214.17	159.10	28.36	1.32	19.96	9.48	174.86	591.07	1617.84	0.72
	比重	13.71	6.15	73.69	5.09	0.43	0.92	23.59	7.19	36.79	27.33	4.87	0.23	0.83	0.39	7.24	24.49	67.02	0.03
2007	金额	113.11	10.80	619.39	39.17	3.80	8.49	143.91	35.28	269.07	197.87	34.15	1.64	15.63	6.74	143.05	675.91	911.82	0.92
	比重	14.23	1.36	77.93	4.93	0.48	1.07	21.10	5.17	39.46	29.02	5.01	0.24	0.89	0.38	8.16	38.53	51.98	0.05

续表

年份	指标	劳动密集型企业						资本密集型企业						技术密集型企业					
		资源密集	初级	低技术	中技术	高技术	其他	资源密集	初级	低技术	中技术	高技术	其他	资源密集	初级	低技术	中技术	高技术	其他
2008	金额	134.74	18.54	897.87	36.07	8.53	13.02	161.04	48.76	349.70	258.03	55.13	2.12	20.59	9.19	179.38	914.39	1148.81	1.20
	比重	12.15	1.67	80.98	3.25	0.77	1.17	18.41	5.57	39.98	29.50	6.30	0.24	0.91	0.40	7.89	40.22	50.53	0.05
2009	金额	102.17	12.66	582.82	33.79	8.39	10.39	142.74	21.34	214.07	132.41	39.37	1.44	13.09	5.35	122.92	603.31	815.33	0.76
	比重	13.62	1.69	77.69	4.50	1.12	1.38	25.89	3.87	38.83	24.01	7.14	0.26	0.84	0.34	7.88	38.65	52.24	0.05
2010	金额	102.11	60.25	591.41	35.55	4.17	9.02	141.54	36.02	243.38	176.99	41.72	1.60	12.48	6.93	138.86	672.24	803.49	1.23
	比重	12.72	7.51	73.69	4.43	0.52	1.12	22.07	5.62	37.95	27.60	6.51	0.25	0.76	0.42	8.49	41.11	49.14	0.08
2011	金额	215.58	129.84	1087.52	73.47	8.63	20.08	350.96	78.49	467.40	406.93	113.71	5.03	32.60	15.56	297.03	1606.28	2099.80	2.34
	比重	14.04	8.46	70.84	4.79	0.56	1.31	24.67	5.52	32.86	28.61	7.99	0.35	0.80	0.38	7.33	39.63	51.80	0.06
2012	金额	252.73	146.38	1507.08	92.74	13.38	27.01	445.00	94.12	603.78	521.81	166.40	6.89	53.28	19.14	552.44	2512.18	6030.01	3.81
	比重	12.39	7.18	73.90	4.55	0.66	1.32	24.21	5.12	32.85	28.39	9.05	0.37	0.58	0.21	6.02	27.39	65.75	0.04
2013	金额	263.56	164.85	1636.46	97.98	11.84	24.59	445.96	97.51	624.04	503.73	147.55	5.77	49.06	19.07	619.51	2547.21	6611.88	4.35
	比重	11.98	7.50	74.41	4.46	0.54	1.12	24.44	5.34	34.20	27.61	8.09	0.32	0.50	0.19	6.29	25.86	67.12	0.04

资料来源：笔者整理而来。

表2-14 2000~2013年中国不同地区制造业企业不同技术密集度产品出口结构

单位：亿美元，%

年份	指标	东部地区企业						中部地区企业						西部地区企业					
		资源密集	初级	低技术	中技术	高技术	其他	资源密集	初级	低技术	中技术	高技术	其他	资源密集	初级	低技术	中技术	高技术	其他
2000	金额	39.76	17.41	200.25	127.61	202.65	1.67	3.66	2.65	5.57	3.32	1.05	0	1.88	1.49	3.99	2.48	0.63	0
	比重	6.75	2.95	33.98	21.65	34.39	0.28	22.53	16.33	34.29	20.40	6.46	0	17.92	14.21	38.12	23.70	6.04	0
2001	金额	50.49	22.23	261.76	172.61	271.22	2.21	4.96	2.42	7.56	3.54	1.35	0	2.60	3.95	3.18	3.67	0.86	0
	比重	6.47	2.85	33.54	22.11	34.75	0.28	25.01	12.22	38.13	17.85	6.79	0	18.21	27.70	22.31	25.72	6.05	0
2002	金额	59.59	23.19	286.94	192.10	312.48	2.08	5.75	2.18	8.04	2.87	2.05	0.01	3.02	4.33	2.95	3.55	1.46	0
	比重	6.80	2.65	32.74	21.92	35.66	0.24	27.52	10.43	38.46	13.75	9.83	0.01	19.73	28.28	19.27	23.21	9.51	0
2003	金额	82.73	30.22	404.35	292.95	596.09	2.85	8.18	2.49	12.13	5.28	2.85	0	4.20	5.45	4.78	4.33	2.55	0
	比重	5.87	2.14	28.69	20.79	42.30	0.20	26.44	8.05	39.21	17.06	9.23	0.01	19.70	25.59	22.43	20.30	11.97	0
2004	金额	142.34	52.72	635.07	529.14	1002.84	5.47	17.20	7.43	21.25	12.13	6.96	0.02	7.90	9.85	8.04	12.35	6.25	0
	比重	6.01	2.23	26.82	22.35	42.36	0.23	26.47	11.43	32.70	18.66	10.71	0.03	17.80	22.20	18.10	27.81	14.08	0.01
2005	金额	166.57	52.83	723.36	619.11	1182.11	7.40	19.43	7.45	23.92	11.55	7.43	0.02	10.00	10.50	8.39	12.52	5.83	0
	比重	6.05	1.92	26.29	22.50	42.96	0.27	27.84	10.67	34.26	16.55	10.65	0.03	21.16	22.22	17.75	26.51	12.35	0.01
2006	金额	225.38	76.26	900.96	752.23	1628.69	8.99	23.88	7.65	33.63	19.24	14.43	0.04	11.76	13.95	11.88	17.23	6.35	0
	比重	6.27	2.12	25.08	20.94	45.34	0.25	24.15	7.74	34.02	19.46	14.60	0.04	19.22	22.80	19.43	28.17	10.38	0.01
2007	金额	228.56	38.09	980.10	865.53	928.05	11.02	29.14	6.03	37.93	24.39	13.14	0.03	14.95	8.70	13.49	23.02	8.59	0
	比重	7.49	1.25	32.12	28.37	30.41	0.36	26.34	5.45	34.28	22.04	11.87	0.03	21.74	12.66	19.62	33.49	12.50	0

续表

年份	指标	东部地区企业						中部地区企业						西部地区企业					
		资源密集	初级	低技术	中技术	高技术	其他	资源密集	初级	低技术	中技术	高技术	其他	资源密集	初级	低技术	中技术	高技术	其他
2008	金额	272.79	56.95	1354.87	1119.76	1174.83	16.20	25.47	10.66	55.29	52.98	22.34	0.13	18.12	8.88	16.79	35.76	15.30	0.01
	比重	6.83	1.43	33.91	28.03	29.40	0.41	15.26	6.39	33.13	31.75	13.39	0.08	19.10	9.36	17.70	37.70	16.13	0.01
2009	金额	223.17	28.51	876.83	724.31	833.62	12.47	22.24	5.17	31.35	27.66	17.27	0.12	12.59	5.66	11.63	17.54	12.20	0
	比重	8.27	1.06	32.49	26.84	30.89	0.46	21.42	4.98	30.20	26.65	16.63	0.12	21.12	9.50	19.50	29.42	20.46	0
2010	金额	206.26	81.16	921.48	828.12	822.74	11.81	33.74	12.89	37.56	31.92	13.66	0.03	16.14	9.14	14.60	24.74	12.98	0
	比重	7.18	2.83	32.09	28.84	28.65	0.41	25.99	9.93	28.94	24.59	10.52	0.02	20.80	11.78	18.81	31.88	16.73	0
2011	金额	499.94	183.41	1745.40	1928.37	2091.71	26.50	67.83	25.01	83.28	103.68	66.36	0.95	31.36	15.47	23.26	54.63	64.07	0.01
	比重	7.72	2.83	26.95	29.78	32.30	0.41	19.54	7.21	23.99	29.87	19.12	0.27	16.61	8.19	12.32	28.94	33.94	0
2012	金额	654.18	217.89	2522.39	2909.18	5364.18	36.43	62.36	22.10	110.32	139.29	253.52	1.26	34.46	19.66	30.59	78.27	592.10	0.03
	比重	5.59	1.86	21.55	24.86	45.83	0.31	10.59	3.75	18.74	23.65	43.05	0.21	4.56	2.60	4.05	10.37	78.41	0
2013	金额	653.25	225.21	2705.79	2937.62	5664.17	33.79	74.47	32.47	143.23	143.20	401.38	0.88	30.86	23.75	30.99	68.09	705.73	0.04
	比重	5.35	1.84	22.14	24.04	46.35	0.28	9.36	4.08	18.00	18.00	50.45	0.11	3.59	2.76	3.61	7.92	82.11	0

资料来源：笔者整理而来。

49

2013 年的 70.39%，增长了 14 个百分点，两类产品的总出口份额一直都保持在五成以上，部分年份已经超过 70%，对应的出口总额也从 2000 年的 330.26 亿美元增长到 2013 年的 8601.79 亿美元，增长了 25 倍，说明中、高技术产品是东部地区企业出口的主要产品；中、西部地区企业出口则是以中、低技术产品为主，2000 ~ 2011 年，中部和西部地区企业的中、低技术产品总出口份额分别长期维持在 50% 和 40% 以上，但是 2012 ~ 2013 年，中部和西部地区企业的高技术产品出口份额大幅度上涨，并于 2013 年分别达到了 50.45% 和 82.11%，说明中西部地区企业更加积极地参与高技术产品竞争。

第二节　中国制造业出口产品质量变化

一　出口产品质量的测度方法

了解中国制造业出口产品质量变化首先需要明确出口产品质量测度方法，目前较为主流的测度方法大致可以归纳为以下几类。

（一）单位价值法

Schott 较早地提出将产品单位价值代替计算产品质量，并以此刻画世界各国对美国出口产品的单位价值量差异。[①] 其中的逻辑是，对于同一种产品，消费者愿意为更高质量的产品支付更高价格，即产品价格与质量为正向关系。[②] 其公式为：

$$U_{jt} = \frac{V_{jt}}{Q_{jt}} \qquad (2-1)$$

其中，U_{jt} 代表 t 时期出口到 j 国产品的平均质量，V_{jt} 代表其出口产品的总价值量，Q_{jt} 代表其出口产品总数量。李坤望等以及杨慧梅和李坤望利用单位价值测算 2000 ~ 2006 年中国出口产品质量变动结构情况，并指出资

[①] Schott, P. K., "Across-Product Versus Within-Product Specialization in International Trade", *The Quarterly Journal of Economics*, Vol. 119, No. 2, 2004.

[②] Hallak, J. C., "Product Quality and the Direction of Trade", *Journal of International Economics*, Vol. 68, No. 1, 2006.

源配置效率是影响出口产品质量变动的重要因素。[①]

单位价值法是所有计算产品质量中最早，也是最简单方便的一种方法。当产品市场上存在较大的质量差异化范围，即存在长质量阶梯时，产品价格与质量的关联度更高；但是，在产品质量差异化程度低的短阶梯市场中，价格难以有效刻画产品质量。[②] 并且，除受产品质量影响外，供求关系、生产成本等因素也同样影响出口产品价格，而且对于不同类型的产品，价格与质量的关系也有可能不同，因此，用出口产品价格来研究出口产品质量可能会产生较大的测量误差。

（二）产品特征法

产品特征法根据不同产品自身的各项性能，针对性地设计可以采用测度的具体指标对该产品的质量进行度量。例如采用劳动生产率、产品评级、性能参数汇总得到的综合指数、工资等具体测度工具来评估产品质量。例如，Crozet 直接利用专家评测的数据对法国出口的香槟酒质量进行测度[③]，Chen 和 Juvenal 则利用品酒师对葡萄酒的打分作为葡萄酒质量直接测度指标[④]。

产品特征法根据产品信息特征设置专业化的测度指标，能更加科学、准确、客观地测量产品质量。但由于不同类型的产品具有不同的测度标准，所以在不同的出口产品测度上，必须具体产品具体对待，因而该方法工作量较大，使用和推广起来比较困难，无法推广至所有产品。

（三）需求信息反推法

由于市场份额不同的两个厂商生产销售相同的产品，其产品质量存在明显差异。为克服这一差异，减少单位价值法测度产品质量带来的误差，一些研究利用需求剩余构建产品质量的度量指标。其原理为，消费者自己

---

① 李坤望、蒋为、宋立刚：《中国出口产品品质变动之谜：基于市场进入的微观解释》，《中国社会科学》2014 年第 3 期；杨慧梅、李坤望：《资源配置效率是否影响了出口产品质量？》，《经济科学》2021 年第 3 期。

② Khandelwal, A., "The Long and Short (of) Quality Ladders", *Review of Economic Studies*, Vol. 4, No. 77, 2010.

③ Crozet, M., Head, K., Mayer, T., "Quality Sorting and Trade: Firm-Level Evidence for French Wine", *The Review of Economic Studies*, Vol. 79, No. 2, 2012.

④ Chen, N., Juvenal, L., "Quality, Trade, and Exchange Rate Pass-Through", *Journal of International Economics*, Vol. 100, 2016.

会通过比较经过质量调整后的价格来选择购买商品的数量。目前形成了如下两种模型估计测度的方法。

1. 常替代弹性模型估计法

该方法最早由 Khandelwal 等提出[1]，其假设消费者的效用函数为 CES 形式，消费者效用与产品质量和数量有关，由此将需求方引入消费者对质量的偏好，将质量表示为销量和价格等需求层面的信息，然后利用这些信息估计需求函数和质量。其逻辑是，若两个产品价格相等，市场份额较大的产品，其质量也较高。该类方法提供了对产品质量更精确、一般化的测算，富有经济学含义。该方法被大量研究者发展并采用。[2] 由于该方法非常适用于测度一国微观企业 – 产品层面的出口产品质量，本书也将采用此方法进行测度，具体测度步骤如下。

首先，在借鉴 Khandelwal 等[1]、Fan 等以及李波和杨先明的研究的基础上[3]，构建出口产品质量测度方程：

$$\ln q_{ikdt} = -\sigma \ln p_{ikdt} + \mu_k + \mu_{dt} + \mu_{ikdt} \qquad (2-2)$$

其中，q_{ikdt} 为 t 年企业 i 出口产品 k 到目的地 d 的出口额；p_{ikdt} 为对应产品出口价格；μ_k 为产品固定效应，用于刻画不同产品间的价格和数量的不可比问题；μ_{dt} 为目的地 – 时间联合固定效应，用于控制目的地收入水平、价格水平等因素对企业出口产品质量的影响；σ 为不同产品间的替代弹性，数据来源于 Broda 和 Weinstein 计算的 HS 2 分位产品替代弹性指数[4]。

然后，根据公式（2-2）进行估计，可得企业 – 产品 – 目的地 – 年度层面的出口产品质量为 $qua_{ikdt} = \mu_{ikdt}/(\sigma - 1)$。

[1] Khandelwal, A. K., Schott, P. K., Wei, S. J., "Trade Liberalization and Embedded Institutional Reform: Evidence from Chinese Exporters", *American Economic Review*, Vol. 103, No. 6, 2013.

[2] Fan, H., Li, Y. A., Yeaple, S. R., "Trade Liberalization, Quality, and Export Prices", *The Review of Economics and Statistics*, Vol. 97, No. 5, 2015；李波、杨先明：《劳动保护与企业出口产品质量——基于〈劳动合同法〉实施的准自然实验》，《经济学动态》2021 年第 7 期。

[3] Fan, H., Li, Y. A., Yeaple, S. R., "Trade Liberalization, Quality, and Export Prices", *The Review of Economics and Statistics*, Vol. 97, No. 5, 2015；李波、杨先明：《劳动保护与企业出口产品质量——基于〈劳动合同法〉实施的准自然实验》，《经济学动态》2021 年第 7 期。

[4] Broda, C., Weinstein, D. E., "Globalization and the Gains from Variety", *The Quarterly Journal of Economics*, Vol. 121, No. 2, 2006.

最后，为便于比较，参照施炳展和邵文波的标准化处理方法[1]，有标准化出口产品质量 $r\_qua_{ikdt} = (qua_{ikdt} - \min qua_{ikdt})/(\max qua_{ikdt} - \min qua_{ikdt})$，其中，min 和 max 分别为某一 HS 8 分位产品所有年度、所有企业、所有目的地层面的最小值和最大值。因此，企业出口产品质量为 $quality_{it} = \sum_{ikdt \in \Omega}[(q_{ikdt}/\sum_{ikdt \in \Omega} q_{ikdt}) \times r\_qua_{ikdt}]$，其中，$\Omega$ 代表企业出口的样本集合。

2. 嵌套 Logit 模型估计法

由于产品的价格、消费者偏好和质量等因素共同决定着产品市场份额，并且，产品的水平差异也会影响需求，因此，Khandelwal 在 Berry 离散选择模型的基础上，利用嵌套 Logit 模型以更加丰富地刻画需求方信息。[2]具体做法是：首先，在消费者效用函数中，利用嵌套 Logit 模型将产品作为分组依据；其次，在实证模型中控制产品市场份额，进而剔除产品价格差异和水平差异，从而得到产品质量。[3] 施炳展等较早地利用该方法对中国出口产品质量进行测度，发现中国出口产品质量存在下降趋势。[4]

（四）供求信息加总反推法

该方法由 Feenstra 和 Romalis 提出[5]，他们基于企业内生化质量决策框架，同时考虑供给和需求两方面的因素，将质量从供给和需求两个角度分离出来，并纳入出口商品特性、出口国家距离等供给方面的价格差异因素。该方法适用于基于企业微观数据对产品层面出口质量的测算。余淼杰和张睿在 Feenstra 和 Romalis 研究的基础上[6]，全面考虑供给和需求因素，

---

① 施炳展、邵文波：《中国企业出口产品质量测算及其决定因素——培育出口竞争新优势的微观视角》，《管理世界》2014 年第 9 期。

② Khandelwal, A., "The Long and Short (of) Quality Ladders", *Review of Economic Studies*, Vol. 4, No. 77, 2010.

③ 详细关于该方法的测度可参照 Khandelwal、施炳展等的研究。Khandelwal, A., "The Long and Short (of) Quality Ladders", *Review of Economic Studies*, Vol. 4, No. 77, 2010；施炳展、王有鑫、李坤望：《中国出口产品品质测度及其决定因素》，《世界经济》2013 年第 9 期。

④ 施炳展、王有鑫、李坤望：《中国出口产品品质测度及其决定因素》，《世界经济》2013 年第 9 期。

⑤ Feenstra, R. C., Romalis, J., "International Prices and Endogenous Quality", *The Quarterly Journal of Economics*, Vol. 129, No. 2, 2014.

⑥ Feenstra, R. C., Romalis, J., "International Prices and Endogenous Quality", *The Quarterly Journal of Economics*, Vol. 129, No. 2, 2014.

消除价格的测量误差，兼顾企业生产率异质性的作用，提出适用于测度企业－产品层面的出口产品质量测度方法，还保证了测度指标在跨时和跨国意义上的可比性。他们利用该方法测算了中国制造业出口质量，发现2000～2006年，中国制造业总体出口质量水平分布呈现总体右移、形态平稳的特征，出口质量水平总体上升约15%，且大部分行业的出口质量水平有显著提升，出口到高收入国家的质量水平更高。[①] 该方法对所有的产品都通用，且从需求和供给角度剔除了价格中非质量因素的干扰，全面考虑了需求和供给对于质量的影响；但同一国家不同企业的产品存在差异，企业存在多维异质性，使用该方法测度需要企业层面的指标信息和参数更多，且求解过程复杂，对数据要求高，可操作性较低。

二　中国制造业出口产品质量发展特征

（一）总体发展特征

从长期来看，中国制造业出口产品质量在波动中上升，存在阶段性发展特征。金融危机之前，中国出口产品质量一直保持上升之势；金融危机后，中国出口产品质量略有下降，随后继续保持上升态势。如图2－9所示，2000～2013年，虽然2001年中国加入WTO贸易成本的变化和2008年金融危机爆发引起的中国对外贸易大幅度下滑，致使对应时点中国制造业出口产品质量存在波动，并有一定的下降，但从长期来看，中国制造业出口产品质量不断升级，呈现上升势头。进一步地，从图2－9中还可以发现，中国制造业出口产品质量变化以爆发金融危机前夕的2007年为转折点，2000～2006年，两种替代弹性计算的中国制造业出口产品质量的平均增长率分别为0.15%和0.48%；而2007～2010年，两种替代弹性计算的中国制造业出口产品质量的平均下降率分别为0.63%和0.59%，2011～2013年，两种替代弹性计算的中国制造业出口产品质量的平均增长率又分别高达1.87%和4.02%，阶段性发展特征明显。

---

① 余淼杰、张睿：《中国制造业出口质量的准确衡量：挑战与解决方法》，《经济学》（季刊）2017年第2期。

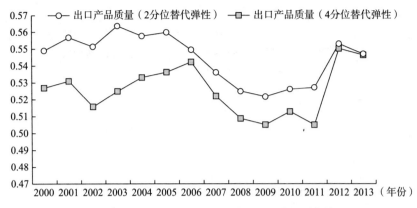

图 2 - 9　2000 ~ 2013 年中国制造业出口产品质量情况

（二）分类发展特征

1. 不同所有制类型企业出口产品质量演变趋势

从企业所有制差异来看，国有企业出口产品质量明显低于民营企业和外资企业，并且，民营企业和外资企业的出口产品质量变动趋势一致。从图 2 - 10 可以看出，国有企业、民营企业、外资企业三类企业的出口产品质量水平差距不是很大，都在 0.5 上下波动，但民营企业和外资企业的出口产品质量明显高于国有企业，这是因为外资企业在中国代工的产品一般都是出口的，要求高，品质把关严格，民营企业则长期面临较大的国际竞争压力，出口产品质量也表现出较高的水准；而国有企业因其天然属性，承担了更多的社会稳定职能，加上长期获得政府的政策支持，致使其产品创新性不足，出口产品质量相对较低。进一步地，从时间趋势来看，除 2008 ~ 2010 年，外资企业和民营企业的出口产品质量一直保持着较高水平，且长期呈现出不断上升之势；反观国有企业，在 2005 年以前，其出口产品质量不仅长期低于其他两类企业，且总体呈下降之势，而从 2006 年开始，国有企业的出口产品质量开始上升，并在 2009 年反超民营企业和外资企业，这是由于自 2005 年起，股权分置制度的改革开始起步，深化对国家控股的股份公司特别是上市公司内部的改革，这些制度对国有企业内部进而对国有企业出口产品质量产生了一定的影响。但国有企业出口产品质量在 2009 年达到峰值之后，经过短暂的调整，于 2011 年又开始上升，与其他两类企业的出口产品质量差距不断缩小。

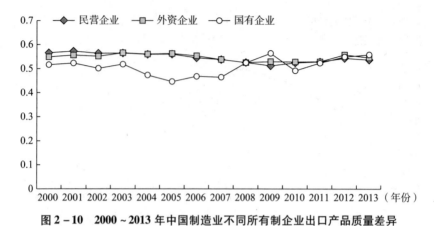

图2-10 2000~2013年中国制造业不同所有制企业出口产品质量差异

2. 不同要素密集型企业出口产品质量演变趋势

从企业要素密集类型差异来看，劳动密集型企业和资本密集型企业出口产品质量呈下降趋势，技术密集型企业出口产品质量总体上升。如图2-11所示，2000~2013年，劳动密集型、资本密集型、技术密集型三类企业的简单平均出口产品质量分别为0.57、0.52、0.54，中国劳动密集型企业出口产品质量"一枝独秀"，长期高于资本密集型企业和技术密集型企业，这也是中国制造响彻全球的真实体现，但是，劳动密集型企业的出口产品质量呈现下降之势。这是因为我国人口比较密集，劳动力资源丰富，拥有显著的劳动力比较优势；但随着人口老龄化问题的加剧，中国劳动力成本上升，加上与其他发展中国家的竞争加剧，导致中国廉价劳动力的比较优势呈现弱化趋势，劳动密集型企业出口产品质量后劲不足，由此，劳动密集型企业出口产品质量整体也呈现下降趋势。而资本密集型和技术密集型两类企业的出口产品质量发展呈现出截然不同的发展趋势，资本密集型企业的出口产品质量不断下降，其出口产品质量从2000年的0.57减少到2013年的0.49；技术密集型企业的出口产品质量不断上升，其出口产品质量从2000年的0.52增加到2013年的0.55。与此同时，在2003年之前，资本密集型企业的出口产品质量明显高于技术密集型企业，而在2003年之后，随着技术密集型企业出口产品质量的明显上升，其出口产品质量一直高于资本密集型企业，且差距不断拉大，到2013年的时候，二者之间差距已接近0.06。其中的原因可能是，随着国际市场的竞争加剧及2008年金融危机的冲击，为大力推动技术创新，保持出口产品的国际竞争力，国家大力推进了各类产业政策，支持企业技术创新和技术改造，使得技术密集型企业的出口产品质量发展较快。

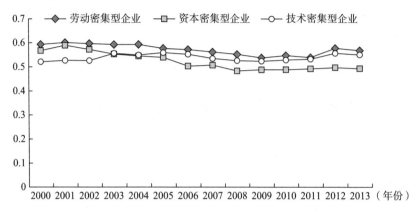

图2-11　2000~2013年中国制造业不同要素密集型企业出口产品质量差异

3. 不同地区企业出口产品质量演变趋势

从地区差异来看，东部和西部两地区企业出口产品质量发展趋势基本相同，出口产品质量长期保持相对稳定，中部地区企业出口产品质量长期上升势头明显；并且，三个地区企业出口产品质量发展呈现阶段性特点。由图2-12可以看出，2000~2013年，东部地区和西部地区的出口产品质量水平分别在0.53和0.51上下波动，且14年间，分别有7年和8年呈增长态势，发展趋势稳定；而中部地区企业出口产品质量则从2000年的0.54上升到2013年的0.61，上升势头迅猛，平均年增长率高达1%，出口产品质量上升明显。进一步地，从产品质量演变的阶段性来看，金融危机前、中、后三个阶段中，三个地区的出口产品质量差异明显。例如，金融危机爆发前的2000~2007年，东部、中部、西部三个地区的简单平均出口产品质量分别为0.56、0.52、0.52，东部地区出口产品质量远远高于中西部地区；金融危机期间的2008~2009年，东部、中部、西部三个地区的简单平均出口产品质量分别为0.53、0.51、0.52，三个地区企业出口产品质量水平差距并不明显；金融危机后的2010~2013年，东部、中部、西部三个地区的简单平均出口产品质量分别为0.54、0.57、0.54，中部地区产品质量提升迅速，逐步拉大与东西部企业出口产品质量的差距。进一步地，2006 年前，三个地区企业出口产品质量都在波动中下降，2006 年之后，中部地区企业出口产品质量提升明显，这是缘于中部地区承东启西、连南接北，资源丰富，交通发达的优势，且中央在 2006 年提出促进"中部地区崛起"的重大决策，支持共同促进中部地区企业出口产品质量的快速发展。

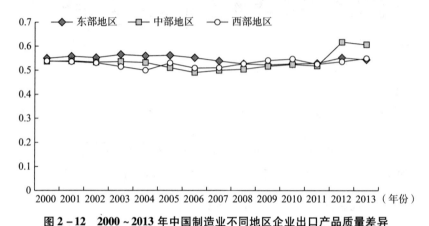

图 2 - 12　2000～2013 年中国制造业不同地区企业出口产品质量差异

第三节　中国制造业出口技术含量变化

一　出口技术含量的测度方法

出口技术含量通常用来衡量一国产品在国际市场上的竞争力，反映一国在国际分工中的地位，也用来分析该国的生产技术水平。现有研究普遍采用出口产品技术复杂度对出口产品技术含量进行刻画。本部分也将使用出口技术复杂度作为出口技术含量的测度方法。一国出口产品的技术复杂度越高，则出口技术含量就越高，越容易在出口贸易的全球竞争中占据有利地位。出口技术复杂度的概念最早由 Michaely 在其 1984 年发表的著作中提出，认为不同国家或地区出口产品的技术差异，能够反映出不同出口产品的复杂程度或技术含量[1]；Rodrik、Hausmann 等学者在之后的研究中对

---

[1] Michaely, M., *Trade*, *Income Levels*, *and Dependence*, Amsterdam: North-Holland, 1984, p. 55.

其概念进行了进一步的拓展，将各个国家的出口份额、全要素生产率及出口产品的显示性比较优势等要素结合，设计出计算出口技术复杂度的方法[①]。他们认为，出口技术复杂度能够体现一国出口产品的产品价值、技术含量与生产效率，一国的出口技术复杂度越高，意味着其出口商品中具有较高价值的商品所占的比重越大，能够反映出该国在国际分工中越高的地位。

对于出口技术复杂度的测算，现有文献主要集中在两大类：第一类是由 Schott 所提出的相似度法[②]；第二类是在显示性比较优势（Revealed Comparative Advantage，RCA）的基础上，基于收入水平、能力理论等方面提出的出口产品复杂度，用以测定出口技术复杂度[③]。

1. 相似度法

Schott 指出了"出口相似度指数"（ESI）的概念。[④] 该指标通常需要选择一个出口技术复杂度较高的国家为参照国，通过计算该国出口产品与参照国出口产品之间的相似程度来判断该国产品的出口技术复杂度，其公式为：

$$ESI_a = \sum_q \min(s_{qa}, s_{qb}) \qquad (2-3)$$

其中，ESI_a 表示 a 国与 b 国出口产品的相似度指数，a 国为考察国，b 国为参照国，s_{qa}、s_{qb} 分别表示 a 国、b 国 q 产品的出口占该国总出口的比重。ESI 越接近 1，就说明考察国的出口技术水平越高；反之，则说明其出口技术水平越低。

---

① Rodrik，D.，"What's So Special About China's Exports?"，*China & World Economy*，Vol. 14，No. 5，2006；Hausmann，R.，Hwang，J.，Rodrik，D.，"What You Export Matters"，*Journal of Economic Growth*，Vol. 12，No. 1，2007.

② Schott，P. K.，"The Relative Sophistication of Chinese Exports"，*Economic Policy*，Vol. 23，No. 53，2008.

③ Hidalgo，C. A.，Klinger，B.，Barabási，A. L.，Hausmann，R.，"The Product Space Conditions the Development of Nations"，*Science*，Vol. 317，No. 5837，2007；Hidalgo，C. A.，Hausmann，R.，"The Building Blocks of Economic Complexity"，*Proceedings of the National Academy of Sciences*，Vol. 106，No. 26，2009.

④ Schott，P. K.，"The Relative Sophistication of Chinese Exports"，*Economic Policy*，Vol. 23，No. 53，2008.

2. 复杂度法

自 Hausmann 等提出基于国家收入水平的出口复杂度测量方法以来[1]，大量学者对其出口复杂度的测度方法进行发展和修正。目前形成了以下三类测度方法。

第一，收入加权法。利用收入加权法测度出口产品技术复杂度最早由 Hausmann 等提出，他们以不同国家产品的显示性比较优势（RCA）为权重，对人均 GDP 进行加总，计算产品层面的出口技术复杂度（$PRODY_p$）。[2] 具体公式如下：

$$PRODY_p = \sum_c RCA_{cp} Y_c \qquad (2-4)$$

$$RCA_{cp} = \frac{X_{cp}/X_c}{\sum_c X_{cp}/X_c} \qquad (2-5)$$

式（2-4）和式（2-5）中，c 表示国家，p 表示产品，X_{cp} 为 c 国 p 产品的出口额，Y_c 为 c 国人均 GDP，RCA_{cp} 为 c 国 p 产品的显性比较优势指数。

第二，反射法。由于上述方法容易导致"富国出口复杂产品，穷国出口简单产品；复杂产品由富国出口，简单产品由穷国出口"的循环结论，Hidalgo 和 Hausmann 基于能力理论，提出了采用反射法来衡量出口技术复杂度[3]。其核心思想是以一国生产产品的多样化（diversification）和一种产品被多国生产的普遍化（ubiquity）作为刻画国家经济复杂度和产品生产复杂度的依据。其计算过程为：首先，计算一国产品生产的显性比较优势指数，若一国生产产品的 $RCA \geq 1$，说明该国有较强的生产能力，同时用一国 $RCA \geq 1$ 的产品种类数加总得到的多样化表示该国的经济复杂度；其次，计算各国同一产品生产的显性比较优势指数，若多国生产同一种产品的 $RCA \geq 1$，则说明生产该产品需要的能力是普遍的，同时用同一产品 $RCA \geq 1$ 的国家数目加总得到的普遍化表示该产品的生产复杂度；最后，采用反

[1] Hausmann, R., Hwang, J., Rodrik, D., "What You Export Matters", *Journal of Economic Growth*, Vol. 12, No. 1, 2007.

[2] Hausmann, R., Hwang, J., Rodrik, D., "What You Export Matters", *Journal of Economic Growth*, Vol. 12, No. 1, 2007.

[3] Hidalgo, C. A., Hausmann, R., "The Building Blocks of Economic Complexity", *Proceedings of the National Academy of Sciences*, Vol. 106, No. 26, 2009.

复迭代的方式不断提炼能力信息以改进上述粗略计算过程，直到国家和产品的排序不再发生变化，即国家间和产品间技术水平差异非常小时迭代过程停止，并将迭代过程中的产品种类数和国家数目分别加总，用以分别刻画包含产品信息的真实国家能力值和包含国家信息的真实产品能力值。其中，包含产品信息的真实国家能力值取值越大，表示该产品的生产过程越复杂。具体公式如下：

$$k_{c,0} = \sum_{p=1}^{N_p} M_{cp} \qquad (2-6)$$

$$k_{p,0} = \sum_{c=1}^{N_c} M_{cp} \qquad (2-7)$$

$$k_{c,n} = \frac{1}{k_{c,0}} \sum_{p=1}^{N_p} M_{cp} k_{p,n-1} \qquad (2-8)$$

$$k_{p,n} = \frac{1}{k_{p,0}} \sum_{c=1}^{N_c} M_{cp} k_{c,n-1} \qquad (2-9)$$

$$M_{cp} = \begin{cases} 1, RCA_{cp} \geqslant 1 \\ 0, 其他 \end{cases} \qquad (2-10)$$

其中，n 代表迭代次数，M_{cp} 是根据 RCA_{cp} 分段函数定义的变量，其他变量说明同上述公式。该方法需要经过多次迭代，直到 $k_{c,n} = k_{c,n+2}$ 且 $k_{p,n} = k_{p,n+2}$，即结果收敛，最终的结果显示各国之间以及各产品之间的技术水平差异极小。$k_c^{(n)}$ 表示一国能够生产具有显示性比较优势产品的多样性，$k_c^{(n)}$ 越高，则表示该国的出口技术复杂度越高；$k_p^{(n)}$ 表示一种产品能够被多国生产的普遍性，$k_p^{(n)}$ 越高，则表示该产品的复杂度越低。

第三，适合度法。考虑到反射法测度的出口产品复杂度在变量刻画、计算结果体现的能力信息等方面都存在一定的局限性，Tacchella 等提出了采用适合度法对权重进行改进，强调通过多次迭代，不断收集国家－产品双方的能力信息，提炼包含产品信息的"国家适合性"和包含国家信息的"产品被生产普遍性"，最终确定国家适合度指数和产品复杂度指数。[1] 其计算公式为：

---

① Tacchella, A., Cristelli, M., Caldarelli, G., Gabrielli, A., Pietronero, L., "Economic Complexity: Conceptual Grounding of a New Metrics for Global Competitiveness", *Journal of Economic Dynamics and Control*, Vol. 37, No. 8, 2013.

$$f^{(n)} = \sum_p M_{cp} Q_p^{(n-1)} \qquad (2-11)$$

$$q^{(n)} = \frac{1}{\sum_c M_{cp} \dfrac{1}{F_c^{(n-1)}}} \qquad (2-12)$$

$$F_c^{(n)} = \frac{f^{(n)}}{[f^{(n)}]_c} \qquad (2-13)$$

$$Q_P^{(n)} = \frac{q^{(n)}}{[q^{(n)}]_p} \qquad (2-14)$$

式（2-11）~（2-14）中，$f^{(n)}$ 和 $q^{(n)}$ 都为中间变量，其初始值为 $f^{(0)} = 1$ 和 $q^{(0)} = 1$。M_{cp} 为指示变量，若 $RCA_{cp} \geq 1$，则该值为1，否则为0。$F_c^{(n)}$ 为国家出口适合度，$Q_p^{(n)}$ 是产品出口复杂度。$[f^{(n)}]_c$ 表示在 n 次迭代中所有国家适合度的平均值，$[q^{(n)}]_p$ 表示在 n 次迭代中所有产品复杂度的平均值。在迭代过程中，当第 n 次与第 $n+1$ 次得到的国家或产品序列不再改变时，所得 $Q_p^{(n)}$ 就是最终产品出口复杂度。其他变量含义同上述公式。

然而，沈国兵和黄铄珺指出，某种产品具有强显性比较优势意味着生产该产品的技术已经成熟、普及，产品进入成熟、衰退期，因而需要对 RCA 的判定标准进行细分，以区分强弱显性比较优势。[①] 本部分将 RCA 进行细分为：

$$M_{cp} = \begin{cases} 1.25 \ 强显性比较优势(RCA_{cp} \geq 1.25) \\ 1 \ 弱显性比较优势(0.8 \leq RCA_{cp} < 1.25) \\ 0 \ 显性比较劣势(RCA_{cp} < 0.8) \end{cases} \qquad (2-15)$$

接下来，利用 BACI 2000~2013 年的 245 个国家（地区）出口数据，结合细分后的 RCA 判定标准和上述公式，采用迭代法计算 5007 种 HS 6 位码[②]产品的出口技术复杂度 $[Q_p^{(n)}]$，再根据企业出口产品额加权计算得到企业出口技术复杂度（$extech_{it}$）：

$$extech_{it} = \sum_p \frac{x_{ipt}}{\sum_p x_{ipt}} Q_{pt}^{(n)} \qquad (2-16)$$

[①] 沈国兵、黄铄珺：《行业生产网络中知识产权保护与中国企业出口技术含量》，《世界经济》2019 年第 9 期。

[②] BACI 数据库对进出口贸易数据的产品编码进行了统一调整，此处使用的 HS 编码版本为 HS 92 版本。

其中，$extech_{it}$ 是 t 年 i 企业出口技术复杂度，用以刻画企业出口技术含量情况，x_{ipt} 是 t 年 i 企业 p 产品出口总额，$Q_{pt}^{(n)}$ 是 t 年 p 产品出口技术复杂度。

二　中国制造业出口技术含量发展特征

（一）总体发展特征

长期来看，中国制造业出口技术含量保持着上升之势。如图 2－13 所示，随着中国制造业对外贸易的不断扩张，2000～2013 年制造业出口技术含量也有大幅度提升，从反射法、适合度法及修正的适合度法计算的三种出口技术含量结果来看，中国制造业出口技术含量分别从 2000 年的 1.53、0.98、1.02 增加到 2013 年的 2.26、1.31、1.40，分别增长了 47.71%、33.67%、37.25%，上升趋势明显。这一方面源于中国积极推进改革开放带来的经济快速发展及出口贸易结构优化；另一方面是因为中国不断寻求与其他国家的友好贸易合作，推动了外商直接投资，实现了国内企业对发达国家技术溢出的吸收。从发展的阶段性来看，中国制造业出口技术含量在 2007 年以前总体呈平稳上升趋势，三类测度出口技术含量的指标显示，2000～2006 年的年均增长率分别为 4.59%、3.64%、4.52%，并都在 2006 年达到顶峰；后续由于受到金融危机的影响，2007～2010 年，中国制造业出口技术含量有一定的下降，迅速从 2006 年的顶峰下降到 2010 年的低谷，三类出口技术含量分别下降了 14.22%、12.61%、17.42%；2011 年后，中国制造业出口技术含量开始反弹，三类出口技术含量分别从 2010 年的 1.72、1.06、1.10 上升到 2013 年的 2.26、1.31、1.40，分别增长了 31.40%、23.58%、27.27%。

（二）分类发展特征

1. 不同所有制类型企业出口技术含量变化趋势

从企业所有制差异来看，民营企业、外资企业、国有企业三类企业的出口技术含量都发生大幅度提升，并且，国有企业出口技术含量明显低于民营企业和外资企业，民营企业和外资企业的出口技术含量增长明显。由图 2－14 可以看出，2000～2013 年，中国民营企业、外资企业、国有企业的出口技术含量总体均有一定的上升，但上升幅度并不相同。具体地，民

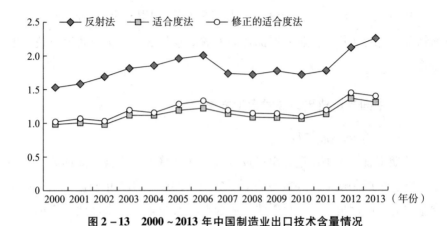

图 2 - 13 2000～2013 年中国制造业出口技术含量情况

营企业、外资企业、国有企业的出口技术含量分别由 2000 年的 0.66、1.13、0.37 增加至 2013 年的 1.06、1.59、1.20，增长幅度分别为 60.61%、40.71%、224.32%，国有企业出口技术含量增长幅度最大，其次是民营企业，最后是外资企业。进一步地，除 2008 年外，外资企业的出口技术含量始终高于国有企业和民营企业，民营企业的变动趋势与外资企业基本保持一致，变动最为特殊的是国有企业。如图 2 - 14 所示，2000～2013 年，外资企业出口技术含量长期处于领先位置，除 2008 年外一直高于国有企业和民营企业，民营企业出口技术含量处于居中位置；而国有企业出口技术含量在金融危机爆发前始终低于民营企业和外资企业，但在 2008 年，民营企业和外资企业的出口技术含量均出现下降趋势的情况下，国有企业的出口技术含量不降反升，甚至上升到了比外资企业略高的水平，此后虽然有所下降，但是仍然保持着较高的提升速度，并在 2011 年再次超过了民营企业，与外资企业的差距不断缩小。

2. 不同要素密集型企业出口技术含量变化情况

从企业要素密集类型差异来看，劳动密集型、资本密集型、技术密集型三类企业的出口技术含量都发生大幅度提升，并且，三类企业出口技术含量从高到低的顺序依次为技术密集型企业、资本密集型企业及劳动密集型企业。如图 2 - 15 所示，2000～2013 年，劳动密集型、资本密集型、技术密集型三类企业出口技术含量总体均有一定的上升，但上升幅度并不相同。具体地，劳动密集型、资本密集型、技术密集型三类企业出口技术含

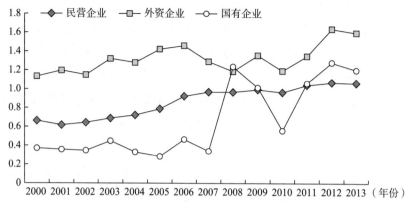

图 2－14 2000～2013 年中国制造业不同所有制企业出口技术含量的差异

量分别由 2000 年的 0.44、0.74、1.50 增加至 2013 年的 0.66、0.79、1.68，增长幅度分别为 50.00%、6.76%、12.00%，劳动密集型企业出口技术含量增幅最大，其次是技术密集型企业，最后是资本密集型企业，三类企业的发展趋势基本保持一致。进一步地，2000～2013 年，劳动密集型、资本密集型、技术密集型三类企业的简单平均出口技术含量水平分别为 0.50、0.77、1.60，很明显，技术密集型企业出口技术含量长期高于劳动密集型企业和资本密集型企业，这是由技术密集型企业的本质特征所决定的，因为科研技术、创新水平等因素是决定该类制造业出口技术水平的关键。

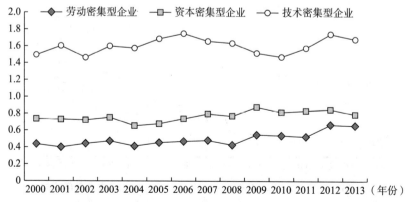

图 2－15 2000～2013 年中国制造业不同要素密集型企业出口技术含量的差异

3. 不同地区企业出口技术含量变化趋势

长期来看，东部、中部、西部三大区域企业出口技术含量都有大幅度提升，并且，东部地区企业出口技术含量高于中西部地区企业。如图 2－16 所示，2000~2013 年，三大区域的出口技术含量均有所上升，但上升幅度并不相同，东部、中部、西部三大区域的企业出口技术含量分别由 2000 年的 1.06、0.23、0.13 增加至 2013 年的 1.37、1.14、2.03，增长幅度分别为 29.25%、395.65%、1461.54%，西部地区企业出口技术含量增幅最大，其次分别是中部地区企业、东部地区企业。此外，在 2011 年以前，三类企业的发展趋势基本保持一致，东部地区企业出口技术含量始终高于中西部地区，中部和西部地区企业出口技术含量基本相当，并且保持着相同的发展趋势。这是因为东部地区拥有天然的地理优势，其经济发展水平普遍较高，高新技术产业发展状况远远好于中西部地区，但也因为出口技术含量水平较高所以很难取得更大的突破，在增长幅度方面要低于中西部地区；而中西部地区最初由于受到地理位置的限制，在 2000~2010 年与东部地区之间存在着较大的差距，然而，随着中国交通基础建设的完善，中西部地区逐渐进入快速发展阶段，人员流动频繁，信息交流加剧，推动了中西部地区企业出口技术升级，缩小了东部地区企业与中西部地区企业出口技术含量的差距。

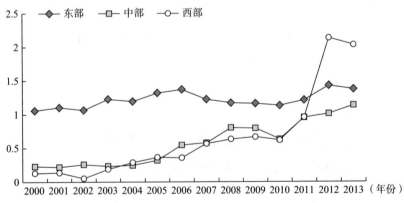

图 2－16　2000~2013 年中国制造业不同地区企业出口技术含量的差异

第四节 中国制造业出口国内附加值变化

一 出口国内附加值的测度方法

20世纪80年代以来，产品内分工的全球贸易分工模式盛行，传统的以贸易总量方式度量一国的贸易利得的方式受到严重挑战，出口国内附加值的测算成为衡量一国真实贸易利得的有效方式。关于企业出口国内附加值的研究，大量学者进行了各种探索，得出的一些有价值的结论被广泛认可和借鉴使用。这些研究主要是从宏观产业和微观企业两个层面展开并形成了对应的出口国内附加值（Domestic Value Added，DVA）和出口国内附加值率（Domestic Value Added Rate，DVAR）的度量指标。

（一）宏观测算方法

从宏观层面测度出口国内附加值的主要方法包括 HIY 法、KWW 法、WWZ 法。这些方法大多基于投入产出表考察行业或国家出口的成分。表2-15列出了宏观层面出口 DVAR 的三种方法对比。各种方法演进情况如下。

1. HIY 法

Hummels 等最早采用垂直专业化（VS）测算出口国内附加值，即一国中间品在出口产品中的比重来衡量。[①] 他们从经济合作与发展组织（OECD）数据库中提取1968~1990年的投入产出表，选择包括澳大利亚和G7成员国等在内的10个国家，并估算出这些国家的 VS 在出口中的占比（简称 HIY 法）。该方法假设加工贸易和一般贸易的进口中间品占出口产品的比值相同。

2. KWW 法

在 HIY 方法的基础上，Koopman 等进一步将投入产出表区分为加工贸易和一般贸易两类。[②] 他们采用中国海关产品贸易数据，选取中国1992~2002年的投入产出表，测算了中国行业层面的出口产品 DVA 和 DVAR

---

① Hummels, D., Ishii, J., Yi, K. M., "The Nature and Growth of Vertical Specialization in World Trade", *Journal of International Economics*, Vol. 54, No. 1, 2001.

② Koopman, R., Wang, Z., Wei, S. J., "Estimating Domestic Content in Exports When Processing Trade Is Pervasive", *Journal of Development Economics*, Vol. 99, No. 1, 2012.

（简称 KWW 法）。该方法假设加工贸易与一般贸易的进口中间品占出口产品比值不同，并分别设定了系数。

3. WWZ 法

基于 KWW 方法，Wang 等对一国贸易流分解法进行扩展，进一步考虑了部门、双边以及双边部门层面。他们采用了世界投入产出数据库（WIOD）中 1995~2011 年的 40 个国家/地区的各个部门所有双边部门贸易流量数据并对其进行分解，定义了新的贸易流量核算方法。[1]

表 2-15　宏观层面测算出口 DVAR 的方法对比

测算方法	优点	缺点	主要文献
HIY 法	方法简单	没有区分加工贸易与一般贸易，会高估出口 DVAR，测量误差较大	Hummels 等[1]
KWW 法	区分了加工贸易和一般贸易 I-O 表，并假定不同的投入-产出系数矩阵	没有区分一般贸易的进口中间品和最终品	Koopman 等[2]
WWZ 法	扩展了一般贸易流分解法，提高了测算精度	过程较为复杂	Wang 等[3]

资料来源：①Hummels, D., Ishii, J., Yi, K. M., "The Nature and Growth of Vertical Specialization in World Trade", *Journal of International Economics*, Vol. 54, No. 1, 2001; ②Koopman, R., Wang, Z., Wei, S. J., "Estimating Domestic Content in Exports When Processing Trade Is Pervasive", *Journal of Development Economics*, Vol. 99, No. 1, 2012; ③ Wang, Z., Wei, S. J., Zhu, K., "Quantifying International Production Sharing at the Bilateral and Sector Levels", *Nber Working Paper Series*, No. 19677, 2013。

值得注意的是，宏观层面测算出口 DVAR 虽有其自身的优势，但也存在一系列问题：第一，I-O 表只能反映固定投入产出系数，测算无法捕捉外部变化[2]；第二，I-O 表忽略了行业内部企业的异质性，导致加总偏误；第三，I-O 表的间断性特点导致估算结果不连续，不能反映出口 DVAR 的动态变化。

---

[1] Wang, Z., Wei, S. J., Zhu, K., "Quantifying International Production Sharing at the Bilateral and Sector Levels", *Nber Working Paper Series*, No. 19677, 2013.

[2] Koopman, R., Wang, Z., Wei, S. J., "Estimating Domestic Content in Exports When Processing Trade Is Pervasive", *Journal of Development Economics*, Vol. 99, No. 1, 2012.

（二）微观测算方法

由于宏观层面基于投入产出表测算的出口 DVAR，难以应用到微观企业层面，现有研究也关注了微观层面出口 DVAR 的测算。从微观层面测算出口 DVAR 的主要贡献者有 Upward 等、张杰等、Kee 和 Tang。[①] 这些学者大多基于企业层面数据测算了企业出口 DVAR，下文分别对相关测算进行简要说明。

1. Upward 法

Upward 等综合采用中国工业企业数据库和海关贸易数据库，利用 HIY 方法的改进式，首次提出了企业层面出口 DVAR 的测算方法。[②] 具体测算过程为：识别并估计单个企业的出口额、进口中间品额、总销售额及总中间品投入额，然后剔除企业出口中的进口中间品。该方法假设存在问题，他们认为，对于加工贸易企业来说，其总出口额与总销售额相等；对一般贸易企业来说，无论产品内销还是出口，均不改变产品中的 DVAR。

2. KT 法

基于 Upward 法，Kee 和 Tang 综合考虑宏观和微观估算方法的优点，并解决了过度进出口问题，从微观层面测算了中国 2000～2007 年企业出口 DVAR，大大降低了测算偏误。[③] 张杰等也使用中国海关贸易数据库和工业企业数据库，深入探讨了贸易代理商、资本品进口及中间品间接进口三个方面的问题，测算出中国 2000～2006 年的企业出口 DVAR。[④] 这一方法对 Upward 法进行了较大修正，提供了一个更为精确的微观企业出口 DVAR 测算方法。

为了避免宏观层面测度方法的不足，本研究综合考虑上述微观层面测

[①] Upward, R., Wang, Z., Zheng, J., "Weighing China's Export Basket: The Domestic Content and Technology Intensity of Chinese Exports", *Journal of Comparative Economics*, Vol. 41, No. 2, 2013；张杰、陈志远、刘元春：《中国出口国内附加值的测算与变化机制》，《经济研究》2013 年第 10 期；Kee, H. L., Tang, H., "Domestic Value Added in Exports: Theory and Firm Evidence from China", *American Economic Review*, Vol. 106, No. 6, 2016。

[②] Upward, R., Wang, Z., Zheng, J., "Weighing China's Export Basket: The Domestic Content and Technology Intensity of Chinese Exports", *Journal of Comparative Economics*, Vol. 41, No. 2, 2013.

[③] Kee, H. L., Tang, H., "Domestic Value Added in Exports: Theory and Firm Evidence from China", *American Economic Review*, Vol. 106, No. 6, 2016.

[④] 张杰、陈志远、刘元春：《中国出口国内附加值的测算与变化机制》，《经济研究》2013 年第 10 期。

算企业出口 DVAR 的三种方法，并进一步删除间接进口和增加返回增加值中的企业出口 DVAR，即删除国内中间品中包含的进口部分，增加进口中间品中包含的本国出口部分的增加值。进一步结合微观数据的可获得性，本研究参照 Wang 等的方法对出口增加值进行分解[1]，并借鉴邵朝对和苏丹妮的方法，用中国行业层面的数据替换企业层面数据，即用行业间接进口比例替代中国企业间接进口比例，用行业返回增加值比例替代企业返回增加值比例[2]。此外，由于贸易方式及中间贸易代理商问题也会降低测算精度，我们对该问题也进行了处理。最终，本书得到了如下的中国制造业企业出口 DVAR 测度方法：

$$DVAR_{ijkt\hat{p}} = 1 - \frac{IM_{ijkt\hat{p}}^{total} \mid_{BEC} + (v_j^1 - v_j^2) \times EX_{ijkt\hat{p}}^{total}}{EX_{ijkt\hat{p}}^{total}} \qquad (2-17)$$

$$DVAR_{ijkt\hat{o}} = 1 - \frac{(IM_{jikt\hat{o}}^{total} \mid_{BEC}/SA_{ijkt}) \times EX_{jikt\hat{o}}^{total} + (v_j^1 - v_j^2) \times EX_{ijkt\hat{o}}^{total}}{EX_{ijkt\hat{o}}^{total}} \qquad (2-18)$$

$$DVAR_{ijkt\hat{m}} = \beta_{\hat{p}} \times \left[1 - \frac{IM_{ijkt\hat{p}}^{total} \mid_{BEC} + (v_j^1 - v_j^2) \times EX_{ijkt\hat{p}}^{total}}{EX_{ijkt\hat{p}}^{total}} \right] +$$
$$\beta_{\hat{o}} \times \left[1 - \frac{(IM_{ijkt\hat{o}}^{total} \mid_{BEC}/SA_{ijkt}) \times EX_{ijkt\hat{o}}^{total} + (v_j^1 - v_j^2) \times EXP_{jikt\hat{o}}^{total}}{EX_{ijkt\hat{o}}^{total}} \right] \qquad (2-19)$$

其中，$DVAR_{ijkt\hat{p}}$、$DVAR_{ijkt\hat{o}}$ 和 $DVAR_{ijkt\hat{m}}$ 分别为加工贸易企业出口 DVAR、一般贸易企业出口 DVAR 及混合贸易企业出口 DVAR。下标 i、j、k、t 分别表示企业、产业、地区及年份；$\hat{p}$、$\hat{o}$、$\hat{m}$ 分别代表加工贸易、一般贸易及混合贸易。这里用广义经济分类标准 BEC 判别进口产品是最终品还是中间品。$IM_{ijkt\lambda}^{total} \mid_{BEC} (\lambda = \hat{p}, \hat{o})$ 表示企业总的进口中间品额。对于加工贸易企业，$IM_{ijkt\hat{p}}^{total} \mid_{BEC}$ 也代表出口产品中的真实进口中间品额；对于一般贸易企业，借鉴 Upward 等的方法[3]，设定国内销售产品和出口产品中所用的进口中间

① Wang, Z., Wei, S. J., Zhu, K., "Quantifying International Production Sharing at the Bilateral and Sector Levels", *Nber Working Paper Series*, No. 19677, 2013.
② 邵朝对、苏丹妮：《产业集聚与企业出口国内附加值：GVC 升级的本地化路径》，《管理世界》2019 年第 8 期。
③ Upward, R., Wang, Z., Zheng, J., "Weighing China's Export Basket: The Domestic Content and Technology Intensity of Chinese Exports", *Journal of Comparative Economics*, Vol. 41, No. 2, 2013.

品占比相同，则（$IM_{jikt\hat{o}}^{total}\mid_{BEC}/SA_{ijkt}$）$\times EX_{jikt\hat{o}}^{total}$ 为该类企业出口的真实进口中间品额，其中，SA_{ijkt} 表示企业总销售额，$EX_{ijkt\lambda}^{total}\mid_{BEC}(\lambda=\hat{p},\hat{o})$ 为企业出口额，用企业出口交货值来度量。$v_j^1-v_j^2$ 为行业间接进口占比与行业返回增加值占比的差值；$\beta_{\hat{p}}$、$\beta_{\hat{o}}$ 都是混合贸易企业参数，分别为加工贸易产品出口比例和一般贸易产品出口比例。

二　中国制造业出口国内附加值的发展特征

本部分最终采用微观企业层面的改进方法测算企业出口 DVAR，以刻画中国制造业出口国内附加值的变化，以期更为合理、准确地了解中国制造业出口 DVAR 的总体发展趋势及其特征差异。

（一）总体发展特征

总体上，中国制造业出口 DVAR 长期呈现出明显的上升趋势。具体地，从图 2 – 17 来看，2000 年中国制造业企业年均出口 DVAR 为 0.42，2013 年中国制造业企业年均出口 DVAR 为 0.51，增长了 21.43%，年均增长率也达到了 1.50%。其中，2000～2003 年，企业出口 DVAR 逐年下降；而 2003 年之后，企业出口 DVAR 一反常态，出现迅猛增长，且这种增长态势一直持续到 2008 年。可以看出，2003～2008 年企业出口 DVAR 平均提高了 7.08 个百分点，这主要是因为中国在 2001 年成功加入 WTO，贸易政策更加开放，出口贸易出现快速扩张，中国企业在全球价值链中的分工地位逐步提升。然而，金融危机的爆发导致 2008～2010 年的出口 DVAR 明显降低。可以看出，2010 年之后，企业出口 DVAR 再次出现增长趋势，但仍有波动，中国制造业企业仍需进一步探索提升出口 DVAR 的有效途径。

（二）分类发展特征

1. 不同所有制类型企业的出口 DVAR 变化趋势

为了更全面考察中国制造业企业出口 DVAR 的变化机制以及不同所有制企业出口 DVAR 的显著差异，本部分还按照企业所有制属性计算了 2000～2013 年民营企业、外资企业、国有企业三种类型企业出口 DVAR。

从企业所有制属性差异来看，民营企业出口 DVAR 最高，外资企业出口 DVAR 最低，国有企业出口 DVAR 居中，并且，三类企业出口 DVAR 长期呈上升趋势。图 2 – 18 展示了 2000～2013 年中国制造业不同所有制企业

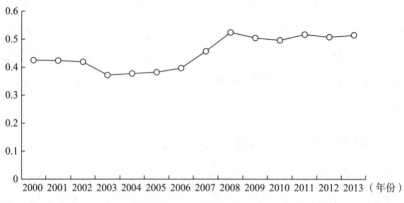

图 2-17　2000~2013 年中国制造业企业年均出口 DVAR 变动趋势

出口 DVAR 及其变动趋势。不难发现，2000~2013 年，外资企业出口 DVAR 最低，简单平均出口 DVAR 为 0.62；国有企业次之，简单平均出口 DVAR 为 0.75；民营企业出口 DVAR 最高，简单平均出口 DVAR 为 0.78。这可能是因为外资企业较多从事加工贸易，而加工贸易的出口 DVAR 较低①，而且相比之下，外资企业从事加工贸易活动较少，所以，外资企业出口 DVAR 比国有企业和民营企业低。进一步地，2000~2013 年的 14 年间，三类企业出口 DVAR 都有不同程度的增长，民营企业、外资企业、国有企业三类企业的增长率分别为 8.20%、32.28%、1.96%。并且，三类企业出口 DVAR 增长呈现阶段性特征，金融危机前，2000~2007 年期间，除国有企业出口 DVAR 出现一定的下降之外，民营企业和外资企业出口 DVAR 均出现缓慢增长。可能的原因是，中国加入 WTO 后对外贸易更加自由，国有企业相对于民营企业和外资企业在进口中间品的使用上拥有更多特权，在生产中更有可能增加进口中间品的使用，降低国内中间品的投入比例，从而导致国有企业出口 DVAR 降低②；金融危机后，尽管 2008~2010 年国有企业和外资企业的出口 DVAR 有短暂的下滑，但三种所有制企业的出口 DVAR 后续均保持了良好的上升势头，2013 年三类企业的出口 DVAR

---

① 闫志俊、于津平：《出口企业的空间集聚如何影响出口国内附加值》，《世界经济》2019 年第 5 期。

② 张平南、黄浩溢、金畅：《最低工资增强了中间品贸易自由化对企业出口国内附加值率的影响吗？——基于中国加入 WTO 的实证研究》，《产业经济评论》2018 年第 5 期。

纷纷回到了金融危机前的水平。

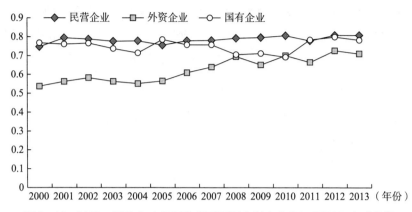

图 2 - 18　2000 ～ 2013 年中国制造业不同所有制企业出口 DVAR 变动趋势

2. 不同要素密集型企业的出口 DVAR 变化趋势

考虑到不同行业的出口 DVAR 存在差异，本部分根据企业所在行业的要素密集特征将企业划分为劳动密集型、资本密集型和技术密集型企业三种类型，计算 2000 ～ 2013 年三类企业的出口 DVAR。

从企业要素密集类型差异来看，劳动密集型企业的出口 DVAR 最高，资本密集型企业次之，技术密集型企业最低，并且，三类企业出口 DVAR 都保持上升之势。图 2 - 19 展示了 2000 ～ 2013 年中国制造业不同要素密集型企业各年出口 DVAR 变动趋势，由图 2 - 19 可得，2000 ～ 2013 年，劳动密集型企业的出口 DVAR 简单平均值为 0.75，出口 DVAR 最高；资本密集型企业出口 DVAR 简单平均值为 0.73，出口 DVAR 居中；技术密集型企业出口 DVAR 简单平均值为 0.60，出口 DVAR 最低。这可能是因为相比于劳动密集型和资本密集型企业，技术密集型企业更多依赖国外先进技术和人才的引进，国内创造的增加值有限，从而导致出口产品的 DVAR 较低。进一步地，三类要素密集型企业的出口 DVAR 均出现了大幅度的上升。劳动、资本、技术密集型企业的出口 DVAR 分别提高 34.54%、25.33% 和 34.41%，这说明了三种不同要素密集型企业都在不断实现优化升级。具体地，三类要素密集型企业的出口 DVAR 增长还呈阶段性特点。金融危机前，三类要素密集型企业出口 DVAR 处于快速增长阶段。2000 ～ 2007 年劳动密集型、资本密集型、技术密集型三类企业的增长率分别高达 16.24%、11.54%、18.98%，年均增长率分

别为 2.17%、1.57%、2.51%；金融危机后，三类要素密集型企业出口
DVAR 处于平稳增长阶段。2008~2013 年劳动密集型、资本密集型、技术密
集型三类企业的增长率分别为 9.00%、7.56%、7.03%，年均增长率分别为
1.74%、1.47%、1.37%，都比金融危机前的增幅要小。

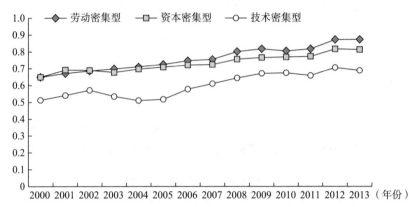

图 2 - 19　2000~2013 年中国制造业不同要素密集型企业出口 DVAR 变动趋势

3. 不同地区的企业出口 DVAR 的变动趋势

由于不同地区在地理优势、经济发展水平、国家政策等方面存在差
异，因此各个地区的企业出口 DVAR 会呈现出不同的特征。本部分将所有
省份划分为东部地区、中部地区和西部地区三个区域，考察了不同地区的
企业出口 DVAR 在 2000~2013 年的变动趋势。

从地区差异来看，西部地区企业的出口 DVAR 最高，中部地区企业次
之，东部地区企业最低，并且，中西部地区企业出口 DVAR 呈不断下降之
势，东部地区企业出口 DVAR 不断上升。图 2 - 20 展示了 2000~2013 年东
部、中部及西部地区三个地区企业出口 DVAR 变动趋势，不难发现，2000~
2013 年，西部地区企业出口 DVAR 简单平均值为 0.79，出口 DVAR 最高；
中部地区企业出口 DVAR 简单平均值为 0.77，出口 DVAR 居中；东部地区
企业出口 DVAR 简单平均值为 0.68，出口 DVAR 最低。其中的原因在于，
东部地区在经济发展水平、开放程度及交通便利等方面都要优于中西部地
区，故其从国外进口中间品的机会更多，在生产中也更有可能使用进口中
间投入品，这使得东部地区企业出口 DVAR 较低。[1] 进一步地，东部地区

———————

① 岳文：《异质性企业、中间品贸易自由化与出口国内附加值》，《商业研究》2019 年第 9 期。

企业出口 DVAR 上升明显，其出口 DVAR 从 2000 年的 0.58 上升到 2013 年的 0.76，上涨了 31.03%；而中部和西部地区企业出口 DVAR 下降明显，分别从 2000 年的 0.83、0.84 下降至 2013 年的 0.56、0.79，分别下降了 32.53%、5.95%。这说明中国制造业企业在全球价值链中位置的提升主要来源于东部地区企业出口 DVAR 的增加。

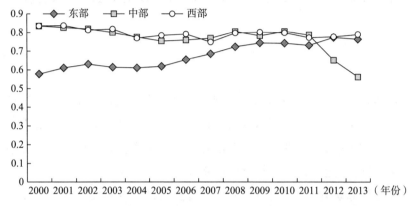

图 2 − 20 2000~2013 年中国制造业不同地区企业出口 DVAR 变动趋势

第三章　劳动保护与中国制造业生产率进步

长期以来，提高劳动者收入，保障劳动者合法权益，构建和维护稳定共赢的劳企雇佣关系一直是政府关注的重点，也是社会安定团结的重要基础。Botero 等也指出，没有政府干预的劳动力市场会时常伴随着不公平和无效率问题。[1] 随着我国法制建设进程加快，我国政府也在维护劳企雇佣关系和加强劳动契约观念方面进行了制度探索，2008 年实行的《劳动合同法》标志着我国劳动力市场制度与规范走向成熟。理论上，政府干预劳动力市场是出于公平的考虑，以维护平等的劳企关系和公平的市场环境，从而减少劳企间的事后纠纷[2]，改善农民工、女性等弱势群体的福利待遇[3]；而市场中的企业则往往追求效率，对劳动力市场的干预还会导致企业经营弹性下降[4]，加剧企业雇佣中的逆向选择[5]，降低劳动要素的再配置能力[6]。《劳动合同法》的实施正是我国政府干预劳动力市场最直接的体现，

[1]　Botero, J. C., Djankov, S., Porta, R. L., Lopez-De-Silanes, F., Shleifer, A., "The Regulation of Labor", *Quarterly Journal of Economics*, Vol. 119, No. 4, 2004.

[2]　Acharya, V. V., Baghai, R. P., Subramanian, K. V., "Wrongful Discharge Laws and Innovation", *Review of Financial Studies*, Vol. 27, No. 1, 2014.

[3]　杜鹏程、徐舒、吴明琴：《劳动保护与农民工福利改善——基于新〈劳动合同法〉的视角》，《经济研究》2018 年第 3 期；陈东、刘金东：《劳动保护有助于缩小就业弱势群体的相对收入差距吗——以新〈劳动合同法〉的实施为例》，《财贸经济》2014 年第 12 期。

[4]　廖冠民、陈燕：《劳动保护、劳动密集度与经营弹性：基于 2008 年〈劳动合同法〉的实证检验》，《经济科学》2014 年第 2 期。

[5]　Kugler, A. D., Saint-Paul, G., "How Do Firing Costs Affect Worker Flows in a World with Adverse Selection?", *Journal of Labor Economics*, Vol. 22, No. 3, 2004.

[6]　Hopenhayn, H., Rogerson, R., "Job Turnover and Policy Evaluation: A General Equilibrium Analysis", *Journal of Political Economy*, Vol. 101, No. 5, 1993.

也是我国一项重要的制度安排。劳动作为企业生产中不可或缺的重要生产要素，企业大部分产出将用于补偿劳动投入，以强化劳动保护为目的的《劳动合同法》形成的劳动力市场制度也必然改变企业的雇佣行为、治理机制和经营决策，其会不会像其他经济制度一样影响企业生产效率呢？具体的影响机制又是如何？此外，近年来时常发生的"民工荒""用工难"问题，全要素生产率（Total Factor Productivity，TFP）增长放缓，这是不是劳动保护加强改变了市场上的资源再配置效率，导致资源错配加剧，阻碍了生产率增长？目前，关于劳动保护对生产率的影响研究存在正反两方不同的观点。一方面，成本论和灵活用工论都认为劳动保护增加企业成本和用工调整难度而抑制生产率进步[①]；另一方面，员工效率论则认为劳动保护增加员工认同和员工专用性技能获取而促进生产率增长[②]。然而，这些研究主要以技术密集型的发达国家或跨国数据作为研究对象而展开分析，且对劳动保护影响生产率的机制探讨或是只关注了资本投入变化这一方面，或是语焉不详，未深入讨论劳动保护对企业生产率的异质性影响，更没有从资源再配置的角度探讨劳动保护对行业生产率演化的作用。

　　在劳动者权益保护与劳动力市场制度越来越受到关注的背景下，探究劳动保护与企业生产率的关系，挖掘劳动保护在资源配置中的作用，这不仅对高质量发展阶段下的劳动力市场制度调整有重要的现实价值，还为《劳动合同法》实施的政策效果评估提供了新的视角。本章接下来的安排如下：第一节为中国制造业生产率变动特征的刻画；第二节为理论分析和

---

① Autor, D. H., Kerr, W. R., Kugler, A. D., "Does Employment Protection Reduce Productivity? Evidence from US States", *Economic Journal*, Vol. 117, No. 521, 2007；Bassanini, A., Nunziata, L., Venn, D., "Job Protection Legislation and Productivity Growth in OECD Countries", *Economic Policy*, Vol. 24, No. 58, 2009；张成刚、李彦敏：《雇佣保护会降低生产率吗？——基于行业数据的实证分析》，《经济学动态》2015 年第 12 期；Bjuggren, C. M., "Employment Protection and Labor Productivity", *Journal of Public Economics*, Vol. 157, 2018。

② Macleod, W. B., Nakavachara, V., "Can Wrongful Discharge Law Enhance Employment?", *Economic Journal*, Vol. 117, No. 521, 2007；Belot, M., Boone, J., Ours, J. V., "Welfare-Improving Employment Protection", *Economica*, Vol. 74, No. 295, 2007；Damiani, M., Pompei, F., Ricci, A., "Temporary Employment Protection and Productivity Growth in EU Economies", *International Labour Review*, Vol. 155, No. 4, 2016；Dolado, J. J., Ortigueira, S., Stucchi, R., "Does Dual Employment Protection Affect TFP? Evidence from Spanish Manufacturing Firms", *Series*, Vol. 7, No. 4, 2016.

研究假设提出；第三节指出本章的数据来源，介绍研究设计；第四节结合数据对研究假设 H3 – 1 进行实证分析，对影响机制和异质性效应进行检验；第五节从资源再配置视角探讨劳动保护对行业生产率增长的贡献，并对研究假设 H3 – 2 进行检验；第六节总结本章并提出思考。

第一节　中国制造业生产率变动特征

一　企业生产率度量指标

测算企业生产率首先要厘清它的概念，有关企业生产率的测度，现在常用全要素生产率指标表示，它是指当所有投入生产要素的量不变时，产出量仍能增加的部分，反映了生产过程中各种投入要素的单位平均产出水平，衡量了总投入转换为总产出的总体效率，常被理解为企业非生产性投入因素的贡献，从而能够解释企业的技术能力、自主创新研发能力、管理能力、组织效率等难以直接量化衡量的方面。

其次需要明确估计企业全要素生产率的方法。对全要素生产率的经典算法是从拟合生产函数开始的。基于生产函数模型的差异，对全要素生产率的测算也存在多种方法。鲁晓东和连玉君从宏微观维度上总结了全要素生产率的方法。[①] 其中，宏观全要素生产率测算方法也成为总量方法，是基于索洛的增长理论，主要针对国家或者产业等层面，包括增长核算法、数据包络分析法（DEA）、随机前沿分析法；微观全要素生产率的测算从企业的生产决策本身入手，与宏观方法不同的是，企业可以结合已知的技术水平选择合适的要素投入水平，这就使得很多适用于宏观生产率研究的方法并不适用于微观企业生产率研究，微观全要素生产率的测算方法主要有最小二乘法、固定效应法、OP 法、LP 法、ACF 估计法等。

早期微观全要素生产率的估计对生产函数形式的设定大都是柯布 – 道格拉斯生产函数（C – D），利用最小二乘法（OLS）估算企业的全要素生产率。然而，采用 OLS 估计可能存在两类偏误：一类是联立性偏误

---

① 鲁晓东、连玉君：《中国工业企业全要素生产率估计：1999—2007》，《经济学》（季刊）2012 年第 2 期。

（Simultaneous Bias），即全要素生产率（残差项）影响企业的要素投入；另一类是选择性偏误（Selection Bias），即部分企业可能受到生产率的冲击而存在退出市场的风险，导致高估企业全要素生产率。[①] 为了克服上述两类偏误，精确估算企业全要素生产率，由此产生了多种全要素生产率估计方法。（1）固定效应法。通过引入企业个体虚拟变量，缓解因被企业观测到并影响企业当期要素选择变量存在所带来的内生性问题，获得对生产函数的一致无偏估计。但是，该方法还存在一些缺陷：第一，该测算方法要求数据结构必须为面板数据的形式，无法对截面数据和时间序列数据进行估计；第二，没有考虑到那些因时间和企业个体不同而有所差异的因素对企业全要素生产率的影响；第三，假定不随时间而变化的要求过于严格，难以满足企业的现实情况。（2）Olley-Pakes 法（简称 OP 法）。鉴于固定效应法难以克服联立性偏误和选择性偏误，Olley 和 Pakes 基于半参数估计值方法，假定企业生产率状况影响企业投资决策，因此可将企业当期的投资看成企业生产率变动的代理变量，克服同时性偏差问题。[②] 该方法的缺陷是那些投资额为零的样本并不能被估计。（3）Levinsohn-Petrin 法（简称 LP 法）。Levinsohn 和 Petrin 针对 OP 法的缺陷，提出以企业中间投入品作为企业生产率变动时企业可调整的投入要素。从数据的角度出发，中间品投入更易获得。[③]（4）ACF 估计法。Ackerberg 等指出 OP 法和 LP 法的严格单调性假设、标量不可观测性假设、投入选择的动态性和时变性假定不符合现实，且进一步指出，即使三个严格假设满足，估算过程中仍存在潜在的共线性问题，从而可能导致 OP 法和 LP 法存在识别不足问题。鉴于此，他们放宽了上述假设条件，并假定企业中间投入还依赖劳动投入，这样与 OP 法和 LP 法的第一阶段估计劳动投入系数不同，所有的系数都在第二阶段被估计，避免了 OP 法和 LP 法的共线性问题，提高了全要素生产率的估

---

① 鲁晓东、连玉君：《中国工业企业全要素生产率估计：1999—2007》，《经济学》（季刊）2012 年第 2 期。

② Olley, G. S., Pakes, A., "The Dynamics of Productivity in the Telecommunications Equipment Industry", *Econometrica*, Vol. 64, No. 6, 1996.

③ Levinsohn, J., Petrin, A., "Estimating Production Functions Using Inputs to Control for Unobservables", *The Review of Economic Studies*, Vol. 70, No. 2, 2003.

计准确性。[1]

二 中国制造业生产率总体变化趋势

改革开放以来，我国在制造业发展方面取得了举世瞩目的成就，已成为世界第一制造业大国，企业生产效率也在不断提升。本章根据以上对企业全要素生产率测算方法的梳理，基于2000～2013年制造业企业数据，利用上述4种方法，包括索罗残差法、固定效应法、OP法及ACF修正的OP法（简称ACF - OP法）[2]，测度了4种中国制造业企业全要素生产率。其变化情况如图3-1所示。

从估计方法上来看，4种测度的中国制造业企业全要素生产率在数值上存在区别，但趋势上是一致的。总体来看，OP法测算的企业全要素生产率的数值最大，索罗残差法测算的结果最小。

从数据总体变化上来看，中国制造业企业全要素生产率呈波动上升趋势。从中国制造业企业全要素生产率波动与相应年份来看，中国制造业企业全要素生产率波动情况与经济不确定性影响协同，比如2008年全球发生金融危机，紧跟着制造业企业全要素生产率在2009年出现大幅下滑。

从全要素生产率的增长幅度来看，金融危机前的增长幅度小于金融危机之后。1978年改革开放以来，我国市场经济活力得到不断释放，但是仍受计划经济管制的影响，市场在资源配置中的作用仍有限；自2001年中国加入WTO之后，我国企业正式嵌入全球产业价值链分工，外资进入企业和本土出口企业增多，极大地激发了中国制造业活力，大量企业通过"干中学"、技术溢出效应、竞争效应改善了其生产效率。

按照制造业两位数行业划分标准，运用ACF - OP法测算了中国制造业各行业2000～2013年全要素生产率，结果见表3-1。总的来看，各行业企业全要素生产率的变化与我国制造业总体变化一致，呈波动式上升态势，其中2004年异常升高，2009年异常下降。图3-2反映了2000～2013年中国制造业各行业全要素生产率增长率变化情况。从制造业各行业企业

---

[1] Ackerberg, D. A., Caves, K., Frazer, G., "Identification Properties of Recent Production Function Estimators", *Econometrica*, Vol. 83, No. 6, 2015.

[2] 具体关于全要素生产率测度涉及的相关中间变量见本章第三节的数据说明部分。

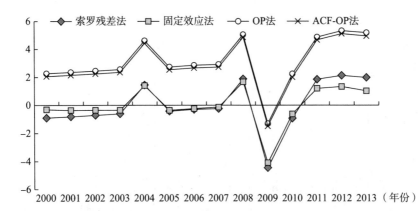

图 3 - 1　2000 ~ 2013 年中国制造业 TFP 总体变化趋势

资料来源：笔者整理而来。

全要素生产率的增幅来看，饮料制造业（15），石油加工、炼焦及核燃料加工业（25），有色金属冶炼及压延加工业（33）的企业全要素生产率变化较大，化学纤维制造业（28）的全要素生产率变化最小，这一变化背后的逻辑与我国制造业的发展方式是一致的，其中饮料制造业多是被国外龙头企业并购或者收购，通过引入国外先进生产技术和管理经验大大改善了产品的质量和生产效率。医学制造行业的高端仪器始终被国外垄断，我国三甲及以上医院的高端仪器依赖进口，研发能力相对较弱。

同时，除了中国制造业企业全要素生产率样本值的直观变化外，样本的标准差也是一个不容忽视的重要指标。如图 3 - 3 所示，2000 年我国制造业企业 TFP 标准差为 0.24，2009 年样本标准差上升到峰值为 0.91，2013 年样本标准差为 0.50，虽然在此期间标准差略有波动，但是从总体趋势来看，自 2000 年以来制造业企业全要素生产率标准差呈现增大趋势，表明样本值分布逐渐扩散。

三　中国制造业生产率的现实特征

（一）企业所有制类型差异

由于不同所有制企业在国民经济体系中的地位和功能不同，造成其在资源分配中的秩序不同，进而会影响其全要素生产率不同，本部分基于不同所有制属性将制造业企业分为国有企业、外资企业、民营企业，并对其全要素生产率进行度量。图 3 - 4 汇报了 2000 ~ 2013 年我国制造业不同所

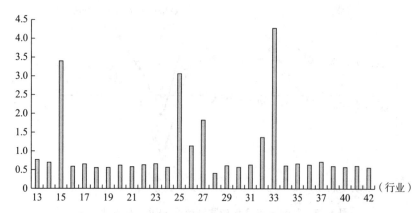

图 3 - 2 2000 ~ 2013 年中国制造业各行业企业 TFP 增长率变化

说明：13：农副食品加工业；14：食品制造业；15：饮料制造业；16：烟草制品业；17：纺织业；18：纺织服装、鞋、帽制造业；19：皮革、毛皮、羽毛（绒）及其制品业；20：木材加工及木、竹、藤、棕、草制品业；21：家具制造业；22：造纸及纸制品业；23：印刷业和记录媒介的复制业；24：文教体育用品制造业；25：石油加工、炼焦及核燃料加工业；26：化学原料及化学制品制造业；27：医药制造业；28：化学纤维制造业；29：橡胶制品业；30：塑料制品业；31：非金属矿物制品业；32：黑色金属冶炼及压延加工业；33：有色金属冶炼及压延加工业；34：金属制品业；35：通用设备制造业；36：专用设备制造业；37：交通运输设备制造业；39：电气机械及器材制造业；40：通信设备、计算机及其他电子设备制造业；41：仪器仪表及文化、办公用机械制造业；42：工艺品及其他制造业。

资料来源：笔者整理而来。

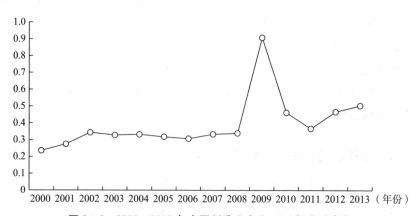

图 3 - 3 2000 ~ 2013 年中国制造业企业 TFP 标准差变化

资料来源：笔者整理而来。

表 3 - 1　2000 ~ 2013 年中国制造业各行业企业的全要素生产率

行业	2000 年	2001 年	2002 年	2003 年	2004 年	2005 年	2006 年	2007 年	2008 年	2009 年	2010 年	2011 年	2012 年	2013 年
13	2.47	2.53	2.62	2.67	4.08	2.91	3.05	2.95	4.41	-0.58	1.98	4.04	4.43	4.20
14	2.07	2.15	2.19	2.37	4.65	2.61	2.75	2.84	5.04	-0.92	2.09	4.72	5.13	4.94
15	2.21	2.45	2.49	2.60	4.09	2.89	3.07	3.21	4.54	-0.11	2.56	4.21	4.52	4.32
16	3.05	3.42	3.90	3.80	4.76	3.85	3.89	4.13	5.07	-2.24	4.20	5.09	6.42	6.42
17	1.91	1.98	2.11	2.24	4.30	2.47	2.58	2.66	4.75	-0.97	1.74	4.40	4.75	4.57
18	1.96	2.01	2.03	2.13	3.94	2.28	2.38	2.48	4.36	-2.60	1.70	4.12	4.54	4.32
19	1.99	2.04	2.13	2.19	4.10	2.34	2.45	2.55	4.54	-2.25	1.86	4.28	4.73	4.53
20	2.07	2.19	2.23	2.39	4.16	2.65	2.79	2.83	4.57	-1.09	1.98	4.19	4.58	4.41
21	2.09	2.16	2.22	2.20	4.17	2.39	2.48	2.51	4.62	-1.65	1.88	4.46	4.77	4.57
22	2.11	2.23	2.39	2.33	4.53	2.65	2.76	2.72	4.92	-1.30	2.31	4.53	5.11	4.94
23	2.00	2.03	2.19	2.18	4.23	2.41	2.56	2.58	4.64	-1.09	2.19	4.47	4.90	4.70
24	1.93	2.01	2.11	2.14	4.12	2.25	2.38	2.46	4.47	-2.20	1.78	4.31	4.62	4.49
25	2.38	2.40	2.66	2.97	4.17	3.02	2.98	3.14	4.53	0.09	1.98	4.49	4.67	4.70
26	2.31	2.44	2.60	2.67	4.80	2.84	2.98	3.13	5.10	-0.39	2.47	4.51	5.27	5.11
27	2.26	2.35	2.45	2.58	4.42	2.85	3.00	3.05	4.83	0.16	2.25	4.81	5.17	5.05
28	2.21	2.23	2.44	2.70	4.33	2.70	2.81	3.01	4.71	1.00	2.22	4.67	5.10	4.93
29	1.88	2.02	2.08	2.25	4.63	2.35	2.51	2.59	5.00	-1.63	1.75	4.75	5.15	5.01
30	2.09	2.14	2.28	2.30	4.25	2.42	2.54	2.57	4.66	-1.93	2.04	4.41	4.81	4.64
31	2.00	2.03	2.11	2.28	4.56	2.67	2.82	2.79	5.00	-1.20	2.03	4.62	5.12	4.91

续表

行业	2000年	2001年	2002年	2003年	2004年	2005年	2006年	2007年	2008年	2009年	2010年	2011年	2012年	2013年
32	2.02	2.31	2.45	2.60	4.17	2.97	3.10	3.22	4.55	0.22	2.41	4.33	4.79	4.63
33	2.33	2.36	2.49	2.73	4.03	2.91	3.02	3.01	4.29	-0.08	2.46	4.34	4.87	4.37
34	2.08	2.19	2.29	2.37	4.62	2.48	2.59	2.67	4.98	-1.47	2.07	4.68	5.06	4.89
35	1.95	2.11	2.25	2.39	4.83	2.59	2.72	2.81	5.22	-1.08	1.93	5.02	5.41	5.23
36	1.87	2.01	2.20	2.39	5.34	2.62	2.77	2.81	5.71	-1.74	2.09	5.48	5.94	5.77
37	2.02	2.16	2.33	2.42	4.56	2.64	2.79	2.86	5.02	-0.88	2.13	4.91	5.34	5.18
39	2.20	2.27	2.40	2.49	4.67	2.54	2.64	2.69	5.05	-1.67	2.15	4.87	5.29	5.16
40	2.16	2.25	2.41	2.52	4.57	2.65	2.85	2.92	5.19	-2.35	2.48	5.19	5.64	5.53
41	1.93	2.06	2.14	2.29	4.90	2.48	2.62	2.71	5.33	-2.07	2.14	5.18	5.68	5.55
42	2.05	2.16	2.19	2.30	4.01	2.33	2.42	2.54	4.35	-1.73	1.72	4.04	4.42	4.22

有制企业全要素生产率及其变化情况。从整体上来看，不同所有制企业的全要素生产率与我国制造业全要素生产率总体变化趋势相同，呈波动上升态势。从企业全要素生产率波动幅度上来看，国有企业波动幅度比较小，外资企业波动幅度相对较大。国有企业全要素生产率波动幅度小与我国的制度优势相关，国有企业作为我国国民经济的支柱，突出了它在我国经济中的地位与特殊功能，可以在解决某个时点上的经济结构失衡问题时，起到促进经济结构合理化、平抑经济周期大起大落的作用。外资企业、民营企业作为市场经济发展的产物，不仅刺激了市场活力，而且有利于资源分配、扩大消费动力、拉动内需的增长等，由于它们没有像国有企业那样的制度优势，受市场波动影响较深，所以在受到不确定因素冲击时全要素生产率变化幅度较大。从国有企业、外资企业、民营企业全要素生产率变化的活力来看，在经济环境复苏时，外资企业、民营企业的全要素生产率增长较快，不仅活跃了经济市场，同时也是拉动经济增长的主要动力。

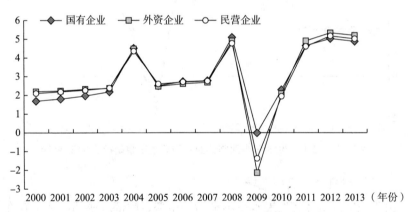

图 3 - 4　2000～2013 年中国制造业不同所有制企业的 TFP 差异

（二）企业所属行业差异

由于不同要素密集类型行业受经济不确定因素、制度等因素影响的波动情况存在差异，本部分按照生产要素密集类型将中国制造业各行业划分为劳动密集型行业、资本密集型行业、技术密集型行业。图 3 - 5 为 2000～2013 年不同要素密集型行业的全要素生产率变化情况。总体上来看，三大类型行业的企业全要素生产率呈波动上升态势，与国家制造业全要素生产率总体变化趋势保持一致。从三大要素密集型行业的全要素生产率变化幅度来看，技术密集型和资本密集型行业的企业全要素生产率波动幅度相对较大。随着我国人口红利逐渐消失以及产业结构调整，劳动密集型产业向资本密集型及技术密集型产业转移，以提高人均生产总值。结合我国在全球价值链分工中的位置，绝大多数产业处于低附加值环节，依然是世界最大的"代工厂"，即在资本密集型产业、技术密集型产业的竞争能力低，抵御风险能力弱，在国内市场需求扩大时，受贸易环境的影响较大。因此，我国未提升在全球价值链的位置时，劳动密集型产业不应过度转移，而应转型升级，以稳定制造业行业的持续发展。现阶段相对于资本密集型、技术密集型行业而言，在经济复苏过程中劳动密集型行业依然是制造业行业主力军，为制造行业的发展提供主要动力。

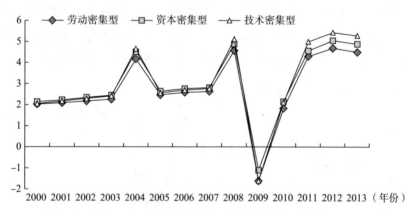

图 3 - 5　2000～2013 年中国制造业不同要素密集型行业 TFP 差异

（三）企业所处区域差异

由于我国区域经济发展水平不平衡，东部、中部、西部区际上存在明显的梯度差异，故根据制造业各行业所在区际分析企业全要素生产率是否存在分布的差异是有必要的。图 3 - 6 呈现了 2000～2013 年我国东部、中部、西部制造业企业全要素生产率变化情况。总体上来看，东部、中部、西部区域内制造业企业全要素生产率均呈波动式上升，变化趋势与全国制造业 TFP 总体变化趋势一致。从全要素生产率变化幅度上来看，东部区域相对中西部区域变化幅度较大。改革开放以来，东部沿海区域率先利用制度及区位优势，得到快速发展，在一定时期代表着绝大多数中国制造业的生产水平。随着我国区域发展不平衡问题日益突出，我国对产业布局进行了调整。产业转移逐渐构建起国内价值链，各区域得以进一步融入国内大循环经济体系中，其制造业生产水平得到提升，我国制造业行业的全要素生产率秩序也发生了变化，图3-6显示，2008年后，西部区域内的制造业全要素生产率领先于东部和中部区域。进一步表明，我国在制造业区域分布上，已实现从东部向中西部转移的目标。

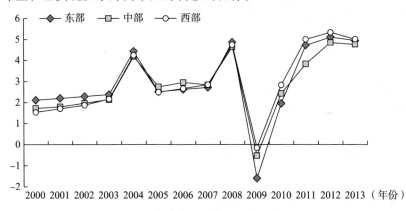

图3-6 2000~2013年东部、中部、西部制造业企业TFP差异

随着国内经济的发展，城市群、"一带一路"、长江经济带、粤港澳大湾区等建设启动，我国专业化分工能力进一步提升，产业链条也相对得到改善。依据国务院发展研究中心报告提出的具体构想，将我国分为八大综合经济区，分别为东北综合经济区（辽宁、吉林、黑龙江）、北部沿海综合经济区（北京、天津、河北、山东）、东部沿海综合经济区（上海、江苏、浙江）、南部沿海综合经济区（福建、广东、海南）、黄河中游综合经济区（陕西、山西、河南、内蒙古）、长江中游综合经济区（湖北、湖南、江西、安徽）、大西南综合经济区（云南、贵州、四川、重庆、广西）、大西北综合经济区（甘肃、青海、宁夏、西藏、新疆），进一步测算八大区域内制造业全要素变化情况，并分析我国制造业结构上的变化。表3-2显示了八大区域制造业企业全要素生产率。总体上来讲，八大区域内制造业企业全要素生产率均呈波动式上升态势，其变化趋势与全国总体形式一致。从全要素生产率波动幅度上具体来看，南部沿海区域、东北区域变化相对较大。从各区域制造业企业全要素生产率变化秩序上看，2004年以前，东部沿海区域制造业企业全要素生产率领先于其他区域；2005~2007年，

表 3-2 2000～2013 年八大经济区域内制造业企业全要素生产率

区域	2000 年	2001 年	2002 年	2003 年	2004 年	2005 年	2006 年	2007 年	2008 年	2009 年	2010 年	2011 年	2012 年	2013 年
东北	1.85	1.91	2.02	2.21	4.18	2.52	2.72	2.84	4.72	-1.65	1.77	4.42	4.79	4.68
北部沿海	2.03	2.16	2.22	2.39	4.16	2.69	2.80	2.93	4.65	-1.38	1.75	4.54	4.97	4.75
东部沿海	2.21	2.26	2.34	2.44	4.48	2.56	2.66	2.73	4.87	-0.87	1.68	4.72	5.08	4.91
南部沿海	2.06	2.14	2.26	2.28	4.50	2.35	2.47	2.57	4.99	-2.94	2.58	4.83	5.24	5.11
黄河中游	1.61	1.66	1.84	2.13	4.06	2.89	3.14	2.84	4.50	-0.21	2.58	4.61	4.94	4.71
长江中游	1.78	1.87	2.02	2.17	4.24	2.47	2.63	2.84	4.73	-0.40	2.50	3.52	4.86	4.83
大西南	1.63	1.76	1.92	2.17	4.28	2.49	2.70	2.87	4.75	-0.62	2.86	4.92	5.32	5.03
大西北	1.49	1.57	1.73	1.93	4.10	2.24	2.35	2.67	4.47	0.41	2.64	4.45	4.74	4.43

黄河中游区域制造业企业全要素生产率处于领先地位；2010～2012 年，大西南区域制造业企业全要素生产率处于第一位。八大经济区域的划分进一步厘清了我国制造业企业全要素生产率的区域变迁，也进一步显示了我国制造业在全国的布局地位，其中，东北综合经济区为重型装备和设备制造业基地以及能源原材料制造业基地；北部沿海综合经济区是最有实力的高新技术研发和制造中心之一；南部沿海综合经济区是消化国外先进技术的基地，也是高档耐用消费品和非耐用消费品生产基地及高新技术产品制造中心；大西南综合经济区是以重庆为中心的重化工业和以成都为中心的轻纺工业两大组团，逐渐成为代表我国制造业全要素生产率的最高区域。

第二节　劳动保护与制造业生产率：理论分析与研究假说

一　劳动保护与企业生产率进步

2008 年实施的《劳动合同法》对企业随意解雇员工增加了更多的限制，这相当于向企业解雇进行征税，明显提高了企业的雇佣成本和解雇成本，企业用工调整成本增加。企业在面对外部环境变化时无法及时地调整企业劳动力配置，扭曲企业在劳动力、资本等方面资源的配置和经营决策[1]，影响企业内部资源配置效率，抑制企业生产率进步，即劳动保护通过"用工调整成本效应"抑制企业生产率水平提升。Autor 等利用美国各州对善意公共政策、默示合同等不当解雇例外条款的执行差异证实了劳动保护短期引起的调整成本增加会抑制企业全要素生产率增长。[2] Bjuggren 利用 2001 年瑞典《就业保护法》改革中解雇员工的"后入先出"政策调整，研究劳动力市场灵活性对劳动生产率的影响，他们研究发现劳动力市场灵活程度增加会通过提高企业 TFP 和资本密集度来提高企业劳动生产率，但

---

[1] Cingano, F., Leonardi, M., Messina, J., Pica, G., Employment Protection Legislation, Productivity and Investment: Evidence from Italy EALE Conference, University of Torino, Italy, 2008.

[2] Autor, D. H., Kerr, W. R., Kugler, A. D., "Does Employment Protection Reduce Productivity? Evidence from US States", *Economic Journal*, Vol. 117, No. 521, 2007.

不会通过影响企业员工教育水平这一渠道对企业劳动生产率产生作用。[1] Dougherty 等基于印度的研究也证实了这一结论，他们认为，劳动力市场更灵活地区的劳动密集型行业企业 TFP 比劳动保护更严格地区该行业企业 TFP 高 14%。[2] Okudaira 等对日本的研究也发现劳动保护加强通过增加企业解雇成本而显著抑制 TFP 和劳动生产率的增长。[3]

另外，《劳动合同法》实施引致的劳动保护加强意味着对劳动者施加了更多的保障，降低了企业员工的失业风险，增加了员工缺勤和偷懒的可能，尤其是当员工的努力和付出无法观测时，劳动保护对加强员工偷懒行为的影响更大，不利于企业生产率水平提升，即劳动保护通过"员工偷懒激励效应"抑制企业生产率进步。Ichino 和 Riphahn 理论分析发现，当企业员工受到严格保护时，公司的监管对员工不再构成威胁，懒惰工人的偷懒动机进一步加剧。[4] Riphahn 利用德国社会经济委员会数据，采用双重差分模型发现，就业保护会导致员工每年的缺勤天数增加 2.7 天。[5] Olsson 对瑞士的研究发现，劳动保护会增加企业员工因病请假的概率。[6] 进一步地，Grinza 和 Rycx 采用比利时企业 – 员工匹配层面的数据研究指出，病假率每提高 1 个百分点，企业生产率损失 0.24%。[7]

然而，当企业面对劳动保护加强引致的企业劳动调整成本增加和员工偷懒加剧及其不良后果与经营压力时，企业也会相机决策，对生产行为和

[1] Bjuggren, C. M., "Employment Protection and Labor Productivity", *Journal of Public Economics*, Vol. 157, 2018.

[2] Dougherty, S., Robles, V. C. F., Krishna, K., "Employment Protection Legislation and Plant-Level Productivity in India", *Nber Working Paper Series*, No. 17693, 2011.

[3] Okudaira, H., Takizawa, M., Tsuru, K., "Employment Protection and Productivity: Evidence from Firm-Level Panel Data in Japan", *Applied Economics*, Vol. 45, No. 15, 2013.

[4] Ichino, A., Riphahn, R. T., "The Effect of Employment Protection on Worker Effort: Absenteeism During and after Probation", *Journal of the European Economic Association*, Vol. 3, No. 1, 2005.

[5] Riphahn, R. T., "Employment Protection and Effort among German Employees", *Economics Letters*, Vol. 85, No. 3, 2004.

[6] Olsson, M., "Employment Protection and Sickness Absence", *Labour Economics*, Vol. 16, No. 2, 2009.

[7] Grinza, E., Rycx, F., "The Impact of Sickness Absenteeism on Firm Productivity: New Evidence from Belgian Matched Employer-Employee Panel Data", *Industrial Relations: A Journal of Economy and Society*, Vol. 59, No. 1, 2020.

投资决策也会有相应的调整。Kugler 和 Saint-Paul 针对美国各州对善意公共政策、默示合同等不当解雇例外条款的执行差异研究发现，劳动保护加强导致的解雇成本增加可能会迫使企业在雇佣新员工时更加挑剔——企业会增加那些被雇佣过的失业工人的工作量，降低了失业工人的雇佣概率，提高了员工质量。[①] MacLeod 和 Nakavachara、Belot 等均从理论上指出，劳动保护增加了员工的认同感，企业可能会加大对现有人员的在职培训，提高企业专用性人力资本投资和员工专用性技能的获得。[②] 倪骁然和朱玉杰针对中国 2008 年实施的《劳动合同法》分析劳动保护对企业创新的影响时指出，从长期来看，《劳动合同法》对企业创新的促进作用应该占主导地位，劳动保护会提高企业创新效率。因而，劳动保护可能会对企业生产率有促进作用，其中的传导机制可能体现为"要素替代效应"和"人力资本投资效应"。[③]

第一，要素替代效应。Hicks 较早地指出要素价格变化会引发要素替代效应。[④]《劳动合同法》中明确了劳动合同订立、修改以及终止条款和经济补偿，规定了试用期限制和试用期最低工资要求以及无固定期限劳动合同试用条件。这极大地保护了企业员工的利益，无疑也增加了企业用工成本及成本黏性，削弱了劳动力优势，加速了生产过程中要素替代效应的发生。刘媛媛和刘斌基于《劳动合同法》实施的研究指出，《劳动合同法》会增加企业成本黏性，提高企业机器和资本替代劳动的可能。劳动保护通过影响用工成本而加速企业要素替代的过程，从而促进企业技术创新和企业生产率提升。[⑤] Vergeer 和 Kleinknecht 基于新古典理论指出，劳动价格上升会导致利润最大化企业以资本替代劳动，进而改变企业的技术水平而提

① Kugler, A. D., Saint-Paul, G., "How Do Firing Costs Affect Worker Flows in a World with Adverse Selection?", *Journal of Labor Economics*, Vol. 22, No. 3, 2004.

② Macleod, W. B., Nakavachara, V., "Can Wrongful Discharge Law Enhance Employment?", *Economic Journal*, Vol. 117, No. 521, 2007; Belot, M., Boone, J., Ours, J. V., "Welfare-Improving Employment Protection", *Economica*, Vol. 74, No. 295, 2007.

③ 倪骁然、朱玉杰：《劳动保护、劳动密集度与企业创新——来自 2008 年〈劳动合同法〉实施的证据》，《管理世界》2016 年第 7 期。

④ Hicks, J. R., "Marginal Productivity and the Principle of Variation", *Economica*, No. 35, 1932.

⑤ 刘媛媛、刘斌：《劳动保护、成本粘性与企业应对》，《经济研究》2014 年第 5 期。

高企业生产率。① 林炜也发现，面对劳动力成本压力时，企业会通过减少劳动力的投入，以更多的资本代替劳动，即在生产过程中扩大创新投入，从而提高企业创新能力和技术水平。② 王雷的研究也证实了就业保护加强会强化劳动力成本上升对企业创新的促进作用。③

第二，人力资本投资效应。对企业而言，《劳动合同法》中的员工离职"竞业禁止"条款，可以大大缓解员工离职，尤其是减少核心技术员工离职对企业竞争优势的冲击④，减少企业进行在职培训的后顾之忧，激励企业进行更多的在职培训和在职学习等人力资本投资，提高员工技能和综合素质，特别是提高员工专用性技能⑤。Almeida 和 Aterido 基于 2002 ~ 2005 年 64 个发展中国家企业调查的数据研究发现，劳动规制刚性会激励企业进行在职培训，尤其是在劳动规制刚性执行更加严格的地区。⑥ 对员工来说，劳动保护加强增加了劳企双方的认同，相当于企业给予了劳动者长期雇佣的承诺⑦，引致员工自己进行更多的专用性技能投资⑧。另外，从效率工资理论来看，在劳动保护强度加强时，企业雇佣员工也会更加注重质量和生产效率，企业人力资本也会相对提升。⑨ 此外，劳动保护加强可减少劳企双方的风险，即员工的解雇风险和企业面临"敲竹杠"的风险都会下降，增加劳企双方进行人力资本投资的意愿，促进企业技术创新和企

① Vergeer, R., Kleinknecht, A., "Jobs Versus Productivity? The Causal Link from Wages to Labour Productivity Growth", *TU Delft Innovation Systems Discussion Papers*, 2007.
② 林炜：《企业创新激励：来自中国劳动力成本上升的解释》，《管理世界》2013 年第 10 期。
③ 王雷：《劳动力成本、就业保护与企业技术创新》，《中国人口科学》2017 年第 1 期。
④ 于传荣、王若琪、方军雄：《新〈劳动合同法〉改善了上市公司的创新活动吗》，《经济理论与经济管理》2017 年第 9 期。
⑤ Acemoglu, D., Pischke, J. S., "The Structure of Wages and Investment in General Training", *Journal of political Economy*, Vol. 107, No. 3, 1999.
⑥ Almeida, R. K., Aterido, R., "On-the-Job Training and Rigidity of Employment Protection in the Developing World: Evidence from Differential Enforcement", *Labour Economics*, Vol. 18, 2011.
⑦ Ji, L., Wei, S. J., "Learning from a Puzzle: When Can Stronger Labor Protection Improve Productivity", *Working Paper*, 2014.
⑧ Macleod, W. B., Nakavachara, V., "Can Wrongful Discharge Law Enhance Employment?", *Economic Journal*, Vol. 117, No. 521, 2007; Belot, M., Boone, J., Ours, J. V., "Welfare-Improving Employment Protection", *Economica*, Vol. 74, No. 295, 2007.
⑨ Acemoglu, D., "When Does Labor Scarcity Encourage Innovation?", *Journal of Political Economy*, Vol. 118, No. 6, 2010.

业生产率的提升。Acharya 等指出，劳动保护增强了员工与企业的劳动关系，减少双方的"敲竹杠"行为，同时员工的职业稳定感也大大提升，工作努力程度增加，从而激发企业创新活力。[①] 王雷的研究也发现，就业保护增加会通过减少企业技术创新中的"敲竹杠"风险而提高企业生产率。[②]

由此，提出本章的竞争性研究假说 H1a 和 H1b。

研究假说 H1a：《劳动合同法》实施带来的劳动保护加强促进企业生产率进步。

研究假说 H1b：《劳动合同法》实施带来的劳动保护加强抑制企业生产率进步。

二　劳动保护、资源再配置与行业生产率增长

Melitz 和 Polanec 基于动态视角下的生产率增长分解框架指出，生产率的增长既有存活企业自身生产率增长，还有存活企业间资源再配置、高生产率企业进入和低生产率企业退出的动态调整带来的生产率增长。[③] 李钢等的调研分析指出，《劳动合同法》的实施给劳动密集型企业引入了优胜劣汰机制，只有注重创新、品牌与人才的企业才能在危机中渡过难关，发现机遇。因而，劳动保护加强带来的约束和激励将对企业生产经营决策产生重要影响，致使劳动保护对行业生产率增长的影响同时取决于企业内资源再配置和企业间资源再配置。[④]

第一，劳动保护通过影响企业内资源配置作用于行业生产率增长，主要体现于行业的存活企业生产率水平的变动。在劳动保护加强的现实环境下，企业既可能遭受用工调整成本增加和员工偷懒行为加剧的双重压力，也可能面临采用其他要素资源替代劳动力以及加大企业自身人力资本投资而实现技术升级的双重契机，企业最终能否实现生产过程中内部资源配置

---

①　Acharya, V. V., Baghai, R. P., Subramanian, K. V., "Wrongful Discharge Laws and Innovation", *Review of Financial Studies*, Vol. 27, No. 1, 2014.

②　王雷：《劳动力成本、就业保护与企业技术创新》，《中国人口科学》2017 年第 1 期。

③　Melitz, M. J., Polanec, S., "Dynamic Olley-Pakes Productivity Decomposition with Entry and Exit", *Rand Journal of Economics*, Vol. 46, No. 2, 2015.

④　李钢、沈可挺、郭朝先：《中国劳动密集型产业竞争力提升出路何在——新〈劳动合同法〉实施后的调研》，《中国工业经济》2009 年第 9 期。

效率提升取决于双重压力和双重契机共同作用的结果，即劳动保护通过影响企业内资源配置对行业内平均生产率水平变动产生作用的最终结果取决于劳动保护引起的企业"用工调整成本效应""员工偷懒激励效应""人力资本投资效应""要素替代效应"四类效应的权衡。Bassanini 等基于行业劳动解雇约束程度差异，利用双重差分模型，基于 OECD 11 国 19 个行业数据研究发现，劳动保护并不通过劳动力结构，而通过效率提升和技术变更两方抑制生产率进步。[①] 张成刚和李彦敏借鉴 Bassanini 等的研究方法，对 2003～2012 年中国 19 个行业进行研究，他们发现，雇佣保护加强也对行业生产率有较小的负向影响。[②] 然而，Damiani 等采用欧盟 14 个成员国 1995～2007 年行业面板数据研究发现，解除临时就业保护也会抑制生产率增长，这主要是因为对低水平员工的就业保护会阻碍长期的劳企雇佣关系，减少企业为员工进行技能提升的激励，导致企业在职培训减少和企业专用性技能获得下降，最终抑制生产率增长。[③] Vergeer 和 Kleinknecht 基于 1960～2004 年 OECD 20 国的数据研究发现，放松劳动力市场管制则会降低企业知识学习和积累的积极性，尤其会削弱熊彼特式的"创造性毁灭"机制的作用，从而抑制劳动生产率增长。[④] 因而，劳动保护通过企业内资源配置影响行业的存活企业的平均生产率增长，其影响可能为正，也可能为负。

第二，劳动保护通过影响企业间资源配置作用于行业生产率增长，主要表现为劳动保护加强引发企业进入、退出动态调整以及存活企业间资源再配置对行业资源配置效率的影响。低生产率企业和小规模企业的守法成本更高[⑤]，导致劳动保护对异质性企业有非对称性的影响，进而影响行业内企业间资源再配置。

---

① Bassanini, A., Nunziata, L., Venn, D., "Job Protection Legislation and Productivity Growth in OECD Countries", *Economic Policy*, Vol. 24, No. 58, 2009.

② 张成刚、李彦敏：《雇佣保护会降低生产率吗？——基于行业数据的实证分析》，《经济学动态》2015 年第 12 期。

③ Damiani, M., Pompei, F., Ricci, A., "Temporary Employment Protection and Productivity Growth in EU Economies", *International Labour Review*, Vol. 155, No. 4, 2016.

④ Vergeer, R., Kleinknecht, A., "Jobs Versus Productivity? The Causal Link from Wages to Labour Productivity Growth", *TU Delft Innovation Systems Discussion Papers*, 2007.

⑤ Ji, L., Wei, S. J., "Learning from a Puzzle: When Can Stronger Labor Protection Improve Productivity", *Working Paper*, 2014.

劳动保护对企业进入、退出动态调整的非对称性影响体现于企业生产率异质性。于企业进入行为而言，由于企业进入市场需要支付沉没成本，劳动保护加强意味着企业面临着劳动力二次调整成本增加①，提高了企业市场进入的生产率门槛。然而，劳动保护强度增加也会减少企业未来的预期利润，尤其在劳动力错配情形下，企业预期利润会进一步下降，导致劳动保护抑制企业进入及其创新动机，削弱对在位企业的威胁及提高在位企业研发投资的预期回报，激励在位企业开展创新活动。② Aghion 等研究发现劳动力市场管制抑制劳动力流动较大行业的进入率。③ 于企业退出行为而言，劳动保护加强相当于向企业征收了退出税④，如果劳动保护引致的解雇费用对企业退出存在豁免条款，只向持续经营的企业征收，那么，劳动保护会降低持续经营企业的价值，增加低生产率企业的退出可能；如果劳动保护引致的解雇费用并不对退出企业豁免，而要求退出企业和持续经营企业都必须支付，那么，劳动保护加强不仅会降低持续经营企业的价值，还会降低退出企业的价值，且退出企业因其退出时必须支付解雇费用而导致其价值降低更多，从而降低低生产率企业退出概率。何强等的研究也指出劳动保护加强会显著降低低生产率企业的创新水平。⑤ Bottasso 等的实证研究也发现，就业保护会降低高劳动力再配置行业的企业退出率。⑥ 因此，劳动保护加强通过企业进入、退出对行业生产率增长产生正反两方面影响。

劳动保护对存活企业资源再配置的非对称性影响体现于企业规模的异质性。Ji 和 Wei 指出，劳动保护会增加小企业的守法成本，致使要素资源从小企业流向大企业进行配置，提高资源在存活企业间的配置效率，促进

---

① Pagés, C., Micco, A., "The Economic Effects of Employment Protection: Evidence from International Industry-Level Data", *Bank IDB Publications Working Paper*, No. 1095, 2010.

② Mukoyama, T., Osotimehin, S., "Barriers to Reallocation and Economic Growth: The Effects of Firing Costs", *American Economic Journal: Macroeconomics*, Vol. 11, No. 4, 2019.

③ Aghion, P., Fally, T., Scarpetta, S., "Credit Constraints as a Barrier to the Entry and Post-Entry Growth of Firms", *Economic Policy*, Vol. 22, No. 52, 2007.

④ Poschke, M., "Employment Protection, Firm Selection, and Growth", *Journal of Monetary Economics*, Vol. 56, No. 8, 2009.

⑤ 何强、袁鸣、仲伟冰：《去芜存菁：劳动保护与企业创新——基于边际劳动生产率视角的实证研究》，《产业经济研究》2019 年第 3 期。

⑥ Bottasso, A., Conti, M., Sulis, G., "Firm Dynamics and Employment Protection: Evidence from Sectoral Data", *Labour Economics*, Vol. 48, 2017.

行业生产率增长。并且，他们结合 2007 年 6 月 29 日《劳动合同法》颁布前后的中国上市公司数据，以《劳动合同法》颁布当天作为识别机制进行的实证研究也证实了这一点。[1] 然而，刘斌等的研究指出，劳动保护加强还会明显抑制小规模企业的用工灵活性，制约了劳动力在企业间的流动[2]，最终抑制企业间资源配置效率[3]，阻碍行业生产率增长。Haltiwanger 等进行的实证研究也发现严格的劳动保护会减少工作流动和劳动力再配置能力。[4] Lashitew 利用 90 多国的世界银行企业调查数据开展的实证研究也发现，就业保护增加会导致行业间生产率的分散程度增加，即加剧行业间资源错配，尤其加剧劳动力调整需求较大行业的资源错配，最终降低行业生产率。[5]

综合上述分析，劳动保护通过企业间资源再配置效率对行业生产率增长的影响既可能为正，也可能为负。由此，可得出本章的竞争性研究假说 H2a 和 H2b。

研究假说 H2a：《劳动合同法》实施带来的劳动保护加强促进行业生产率增长。

研究假说 H2b：《劳动合同法》实施带来的劳动保护加强抑制行业生产率增长。

第三节　劳动保护影响企业生产率的计量模型构建

一　模型构建

2008 年 1 月 1 日，《劳动合同法》正式实施，这是一个典型的外生事

① Ji, L., Wei, S. J., "Learning from a Puzzle: When Can Stronger Labor Protection Improve Productivity", *Working Paper*, 2014.
② 刘斌、李冰心、王雷：《劳动保护是否限制企业的用工灵活性》，《现代财经（天津财经大学学报）》2016 年第 12 期。
③ Hopenhayn, H., Rogerson, R., "Job Turnover and Policy Evaluation: A General Equilibrium Analysis", *Journal of Political Economy*, Vol. 101, No. 5, 1993; Lagos, R., "A Model of TFP", *The Review of Economic Studies*, Vol. 73, No. 4, 2006.
④ Haltiwanger, J., Scarpetta, S., Schweiger, H., "Cross Country Differences in Job Reallocation: The Role of Industry, Firm Size and Regulations", *Labour Economics*, Vol. 26, 2014.
⑤ Lashitew, A. A., "Employment Protection and Misallocation of Resources across Plants: International Evidence", *CESifo Economic Studies*, Vol. 62, No. 3, 2015.

件，为本章识别劳动保护对企业生产率的影响提供了准自然实验。然而，《劳动合同法》是一部全国性的法律，该法的实施对所有的企业都有影响，属于一刀切的政策，难以有效识别企业生产率的变化是受《劳动合同法》实施的影响，还是时间趋势的使然。为此，本章建立双重差分模型以克服时间趋势变化对企业生产率的混杂性因素干扰，而双重差分模型设定的难点在于如何寻找合适的对照组和处理组。事实上，在以《劳动合同法》实施作为识别劳动保护的经济效应研究中，往往以企业劳动密集度的高低作为区分处理组和对照组的依据，这是因为考虑到劳动密集型企业的生产经营更依赖于劳动力，其在面对《劳动合同法》实施带来的变革时受到的影响会更大。Ni 和 Zhu、倪骁然和朱玉杰、卢闯等正是基于这种区分方式，研究了《劳动合同法》实施带来的劳动保护加强对企业股价信息含量、企业创新以及投资效率的影响。[①] 因此，本章也从《劳动合同法》实施带来的劳动保护强度增加对不同劳动密集型企业生产率影响的差异构建对照组和处理组，以《劳动合同法》实施为政策冲击，以企业所在 3 分位行业2007 年劳动密集度识别处理组和对照组[②]，构建以下双重差分模型，以期有效识别劳动保护对企业生产率的作用。双重差分模型设定为：

$$\ln tfp_{ijct} = \alpha + \psi \times labor\_inst_{j07} \times law_t + \theta \times \vec{X} + \mu_i + \mu_t + \varepsilon_{ijct} \qquad (3-1)$$

其中，i、j、c、t 分别指企业、3 分位行业、地区以及时间。$\ln tfp_{ijct}$ 为被解释变量，表示企业 i 在 t 年的全要素生产率对数，本部分参照王贵东

---

① Ni，X.，Zhu，Y.，"The Bright Side of Labor Protection in Emerging Markets：The Case of Firm Transparency"，*Pacific-Basin Finance Journal*，Vol. 50，2018；倪骁然、朱玉杰：《劳动保护、劳动密集度与企业创新——来自 2008 年〈劳动合同法〉实施的证据》，《管理世界》2016 年第 7 期；卢闯、唐斯圆、廖冠民：《劳动保护、劳动密集度与企业投资效率》，《会计研究》2015 年第 6 期。

② 倪骁然和朱玉杰、卢闯等的研究采用将 2007 年企业自身的劳动密集度差异作为处理组和对照组的区分方法，这些研究都是以上市公司为研究对象，上市公司样本在这一时期内没有太多的变化，但是，本章是以中国工业企业数据库为研究对象，在这一时期内，样本数量发生了极大的变化，会产生严重的样本丢失问题，也不利于本章所考虑的资源再配置问题。当然，本章采用 2007 年企业自身劳动密集程度差异作为区分而进行的稳健性分析也得出了一致的结果。倪骁然、朱玉杰：《劳动保护、劳动密集度与企业创新——来自 2008 年〈劳动合同法〉实施的证据》，《管理世界》2016 年第 7 期；卢闯、唐斯圆、廖冠民：《劳动保护、劳动密集度与企业投资效率》，《会计研究》2015 年第 6 期。

的研究对部分指标予以补充①，然后采用 Olley 和 Pakes 提出的全要素生产率法测度（简称 OP 法②）③；$labor\_inst_{j07}$ 为 2007 年 3 分位行业的劳动密集度，用于反映《劳动合同法》实施前行业 j 的劳动密集度的差异，借鉴倪骁然和朱玉杰、卢闯等的度量方法，以 2007 年行业 j 工资和福利收入对数与销售收入对数的比值度量④。law_t 为《劳动合同法》实施的虚拟变量，《劳动合同法》实施的 2008 年以前取 0，否则取 1；本部分重点关注的是交互项 $labor\_inst_{j07} \times law_t$，其估计系数 ψ 表示《劳动合同法》实施的劳动保护加强对企业生产率的因果影响效应，$\psi > 0$，说明《劳动合同法》实施后，高劳动密集型行业的企业生产率比低劳动密集型行业的企业生产率增长要多，即《劳动合同法》实施带来的劳动保护加强促进了企业生产率增长，反之，则说明劳动保护加强降低了企业生产率水平。同时，模型还进一步控制了企业固定效应 μ_i 和时间固定效应 μ_t。ε_{ijct} 则为随机误差项。$\vec{X}$ 是一系列控制变量集合，具体包括以下变量。

行业竞争度（hhi）：以 2000 年为基期折算的真实企业销售额，采用赫芬达尔 - 赫希曼指数公式，计算得到 3 分位行业的竞争程度。

行业进口关税 $[\ln(tariff + 1)]$：采用当前通用的海关 HS 产品编码 - 行业编码转换表，根据 WITS 数据库的中国 HS 6 位码产品进口关税，简单平均汇总至 2 分位行业进口关税，然后加 1 取对数值得到行业进口关税。

企业年龄（$\ln age$）：以企业数据库所在年份与企业开业年份之差加 1 的对数值度量。

企业规模（$\ln size$）：以 2000 年为基期折算的真实企业资产总值对数值度量。

---

① 王贵东：《1996—2013 年中国制造业企业 TFP 测算》，《中国经济问题》2018 年第 4 期；王贵东：《中国制造业企业的垄断行为：寻租型还是创新型》，《中国工业经济》2017 年第 3 期。

② Olley, G. S., Pakes, A., "The Dynamics of Productivity in the Telecommunications Equipment Industry", *Econometrica*, Vol. 64, No. 6, 1996.

③ 下文以 Ackerberg 等提出的 TFP 度量方法（简称 ACF 法）代替 OP 法的 TFP 进行稳健性检验。Ackerberg, D. A., Caves, K., Frazer, G., "Identification Properties of Recent Production Function Estimators", *Econometrica*, Vol. 83, No. 6, 2015.

④ 倪骁然、朱玉杰：《劳动保护、劳动密集度与企业创新——来自 2008 年〈劳动合同法〉实施的证据》，《管理世界》2016 年第 7 期；卢闯、唐斯圆、廖冠民：《劳动保护、劳动密集度与企业投资效率》，《会计研究》2015 年第 6 期。

企业退出哑变量（*exit*）：以企业下一年是否在数据库出现作为度量依据，若下一年没有出现在数据库中，*exit* 取 1，否则取 0。

出口企业哑变量（*export*）：根据企业当期出口额刻画，当期企业出口额大于 0，*export* 取 1，否则取 0。

国有企业哑变量（*soes*）：以企业当年国家资本占比是否高于 50% 作为度量依据，若企业当年国家资本占比大于等于 50%，则 *soes* 取 1，否则取 0。

外资企业哑变量（*foreign*）：以非国有企业当年外商资本占比是否高于25% 作为区分依据，若该企业当年外商资本占比大于等于 25%，则 *foreign* 取 1，否则取 0。

融资约束 ［ln（*credit* + 1）］：参照孙灵燕和李荣林的研究，以企业当年利息支出占固定资产比值加 1 的对数值度量。①

二　数据说明

本章数据主要来源于 1998～2013 年中国工业企业数据库，这是中国目前除普查数据之外企业层面最大的统计数据库，同时，较长的时间序列能更加全面地反映制造业生产率演化，更直接地刻画出企业进入、退出动态过程，并且，相比于上市公司数据，还能有效排除 2007 年新会计准则实施对本章以《劳动合同法》实施作为准自然实验估计劳动保护的生产率效应的内生性影响。对工业企业数据的整理，本章参照 Brandt 等的研究②，采用中国工业企业数据库通用的整理方法，对中国工业企业数据库进行了匹配和清洗，对不符合经济学常识和会计钩稽关系的数据进行了剔除③；同时，还剔除了经济价值很低且没有进出口业务的"废弃资源和废旧材料回

---

① 孙灵燕、李荣林：《融资约束限制中国企业出口参与吗?》，《经济学》（季刊）2012 年第 1 期。

② Brandt, L., Biesebroeck, J. V., Zhang, Y., "Creative Accounting or Creative Destruction? Firm-Level Productivity Growth in Chinese Manufacturing", *Journal of Development Economics*, Vol. 97, No. 2, 2012.

③ 剔除规则如下：（1）剔除总资产、职工人数（或就业人员）、工业总产值、工业增加值、中间投入、固定资产净值、固定资产净值年平均余额、出口交货值和销售额等缺失的数据；（2）剔除工业增加值、出口交货值、中间投入、就业人员、固定资产净值年平均余额、工资、福利和本年折旧小于 0 的数据；（3）剔除工业增加值、中间投入、就业人员、固定资产净值年平均余额为 0 的样本；（4）剔除就业人数小于 8 人的企业；（5）剔除了一些明显不符合会计原则的观测值，包括总资产小于流动资产、总资产小于固定资产净值、累计折旧小于当期折旧的观测值。

收加工业企业"样本，且按照当前使用该数据库的惯例，也剔除了西藏的企业数据；此外，根据本章的研究目的及 2003 年以前的数据并没有统计企业培训经费投入情况，加上学界普遍认为 2010 年的工业企业数据存在较大的数据缺陷和统计问题①，本章还剔除了 2003 年及以前年份样本和 2010 年样本，最终形成了 2004～2013 年 9 年非平衡面板数据。最后，将所有的价值类（包括产出类和投入类）变量都调整到以 2000 年为基期的真实值。其中，产出类平减指数和投入类平减指数参照了杨汝岱的调整方法。② 表 3-3 汇报了主要变量的描述性统计结果。

表 3-3　主要变量的描述性统计

变量	定义	样本数	均值	标准差	最小值	最大值
lntfp	OP 法测算企业 TFP 对数	2429513	7.061	1.016	-5.674	14.442
	ACF 法测算企业 TFP 对数	2429513	4.862	1.039	-9.693	14.866
labor_inst	2 分位行业劳动密集度	29	0.855	0.020	0.802	0.890
	3 分位行业劳动密集度	167	0.841	0.022	0.765	0.892
	4 分位行业劳动密集度	480	0.829	0.027	0.710	0.902
	企业劳动密集度	283156	0.724	0.088	0.249	3.503
	2004 年 3 分位行业劳动密集度	167	0.840	0.023	0.763	0.912
lntrain	企业培训经费投入加 1 后的对数值	2267933	1.781	1.850	-4.723	13.794
factor_sh	要素替代程度	2269259	0.690	0.204	0	1
labor_reall1	行业间劳动力再配置程度	30	21.298	13.101	9.810	84.660
labor_reall2	行业内劳动力再配置程度	30	14.343	9.790	3.980	55.460
export_ratio	行业出口值占总产值的比重	167	0.216	0.181	0	0.835
foreign_ratio	行业外商资本占总资本的比重	167	0.204	0.128	0	0.598

---

① 目前，使用到 2013 年工业企业数据进行的研究一般也将 2010 年的企业样本排除于数据库之外。如谭语嫣等采用 1998～2013 年的工业企业数据研究僵尸企业的投资挤出效应和王贵东研究 1996～2013 年中国制造业企业的垄断表现行为时都剔除了 2010 年的企业样本。谭语嫣、谭之博、黄益平、胡永泰：《僵尸企业的投资挤出效应：基于中国工业企业的证据》，《经济研究》2017 年第 5 期；王贵东：《中国制造业企业的垄断行为：寻租型还是创新型》，《中国工业经济》2017 年第 3 期。

② 杨汝岱：《中国制造业企业全要素生产率研究》，《经济研究》2015 年第 2 期。

续表

变量	定义	样本数	均值	标准差	最小值	最大值
aver_tfp	加权平均法测算的行业存活企业 TFP	1321	7.626	0.541	6.293	10.578
	简单平均法测算的行业存活企业 TFP	1321	7.440	0.327	6.380	10.083
entry_ratio	行业企业进入率	1209	0.387	0.193	0.015	1
exit_ratio	行业企业退出率	1304	0.610	0.145	0.111	1
tfp_disp	标准差度量的存活企业 TFP 分散度	1209	0.387	0.193	0.015	1
	75-25 分位差度量的存活企业 TFP 分散度	1304	0.610	0.145	0.111	1
	90-10 分位差度量的存活企业 TFP 分散度	1321	0.256	0.050	0	0.504
	95-5 分位差度量的存活企业 TFP 分散度	1321	0.330	0.062	0	0.628

第四节　劳动保护影响企业生产率的因果检验

一　基准回归

我们基于模型（1）估计了劳动保护对企业生产率的影响，相应的逐步回归估计结果如表 3-4 所示。在表 3-4 第（1）～（4）列的逐步回归中，我们同时控制了地区、行业以及时间的固定效应，交互项 *labor_inst* × *law* 的估计系数为我们重点关注的对象。第（1）列仅仅控制了交互项，其估计系数在 1% 的水平下显著为正，说明劳动密集程度较高行业的企业生产率相比于劳动密集程度较低行业在《劳动合同法》实施以后提高更多，即劳动保护显著促进了企业生产率进步，初步验证了本章的竞争性研究假说 H1a。第（2）～（4）列逐步添加了影响企业生产率的控制变量，我们发现交互项的估计系数依然显著为正，并且估计系数的显著性随着控制变量不断加入并没有发生明显的改变，这进一步说明在控制其他控制变量之后，劳动保护依然显著促进企业生产率进步，其促进作用并不会因控制变量的加入而有所削弱。考虑到除地区、行业不随时间变化而变化的因素会影响企业生产率之外，企业自身不随时间变化而变化的特征也可能会影响企业生产率，表3-4第（5）~（8）列的逐步回归的估计中，我们控制了企业固定效应和时间固定效应，不难发现，其交互项 $labor\_inst \times law$ 的估计系数也均在5%的水平下显著，说明《劳动合同法》实施依然显著促进高劳动密集型行业的企业生产率进步，其促进作用不受企业自身特征的影响。进一步证实本章竞争性研究假说H1a，反向证伪竞争性研究假说H1b。从第（8）列的控制变量来看，行业竞争度（hhi）和行业关税[$\ln(tariff+1)$]的估计系数为负，意味着行业竞争程度、行业关税程度与企业生产率负相关；企业退出哑变量（$exit$）的估计系数在1%的水平下显著为负，说明下期退出企业的生产率水平更低；出口企业哑变量（$export$）的估计系数也在1%的水平下显著为负，这与刘维刚等的研究结果类似[1]；企业规模（$lnsize$）的估计系数在1%的水平下显著为正，说明企业规模越大，企业生产率越高；国有企业哑变量（$soes$）的估计系数在1%的水平下也显著为负，表明国有企业生产率低于非国有企业；而外资企业哑变量（$foreign$）的估计系数在1%的水平下显著为正，表明外资企业比非外资企业有更高的生产率；企业年龄（$lnage$）的估计系数在1%的水平下显著为正，说明企业年龄与企业生产率呈正向关系，这表明随着企业的成长，企业生产率水平会显著提高；融资约束[$\ln(credit+1)$]方面，利息支出占企业固定资产比重越高，企业融资约束程度越低，估计系数在1%的水平下显著为正，意味着企业融资约束程度越低，企业生产率越高。

二 平行趋势检验与动态效应分析

前文基准的双重差分模型实际上估计的是高劳动密集型行业（处理组）的企业生产率和低劳动密集型行业（对照组）的企业生产率在《劳动合同法》实施后的平均差异，也刻画了加强劳动保护对企业生产率的平均影响。若在《劳动合同法》实施以前，处理组的企业生产率就明显高于对照组的企业生产率，这可能导致高估了劳动保护对企业生产率的影响。因而，本章实证检验的一个最重要的前提是，在《劳动合同法》实施以前处

---

[1] 刘维刚、倪红福、夏杰长：《生产分割对企业生产率的影响》，《世界经济》2017年第8期。

表 3 - 4　基准回归结果

变量	(1)	(2)	(3)	(4)	(5)	(6)	(7)	(8)
$labor\_inst \times law$	2.107*** (0.481)	2.111*** (0.476)	2.168*** (0.467)	1.720*** (0.412)	0.920** (0.454)	0.921** (0.456)	0.912** (0.457)	1.056** (0.413)
hhi		-0.020 (0.054)	-0.028 (0.050)	-0.065* (0.035)		-0.006 (0.034)	-0.006 (0.034)	-0.022 (0.031)
$\ln(tariff+1)$		0.009 (0.071)	0.001 (0.072)	-0.031 (0.059)		-0.017 (0.034)	-0.017 (0.034)	-0.015 (0.026)
$exit$			-0.319*** (0.009)	-0.175*** (0.006)			-0.049*** (0.006)	-0.053*** (0.005)
$export$			0.111*** (0.023)	-0.110*** (0.010)			-0.019*** (0.006)	-0.054*** (0.005)
$lnsize$				0.322*** (0.008)				0.263*** (0.007)
$soes$				-0.465*** (0.025)				-0.066*** (0.008)
$foreign$				-0.092*** (0.010)				0.014*** (0.005)
$lnage$				-0.035*** (0.007)				0.391*** (0.017)
$\ln(credit+1)$				2.693*** (0.089)				1.759*** (0.077)
地区固定效应	控制	控制	控制	控制	不控制	不控制	不控制	不控制

续表

变量	(1)	(2)	(3)	(4)	(5)	(6)	(7)	(8)
行业固定效应	控制	控制	控制	控制	不控制	不控制	不控制	不控制
企业固定效应	不控制	不控制	不控制	不控制	控制	控制	控制	控制
时间固定效应	控制	控制	控制	控制	控制	控制	控制	控制
聚类数	167	167	167	167	167	167	167	167
R^2	0.169	0.169	0.181	0.342	0.760	0.760	0.760	0.782
F 值	19.212	6.863	378.410	492.767	4.100	1.551	21.564	396.058
观测值数	2429513	2429513	2429513	2319589	2239709	2239709	2239709	2135518

注：①括号内数据均为 3 分位行业层面的聚类标准误；②*、**、*** 分别代表在 10%、5%、1% 的水平下显著。

理组和对照组的企业生产率没有显著的差别。为此，我们设计了以下模型进行平行趋势检验：

$$\ln tfp_{ijct} = \alpha + \sum_{n=-3}^{5} \delta_n \times I_t^n \times labor\_inst_{j07} + \theta \times \vec{X} + \mu_i + \mu_t + \varepsilon_{ijct} \qquad (3-2)$$

模型（3-2）中，由于《劳动合同法》在 2008 年实施，数据的样本期为 2004~2013 年，因而《劳动合同法》实施前最早的是 2004 年，实施后最晚的是 2013 年，那么，n 的取值为 -3、-2、-1、0、1、3、4、5。[①] I_t^n 为显示性变量，刻画样本数据期与 2008 年的时间差是否与 n 取值相同，相同时取 1，否则取 0。以 $n=1$ 为例，交互项 $I_t^n \times labor\_ inst_{j07}$ 的估计系数 δ_1 表示《劳动合同法》实施后 1 年的高劳动密集型行业的企业生产率与低劳动密集型行业的企业生产率之间的差异，若两者的差异显著，则意味着劳动保护加强促进了企业生产率提升，反之若两者的差异不显著，则说明劳动保护并不能促进企业生产率进步。因而，估计系数 δ_{-1}、δ_{-2}、δ_{-3} 可用来判断《劳动合同法》实施前，处理组和对照组两类企业生产率是否存在差异，即检验平行趋势假设是否成立；估计系数 δ_0、δ_1、δ_3、δ_4、δ_5 可用来判断《劳动合同法》实施当年及之后的动态效应。

图 3-7 汇报了基于模型（3-2）的估计结果，在《劳动合同法》实施以前的 1~3 年内，两类企业的生产率没有明显的差异（估计系数 δ_{-3}、δ_{-2}、δ_{-1} 在 10% 的水平下都不显著），保证了平行趋势假设的成立；在《劳动合同法》实施的当年和第 1 年里，两类企业的生产率也没有显著的差别（估计系数 δ_0、δ_1 在 10% 的水平下都不显著），但是在实施后的第 3~5 年里，两类企业的生产率差异不断拉大（估计系数 δ_3、δ_4、δ_5 都在 1% 的水平下显著），这表明，短期内劳动保护加强对企业生产率进步没有显著的影响，但在第 3 年之后开始产生影响，说明《劳动合同法》实施的生产率效应有一定的时滞性。进一步证实了竞争性研究假说 H1a。

[①] 此处以 2004 年作为对比的基期，n 取值从 -3 开始，并且，由于 2010 年的企业样本从数据中剔除，因此，n 取值不包括 2。我们以没有剔除 2010 年的企业样本数据进行动态趋势分析，也得出与此处类似的结果。

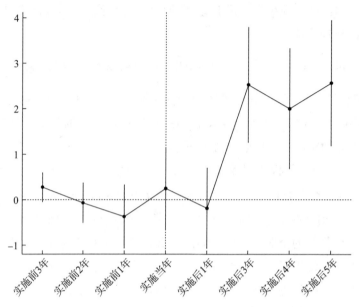

图 3 - 7　平行趋势和动态效应分析

三　稳健性分析

（一）剔除异常数据的再检验

剔除主营业务收入 2000 万元以下的企业样本。中国工业企业数据库统计的是所有国有企业和规模以上的非国有企业的数据，但是规模以上的非国有企业的界定标准从 2011 年以前主营业务收入 500 万元以上调整为 2011 年以后主营业务收入 2000 万元以上。从而，可能导致将低生产率的企业从数据库中排除，保留高生产率企业，致使估计结果存在选择性偏误。为此，本章剔除主营业务收入 2000 万元以下的企业样本进行回归，估计结果见表 3 - 5 第（1）列，交互项 $labor\_inst \times law$ 的估计系数显著为正。保证了竞争性研究假说 H1a 的可靠性。

（二）替换指标

本部分从解释变量和被解释变量两方面进行指标替换。一方面，采用其他分类数据计算劳动密集度。前文中，我们一直是采用 2007 年企业数据计算 3 分位行业劳动密集度，此处我们以 2 分位行业和 4 分位行业的工资和福利收入对数与销售收入对数的比值作为行业劳动密集度的度量指标，对应的估计结果见表 3 – 5 第（2）（3）列。同时，也采用倪骁然和朱玉杰、卢闯等使用的 2007 年企业自身的劳动密集度进行替换①，估计结果见表 3 – 5 第（4）列。此外，考虑到《劳动合同法》于 2007 年颁布，于 2008 年 1 月 1 日正式实施，企业可能会于 2007 年就开始调整自身的劳动力结构，致使 2007 年的行业劳动密集度有一定的内生性。为此，我们也以 2004 年 3 分位行业劳动密集度作为区分处理组和对照组的依据，估计结果见表 3 – 5 第（5）列。另一方面，采用其他方法计算企业生产率。企业生产率是本章关注的重要被解释变量，对企业生产率的测度方法也在不断改进，那么，劳动保护对企业生产率的作用是否会随企业生产率度量指标的变化而改变？前文我们一直是采用 OP 法度量的企业全要素生产率进行回归，本部分用 ACF 法测算的全要素生产率进行替换并实行稳健性检验②，估计结果见表 3 – 5 第（6）列。从表 3 – 5 的第（2）～（6）列来看，无论是替换劳动密集度的计算指标还是替换企业生产率的计算方法，交互项 *labor_inst × law* 的估计系数都在 5% 的水平下显著，证实了前文研究结论的可靠性，进一步证实了竞争性研究假说 H1a。

表 3 – 5　稳健性检验一

变量	保留 2000 万元及以上样本	行业 2 位码劳动密集度	行业 4 位码劳动密集度	企业劳动密集度	2004 年行业 3 位码劳动密集度	ACF 法计算的 TFP
	（1）	（2）	（3）	（4）	（5）	（6）
labor_inst × law	1.517 *** (0.391)	1.402 ** (0.659)	0.977 *** (0.312)	0.458 *** (0.018)	3.713 ** (1.801)	1.379 *** (0.411)
控制变量	控制	控制	控制	控制	控制	控制
企业固定效应	控制	控制	控制	控制	控制	控制
时间固定效应	控制	控制	控制	控制	控制	控制

① 倪骁然、朱玉杰：《劳动保护、劳动密集度与企业创新——来自 2008 年〈劳动合同法〉实施的证据》，《管理世界》2016 年第 7 期；卢闯、唐斯圆、廖冠民：《劳动保护、劳动密集度与企业投资效率》，《会计研究》2015 年第 6 期。

② 由于我们无法获得 2008 年以后的企业中间投入数据，本章无法采用 Levinsohn, J., Petrin, A., "Estimating Production Functions Using Inputs to Control for Unobservables", *The Review of Economic Studies*, Vol. 70, No. 2, 2003 提出的方法测算企业全要素生产率，此处也就没有对采用 LP 法测算的生产率进行稳健性检验。

变量	保留 2000 万元及以上样本	行业 2 位码劳动密集度	行业 4 位码劳动密集度	企业劳动密集度	2004 年行业 3 位码劳动密集度	ACF 法计算的 TFP
	(1)	(2)	(3)	(4)	(5)	(6)
聚类数	167	29	480	275142	167	167
R^2	0.760	0.782	0.782	0.770	0.724	0.743
F 值	260.974	531.801	465.815	4194.176	118.005	225.741
观测值数	1482922	2135518	2135518	1556607	2135900	2135518

注：①第（3）（4）（5）列括号内的数据分别为聚类到行业 2 位码、行业 4 位码以及企业层面的聚类标准误，其他列的括号内数据均为 3 分位行业层面的聚类标准误；②**、***分别代表在 5%、1% 的水平下显著。

（三）安慰剂检验：变更时间和变更对照组

如上文所述，利用双重差分模型刻画《劳动合同法》实施带来的劳动保护加强对企业生产率的影响，一个重要的假设条件是，《劳动合同法》实施前，高劳动密集度行业（处理组）和低劳动密集度行业（对照组）的企业生产率随着时间推进并不存在显著性的差异。为此，本章在《劳动合同法》的实施时间提前以及 2008 年的其他外生冲击条件下设置处理组与对照组两种方法，重新估计模型（3 - 1）以进行安慰剂检验。若在假想的安慰剂检验下，交互项的估计系数不显著，则说明若没有《劳动合同法》实施带来的劳动保护加强的政策冲击，处理组和对照组的企业生产率没有系统性的差异，排除两类企业生产率的差异源于其他政策的干扰，确保本章研究方法和结论的可靠性。具体安慰剂检验方法有以下两种。

其一，把《劳动合同法》的实施时间提前两期。把模型（3 - 1）中的 law 变量替换为 law_b2，其中 law_b2 表示《劳动合同法》实施时间提前到 2006 年的虚拟变量，2006 年以后取 1，否则取 0。估计结果见表 3 - 6 第（1）列，交互项 labor_inst × law_b2 的估计系数在 10% 的水平下都不显著，说明《劳动合同法》实施以前，处理组和控制组的企业生产率并不存在显著的差异，即并不是 2008 年以前的政策导致处理组和对照组的企业生产率产生差异。

其二，变更实验对照组与处理组。2008 年，除《劳动合同法》实施以外，当年还有其他的外生冲击事件发生，可能导致劳动保护对企业生产率的促进作用并不是来自《劳动合同法》的实施，而是由其他外生冲击带来的。2008 年发生的其他外生冲击有二，一是《中华人民共和国企业所得税暂行条例》和《中华人民共和国外商投资企业和外国企业所得税法》的两税合并。两税合并可能导致市场的竞争环境和创新效率发生变化[①]，从而影响企业的生产效率。两税合并把内资企业和外资企业的所得税税率都统一调整为 25%，而外资企业生产率原本就高于内资企业，两税合并有可能拖累外资企业的生产率进步。为此，本章以 2007 年 3 分位行业的外商资本占所处行业总资本的比重（$foreign\_ratio$）作为处理组和对照组的区分指标替换模型（1）的 $labor\_inst$，估计结果见表 3－6 第（2）列。二是 2008 年爆发的全球金融危机。金融危机爆发可能导致部分低效率的出口企业退出市场，而高效率的出口企业继续存活下来，这无疑也影响中国企业的生产率分布。金融危机的一个直接后果是减少了企业的出口需求，我们以金融危机前 2007 年 3 分位行业的出口总额占所处行业总产值的比重（$export\_ratio$）作为处理组和对照组的划分指标替换模型（1）的 $labor\_inst$，估计结果见表 3－6 第（3）列。从变更后的处理组与对照组划分依据的交互项 $foreign\_ratio \times law$ 和 $export\_ratio \times law$ 的估计系数来看，所有的估计系数在 10% 的水平下都不显著，表明除 2008 年《劳动合同法》实施带来的劳动保护加强致使高劳动密集型行业企业的生产率高于低劳动密集型行业企业生产率之外，2008 年的其他外生性冲击并不会导致企业生产率发生变化，进一步证实了本章研究方法及研究结论的可靠性。

（四）考虑预期效应

如果企业在《劳动合同法》实施以前就预测到《劳动合同法》将要实施并进行调整提高企业生产率，那么，本章采用的双重差分模型估计的因果效应在《劳动合同法》实施以前就没有可比性，估计结果有偏。我们在模型（3－1）中逐步加入 $labor\_inst$ 与 law_1 的交互项以及 $labor\_inst$ 与 law_2 的交互项。其中，law_1 和 law_2 分别指《劳动合同法》提前到 2007 年和 2006 年实施的虚拟变量，即《劳动合同法》实施的 2007 年以前 law_1 取 1，否则取 0；《劳动合同法》实施的 2006 年以前 law_2 取 1，否

[①] 杨振兵、张诚：《两税合并后外资企业创新效率提升了吗——来自中国制造业的证据》，《财贸经济》2015 年第 9 期。

则取 0。如果两个交互项都不显著，则说明《劳动合同法》实施以前企业并没有进行生产率方面的预期调整。从表 3-6 第（4）列可以看到，交互项 $labor\_inst \times law\_1$ 的估计系数不显著，第（5）列进一步加入 $labor\_inst$ 与 law_2 的交互项，不难发现，$labor\_inst \times law\_1$ 和 $labor\_inst \times law\_2$ 两个交互项的估计系数也都不显著。可以得出，在《劳动合同法》实施以前，企业并没有调整生产率的预期，进一步表明《劳动合同法》实施是一个较强的外生冲击。同时，交互项 $labor\_inst \times law$ 的估计系数显著为正，也进一步表明本章选用的双重差分模型可靠，证实了竞争性研究假说 H1a。

表 3-6 稳健性检验二

变量	提前两期	变更对照组和处理组		预期效应	
	（1）	（2）	（3）	（4）	（5）
$labor\_inst \times law\_b2$	-0.513 (0.314)				
$foreign\_ratio \times law$		-0.030 (0.099)			
$export\_ratio \times law$			-0.086 (0.061)		
$labor\_inst \times law$				0.941* (0.482)	0.894* (0.520)
$labor\_inst \times law\_1$				-0.363 (0.298)	-0.413 (0.352)
$labor\_inst \times law\_2$					-0.139 (0.192)
控制变量	控制	控制	控制	控制	控制
企业固定效应	控制	控制	控制	控制	控制
时间固定效应	控制	控制	控制	控制	控制
聚类数	167	167	167	167	167
R^2	0.858	0.782	0.782	0.782	0.782
F 值	437.393	380.480	423.895	364.289	352.557
观测值数	893461	2135518	2135518	2135518	2135518

注：①括号内数据均为 3 分位行业层面的聚类标准误；② * 代表在 10% 的水平下显著。

四 可能的影响机制检验

（一）劳动保护与企业经营灵活性

上文中，我们已经证实了竞争性研究假说 H1a 的成立，然而，竞争性研究假说 H1a 成立的前提是，在《劳动合同法》实施带来的经营压力下，企业劳动力调整能力虽会受到限制，但企业也会相机决策来改变企业的生产投资决定。在此之后，劳动保护才可能通过企业人力资本投资和要素替代提高企业生产率。本章参照 Ni 和 Zhu 的研究[1]，以劳动保护增强企业销售额变化引致的利润变化刻画劳动保护对企业经营灵活性的影响，若劳动保护加强对销售额变化更大企业的利润变化影响更多，说明该企业经营灵活性更低[2]，反之亦然。具体模型设定如下：

$$dprofit_{ijct} = \alpha + \psi \times labor\_inst_{j07} \times law_t + \nu \times dsale_{ijct} + \tau_1 \times law_t \times dsale_{ijct} +$$

$$\tau_2 \times labor\_inst_{j07} \times dsale_{ijct} + \tau_3 \times labor\_inst_{j07} \times law_t \times dsale_{ijct} +$$

$$\theta \times \vec{X} + \mu_i + \mu_t + \varepsilon_{ijct}$$

$$(3-3)$$

其中，$dprofit$ 和 $dsale$ 分别表示相邻两年企业利润对数变化量和企业销售额对数变化量。其他变量含义同模型（3-1）。估计结果见表 3-7 第（1）列，交互项 $labor\_inst \times law \times dsale$ 的估计系数显著为正，表明《劳动合同法》实施对高劳动密集型行业中销售额变动更大企业的利润变化影响更大，即劳动保护加强削弱了企业经营灵活性。这与 Ni 和 Zhu 对上市公司进行研究的结论一致。[3]

（二）影响机制讨论

上述研究表明，劳动保护加强会大大制约企业经营灵活性，加剧企业经营压力，严重影响企业生产、投资及决策等行为，从而迫使企业可能通

---

[1] Ni, X. , Zhu, Y. , "The Bright Side of Labor Protection in Emerging Markets: The Case of Firm Transparency", *Pacific-Basin Finance Journal*, Vol. 50, 2018.

[2] Serfling, M. , "Firing Costs and Capital Structure Decisions", *The Journal of Finance*, Vol. 71, No. 5, 2016.

[3] Ni, X. , Zhu, Y. , "The Bright Side of Labor Protection in Emerging Markets: The Case of Firm Transparency", *Pacific-Basin Finance Journal*, Vol. 50, 2018.

过人力资本投资效应和要素替代效应提高生产率水平。本部分将借鉴徐业坤和马光源、盛斌和景光正、王海成等、毛其淋和许家云在研究地方官员推动企业产能扩张、金融结构影响全球价值链地位、国有企业改制提高企业出口产品质量及外资进入影响本土企业出口国内增加值的影响机制时都采用的中介效应模型①，对劳动保护促进企业生产率进步的影响机制进行深入探究，以期进一步理解劳动保护与企业生产率之间的内在逻辑，检验竞争性研究假说 H1a 是否成立。一般地，在控制相应控制变量和固定效应基础上构建中介效应模型分为三步：第一步，建立因变量（lntfp）对基本自变量（$labor\_inst \times law$）的回归模型，即前文的基准模型（3-1）；第二步，将中介变量企业人力资本投资（ln$train$）和其他要素对劳动替代程度（$factor\_sh$）对基本自变量（$labor\_inst \times law$）进行回归，见模型（3-4）（3-5）；第三步，将因变量（lntfp）对基本自变量（$labor\_inst \times law$）和中介变量（ln$train$、$factor\_sh$）进行回归，见模型（3-6）（3-7）。如果中介效应检验的三步中的基本自变量和中介变量的估计系数都显著，并且第三步基本自变量的估计系数比第一步的小且显著，说明存在部分中介效应；若第三步基本自变量的估计系数变得不显著，说明存在完全中介效应。相应的模型设定如下：

$$\text{ln}train_{ijct} = \alpha + \lambda_1 \times labor\_inst_{j07} \times law_t + \theta \times \vec{X} + \mu_i + \mu_t + \varepsilon_{ijct} \quad (3-4)$$

$$factor\_sh_{ijct} = \alpha + \lambda_2 \times labor\_inst_{j07} \times law_t + \theta \times \vec{X} + \mu_i + \mu_t + \varepsilon_{ijct} \quad (3-5)$$

$$\text{ln}tfp_{ijct} = \alpha + \kappa_1 \times \text{ln}train_{ijct} + \psi \times labor\_inst_{j07} \times law_t + \theta \times \vec{X} + \mu_i + \mu_t + \varepsilon_{ijct}$$
$$(3-6)$$

$$\text{ln}tfp_{ijct} = \alpha + \kappa_2 \times factor\_sh_{ijct} + \psi \times labor\_inst_{j07} \times law_t + \theta \times \vec{X} + \mu_i + \mu_t + \varepsilon_{ijct}$$
$$(3-7)$$

模型（3-4）~（3-7）中，变量 ln$train$ 和 $factor\_sh$ 分别指企业人

① 徐业坤、马光源：《地方官员变更与企业产能过剩》，《经济研究》2019 年第 5 期；盛斌、景光正：《金融结构、契约环境与全球价值链地位》，《世界经济》2019 年第 4 期；王海成、许和连、邵小快：《国有企业改制是否会提升出口产品质量》，《世界经济》2019 年第 3 期；毛其淋、许家云：《外资进入如何影响了本土企业出口国内附加值?》，《经济学》（季刊）2018 年第 4 期。

力资本投资和要素替代程度。企业人力资本投资采用企业培训经费投入度量。由于中国工业企业数据库只有 2004 ~ 2007 年报告了企业培训经费，因此本章借鉴 Upward 等指出的企业在一定时期内不会调整企业培训密度的假定①，对企业培训经费投入进行推算。考虑到企业培训费隶属管理费用科目，本章首先计算企业及其 4 分位行业层面的企业培训费占管理费用的比重；其次以 2004 ~ 2007 年存在的企业和 4 分位行业的企业培训费占管理费用的比重推算得到 2008 ~ 2013 年的企业培训经费。要素替代程度则借鉴祝树金和赵玉龙的研究②，采用（1 - 劳动收入份额）度量，该指标取值越大，说明其他要素对劳动的替代程度越高，具体参考文雁兵和陆雪琴使用的计算公式度量③，即要素替代程度 = 1 - 劳动收入份额 = 1 - 工资总额/（工资总额 + 营业利润 + 折旧 + 利息 + 间接税）④。其他变量的含义也同模型（3 - 1）。

表 3 - 7 报告了基于模型（3 - 4）~（3 - 7）《劳动合同法》实施对企业生产率产生影响的中介效应模型检验结果。⑤ 第（2）列为中介效应模型第一步，即前文基准模型（3 - 1）的估计结果。第（3）（4）列都为中介效应模型第二步的估计结果，《劳动合同法》实施会显著提高劳动密集度较高行业的企业培训经费投入和其他要素对劳动的替代程度。⑥ 第（5）~（7）列为中介效应模型第三步的估计结果，中介变量 lntrain 和 factor_sh 的

---

① Upward, R., Wang, Z., Zheng, J., "Weighing China's Export Basket: The Domestic Content and Technology Intensity of Chinese Exports", *Journal of Comparative Economics*, Vol. 41, No. 2, 2013.

② 祝树金、赵玉龙：《资源错配与企业的出口行为——基于中国工业企业数据的经验研究》，《金融研究》2017 年第 11 期。

③ 文雁兵、陆雪琴：《中国劳动收入份额变动的决定机制分析——市场竞争和制度质量的双重视角》，《经济研究》2018 年第 9 期。

④ 由于 2008 ~ 2010 年的本年折旧数据缺失，本章使用累计折旧代替本年折旧；工资总额涵盖工资和福利费用两部分；间接税以企业应交增值税刻画。此外，2009 ~ 2010 年的工业企业数据缺少了工资数据，这两年的企业劳动收入份额以前一年企业的劳动收入份额替代。

⑤ 由于在中介效应模型检验时增加的中介变量，可能存在部分数据缺失，第一步回归和第三步回归的数据样本不一致而无法比较，所以，此处对第一步的估计［见表 3 - 7 第（2）列］并不是直接使用基准模型（3 - 1）的结果，而是根据第三步采用的数据进行了再次估计，从而保证了第一步和第三步基本自变量估计系数的可对比性。

⑥ 劳动保护对企业培训经费投入须在 15% 的水平下显著，这可能与本章对于企业培训经费的测度采用的是间接推算有关。

估计系数都在 1% 的水平下显著为正，并且，进一步对比发现，第（5）~
（7）列交互项 labor_inst × law 的估计系数都比第（2）列小，说明企业人
力资本投资和其他要素对劳动替代程度可能是劳动保护影响企业生产率进
步的中间渠道，证实了竞争性研究假说 H1a。而且，第（5）列的 Sobel 检
验和 Goodman 检验也在 5% 的水平下显著，证实企业人力资本投资和企业
其他生产要素对劳动替代在劳动保护影响企业生产率进步的过程中承担了
中介变量的角色，进一步证实了竞争性研究假说 H1a 所强调的劳动保护影
响企业生产率进步的作用机制。

表 3-7　经营灵活性与影响机制检验

变量	（1）dprofit	（2）lntfp	（3）lntrain	（4）factor_sh	（5）lntfp	（6）lntfp	（7）lntfp
labor_inst × law	-0.250 (0.194)	1.078** (0.420)	0.844 (0.579)	0.122** (0.057)	1.041** (0.405)	1.000** (0.427)	0.962** (0.412)
dsale	0.224 (0.321)						
law × dsale	-1.185*** (0.382)						
labor_inst × dsale	0.827** (0.377)						
labor_inst × law × dsale	1.392*** (0.451)						
lntrain					0.042*** (0.001)		0.043*** (0.001)
factor_sh						0.634*** (0.016)	0.637*** (0.016)
Sobel 检验					2.562** [0.010]	1.457 [0.145]	
Goodman 检验					2.563** [0.010]	1.457 [0.145]	
控制变量	控制	控制	控制	控制	控制	控制	控制
企业固定效应	控制	控制	控制	控制	控制	控制	控制
时间固定效应	控制	控制	控制	控制	控制	控制	控制
聚类数	167	167	167	167	167	167	167

续表

变量	(1)	(2)	(3)	(4)	(5)	(6)	(7)
	dprofit	lntfp	lntrain	factor_sh	lntfp	lntfp	lntfp
R^2	0.305	0.789	0.836	0.725	0.790	0.794	0.795
F 值	1548.842	419.119	161.587	659.545	575.860	439.023	545.756
观测值数	1178318	2015002	2044783	2045819	2014055	2015002	2014055

注：①小括号内数据均为3分位行业层面的聚类标准误，中括号内数据为对应检验的伴随概率；② ** 、 *** 分别代表在5%、1%的水平下显著。

五 异质性影响分析

本部分通过构建三重差分模型（3 - 8），一方面，考察劳动保护对企业生产率在企业特征、行业特征差异的异质性影响，另一方面，也进一步证实或证伪前文的竞争性研究假说。具体模型设定如下：

$$\text{lntfp}_{ijct} = \alpha + \lambda \times labor\_inst_{j07} \times law_t \times H^k + \psi \times labor\_inst_{j07} \times law_t +$$
$$\gamma \times labor\_inst_{j07} \times H^k + \eta \times law_t \times H^k + \theta \times Z_{ijct} + \mu_i + \mu_t + \varepsilon_{ijct} \quad (3-8)$$

H^k 分别表示企业所有制属性差异（以 soes 表示）、企业经营年限（以 lnage 表示）、企业是否单一产品企业（以 prod_dum 表示）以及行业的劳动力再配置程度（以 labor_reall 表示）。三次交互项 labor_inst × law × H 为此处关注的变量，刻画了《劳动合同法》实施对高劳动密集度行业的企业生产率促进作用的异质性影响。

（一）企业所有制属性异质性

不同所有制企业对《劳动合同法》实施的反应也有显著的差异，国有企业由于其政治关联程度更高，其劳动保障机制也更加健全，进行在职培训的可能性也更高①，同时，国有企业对《劳动合同法》的执行更加到位，《劳动合同法》实施也进一步加强了国有企业的人力资本投资效应，可能会使劳动保护对国有企业的生产率促进作用更大。表3 - 8 第（1）列报告了《劳动合同法》实施对不同劳动密集度行业中的不同所有制企业生产率影响的估计结果，三次交互项 labor_inst × law × soes 的估计结果显著为正，

---

① 马双、甘犁：《最低工资对企业在职培训的影响分析》，《经济学》（季刊）2014 年第 1 期。

表明《劳动合同法》实施对高劳动密集型行业的国有企业生产率促进作用更大。这也进一步证实，劳动保护通过人力资本投资效应而影响企业生产率进步的渠道存在，证实了竞争性研究假说 H1a。

（二）是否单一产品经营企业异质性

单一产品经营企业所拥有的技能范围比多产品经营企业少，但其专业化程度比多产品经营企业高，企业专业致力于核心产品生产可提升企业生产率[1]，其所需要的专用性技能及对应的人力资本投资更多[2]。因此，在劳动保护加强时，相对于多产品经营企业而言，单一产品经营企业进行专用性投资的方向更加明确，专业化水平提升更高，从而，企业生产率提升可能更大。本章根据《中国工业企业数据库》中汇报的企业主营业务产品 2 和主营业务产品 3 是否存在定义企业是否为单一产品经营企业。当企业主营业务产品 2 和主营业务产品 3 中至少存在一个，就认定该企业为多产品经营企业，从而，单一产品经营企业虚拟变量 $prod\_dum$ 取 1，否则取 0。估计结果见表 3-8 第（2）列，三次交互项 $labor\_inst \times law \times prod\_dum$ 的估计系数显著为正，说明《劳动合同法》的实施使得高劳动密集型行业的单一产品经营企业的生产率提高得更多。这在一定程度上说明人力资本投资渠道的存在，即证实了竞争性研究假说 H1a。

（三）企业经营时间长短异质性

企业经营时间的长短会影响企业面对压力的调整能力。企业经营时间越长，企业拥有的经营经验越丰富，面对劳动保护政策变化，其经营调整能力与策略也越成熟，从而，劳动保护可能对经营时间较长企业生产率促进作用较大。表 3-8 第（3）列报告了《劳动合同法》实施对不同劳动密集度行业中的不同经营年限企业的生产率影响，三次交互项 $labor\_inst \times law \times lnage$ 的估计系数显著为正，说明劳动保护对高劳动密集度行业的经营时间较长的企业生产率促进作用较大。这也从侧面表明劳动保护加强的经营压力会促使企业进行调整，即劳动保护加强会促进企业生产率进步。

---

[1] 易靖韬、蒙双：《贸易自由化、企业异质性与产品范围调整》，《世界经济》2018 年第 11 期。

[2] Loderer, C., Waelchli, U., Zeller, J., "Employment Protection and Investment Opportunities", *ECGI-Finance Working Paper*, 2016.

（四）行业劳动力再配置程度异质性

竞争性研究假说 H1b 指出，劳动保护加强通过增加企业用工调整成本渠道抑制企业生产率进步，这源于劳动保护加强对劳动力再配置程度较高行业的用工调整成本较高，致使劳动保护强度增加对高劳动力再配置程度行业的劳动密集型企业生产率影响可能较小。我们根据薛继亮[①]计算的 1999～2011 年中国工业分行业的行业间就业再配置程度和行业内就业再配置程度测度中国工业行业间劳动力再配置程度（以 $labor\_reall1$ 表示）和行业内劳动力再配置程度（以 $labor\_reall2$ 表示），估计结果见表 3−8 第（4）（5）列，不难发现三次交互项 $labor\_inst \times law \times labor\_reall1$ 和 $labor\_inst \times law \times labor\_reall2$ 的估计系数都显著为正，说明《劳动合同法》实施对较高劳动力再配置程度行业的劳动密集型企业的生产率作用较大，这表明劳动保护不会通过抑制行业间劳动力再配置和行业内劳动力再配置而制约企业生产率进步，证伪竞争性研究假说 H1b，反向证实竞争性研究假说 H1a。

表 3−8 劳动保护对企业生产率影响的异质性分析

变量	所有制异质性	经营产品是否单一	经营年限异质性	行业劳动力再配置程度异质性	
	（1）	（2）	（3）	（4）	（5）
$labor\_inst \times law$	1.032 ** (0.413)	0.750 ** (0.374)	−2.022 *** (0.484)	−2.416 (2.144)	−1.717 (1.547)
$law \times soes$	−1.664 *** (0.525)				
$labor\_inst \times soes$	−1.379 *** (0.480)				
$labor\_inst \times law \times soes$	2.047 *** (0.625)				
$law \times prod\_dum$		−0.396 * (0.209)			
$labor\_inst \times prod\_dum$		0.003 (0.007)			
$labor\_inst \times law \times prod\_dum$		0.505 ** (0.247)			

[①] 薛继亮：《产业升级、贸易结构和就业市场配置研究》，《中国人口科学》2018 年第 2 期。

117

续表

变量	所有制异质性	经营产品是否单一	经营年限异质性	行业劳动力再配置程度异质性	
	(1)	(2)	(3)	(4)	(5)
$law \times \ln age$			-0.946^{***} (0.203)		
$labor\_inst \times \ln age$			0.345^{**} (0.138)		
$labor\_inst \times law \times \ln age$			1.167^{***} (0.242)		
$law \times labor\_reall1$				-0.162^{*} (0.092)	
$labor\_inst \times labor\_reall1$				0.004 (0.003)	
$labor\_inst \times law \times labor\_reall1$				0.191^{*} (0.108)	
$law \times labor\_reall2$					-0.222^{**} (0.112)
$labor\_inst \times labor\_reall2$					-0.018^{***} (0.004)
$labor\_inst \times law \times labor\_reall2$					0.267^{**} (0.134)
控制变量	控制	控制	控制	控制	控制
企业固定效应	控制	控制	控制	控制	控制
时间固定效应	控制	控制	控制	控制	控制
聚类数	167	167	167	139	139
R^2	0.782	0.782	0.782	0.783	0.783
F 值	374.093	333.261	412.616	288.891	309.364
观测值数	2135518	2135518	2135518	1922799	1922799

注：①括号内数据均为 3 分位行业层面的聚类标准误；② $*$ 、 $**$ 、 $***$ 分别代表在 10%、5%、1% 的水平下显著。

第五节　劳动保护影响制造业生产率增长的实证分析

上文从企业层面探讨了劳动保护对生产率的影响。而行业生产率是企业生产率的加总，劳动保护对生产率增长的加总效应又是如何呢？是来源于企业内资源再配置引致的自身生产率进步还是企业动态进入或退出的企业间资源再配置的改进呢？本部分首先对行业生产率增长进行动态分解，比较不同劳动密集型行业生产率增长的差异，然后，探究劳动保护与行业生产率增长的关系。

一 动态分解

本部分借鉴毛其淋和许家云的研究思路[①]，采用 Melitz 和 Polanec 的生产率增长分解框架[②]，从企业动态化过程分解行业生产率增长进程，其增长过程可分解为存活企业自身生产率增长（水平效应）、存活企业间的资源再配置（资源再配置效应）、新企业进入的进入效应（进入效应）以及低生产率企业退出的退出效应（退出效应）四项。进一步地，从资源再配置的角度来看，行业生产率增长过程主要源于企业内资源再配置效应和企业间资源再配置效应，前者包括存活企业的水平效应，后者包括存活企业间的资源再配置效应、新进入企业的进入效应以及低生产率企业退出的退出效应。具体地，以 t 期和 $t-k$ 期为例（k 为观测间隔），行业生产率增长分解方程可表示为：

$$\Delta \Phi_{jt} = \Phi_{jt} - \Phi_{jt-k} = (\Phi_{jt}^{S} - \Phi_{jt-k}^{S}) + \theta_{jt}^{N}(\Phi_{jt}^{N} - \Phi_{jt}^{S}) + \theta_{jt-k}^{X}(\Phi_{jt-k}^{S} - \Phi_{jt-k}^{X}) \quad (3-9)$$

其中，$\Phi_{jt} = \sum s_{it}\varphi_{it}$，表示 3 分位行业 j 在 t 年的加总生产率；s_{it} 表示 i 企业 t 年占企业所在 3 分位行业的就业份额；φ_{it} 表示 i 企业 t 年的生产率，以 OP 法测算的企业全要素生产率对数值度量；令 $G = S$、N、X，其分别表示行业内的存活、进入、退出三类状态的企业集合。$\theta_{jt}^{G} = \sum_{i \in G} s_{it}$，表示 3 分位行业中的 G 类企业 t 年的就业份额的加总；$\Phi_{jt}^{G} = \sum_{i \in G}(s_{it}/\theta_{jt}^{G})\varphi_{it}$，表示行业 3 位码中的 j 行业 G 类企业 t 年的加总生产率。分解方程（3-9）还可表示为：

---

① 毛其淋、许家云：《中间品贸易自由化、制度环境与生产率演化》，《世界经济》2015 年第 9 期。

② Melitz, M. J., Polanec, S., "Dynamic Olley-Pakes Productivity Decomposition with Entry and Exit", *Rand Journal of Economics*, Vol. 46, No. 2, 2015.

$$\Delta\Phi_{jt} = \underbrace{\Delta\varphi_{jt}^{S}}_{\text{水平效应}} + \underbrace{\Delta\mathrm{cov}(s_{jt}^{S},\varphi_{jt}^{S})}_{\text{资源再配置效应}} + \underbrace{\theta_{jt}^{N}(\Phi_{jt}^{N} - \Phi_{jt}^{S})}_{\text{进入效应}} + \underbrace{\theta_{jt-k}^{X}(\Phi_{jt-k}^{S} - \Phi_{jt-k}^{X})}_{\text{退出效应}} \quad (3-10)$$

其中，$\Delta\varphi_{jt}^{S}$ 为存活企业自身生产率增长的水平效应，以 t 期和 $t-k$ 期的存活企业的非加权平均生产率之差刻画；$\Delta\mathrm{cov}(s_{jt}^{S},\varphi_{jt}^{S})$ 为存活企业间的资源再配置效应，以 t 期和 $t-k$ 期的存活企业的就业份额和生产率的协方差度量，刻画不同生产率的存活企业间的资源再配置情况对行业生产率增长的影响，其取值越大，表明越多的资源在高生产率的存活企业中配置，资源再配置效率改善，反之，资源配置效率恶化；$\theta_{jt}^{N}(\Phi_{jt}^{N} - \Phi_{jt}^{S})$ 为新进入企业的进入效应，刻画新企业进入引致的行业加总生产率变动，当新进入企业的行业加总生产率高于存活企业的行业加总生产率时取值为正；$\theta_{jt-k}^{X}(\Phi_{jt-k}^{S} - \Phi_{jt-k}^{X})$ 为低生产率企业退出的退出效应，刻画企业退出引致的行业加总生产率变动，当退出企业的行业加总生产率低于存活企业的行业加总生产率时取值为正。进入效应和退出效应共同反映企业进入和退出引起的资源再配置对行业生产率增长的影响，两者之和又称为"净进入效应"。

采用分解方程（3-10）测算的前提是需要界定企业进入、退出以及存活状态。本章的企业状态界定方法如下。首先，考虑到不同年份对相同企业调查的工作失误导致相同企业的成立年份不同，本章把企业最初出现在样本中的成立年份作为该企业的成立年份，对1998~2013年《中国工业企业数据库》的企业成立年份进行调整；其次，借鉴高凌云等、马弘等、毛其淋和盛斌的研究，采用成立准则和企业经营信息综合判断企业的进入和退出状态。[①] 进入企业界定：如果企业成立时间在 $t-1$ 或 t 期，即被认定为 t 期的进入企业。退出企业界定：企业在 t 期存在，而在 $t+1$ 及之后样本期均不存在，这类国有企业被直接认定为 t 期的退出企业；若这类企业为非国有企业时，只有当该企业在 $t-1$ 期为非运营状态才被界定为 t 期的退出企业。把除退出企业和进入企业之外的企业都界定为存活企业。接下来，考虑到从2011年开始，中国工业企业数据库的企业统计范围从以

---

① 高凌云、屈小博、贾朋：《外商投资企业是否有更高的退出风险》，《世界经济》2017年第7期；马弘、乔雪、徐嫄：《中国制造业的就业创造与就业消失》，《经济研究》2013年第12期；毛其淋、盛斌：《中国制造业企业的进入退出与生产率动态演化》，《经济研究》2013年第4期。

前的主营业务收入 500 万元以上的企业调整为主营业务收入 2000 万元以上的企业，导致不同行业的生产率没有可比性，本章仅保留数据库中主营业务收入大于等于 2000 万元的企业样本，同时，由于仅在样本中存在一期的企业无法准确地判断其进入还是退出状态以及保持与前文数据的一致性，参照李坤望和蒋为[①]的研究，保留存在两期及两期以上的企业样本，最后得到 2004 ~ 2012 年中国制造业行业的企业进入、退出以及存活状态的数据。

表 3 - 9 汇报了采用 Melitz 和 Polanec[②] 的动态分解法计算的中国制造业 3 分位的生产率增长结果。从中国制造业整体的生产率增长状况来看，2004 ~ 2012 年中国制造业生产率增长了 0.4126，具体到分解的结果来看，中国制造业生产率的增长首先主要源于存活企业自身生产率的增长（水平效应），其增长幅度和贡献率分别为 0.3368 和 81.62%，其次则是存活企业间的资源再配置效应，对应的增长幅度和贡献率分别为 0.0732 和 17.74%，低生产率企业退出的退出效应的增长幅度和贡献率分别为 0.0131 和 3.17%；而新进入企业的进入效应则为负，对应的增长幅度和贡献率则为 - 0.0104 和 - 2.52%，这说明新进入企业的平均生产率低于存活企业。

为考察劳动保护与行业生产率增长之间的关系，结合本章以 2008 年《劳动合同法》实施为准自然实验识别劳动保护的因果效应，我们以 3 分位行业的劳动密集度的中位数作为区分高劳动密集型行业和低劳动密集型行业的依据，并分别计算了 2004 ~ 2007 年和 2008 ~ 2012 年两类行业的生产率增长幅度之差（见表 3 - 9），以初步了解资源再配置视角下劳动保护与行业生产率演进的关系。从表 3 - 9 的第（b）（c）行来看，高 - 低劳动密集型行业生产率增幅之差在《劳动合同法》实施前后都有明显的差异，两类行业的增幅之差来源也存在显著的差异。《劳动合同法》实施前，两类行业的增幅之差主要源于存活企业自身生产率的增长（水平效应），贡

---

① 李坤望、蒋为：《市场进入与经济增长——以中国制造业为例的实证分析》，《经济研究》2015 年第 5 期。

② Melitz, M. J., Polanec, S., "Dynamic Olley-Pakes Productivity Decomposition with Entry and Exit", *Rand Journal of Economics*, Vol. 46, No. 2, 2015.

献率高达 136.91%，其次是新企业进入的进入效应，贡献率为 19.59%，存活企业间的资源再配置效应和低生产率企业退出的退出效应的贡献率则都为负；而实施后，则主要源于存活企业间的资源再配置效应，贡献率高达 58.45%，其次分别是水平效应、退出效应和进入效应，贡献率分别为 27.76%、12.30%、1.49%。进一步地，从表 3 - 9 第（d）行的对比结果来看，《劳动合同法》实施后的高 - 低劳动密集型行业的生产率增幅之差明显高于实施前，高出了 0.2191，其主要贡献来源于资源再配置效应、退出效应、水平效应，贡献率分别为 71.97%、24.77% 和 5.46%，而进入效应的贡献率则为负。这与第（a）行的中国制造业生产率增长动态分解情况略有差别，制造业生产率增长的主要贡献从水平效应（企业内资源再配置效应）转向资源再配置效应和退出效应（企业间资源再配置效应）。那么，这是否意味着，《劳动合同法》实施对高劳动密集型行业的生产率增长影响更大？其主要通过存活企业的水平效应和资源再配置效应以及退出企业的退出效应产生影响，而新企业的进入效应没有贡献？这都需要通过计量来进行检验。

表 3 - 9　2004～2012 年中国制造业生产率增长动态分解

分类			所有企业	存活企业		新进入企业	退出企业
			生产率增幅	水平效应	资源再配置效应	进入效应	退出效应
			(1)	(2)	(3)	(4)	(5)
所有行业	2004～2012 年	(a)	0.4126	0.3368 (81.62%)	0.0732 (17.74%)	-0.0104 (-2.52%)	0.0131 (3.17%)
高 - 低劳动密集型行业生产率之差	2008～2012 年	(b)	0.2639	0.0732 (27.76%)	0.1542 (58.45%)	0.0039 (1.49%)	0.0325 (12.30%)
	2004～2007 年	(c)	0.0448	0.0613 (136.91%)	-0.0035 (-7.75%)	0.0088 (19.59%)	-0.0218 (-48.75%)
2008 年前后高 - 低劳动密集型行业生产率之差	(d) = (b) - (c)		0.2191	0.0119 (5.46%)	0.1577 (71.97%)	-0.0048 (-2.20%)	0.0543 (24.77%)

注：括号内数据为生产率增长的贡献率。

二 实证检验

从上文对比分析中，我们发现《劳动合同法》实施后的高－低劳动密集型行业的生产率增幅高于实施前，其主要贡献源于存活企业的水平效应和资源再配置效应以及退出企业的退出效应。那么，《劳动合同法》实施在行业生产率增长中产生什么样的作用呢？其中的影响机制又是如何？

延续上文的分析方法，本节继续以《劳动合同法》实施带来的劳动保护加强对高劳动密集型行业生产率影响较大的准自然实验方法识别劳动保护对行业生产率增长的影响，具体模型设置如下：

$$\Delta \ln tfp_{jt} = \alpha + \lambda \times labor\_inst_{j07} \times law_t + \theta \times CV_{jt} + \mu_j + \mu_t + \varepsilon_{jt} \qquad (3-11)$$

模型（3－11）中，$\Delta \ln tfp$ 表示行业全要素生产率对数的变化量，$labor\_inst$ 和 law 的含义都同上文的模型（3－1）相同，CV 为行业层面的控制变量的集合，分别包括行业集中度、行业就业人数、行业销售增长率、行业总工资额、行业企业平均经营时间、行业国有企业产值占比、行业出口额、行业补贴额。μ_j、μ_t、ε_{jt} 分别指 3 分位行业固定效应、时间固定效应以及随机误差项。

表 3－10 第（1）～（4）列汇报了基于模型（3－11）的估计结果，从中可以看出，无论是以 OP 法还是以 ACF 法计算的生产率增长水平，交互项 $labor\_inst \times law$ 的估计系数都显著为正，这充分说明《劳动合同法》实施对高劳动密集型行业的生产率增长有显著的促进作用，即劳动保护加强会促进行业生产率增长，并且，其促进作用也不会受到其他影响因素的干扰。证实了本章的竞争性研究假说 H2a。这也与 Ji 和 Wei 采用中国上市公司数据研究得出的结论一致。

那么，由此面临的另一个问题是，劳动保护是如何影响制造业生产率增长的？机制如何？事实上，竞争性研究假说 H2a 的分析中已指出，劳动保护会通过企业内资源再配置（存活企业自身的生产率增长效应）和企业间资源再配置（存活企业间的资源再配置效应、新进入企业的进入效应以及低生产率退出企业的退出效应三类）影响行业生产率增长。并且，上述动态分解的结果也表明资源再配置视角下四类效应在《劳动合同法》实施前后高－低劳动密集型行业生产率增长之差中的作用，但是，劳动保护是否会通过这四类效应影响行业生产率增长还需进行进一步的验证。为此，延续上文的分析，建立以下模型予以检验：

$$Y_{jt} = \alpha + \nu \times labor\_inst_{j07} \times law_t + \theta \times CV_{jt} + \mu_j + \mu_t + \varepsilon_{jt} \qquad (3-12)$$

Y 分别指 3 分位行业的存活企业生产率的平均值（$survive\_tfp$）、存活企业的生产率分散程度（$survive\_tfp\_disp$）、新进入企业的生产率高于所在 3 分位行业的存活企业平均生产率的数量占新进入企业数的比重（$entry\_ratio$）、退出企业的生产率低于所在 3 分位行业的存活企业平均生产率的数量占退出企业数的比重（$exit\_ratio$）。接下来，本章基于模型（3-12）分别进行回归，讨论劳动保护影响制造业生产率增长的具体机制。

第一，企业内资源再配置方面。以行业内存活企业的平均生产率变动考察水平效应，表 3-10 第（5）~（6）列汇报了劳动保护分别对简单平均和就业份额的加权平均计算的存活企业在 3 分位行业生产率平均值影响的估计结果，不难发现，交互项 $labor\_inst \times law$ 的估计系数都显著为正，表明《劳动合同法》实施显著促进了存活企业中的高劳动密集型行业的生产率进步，证实了竞争性研究假说 H2a 中企业内资源再配置机制的存在。这也在一定程度上验证了前文企业层面的研究结论，即劳动保护强度加强时，存活企业会致力于加大企业人力资本投资和要素替代力度，提升自身创新能力和生产率水平以避免劳动力调整成本增加的压力。[1]

第二，企业间资源再配置方面。首先，存活企业间资源再配置效应。本章参照 Syverson 的研究[2]，分别使用 3 分位行业的企业生产率标准差、第 75 分位数与第 25 分位数之差与中位数之比、第 90 分位数与第 10 分数之差与中位数之比、第 95 分位数与第 5 分位数之差与中位数之比度量了行业生产率分散度；然后，估计了劳动保护对行业生产率分散度的影响，估计结果见表 3-11 第（1）~（4）列，交互项 $labor\_inst \times law$ 的估计系数基本显著为负，证实了《劳动合同法》实施对存活企业中的高劳动密集型行业生产率分布有抑制作用。说明劳动保护促进其他生产要素及市场份额在

---

[1] Koeniger, W., "Dismissal Costs and Innovation", *Economics Letters*, Vol. 88, No. 1, 2005.

[2] Syverson, C., "Product Substitutability and Productivity Dispersion", *Review of Economics and Statistics*, Vol. 86, No. 2, 2004.

企业间进行再配置，减少行业生产率的分散程度，提高整体的资源再配置效率，与上述中国制造业生产率增长中资源再配置效率改进的作用一致。其次，新进入企业的进入效应。表3－11第（5）列汇报了劳动保护加强对新企业进入率的影响，交互项 *labor_inst* × *law* 的估计系数不显著，表明劳动保护并不会通过进入效应影响行业生产率增长。最后，低生产率企业退出的退出效应。表3－11第（6）列汇报了劳动保护加强对退出企业的退出率的影响，从中可以看出，交互项 *labor_inst* × *law* 的估计系数也显著为正，表明《劳动合同法》实施对高劳动密集型行业中的低生产率企业的退出率有显著的促进作用，这是因为《劳动合同法》中含有对企业退出的豁免条款，致使企业存续价值相对低于退出价值，促使低生产率企业从市场中退出，支撑了中国制造业行业生产率的增长。此外，我们还借鉴毛其淋和许家云的研究①，从企业层面构建企业退出的二元选择模型分析劳动保护的退出效应。具体模型设置如下：

$$\Pr(exit_{ijct}) = \Phi\{\beta_0 + \beta_1 \times labor\_inst_{j07} \times law_t + \beta_2 \times rel\_tfp_{ijct} +$$

$$\beta_3 \times labor\_inst_{j07} \times law_t \times rel\_tfp_{ijct} + \theta \times \vec{X} + \mu_i + \mu_t + \varepsilon_{ijct}\}$$

$$(3-13)$$

模型中，*exit* 表示企业下年是否退出的虚拟变量，退出取1，否则取0；*rel_tfp* 表示企业相对生产率，以企业生产率与企业所在3分位行业平均生产率的比值度量；其他变量的含义和度量指标与模型（3－1）相同。交互项 *labor_inst* × *law* × *rel_tfp* 为我们重点关注的变量，若其估计系数为正，说明《劳动合同法》实施后，高劳动密集型行业相对生产率较高企业的退出风险下降，而高劳动密集型行业相对生产率较低企业的退出风险增加，即《劳动合同法》实施主要促使高劳动密集型行业的低生产率企业退出。表3－11第（7）列汇报了相应的估计结果，交互项 *labor_inst* × *law* × *rel_tfp* 的估计结果显著为负，说明劳动保护加强会增加高劳动密集型行业低生产率企业的退出概率，进一步证实劳动保护对行业生产率增长存在退出效应。

① 毛其淋、许家云：《市场化转型、就业动态与中国地区生产率增长》，《管理世界》2015年第10期。

表 3 - 10　劳动保护对制造业生产率增长和行业的存活企业内资源再配置的影响

变量	Δln tfp				survive_tfp	
	OP 法计算的 TFP		ACF 法计算的 TFP		简单平均	加权平均
	(1)	(2)	(3)	(4)	(5)	(6)
labor_inst × law	0.893 **	0.899 *	1.067 ***	1.047 *	1.774 ***	1.319 **
	(0.343)	(0.456)	(0.328)	(0.579)	(0.432)	(0.602)
控制变量	不控制	控制	不控制	控制	控制	控制
行业固定效应	控制	控制	控制	控制	控制	控制
时间固定效应	控制	控制	控制	控制	控制	控制
聚类数	167	165	167	165	165	165
R^2	0.450	0.481	0.533	0.550	0.927	0.950
F 值	6.765	2.617	10.575	5.541	4.966	4.212
观测值数	1314	1279	1314	1279	1279	1279

注：①括号内数据均为 3 分位行业层面的聚类标准误；② * 、 ** 、 *** 分别代表在 10%、5%、1% 的水平下显著。

表 3 - 11　劳动保护对行业的企业间资源再配置的影响

变量	存活企业间的资源再配置效应				进入效应	退出效应	
	survive_tfp_disp				entry_ratio	exit_ratio	exit
	标准差	75 - 25 分位差	90 - 10 分位差	95 - 5 分位差		OLS	Probit
	(1)	(2)	(3)	(4)	(5)	(6)	(7)
labor_inst × law	- 0.585 **	- 0.107	- 0.263 ***	- 0.424 ***	- 0.193	0.567 *	- 0.054 *
	(0.288)	(0.070)	(0.082)	(0.088)	(0.545)	(0.293)	(0.030)
rel_tfp							- 0.011 *
							(0.006)
labor_inst × law × rel_tfp							- 0.036 ***
							(0.007)
控制变量	控制	控制	控制	控制	控制	控制	控制
行业固定效应	控制	控制	控制	控制	控制	控制	控制
时间固定效应	控制	控制	控制	控制	控制	控制	控制
聚类数	164	165	165	165	161	164	167
R^2	0.820	0.792	0.820	0.829	0.404	0.227	
F 值	6.197	2.261	2.835	4.527	3.837	1.290	
观测值数	1277	1279	1279	1279	1214	1270	1292948

注：①括号内数据均为 3 分位行业层面的聚类标准误；② * 、 ** 、 *** 分别代表在 10%、5%、1% 的水平下显著。

第六节　研究结论与启示

改革开放以来，随着我国对外及对内一系列发展战略的实施，我国制造业各行业企业全要素生产率得到大幅度的提升。劳动力市场制度改革也在不断推进，劳动保护与生产率的关系始终是个历久弥新的话题，两者之间的因果关系一直饱受争议。2008 年我国《劳动合同法》实施也使劳动保护强度加强，分析其对中国制造业企业和行业生产率的影响，不仅可以评估《劳动合同法》实施对生产率的影响，还可以为供给侧改革背景下的中国劳动力市场制度改革提供经验证据。本章首先从制造业企业全要素生产率出发，分析制造业生产率的变动特征，然后从《劳动合同法》实施的外生冲击出发，利用其实施前后劳动保护强度的差异，采用双重差分模型识别劳动保护对企业生产率的因果影响。具体地，利用 2004～2013 年中国工业企业数据，从整体和细分维度刻画制造业生产率发展特征，并以 2008 年《劳动合同法》实施为冲击，以企业所在 3 分位行业 2007 年劳动密集度识别处理组和对照组，采用双重差分模型研究劳动保护对企业生产率的影响。研究发现：第一，中国制造业生产率总体呈上升趋势，并且，从企业所有制类型差异、所属行业差异及所处区域差异上来看，他们生产率的变动趋势与中国制造业整体发展趋势一致；第二，劳动保护加强显著促进企业生产率进步，即《劳动合同法》实施显著促进高劳动密集型行业的企业生产率进步，并且这一促进作用在进行替换变量、反事实估计、安慰剂检验等稳健性检验之后也依然成立；第三，进一步的影响机制分析发现，《劳动合同法》实施会通过增加企业培训经费投入和要素替代程度对高劳动密集型行业企业生产率进步产生显著的促进作用；第四，异质性的分析结果表明，劳动保护对企业生产率的促进作用对单一产品经营企业、国有企业、经营时间较长企业以及高劳动力再配置程度行业企业影响更大；第五，行业层面的分析表明，《劳动合同法》实施还会通过提高存活企业自身生产率水平、存活企业间的资源再配置效率以及低生产率企业退出的退出率而促进高劳动密集型行业生产率增长。

本部分的研究启示有二。一是要充分重视劳动保护在促进企业人力资本投资和技术升级中的作用，探索形成以企业在职培训和技术创新为导向、以劳动者自主学习和技能提升为核心的劳动力市场运行机制。国务院办公厅2019年颁布的《职业技能提升行动方案（2019—2021年）》中要求企业必须为职工提供职业技能培训，指出了人力资本的重要性。然而，经济中的企业往往出于对成本的考虑，并不完全实施，因而，政府应有必要从企业和劳动者双方入手，对劳企双方的技术创新和技能提升予以鼓励和支持，适当在劳动保护政策制定与实施上予以倾斜，为高质量发展提供一个有活力、有韧性的劳动力市场。二是要关注到劳动保护对初创企业和民营企业的经营压力，制定兼顾劳动力市场安全性与灵活性的劳动保护政策。当前的《劳动合同法》规则统一适用于所有用人单位，为劳动者提供保护的同时，也降低了企业经营灵活性和劳动力市场运行效率，加大了企业经营负担，尤其加剧了民营企业和初创企业的经营压力，而民营企业和初创企业往往是我国吸收就业的生力军，更是"大众创业，万众创新"政策实施的现实写照，亟须给予二者宽松的劳动保护政策、释放其经营灵活性，为"创新驱动"中国经济发展提供动力。

第四章　劳动保护与制造业出口
产品质量升级

自 2001 年加入 WTO 后，中国对外贸易迅速扩张，出口贸易呈现"爆炸式"增长，形成了以低劳动力成本为竞争优势的"低质量、高数量"出口增长方式[①]，部分产品甚至以牺牲质量为代价参与国际竞争[②]。伴随着中国劳动力成本上升，出口的传统比较优势逐渐削弱，劳动力成本优势难以为继，"十二五"规划纲要就曾提出培育"以技术、品牌、质量、服务为核心的出口竞争新优势"的重要思路，以期保持出口贸易可持续发展。[③]至此，促进产品质量升级成为培育出口竞争新优势的重要途径，俨然成为高质量发展阶段下我国从贸易大国向贸易强国转变的现实要求。

与此同时，为强化劳动契约观念，减少劳企间事后纠纷，维持稳定共赢的雇佣关系，维护平等、法治的劳动力市场环境，《中华人民共和国劳动合同法》于 2007 年 6 月 29 日审议通过，并于 2008 年 1 月 1 日正式实施，中国劳动力市场管制迈入新台阶[④]，劳动保护强度不断加强，那么，由此引出的一个问题是，劳动保护加强是否能助力中国企业出口产品质量升级？抑或是制约出口产品质量提升，形成所谓的"中国出口产品质量变

[①] 李坤望、蒋为、宋立刚：《中国出口产品品质变动之谜：基于市场进入的微观解释》，《中国社会科学》2014 年第 3 期。

[②] 许和连、王海成：《最低工资标准对企业出口产品质量的影响研究》，《世界经济》2016 年第 7 期。

[③] 施炳展、邵文波：《中国企业出口产品质量测算及其决定因素——培育出口竞争新优势的微观视角》，《管理世界》2014 年第 9 期。

[④] 事实上，2012 年 12 月 28 日审议修订了《劳动合同法》，并于 2013 年 7 月 1 日施行。

动之谜"?① 对这一问题的讨论不仅有利于从出口产品质量层面评估《劳动合同法》实施的政策效果，更为高质量发展阶段下劳动力市场制度调整提供理论支撑。

理论上，劳动保护加强会加大企业用工调整难度，影响企业劳动力配置，制约企业经营灵活性②，但这也是企业变革的契机，是企业进行专用性人力资本投资的机遇，是对企业管理能力的考验，也是企业进行产品升级的动力③，更为企业员工的"干中学"效应发挥提供制度保障。本研究在劳动保护加强形成的稳定劳动关系前提下，思考《劳动合同法》实施如何改变劳企双方行为而影响企业出口产品质量。接下来，本章的安排如下：第一节是梳理劳动保护影响出口产品质量的研究进展；第二节是通过理论分析提出本部分的研究假说；第三节为模型设定和数据说明；第四节为劳动保护对企业出口产品质量的因果效应分析；第五节为拓展分析劳动保护对企业出口产品质量的作用方式，同时，从企业内资源配置效率的视角分析劳动保护对企业出口产品质量分散度的作用；第六节为本章研究结论与启示。

第一节　劳动保护与出口产品质量的研究进展

一　劳动保护对企业绩效的影响研究进展

实际上，劳动保护对企业绩效的影响研究早已引起学界的广泛关注。其主要体现在劳动保护对企业生产率和企业技术创新都存在正反两方面的

---

① 张杰等曾指出，中国出口产品质量并没有呈现提升的趋势，形成了所谓的中国出口产品"质量变动之谜"；刘啟仁、铁瑛也发现 2008 年企业出口产品质量明显低于 2004 年。张杰、郑文平、翟福昕：《中国出口产品质量得到提升了了吗?》，《经济研究》2014 年第 10 期；刘啟仁、铁瑛：《企业雇佣结构、中间投入与出口产品质量变动之谜》，《管理世界》2020 年第 3 期。
② 李波、蒋殿春：《劳动保护与制造业生产率进步》，《世界经济》2019 年第 11 期。
③ 李钢、沈可挺、郭朝先：《中国劳动密集型产业竞争力提升出路何在——新〈劳动合同法〉实施后的调研》，《中国工业经济》2009 年第 9 期；黄平：《解雇成本、就业与产业转型升级——基于〈劳动合同法〉和来自中国上市公司的证据》，《南开经济研究》2012 年第 3 期。

影响。

第一，劳动保护对企业生产率影响的争议。一方面，有研究认为劳动保护会抑制劳动者在产业间和企业间的再分配[1]，降低劳动者工作努力程度从而抑制企业生产率的增长[2]。Lashitew 从劳动力资源错配的角度开展研究，利用世界银行企业调查的 90 国企业数据研究发现，就业保护增加的解雇成本增加了劳动力资源在企业之间的错配也会降低企业生产率。[3] Dougherty 等采用 Rajan 和 Zingales 的双重差分模型对印度 1998～2008 年企业层面的数据研究发现，更严格的劳动者就业保护制度不利于高劳动密集型和高销售波动型行业企业生产率的进步。[4] Autor 等应用 1979～1990 年美国各州法院对善意公共政策、默示合同等不当解雇例外条款的执行情况，结合美国企业层面的普查数据研究发现，更加严格的劳动者就业保护会引致投资增加、企业进入和 TFP 下降。[5] 另一方面，部分研究也发现劳动保护带来的成本上升将产生选择效应[6]，同时也会促进企业特定方面的投资[7]，从而提高企业生产效率。Vergeer 和 Kleinknecht 的研究也发现更加严格的劳动力

[1] Wasmer, E., "General Versus Specific Skills in Labor Markets with Search Frictions and Firing Costs", *The American Economic Review*, Vol. 96, No. 3, 2006; Ichino, A., Riphahn, R. T., "The Effect of Employment Protection on Worker Effort: Absenteeism During and after Probation", *Journal of the European Economic Association*, Vol. 3, No. 1, 2005.

[2] Ichino, A., Riphahn, R. T., "The Effect of Employment Protection on Worker Effort: Absenteeism During and after Probation", *Journal of the European Economic Association*, Vol. 3, No. 1, 2005; Engellandt, A., Riphahn, R. T., "Temporary Contracts and Employee Effort", *Labour Economics*, Vol. 12, No. 3, 2005; Dolado, J. J., Ortigueira, S., Stucchi, R., "Does Dual Employment Protection Affect TFP? Evidence from Spanish Manufacturing Firms", *SERIEs*, Vol. 7, No. 4, 2016.

[3] Lashitew, A. A., "Employment Protection and Misallocation of Resources across Plants: International Evidence", *CESifo Economic Studies*, Vol. 62, No. 3, 2015.

[4] Dougherty, S., Robles, V. C. F., Krishna, K., "Employment Protection Legislation and Plant-Level Productivity in India", *Nber Working Paper Series*, No. 17693, 2011; Rajan, R. G., Zingales, L., "Financial Dependence and Growth", *The American Economic Review*, Vol. 88, No. 3, 1998.

[5] Autor, D. H., Kerr, W. R., Kugler, A. D., "Does Employment Protection Reduce Productivity? Evidence from US States", *Economic Journal*, Vol. 117, No. 521, 2007.

[6] Poschke, M., "Employment Protection, Firm Selection, and Growth", *Journal of Monetary Economics*, Vol. 56, No. 8, 2009.

[7] Belot, M., Boone, J., Ours, J. V., "Welfare-Improving Employment Protection", *Economica*, Vol. 74, No. 295, 2007.

市场比自由市场经济的劳动生产率更高。①

第二，劳动保护对企业技术创新影响的争议。一方面，较强的劳动保护增加了职业安全，激励企业员工进行专用性人力资本投资，加上激烈市场竞争的倒逼作用②，促进技术创新③。Manso 的研究显示，最优契约能短期容忍企业创新失败和长期鼓励企业进一步创新，从而增加企业的创新动力。④ Acharya 等研究发现解雇法增强了企业员工的创新动力、鼓励企业投资于开拓性的项目，针对美国、英国、法国和德国的实证研究也表明，更加严格的解雇法有助于创新，尤其有利于创新密集度较高的产业。⑤ Acharya 等还指出不当解雇法保护企业员工避免不公正的解雇而刺激企业创新和新企业创作。⑥ 倪骁然和朱玉杰基于 2008 年中国《劳动合同法》实施构建的双重差分模型对中国进行实证研究也发现，劳动保护增强也将促进企业创新，尤其对创新需求、竞争程度更高的行业以及民营企业和行业后进企业的创新促进作用更明显。⑦ 吕铁和王海成研究认为劳动力市场管制可能会通过"要素替代效应"和"人力资本投资效应"促进技术创新，也可能通过"创新租金分享效应"和"用工调整成本效应"抑制技术创新。⑧ 随后的实证研究则发现，总体上劳动力市场管制促进中国企业技术创新，但对创新的影响存在行业差异和结构性差异。林炜基于内生增长模型和知识生产函数研究劳动力成本上升对企业创新能力的影响时还发现劳

---

① Vergeer, R., Kleinknecht, A., "Do Labour Market Reforms Reduce Labour Productivity Growth? A Panel Data Analysis of 20 OECD Countries (1960 - 2004)", *International Labour Review*, Vol. 153, No. 3, 2014.

② Aghion, P., Howitt, P., Brant-Collett, M., García-Peñalosa, C., *Endogenous Growth Theory*, Massachusetts: MIT Press, 1998, p. 55.

③ 倪骁然、朱玉杰：《劳动保护、劳动密集度与企业创新——来自 2008 年〈劳动合同法〉实施的证据》，《管理世界》2016 年第 7 期；Acharya, V. V., Baghai, R. P., Subramanian, K. V., "Labor Laws and Innovation", *The Journal of Law and Economics*, Vol. 56, No. 4, 2013.

④ Manso, G., "Motivating Innovation", *The Journal of Finance*, Vol. 66, No. 5, 2011.

⑤ Acharya, V. V., Baghai, R. P., Subramanian, K. V., "Labor Laws and Innovation", *The Journal of Law and Economics*, Vol. 56, No. 4, 2013.

⑥ Acharya, V. V., Baghai, R. P., Subramanian, K. V., "Wrongful Discharge Laws and Innovation", *Review of Financial Studies*, Vol. 27, No. 1, 2014.

⑦ 倪骁然、朱玉杰：《劳动保护、劳动密集度与企业创新——来自 2008 年〈劳动合同法〉实施的证据》，《管理世界》2016 年第 7 期。

⑧ 吕铁、王海成：《劳动力市场管制对企业技术创新的影响——基于世界银行中国企业调查数据的分析》，《中国人口科学》2015 年第 4 期。

动力成本上升有助于企业创新。① 另一方面，劳动保护加强引致的高雇佣成本和解雇成本导致企业在面对不利冲击时的调整成本增加，加剧劳动力资源错配、限制经营弹性，从而抑制技术创新。Koeniger 研究发现解雇成本与 R&D 密度负相关。② Barbosa 和 Faria 针对欧盟国家的行业数据研究发现严格的就业保护会引致更低的创新密度。③ Murphy 等对 OECD 国家的研究则发现严格的就业保护立法导致较高工作再分配率和高解雇倾向的行业创新密度下降，并且采用临时性合同的就业保护对创新的作用比长期合同的影响大。④ Zhou 等研究还发现企业固定合同劳动者越多，越不利于创新性产品的销售。⑤ Voudouris 等从劳动灵活性的角度研究其对德国新企业创新活动的影响发现，功能灵活性和数量灵活性都有利于新企业创新，其中，功能灵活性有利于渐进式创新（incremental innovation），数量灵活性有利于突破式创新（radical innovation）。⑥ Saint-Paul 研究认为，刚性劳动力市场制度的国家倾向于生产相对安全的产品，劳动市场制度更灵活的国家则更倾向于投资高风险的创新性产品。⑦

二　出口产品质量决定因素的研究进展

现有文献关于出口产品质量决定因素的讨论可谓浩如烟海，其认为出口产品质量不仅仅与企业自身的生产率水平、贸易类型⑧、融资能力⑨、中

① 林炜：《企业创新激励：来自中国劳动力成本上升的解释》，《管理世界》2013 年第 10 期。
② Koeniger, W., "Dismissal Costs and Innovation", *Economics Letters*, Vol. 88, No. 1, 2005.
③ Barbosa, N., Faria, A. P., "Innovation across Europe: How Important Are Institutional Differences?", *Research Policy*, Vol. 40, No. 9, 2011.
④ Murphy, G., Siedschlag, I., Mcquinn, J., "Employment Protection and Innovation Intensity", *ESRI Working Paper*, No. 445, 2012.
⑤ Zhou, H., Dekker, R., Kleinknecht, A., "Flexible Labor and Innovation Performance: Evidence from Longitudinal Firm-Level Data", *Industrial and Corporate Change*, Vol. 20, No. 3, 2011.
⑥ Voudouris, I., Deligianni, I., Lioukas, S., "Labor Flexibility and Innovation in New Ventures", *Industrial and Corporate Change*, Vol. 26, No. 5, 2017.
⑦ Saint-Paul, G., "Employment Protection, International Specialization, and Innovation", *European Economic Review*, Vol. 46, No. 2, 2002.
⑧ 施炳展、邵文波：《中国企业出口产品质量测算及其决定因素——培育出口竞争新优势的微观视角》，《管理世界》2014 年第 9 期。
⑨ Bernini, M., Guillou, S., Bellone, F., "Financial Leverage and Export Quality: Evidence from France", *Journal of Banking & Finance*, Vol. 59, 2015；许明：《市场竞争、融资约束与中国企业出口产品质量提升》，《数量经济技术经济研究》2016 年第 9 期。

间品进口[1]、管理能力[2]、雇佣结构[3]以及企业上市[4]有关，还与本国制度环境及产业、贸易政策有关，如本国制度质量[5]、政府补贴[6]、贸易自由化[7]、产业集聚[8]、本币升值[9]、最低工资标准[10]等，甚至还与出口目的国的因素有关，如目的国的收入水平[11]、反倾销政策[12]、司法质量[13]以及非正式制度[14]等。这些研究出口产品质量决定因素的文献中，与本研究最为密

---

[1] Bas, M., Strauss-Kahn, V., "Input-Trade Liberalization, Export Prices and Quality Upgrading", *Journal of International Economics*, Vol. 95, No. 2, 2015；许家云、毛其淋、胡鞍钢：《中间品进口与企业出口产品质量升级：基于中国证据的研究》，《世界经济》2017年第3期。

[2] Bloom, N., Manova, K., Reenen, J. V., Sun, S. T., Yu, Z., "Managing Trade: Evidence from China and the US", *Nber Working Paper Series*, No. 24718, 2018.

[3] 刘啟仁、铁瑛：《企业雇佣结构、中间投入与出口产品质量变动之谜》，《管理世界》2020年第3期。

[4] 祝树金、汤超：《企业上市对出口产品质量升级的影响——基于中国制造业企业的实证研究》，《中国工业经济》2020年第2期。

[5] Faruq, H. A., "How Institutions Affect Export Quality", *Economic Systems*, Vol. 35, No. 4, 2011.

[6] 张杰、翟福昕、周晓艳：《政府补贴、市场竞争与出口产品质量》，《数量经济技术经济研究》2015年第4期。

[7] Fan, H., Li, Y. A., Yeaple, S. R., "Trade Liberalization, Quality, and Export Prices", *The Review of Economics and Statistics*, Vol. 97, No. 5, 2015；汪建新：《贸易自由化、质量差距与地区出口产品质量升级》，《国际贸易问题》2014年第10期；Amiti, M., Khandelwal, A. K., "Import Competition and Quality Upgrading", *Review of Economics and Statistics*, Vol. 95, No. 2, 2012；殷德生、唐海燕、黄腾飞：《国际贸易、企业异质性与产品质量升级》，《经济研究》2011年第S2期。

[8] 苏丹妮、盛斌、邵朝对：《产业集聚与企业出口产品质量升级》，《中国工业经济》2018年第11期。

[9] 余淼杰、张睿：《人民币升值对出口质量的提升效应：来自中国的微观证据》，《管理世界》2017年第5期；张明志、季克佳：《人民币汇率变动对中国制造业企业出口产品质量的影响》，《中国工业经济》2018年第1期。

[10] 许和连、王海成：《最低工资标准对企业出口产品质量的影响研究》，《世界经济》2016年第7期。

[11] Manova, K., Yu, Z., "Multi-Product Firms and Product Quality", *Journal of International Economics*, Vol. 109, 2017；Brambilla, I., Porto, G. G., "High-Income Export Destinations, Quality and Wages", *Journal of International Economics*, Vol. 98, 2016.

[12] 谢建国、章素珍：《反倾销与中国出口产品质量升级：以美国对华贸易反倾销为例》，《国际贸易问题》2017年第1期；高新月、鲍晓华：《反倾销如何影响出口产品质量?》，《财经研究》2020年第2期。

[13] 余淼杰、崔晓敏、张睿：《司法质量、不完全契约与贸易产品质量》，《金融研究》2016年第12期。

[14] 祝树金、段凡、邵小快、钟腾龙：《出口目的地非正式制度、普遍道德水平与出口产品质量》，《世界经济》2019年第8期。

切的是许和连和王海成关于最低工资标准如何影响企业出口产品质量的讨论，他们通过 2005~2010 年全国 2855 个县区最低工资标准数据、工业企业数据及海关贸易数据的匹配数据实证发现，最低工资标准上调会显著抑制企业出口产品质量。[1] 最低工资标准来自 2003 年 12 月 30 日劳动和社会保障部第七次部务会议通过的《最低工资规定》，虽然其与《劳动合同法》一样，都是劳动力市场管制的重要组成部分[2]，目的都是进行劳动保护，但是两者的侧重点各不相同，前者是在劳动合同签订的基础上，为劳动者工资提供最低保障；后者则是为了维护劳动关系的稳定，避免随意解雇，保障劳动者的合法权益，涉及的范围更广。王海成等的研究[3]为本书从《劳动合同法》实施研究劳动保护对企业出口产品质量的影响提供了深刻的洞见，但本书涉及的劳动保护更多的是指《劳动保护法》中的企业与劳动者之间的劳动关系，他们的研究涉及的内容有本质的不同，是对现有关于劳动力市场制度研究的一种补充。

综合上述分析，本研究试图在以下三个方面有所突破：一是以《劳动合同法》实施为准自然实验，探讨劳动保护对企业出口产品质量的影响及其具体机制，丰富劳动保护与企业绩效关系的文献，同时拓展《劳动合同法》实施效果的评价范畴；二是从贸易边际的视角探究劳动保护对企业出口产品质量的影响方式和源泉，提供新的贸易边际分析思路；三是从企业内资源配置的角度，探讨劳动保护如何影响多产品－多市场出口企业产品质量分散度，理解企业出口产品质量在产品和市场上的双重调整，在一定程度上深化对企业出口产品质量变动的认识。

第二节　劳动保护影响企业出口产品质量的理论分析

《劳动合同法》不同于《最低工资规定》，其涉及的是劳动合同的订立、履行、变更、解除或终止。其中，最突出的一点是，《劳动合同法》

---

[1]　许和连、王海成：《最低工资标准对企业出口产品质量的影响研究》，《世界经济》2016年第 7 期。

[2]　Holmlund, B., "What Do Labor Market Institutions Do?", *Labour Economics*, Vol. 30, 2014.

[3]　王海成、许和连、邵小快：《国有企业改制是否会提升出口产品质量》，《世界经济》2019年第 3 期。

对企业解除、终止劳动合同有明确规定，要求企业不得随意解除或终止合同，指出不履行合同的赔偿条款，对企业随意解雇行为进行诸多限制，减少企业随意解雇冗余员工的可能，增强劳动保护强度，增加企业用工成本，制约企业生产效率，影响出口产品质量。Autor 等利用美国各州对善意公共政策、默示合同等不当解雇例外条款的执行差异进行研究，他们发现，劳动保护加强在短期内会增加企业调整成本，促进企业资本和技能的深化，不利于企业全要素生产率进步。[①] Okudaira 等对日本的研究也发现，劳动保护加强会通过增加企业解雇成本而抑制企业全要素生产率和劳动生产率增长。[②] 另外，《劳动合同法》对劳动合同解除和终止的限制性条款以及无固定期限的长期合同形式的要求，大幅度降低了员工失业风险，增加了劳动者偷懒激励，影响了劳动者工作努力程度，不利于企业出口产品质量提高。Ichino 和 Riphahn 从理论上指出，员工受到严格的就业保护会导致企业对员工的监管不再构成威胁，从而加剧工人的偷懒激励，尤其是懒惰工人的偷懒行为。[③] Mainar 等基于西班牙私营部门数据的实证研究表明，长期雇佣合同会使劳动者因病缺勤的概率增加约 5.3 个百分点，每周缺勤时间增加约 0.30 天。[④] Gürtzgen 和 Hiesinger 还指出较强的劳动保护甚至还会大大增加企业员工长短期病假的告假行为。[⑤] 偷懒、请假、缺勤等行为的发生无疑都会制约产品质量升级。

事实上，《劳动合同法》实施虽对企业用工调整有一定的限制，但也为企业进行自我革新提供稳定的前提，是企业变革的重要动力。《劳动合同法》实施可能在短期产生一定的负向影响，但从长期来看，其在企业成

① Autor, D. H., Kerr, W. R., Kugler, A. D., "Does Employment Protection Reduce Productivity? Evidence from US States", *Economic Journal*, Vol. 117, No. 521, 2007.

② Okudaira, H., Takizawa, M., Tsuru, K., "Employment Protection and Productivity: Evidence from Firm-Level Panel Data in Japan", *Applied Economics*, Vol. 45, No. 15, 2013.

③ Ichino, A., Riphahn, R. T., "Absenteeism and Employment Protection: Three Case Studies", *Swedish Economic Policy Review*, Vol. 11, 2004.

④ Mainar, I. G., Green, C. P., Paniagua, M. N., "The Effect of Permanent Employment on Absenteeism: Evidence from Labor Reform in Spain", *ILR Review*, Vol. 71, No. 2, 2018.

⑤ Gürtzgen, N., Hiesinger, K., "Dismissal Protection and Long-Term Sickness Absence: First Evidence from Germany", *ZEW Discussion Papers*, 2020.

长、创新等长线投资方面却有正向作用①，甚至还显著提高企业创新数量和创新质量②。李波和蒋殿春虽从理论上指出劳动保护加强可能会通过"用工成本调整效应"和"员工偷懒激励效应"制约企业生产率进步，但他们基于我国《劳动合同法》实施的研究却发现劳动保护会通过"要素替代效应"和"人力资本投资效应"促进制造业生产率进步。③ 可见，《劳动合同法》实施不仅是劳动密集型企业从价格优势向品牌与渠道优势转变的契机，推动企业研发和人才培养，实现企业转型升级④；更有利于中国产业从劳动密集型向知识密集型方向转变⑤。因此，本章预期《劳动合同法》实施带来的劳动保护加强对企业出口产品质量也有促进作用。这主要源于《劳动合同法》实施不仅能改变企业投资决策，尤其是人力资本投资选择，更是企业管理能力建设、充分发挥劳动者"干中学"及合理配置内部资源的良机，最终推动企业产品质量升级。

第一，人力资本投资效应。人力资本投资及积累是技术创新的内在动力，能有效促进出口产品质量升级。《劳动合同法》明确要求企业对员工进行专项技术培训，且规定企业对培训员工可以约定员工服务期限，这明显为企业对员工进行更多的在职培训、学习、深造等企业专用性人力资本投资提供了法律保障，激发了企业创新活力，提高了企业出口产品质量。王雷指出，就业保护加强会减少企业技术创新中的"敲竹杠"风险。⑥ 同时，《劳动合同法》也有明确的"竞业禁止"条款，大大降低企业员工自主离职动力，尤其降低企业核心成员的离职风险，劳动关系更加稳固，为企业进行在职培训等人力资本投资提供前提与保障，解决企业人力资本投资的后顾之忧。Almeida 和 Aterido 基于 2002 ~ 2005 年 64 个发展中国家企

---

① 倪骁然、朱玉杰：《劳动保护、劳动密集度与企业创新——来自 2008 年〈劳动合同法〉实施的证据》，《管理世界》2016 年第 7 期。

② 李建强、赵西亮：《劳动保护与企业创新——基于〈劳动合同法〉的实证研究》，《经济学》（季刊）2020 年第 1 期。

③ 李波、蒋殿春：《劳动保护与制造业生产率进步》，《世界经济》2019 年第 11 期。

④ 李钢、沈可挺、郭朝先：《中国劳动密集型产业竞争力提升出路何在——新〈劳动合同法〉实施后的调研》，《中国工业经济》2009 年第 9 期。

⑤ 黄平：《解雇成本、就业与产业转型升级——基于〈劳动合同法〉和来自中国上市公司的证据》，《南开经济研究》2012 年第 3 期。

⑥ 王雷：《劳动力成本、就业保护与企业技术创新》，《中国人口科学》2017 年第 1 期。

业调查数据的研究发现，劳动规制刚性会激励企业进行在职培训，尤其是在劳动规制刚性执行更加严格的地区。[①] 李波和蒋殿春基于中国工业企业数据的研究也发现劳动保护加强会显著增加企业培训投入。[②] 因而，《劳动合同法》实施后，劳动关系更加稳固，企业人力资本投资动力增加，创新活力增强，企业出口产品质量得到提升。

第二，管理效率改进效应。企业出口产品质量还取决于企业雇佣结构、中间品投入及两者间的配比程度[③]，这是对企业管理能力的一大考验[④]，可见，管理效率也是影响企业出口产品质量的重要一环。Bloom 等也指出，相比于美国企业，企业管理质量提升尤其促进中国出口产品质量升级。[⑤] 而《劳动合同法》不仅规定了劳动合同终止和解除的情形，还明确企业终止或解除劳动合同之时，劳动者可以根据意愿要求企业进行经济赔偿。这在加大劳动者权益保护的同时，也给企业调整冗余员工增加了难度，致使企业雇佣新员工会更加谨慎，更加考验企业的管理能力。因此，《劳动合同法》实施引致的劳动保护加强为倒逼企业改革提供契机，加速倒逼企业改革的进程，激励企业进行自身管理能力建设，推动企业改进内部管理效率和质量，优化企业内资源配置结构，促进企业顺利实现产品质量升级。李建强等基于 2001~2013 年上市公司的数据研究发现，《劳动合同法》显著地提高了劳动密集型企业的盈余管理水平。[⑥] Kugler 和 Saint-Paul 针对美国各州对善意公共政策、默示合同等不当解雇例外条款的执行差异进行的研究发现，劳动保护加强致使企业雇佣新员工时会更加挑剔，间接地获得劳动保护激励企业管理质量提升的

① Almeida, R. K., Aterido, R., "On-the-Job Training and Rigidity of Employment Protection in the Developing World: Evidence from Differential Enforcement", *Labour Economics*, Vol. 18, 2011.

② 李波、蒋殿春：《劳动保护与制造业生产率进步》，《世界经济》2019 年第 11 期。

③ 刘啟仁、铁瑛：《企业雇佣结构、中间投入与出口产品质量变动之谜》，《管理世界》2020 年第 3 期。

④ Bloom, N., Eifert, B., Mahajan, A., Mckenzie, D., Roberts, J., "Does Management Matter? Evidence from India", *The Quarterly Journal of Economics*, Vol. 128, No. 1, 2013.

⑤ Bloom, N., Manova, K., Reenen, J. V., Sun, S. T., Yu, Z., "Managing Trade: Evidence from China and the US", *Nber Working Paper Series*, No. 24718, 2018.

⑥ 李建强、叶云龙、于雨潇、王红建：《〈劳动合同法〉、利润冲击与企业短期应对——基于企业盈余管理的视角》，《会计研究》2020 年第 9 期。

证据。[①]

第三，"干中学"效应。劳动者在生产活动中的不断实践和经验积累，无疑会产生"干中学"效应，提升劳动生产率，改进企业产品质量。[②]《劳动合同法》关于无固定期限合同签订情形及优先续签合同的条款，明显有利于增强员工对企业的认同，提高员工自主学习的积极性，激励员工在生产中不断积累和改进生产工艺，促使劳动者"干中学"效应的发挥。Macleod 和 Nakavachara、Belot 等的理论研究指出，劳动保护增加员工对企业的认可，企业也可能会加大对现有人员的在职培训，提高企业专用性人力资本投资和员工专用性技能的获得。[③] Ji 和 Wei 指出，中国企业执行《劳动合同法》相当于企业给予劳动者长期雇佣的承诺，有利于企业和劳动者双方共同在生产实践中改进生产效率。[④] Acharya 等发现劳动保护增强劳企间的劳动关系，减少双方的违规行为，从而使员工职业稳定感大大提升并加倍努力工作，推动劳动者在实践中学习和改进，有利于劳动者"干中学"效应发挥，激发劳动者创新活力。[⑤] 此外，《劳动合同法》要求劳企双方签订的劳动合同必须包括劳动报酬、劳动条件和职业危害防护等内容，在当前用人单位普遍采用 KPI 考核的体系下，这无疑提高了劳动者的工作积极性，尤其提高了危险性工作劳动者的努力程度，为劳动者减少工作中的风险提供机会，有利于"干中学"效应发挥。Radulescu 和 Robson 基于 OECD 16 国数据的分析提供了反向证据，他们认为劳动保护强度减弱导致工作中的非致命性事故增加，不利于提高劳动者的工作积极性。[⑥]

---

① Kugler, A. D., Saint-Paul, G., "How Do Firing Costs Affect Worker Flows in a World with Adverse Selection?", *Journal of Labor Economics*, Vol. 22, No. 3, 2004.

② 施炳展、邵文波：《中国企业出口产品质量测算及其决定因素——培育出口竞争新优势的微观视角》，《管理世界》2014 年第 9 期。

③ Macleod, W. B., Nakavachara, V., "Can Wrongful Discharge Law Enhance Employment?", *Economic Journal*, Vol. 117, No. 521, 2007；Belot, M., Boone, J., Ours, J. V., "Welfare-Improving Employment Protection", *Economica*, Vol. 74, No. 295, 2007.

④ Ji, L., Wei, S. J., "Learning from a Puzzle: When Can Stronger Labor Protection Improve Productivity", *Working Paper*, 2014.

⑤ Acharya, V. V., Baghai, R. P., Subramanian, K. V., "Wrongful Discharge Laws and Innovation", *Review of Financial Studies*, Vol. 27, No. 1, 2014.

⑥ Radulescu, R., Robson, M., "Does Strict Employment Protection Legislation Influence the Rate of Workplace Accidents?", *The Manchester School*, Vol. 88, No. 1, 2020.

基于上述分析，可以提出本章的研究假说。

研究假说 H3：《劳动合同法》实施带来的劳动保护加强会通过企业人力资本投资效应、管理效率改进效应及劳动者"干中学"效应显著提高企业出口产品质量。

第三节　劳动保护影响企业出口产品质量的计量模型设定

一　模型设定

《劳动合同法》于 2008 年 1 月 1 日实施，属于典型的外生冲击，为本章识别劳动保护对企业出口产品质量的影响提供准自然实验。可《劳动合同法》实施对所有企业均有影响，属于一刀切政策，难以有效识别企业出口产品质量变化是《劳动合同法》实施的效果，还是时间趋势变化。本章采用当前以《劳动合同法》实施识别劳动保护的经济效应时的通用做法来构建双重差分模型，克服时间趋势变化对出口产品质量的混杂性干扰。模型设定如下：

$$quality_{ijct} = \alpha + \beta lab\_int_i \times law_t + \chi\, exp_c \times law_t + \delta \vec{X} + \mu_i + \mu_t + \varepsilon_{ijct} \quad (4-1)$$

其中，i、j、c、t 分别指企业、行业、地区以及时间。$quality$ 为被解释变量，代表企业出口产品质量，lab_int 为企业劳动密集度；law 为《劳动合同法》实施的虚拟变量，《劳动合同法》实施的 2008 年及以后取 1，否则取 0。本章关注的是交互项 $lab\_int \times law$ 的估计系数 β，其刻画劳动保护加强对企业出口产品质量的因果效应，$\beta > 0$ 说明《劳动合同法》实施后，高劳动密集型企业的出口产品质量大于低劳动密集型企业，表明劳动保护加强提升企业出口产品质量；反之亦然。为缓解 2008 年同时发生的两税合并（内资企业和外资企业的所得税税率都统一调整为 25%）和全球金融危机两大事件对本模型识别的干扰，本章在模型中引入外资出口贸易份额（exp）与《劳动合同法》实施虚拟变量的交互项（$exp \times law$），这是因为金融危机和两税合并可能对外资企业出口产品质量的影响较大，因而，用交互项 $exp \times law$ 刻画金融危机和两税合并对企业出口产品质量的影响，若该交互项估计系数不显著，则说明这两大冲击对企业出口产品质量没有影响，侧面证实本模型的识别机制可行。$\vec{X}$ 是一系列控制变量。μ_i、μ_t 分别为企业固定效应和时间固定效应。ε_{ijct} 则为随机误差项。

（一）企业出口产品质量度量

本章采用 Khandelwal 等和 Fan 等的测度方法对出口产品质量进行度量。[①] 首先，构建出口产品质量测度方程：

$$\ln q_{ikdt} = -\sigma \ln p_{ikdt} + \mu_k + \mu_{dt} + \mu_{ikdt} \tag{4-2}$$

其中，q_{ikdt} 为 t 年企业 i 出口产品 k 到目的地 d 的出口额；p 为对应产品出口价格；μ_k 为产品固定效应，刻画不同产品间的价格和数量不可比问题；μ_{dt} 为目的地 – 时间联合固定效应，控制目的地收入水平、价格水平等因素对企业出口产品质量的影响；σ 为不同产品间的替代弹性，数据来源于 Broda 和 Weinstein 计算的 HS 2 分位产品替代弹性指数[②]。根据公式（4-2）进行估计，可得企业 – 产品 – 目的地 – 年度层面的出口产品质量为 $qua_{ikdt} = \mu_{ikdt}/(\sigma - 1)$。为便于比较，参照施炳展和邵文波的标准化处理方法[③]，可得标准化的出口产品质量 $r\_qua_{ikdt} = (qua_{ikdt} - \min qua_{ikdt})/(\max qua_{ikdt} - \min qua_{ikdt})$，其中，min 和 max 分别为某一 HS 8 分位产品在所有年度、所有企业、所有目的地层面的最小值和最大值。最后，企业出口产品质量定义为 $quality_{it} = \sum_{ikdt \in \Omega}[(q_{ikdt}/\sum_{ikdt \in \Omega} q_{ikdt}) \times r\_qua_{ikdt}]$，其中，$\Omega$ 代表企业出口的样本集合。

（二）企业劳动密集度度量

为缓解以单一年份为基准计算导致的企业工资和销售收入大幅度变化的不足，也为保证《劳动合同法》实施前后企业劳动密集度不随时间改变而变化，从而影响以劳动密集度区分的处理组和对照组的可比性，本章借

① Khandelwal, A. K., Schott, P. K., Wei, S. J., "Trade Liberalization and Embedded Institutional Reform: Evidence from Chinese Exporters", *American Economic Review*, Vol. 103, No. 6, 2013; Fan, H., Li, Y. A., Yeaple, S. R., "Trade Liberalization, Quality, and Export Prices", *The Review of Economics and Statistics*, Vol. 97, No. 5, 2015.

② Broda, C., Weinstein, D. E., "Globalization and the Gains from Variety", *The Quarterly Journal of Economics*, Vol. 121, No. 2, 2006.

③ 施炳展、邵文波：《中国企业出口产品质量测算及其决定因素——培育出口竞争新优势的微观视角》，《管理世界》2014 年第 9 期。

鉴李建强和赵西亮、倪骁然和朱玉杰的研究[1]，直接采用 2004~2007 年企业平均实际工资对数值与平均实际销售收入对数值之比进行度量。稳健起见，还使用 2004~2013 年企业平均实际工资对数值与平均实际销售收入对数值之比、2007 年企业平均实际工资对数值与平均实际销售收入对数值之比、2004~2007 年企业平均就业人数对数值与平均实际销售收入对数值之比等指标对企业劳动密集度进行度量。

（三）其他变量度量

外资出口贸易份额（exp）：以《劳动合同法》实施前的 2006~2007 年各省份外资出口额占各省份出口总额的比重度量，主要原因是国家统计局于 2006 年才开始分年度汇报各省份外商投资企业出口总额；企业全要素生产率（lntfp）：采用 Olley 和 Pakes 提出的 OP 法度量企业全要素生产率[2]；企业经营时间（lnage）：以当年年份与企业开业年份之差加 1 的对数值计算；企业规模（lnsize）：选取企业资产总值的对数值度量；企业退出虚拟变量（exit）：此处以企业下一年是否在数据库出现作为度量依据，若下一年没有出现在数据库中，exit 取 1，否则取 0；国有企业虚拟变量（soes）和外资企业虚拟变量（foreign）：根据企业注册类型进行度量，若企业注册类型为国有企业，soes 取 1，否则取 0；若企业注册类型为外资企业，foreign 取 1，否则取 0；融资约束 [ln（credit + 1）]：以利息支出占固定资产比重加 1 的对数值度量；对于企业贸易类型，参照已有研究，将其分为一般、纯加工及混合三类，将同时从事加工贸易和一般贸易的企业归为混合贸易企业（mix），mix 取 1，否则取 0，将仅进行加工贸易（如进料加工贸易和来料加工装配贸易）的企业界定为纯加工贸易企业（proc），proc 取 1，否则取 0，将仅进行一般贸易企业界定为一般贸易企业；多产品出口企业（hsd）：当企业出口 HS 8 分位产品种类数大于 1，记为多产品出口企业，hsd 取 1，否则取 0；企业进口关税 [ln（imp_duty + 1）]：以企业进口产品关税加权平均值加 1 的对数值度量，企业进口产品关税加权平均

---

[1] 李建强、赵西亮：《劳动保护与企业创新——基于〈劳动合同法〉的实证研究》，《经济学》（季刊）2020 年第 1 期；倪骁然、朱玉杰：《劳动保护、劳动密集度与企业创新——来自 2008 年〈劳动合同法〉实施的证据》，《管理世界》2016 年第 7 期。

[2] Olley, G. S., Pakes, A., "The Dynamics of Productivity in the Telecommunications Equipment Industry", *Econometrica*, Vol. 64, No. 6, 1996.

值计算公式为 $imp\_duty_{it} = \sum_k \theta_{ikt} \times duty_{kt}$ ，其中，$duty_{kt}$ 为 t 年中国 HS 6 分位产品 k 进口关税，数据来源于 WITS 数据库，θ_{ikt} 为 t 年企业 i 进口 HS 6 分位产品 k 的总额占企业所有进口产品总额之比例。

二　数据说明

本章主要使用的数据库有 1998～2013 年中国工业企业数据库和 2000～2013 年海关进出口数据库。首先，根据 Brandt 等的研究[①]，采用中国工业企业数据库通用的整理方法，对其进行匹配和清洗，对不符合经济学常识和会计钩稽关系的数据进行剔除；同时剔除经济价值很低且没有进出口业务的"废弃资源和废旧材料回收加工业企业"样本，且按照该数据库的使用惯例，也剔除西藏企业数据；进一步地，考虑到 2003 年 12 月 30 日劳动和社会保障部通过了《最低工资规定》，可能导致 2003 年前后的劳动保护强度的较大差异对本章因果识别机制带来较大干扰，加上 2003 年以前并没有统计企业培训经费投入情况，不利于后文影响机制的探讨，本章还剔除 2003 年及以前年份的样本数据，最终形成 2004～2013 年中国工业企业数据库。其次，根据 Yu 的研究[②]，将整理后的工业企业数据库与海关进出口数据库匹配，最终形成本研究的样本数据。最后，所有的价值类（包括产出类和投入类）变量都调整到以 2000 年为基期的真实值。表 4-1 汇报了主要变量的描述性统计结果。

表 4-1　主要变量的描述性统计结果

变量	定义	样本数	均值	标准差	最小值	最大值
quality	σ 来源于 Broda 和 Weinstein 计算的 HS 2 分位产品替代弹性指数[①]	498333	0.494	0.124	0	1
	σ 取 5	498333	0.531	0.127	0	1
	σ 取 10	498333	0.491	0.125	0	1
	基于 Piveteau 和 Smagghue 的 IV 估计[②]	213140	0.629	0.238	0	1

---

① Brandt, L., Biesebroeck, J. V., Zhang, Y., "Creative Accounting or Creative Destruction? Firm-Level Productivity Growth in Chinese Manufacturing", *Journal of Development Economics*, Vol. 97, No. 2, 2012.

② Yu, M., "Processing Trade, Tariff Reductions and Firm Productivity: Evidence from Chinese Firms", *The Economic Journal*, Vol. 125, No. 585, 2015.

续表

变量	定义	样本数	均值	标准差	最小值	最大值
lab_int	2004～2007 年 ln（平均实际工资）/ln（平均实际销售收入）	394767	0.761	0.070	0.319	1.798
	2004～2013 年 ln（平均实际工资）/ln（平均实际销售收入）	494680	0.775	0.067	0.140	2.996
	当年 ln（平均实际工资）/ln（平均实际销售收入）	404477	0.770	0.083	-19.439	3.915
	2007 年 ln（平均实际工资）/ln（平均实际销售收入）	363203	0.764	0.075	0.319	3.263
	2004～2007 年 ln（平均就业人数）/ln（平均实际销售收入）	394776	0.490	0.073	0.184	1.583
	基于 Vig 设定思路的分组方法[③]	261529	0.778	0.416	0	1
labor_prod	ln（企业实际产品收入/就业人数）	495081	5.585	1.029	-2.418	14.531
train_rate	培训经费占销售收入比重	497507	0.001	0.014	0	8.596
manage_eff	参照 Qiu 和 Yu 测度的管理效率[④]	389687	0	0.437	-6.597	6.143
disp	75-25 分位差度量	409303	0.186	0.182	0	18.187
	90-10 分位差度量	409303	0.324	0.275	0	18.187
	95-5 分位差度量	409303	0.383	0.319	0	18.187
im	企业老产品老市场	409589	0.307	0.234	0	1
em	企业老产品新市场（1）	409589	0.022	0.070	0	0.998
	企业新产品老市场（2）	409589	0.017	0.069	0	0.997
	企业新产品新市场（3）	409589	0.148	0.228	0	1
	（1）+（2）+（3）	409589	0.187	0.229	0	1

资料来源：①Broda, C., Weinstein, D. E., "Globalization and the Gains from Variety", *The Quarterly Journal of Economics*, Vol. 121, No. 2, 2006；②Piveteau, P., Smagghue, G., "Estimating Firm Product Quality Using Trade Data", *Journal of International Economics*, Vol. 118, 2019；③Vig, V., "Access to Collateral and Corporate Debt Structure: Evidence from a Natural Experiment", *The Journal of Finance*, Vol. 68, No. 3, 2013；④Qiu, L. D., Yu, M., Managerial Efficiency and Product Decision: Evidence from Chinese Firms, Mimeo, Peking University, 2016。

第四节　劳动保护影响企业出口产品质量的实证分析

一　基准分析

表 4 - 2 报告基于模型（4 - 1）的劳动保护对企业出口产品质量影响的逐步回归结果。从第（1）列估计结果可以看出，《劳动合同法》实施与企业劳动密集度交互项（$lab\_int \times law$）的估计系数都在 1% 的水平下显著为正，说明随着《劳动合同法》的实施，劳动密集度较高的企业出口产品质量会显著提升，即劳动保护显著促进企业出口产品质量的提升，初步证实本章的研究假说 H3。第（2）列交互项 $exp \times law$ 的估计系数不显著，说明 2008 年发生的两税合并和金融危机这两大事件并不会影响企业出口产品质量，并且，此时交互项 $lab\_int \times law$ 的估计系数依然显著为正，进一步证实劳动保护促进企业出口产品质量提升的推断，且这一影响并不会受到两税合并和金融危机的干扰。第（3）～（4）列为逐步控制其他影响企业出口产品质量因素后的估计结果，交互项 $lab\_int \times law$ 的估计系数依然在 1% 的水平下显著为正，且估计系数呈扩大之势，说明劳动保护对企业出口产品质量的提升作用并不会因企业自身特征及关税等因素的影响而改变，再次证实本章的研究假说 H3。

控制变量方面见表 4 - 2 第（4）列，企业退出虚拟变量（$exit$）估计系数显著为负，说明下一期退出企业的出口产品质量更低；企业全要素生产率（$lntfp$）、企业规模（$lnsize$）、企业经营时间（$lnage$）的估计系数都显著为正，说明全要素生产率越高、规模越大、经营时间越长的企业，出口产品质量越高；国有企业虚拟变量（$soes$）、外资企业虚拟变量（$foreign$）的估计系数依次为 0.006 和 0.003，分别在 5% 和 1% 的水平下显著，说明国有企业的出口产品质量高于外资企业，外资企业的出口产品质量高于民营企业；纯加工贸易企业（$proc$）和混合贸易企业（mix）的估计系数分别为 0.008 和 0.003，都在 1% 的水平下显著，表明三类企业的出口产品质量由高到低依次为纯加工贸易企业、混合贸易企业及一般贸易企业；多产品出口企业（hsd）估计系数显著为正，说明多产品出口企业出口产品质量显著高于单一产品出口企业；融资约束方面，利息支出占企业固定资产比重越高，企业融资约束程度越低，融资约束 [ln (credit + 1)] 估计系数显著为正，意味着企业融资约束程度越低，企业出口产品质量越高；企业进口关税 [ln (imp_duty + 1)] 的估计系数显著为负，说明进口关税越低，企业出口产品质量越高。

表 4 – 2　基准估计

变量	(1)	(2)	(3)	(4)
$lab\_int \times law$	0. 040 ***	0. 040 ***	0. 042 ***	0. 043 ***
	(0. 005)	(0. 005)	(0. 005)	(0. 005)
$exp \times law$		− 0. 002	− 0. 002	− 0. 001
		(0. 002)	(0. 002)	(0. 002)
lntfp			0. 003 ***	0. 003 ***
			(0. 000)	(0. 000)
$exit$			− 0. 003 ***	− 0. 003 ***
			(0. 001)	(0. 001)
ln$size$			0. 003 ***	0. 002 ***
			(0. 000)	(0. 000)
$soes$			0. 005 **	0. 006 **
			(0. 002)	(0. 002)
$foreign$			0. 003 ***	0. 003 ***
			(0. 001)	(0. 001)
lnage			0. 003 **	0. 002 *
			(0. 001)	(0. 001)
ln (credit + 1)			0. 015 ***	0. 013 ***
			(0. 004)	(0. 004)
hsd				0. 015 ***
				(0. 001)
$proc$				0. 008 ***
				(0. 001)
mix				0. 003 ***
				(0. 001)
ln (imp_duty + 1)				− 0. 001 ***
				(0. 000)
企业固定效应	控制	控制	控制	控制

变量	(1)	(2)	(3)	(4)
时间固定效应	控制	控制	控制	控制
聚类数	71350	71350	70618	70618
R^2	0.811	0.811	0.812	0.813
F 值	57.433	29.240	36.920	53.601
观测值数	370762	370762	360238	360238

注：括号内数据均为企业层面的聚类标准误，*、**、*** 分别代表在10%、5%、1%的水平下显著；下表同。

二　平行趋势假设检验与动态效应考察

上文采用双重差分模型进行估计的前提是《劳动合同法》实施以前，高、低劳动密集型企业出口产品质量变化趋势不存在显著的差异，否则，会导致双重差分模型的估计存在偏误。为验证这一前提是否成立，本章设定以下模型进行检验：

$$quality_{ijct} = \alpha + \sum_{n=-3}^{5} \beta_n lab\_int_i \times I_t^n + \chi \exp_c \times law_t + \delta \vec{X} + \mu_i + \mu_t + \varepsilon_{ijct}$$

$$(4-3)$$

其中，I_t^n 为政策虚拟变量，当样本所在时期与2008年之差与 n 取值相同时为1（n 取值为 -3、-2、-1、0、1、2、3、4、5），否则取0。估计系数 $\beta_{-3} \sim \beta_{-1}$ 刻画《劳动合同法》实施前，高、低劳动密集型企业的出口产品质量差异，若估计系数不显著，说明《劳动合同法》实施前两类企业出口产品质量的变化趋势不存在显著性差异，平行趋势假设满足，反之则不满足。估计系数 $\beta_0 \sim \beta_5$ 则用来反映《劳动合同法》实施后，企业出口产品质量的动态变化。

图4-1报告了基于模型（4-3）估计的置信区间，不难看出，《劳动合同法》实施前的2~3年内，高、低劳动密集型企业的出口产品质量变化趋势没有显著的差异，满足平行趋势假设；《劳动合同法》实施前1年对应的估计系数在5%的水平下显著为正，说明《劳动合同法》实施存在预期效应，这是因为《劳动合同法》在2007年就已颁布，企业提前进行内部调整，改进管理层结构，改善管理效率，同时，劳动者受到《劳动合

同法》颁布的鼓舞，更加积极地投入工作之中，助力"干中学"效应发挥①；《劳动合同法》实施当年及随后的 5 年对应的估计系数都显著为正，且估计系数总体呈扩大之势，说明《劳动合同法》实施后，高、低劳动密集型企业的出口产品质量差异不断扩大，充分表明劳动保护对企业出口产品质量的提升效应随时间的推移而不断增强。进一步证明前文的研究假说 H3。

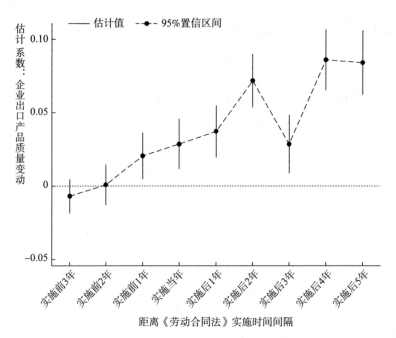

图 4 - 1　平行趋势及动态效应估计

三　稳健性检验

（一）替换企业劳动密集度指标

表 4 - 3 第（1）列为采用当年企业平均实际工资对数值与平均实际销

---

① 此处我们将政策实施时间提前到《劳动合同法》审议通过的 2007 年进行再次估计，发现在《劳动合同法》审议通过前的第 1～2 年（2005～2006 年）内，高、低劳动密集型企业的出口产品质量变化趋势没有显著的差异，满足平行趋势假设；且还以《劳动合同法》审议通过的 2007 年作为政策实施节点，将政策实施时间提前 1～2 年进行安慰剂检验，也发现高、低劳动密集型企业出口产品质量没有显著差异，侧面证实平行趋势假设成立。限于篇幅，此处并没有报告对应的估计结果。备索。

售收入对数值的比值度量的企业劳动密集度，以刻画企业劳动密集度的时间变化；第（2）列为采用 2004～2013 年企业平均实际工资对数值与平均实际销售收入对数值的比值度量的企业劳动密集度，以克服中国工业企业数据库中存在大量新企业进入和旧企业退出导致的数据不平衡性问题；第（3）列为仅采用 2007 年企业平均实际工资对数值与平均实际销售收入对数值的比值度量的企业劳动密集度，以保证《劳动合同法》实施前后企业分类的一致性；第（4）列为采用 2004～2007 年企业平均就业人数对数值与平均实际销售收入对数值的比值度量的企业劳动密集度。不难发现，四列回归中，交互项 $lab\_int \times law$ 的估计系数都显著为正，证明前文分析和研究结论的可靠性。此外，本章还借鉴 Vig 的设定思路[1]，以基准估计使用的企业劳动密集度指标为基础，将企业按照劳动密集度从高到低排序分为三部分，将位于劳动密集度前 1/3 的企业和后 1/3 的企业分别归为处理组和对照组，当企业属于处理组时，lab_int 取 1，当企业处于对照组时，lab_int 取 0，估计结果见表 4－3 第（5）列，交互项 $lab\_int \times law$ 的估计系数依然显著为正，再次证实本章的研究假说 H3。

（二）企业出口产品质量的再度量

出口产品质量测度的一个重要问题是产品替代弹性选择，而 Head 和 Ries 指出产品替代弹性的取值范围一般为 5～10[2]，此处分别采用 5 和 10 对前文产品替代弹性值进行替换，分别估计两种不同取值情形下企业出口产品质量；同时，考虑到出口产品价格与产品质量间的双向因果会导致估算的出口产品质量存在偏误，此处借鉴 Piveteau 和 Smagghue 使用进口加权汇率作为工具变量估算出口产品质量的思路[3]，参照张杰等使用该方法估算中国出口产品质量的做法[4]，以企业中间品进口国真实汇率为出口产品

① Vig, V., "Access to Collateral and Corporate Debt Structure: Evidence from a Natural Experiment", *The Journal of Finance*, Vol. 68, No. 3, 2013.

② Head, K., Ries, J., "Increasing Returns Versus National Product Differentiation as an Explanation for the Pattern of U. S. – Canada Trade", *American Economic Review*, Vol. 91, No. 4, 2001.

③ Piveteau, P., Smagghue, G., "Estimating Firm Product Quality Using Trade Data", *Journal of International Economics*, Vol. 118, 2019.

④ 张杰、郑文平、翟福昕：《中国出口产品质量得到提升了么?》，《经济研究》2014 年第 10 期。

表 4 – 3　稳健性估计结果一

变量	(1)	(2)	(3)	(4)	(5)	(6)	(7)	(8)
	不同劳动密集度				出口产品质量			
	当年 ln（平均实际工资）/ln（平均实际销售收入）	2004～2013 年 ln（平均实际工资）/ln（平均实际销售收入）	2007 年 ln（平均实际工资）/ln（平均实际销售收入）	2004～2007 年（平均就业人数）/ln（平均实际销售收入）	Vig 设定思路①	$\sigma = 5$	$\sigma = 10$	IV 估计再估算
$lab\_int \times law$	0.037 ***	0.055 ***	0.035 ***	0.025 ***	0.008 ***	0.025 ***	0.030 ***	0.096 ***
	(0.004)	(0.006)	(0.005)	(0.005)	(0.001)	(0.005)	(0.005)	(0.019)
聚类数	87994	95078	63329	70618	46538	70618	70618	32206
R^2	0.834	0.824	0.811	0.813	0.814	0.824	0.826	0.622
F 值	62.699	64.722	47.054	51.166	35.982	121.032	48.044	107.432
观测值数	339623	430303	335175	360238	239066	360238	360238	151505

注：表内的所有估计都同时控制了控制变量、企业固定效应及时间固定效应，下表同。

①Head, K., Ries, J., "Increasing Returns Versus National Product Differentiation as an Explanation for the Pattern of U. S. – Canada Trade", *American Economic Review*, Vol. 91, No. 4, 2001.

价格的工具变量，重新估算企业出口产品质量。三种情形的估计结果见表
4 - 3 第（6）~（8）列，交互项 $lab\_int \times law$ 的估计系数依然显著为正，
再次证实前文的研究假说 H3。

（三）倾向得分匹配的双重差分模型（PSM-DID）再估计

本章的双重差分模型估计要求在考虑影响企业出口产品质量的因素
下，高、低劳动密集度企业的出口产品质量时间变动趋势及企业自身特征
相同，可模型设定中不可避免地存在遗漏变量问题，从而造成因果识别受
干扰。本部分借鉴倪骁然和朱玉杰使用的 PSM-DID 模型[1]进行考察，以尽
可能克服遗漏变量问题带来的干扰。具体过程为：（1）以基准分析中使用
的企业劳动密集度指标，将所有企业按劳动密集度进行从高到低排序，将
前 20% 企业归为处理组——高劳动密集度企业，其余 80% 企业归为初步的
对照组——低劳动密集度企业；（2）按照 1∶3 的最近邻匹配方法，根据匹
配变量（企业规模 lnsize、是否为多产品出口企业 hsd、是否为纯加工贸易
企业 proc、是否为混合贸易企业 mix、企业资产结构 asset_stru、地区平均
技能水平 skill、行业集中度 hhi）[2]，逐年从初步的对照组中寻找与处理组
企业配对的对照组，构成新的样本；（3）针对上一步构建的数据样本，再
次对模型（4 - 1）进行估计。与此同时，本章也采用同样步骤，分别将劳
动密集度前 25% 和 33% 的企业归为处理组，且以相同的方法进行匹配，形
成新的对照组，从而构建新的样本并进行估计。[3] 表 4 - 4 第（1）~（3）
列报告了匹配后的估计结果，交互项 $lab\_int \times law$ 的估计系数处于 0.048 ~
0.058，且都显著为正，与基准估计的结果相当，甚至高于基准分析结果，
进一步说明《劳动合同法》实施对高劳动密集度企业出口产品质量的提升

①　倪骁然、朱玉杰：《劳动保护、劳动密集度与企业创新——来自 2008 年〈劳动合同法〉
实施的证据》，《管理世界》2016 年第 7 期。

②　匹配变量中，企业资产结构以企业存货和固定资产总值与总资产比值度量，地区平均技能
水平根据地区不同学历构成，以公式（小学学历就业占比 ×6 + 中学学历就业占比 ×9 + 高
中学历就业占比 ×12 + 大专学历就业占比 ×15 + 本科学历就业占比 ×16 + 研究生学历就
业占比 ×19）度量，行业集中度以 2000 年为基期折算的企业真实销售额计算行业层面的
赫芬达尔 - 赫希曼指数进行度量，其他变量的度量方法与模型（4 - 1）相同。

③　不同处理组划分标准进行 PSM 后的平衡性检验结果都显示对照组与处理组之间并不存在
明显差异，表明本章的匹配结果满足平衡性假设。限于篇幅，此处省略所有 PSM 的平衡
性检验结果。备索。

效应稳定，证实本章研究假说 H3。[①]

表 4 - 4 稳健性检验结果二

变量	(1) 不同比例处理组企业 PSM-DID			(4) 地区 - 时间特征	(5) 地区 - 行业特征	(6) 地区 - 行业 - 时间特征	(7) 本土企业
	前 20%	前 25%	前 33%				
$lab\_int \times law$	0.058 *** (0.006)	0.052 *** (0.006)	0.048 *** (0.006)	0.059 *** (0.006)	0.059 *** (0.006)	0.036 *** (0.006)	0.035 *** (0.008)
聚类数	43858	50483	59261	70565	70548	68525	54472
R^2	0.816	0.816	0.815	0.817	0.819	0.839	0.842
F 值	37.132	38.102	42.070	63.482	63.352	48.287	32.366
观测值数	230709	264839	308076	359960	359875	348913	218203

（四）考虑地区特征的干扰

事实上，除企业自身特征会影响企业出口产品质量之外，企业出口产品质量还受到企业所在地区相关因素的干扰，比如地区制度环境、劳动力结构、金融环境、产业集聚程度等诸多地区因素，为此，在模型中逐步控制地区 - 时间联合固定效应、地区 - 行业联合固定效应及地区 - 行业 - 时间三重联合固定效应。估计结果见表 4 - 4 第（4）~ （6）列，交互项 $lab\_int \times law$ 的估计系数都显著为正，再次表明本研究的可靠性。

（五）2008 年两税合并干扰的考察

2008 年除《劳动合同法》实施以外，还进行了两税合并，其导致行业竞争程度加剧[②]，且本土企业的所得税税率下降（税率从原来的 33% 下降到 25%）。为排除两税合并的干扰，改善本土企业出口产品质量，本部分将企业注册类型为"外资"以外的所有企业界定为本土企业，对本土企业样本再次进行估计。结果见表 4 - 4 第（7）列，交互项 $lab\_int \times law$ 的估计系数依然显著为正，说明两税合并不能对本章研究设计造成干扰。

[①] 本章还采用 Kernel 和马氏距离两种方法进行倾向得分匹配和估计，估计结果与此处类似。限于篇幅，此处并没有报告对应的估计结果。备索。

[②] 杨振兵：《两税合并促进行业竞争吗?》，《上海经济研究》2014 年第 11 期。

四 异质性分析

由于不同企业特征导致劳动保护对企业出口产品质量有异质性影响，特构建以下三重差分模型，考察劳动保护对企业出口产品质量的异质性影响。具体模型设定如下：

$$quality_{ijct} = \alpha + \beta_1 lab\_int_i \times law_t \times H + \beta_2 lab\_int_i \times law_t + \beta_3 lab\_int_i \times H +$$

$$\beta_4 law_t \times H + \chi exp_c \times law_t + \delta \vec{X} + \mu_i + \mu_t + \varepsilon_{ijct}$$

$$(4-4)$$

其中，H 表示异质性类型变量，分别为企业经营时间变量（$lnage$）、企业全要素生产率水平变量（$lntfp$）、多产品出口企业变量（hsd）、国有企业虚拟变量（$soes$）、纯加工贸易企业虚拟变量（$proc$）、地区法制执行效率变量（$lnlegal$）。模型中，三次交互项 $lab\_int \times law \times H$ 的估计系数 β_1 刻画了《劳动合同法》实施对不同类型（或地区）的劳动密集型企业的异质性影响。

（一）企业经营时间异质性

企业经营时间长短决定企业面对劳动保护加强时的应对策略和反应。表 4-5 第（1）列报告了《劳动合同法》实施对不同经营时间的劳动密集型企业出口产品质量的影响。三次交互项 $lab\_int \times law \times lnage$ 的估计系数显著为正，说明《劳动合同法》实施对经营时间较长的劳动密集型企业出口产品质量提升效应较大。这是因为企业经营时间越长，拥有的经营经验越丰富，面对劳动保护政策变化，其经营调整能力与策略也越成熟，不仅管理能力与效率更高，而且人力资本投资更加规范，致使劳动保护对经营时间较长企业出口产品质量的提升作用较大。

（二）企业生产率水平异质性

面对更加稳定的劳企关系，高生产率企业不仅能提供更多高质量的出口产品，更能积极地适应劳动保护制度的变革，进行更多的人力资本投资，维持出口竞争优势；低生产率企业则因为《劳动合同法》实施导致的成本黏性增加而制约人力资本投资。因而，相比于低生产率企业，高生产率企业拥有更高的管理效率和人力资本投资，劳动者"干中学"

效应也更易实现。表4-5第（2）列报告了劳动保护对不同生产率企业出口产品质量影响的估计结果。三次交互项 $lab\_int \times law \times \ln tfp$ 的估计系数显著为正，这意味着《劳动合同法》实施对高生产率的劳动密集型企业出口产品质量提升作用更强。这在一定程度上也说明劳动保护通过人力资本投资、管理效率改进及"干中学"效应加强影响企业出口产品质量的作用机制存在。

（三）企业出口产品种类异质性

由于企业出口产品种类差异影响企业内部资源的配置，因而，《劳动合同法》实施会导致不同产品种类企业出口的产品质量不同。表4-5第（3）列的估计结果显示三次交互项 $lab\_int \times law \times hsd$ 的估计系数显著为正，说明《劳动合同法》实施对多产品企业出口产品质量的提升作用大于单一产品出口企业。这可能是因为，面对劳动保护加强，多产品出口企业相比单一产品出口企业有更多产品可供出口企业进行产品转换，优化内部有限资源，能为更大范围地降低企业生产成本和改进管理效率提供可能，充分发挥管理能力对出口产品质量的提升作用。

（四）企业所有制属性异质性

在中国，国有企业和非国有企业（含民营企业和外资企业）用工方面存在着明显差异，用工规范性上也有较大的不同[①]，劳动保护加强对不同所有制企业出口产品质量的影响也会有所差异。表4-5第（4）列报告了相应的估计结果，三次交互项 $lab\_int \times law \times soes$ 的估计系数显著为负，这说明，相比非国有企业，《劳动合同法》实施对国有劳动密集型企业出口产品质量提升作用更小。这源于国有企业一直承担着稳定社会，解决社会就业的"政策性责任"，其员工规模明显大于非国有企业，冗余员工相对更多，劳动保护制度的规范性更强；而非国有企业往往基于利润最大化原则进行用工调整，《劳动合同法》实施会导致其用工调整难度加大，更有动力进行内部调整和管理能力建设，且其员工主动适应性更强，更能发挥"干中学"效应，进而促使劳动保护对非国有企业出口产品质量的提升作用更强。

---

① 倪骁然、朱玉杰：《劳动保护、劳动密集度与企业创新——来自2008年〈劳动合同法〉实施的证据》，《管理世界》2016年第7期。

（五） 企业贸易类型异质性

面对《劳动合同法》的实施，不同贸易类型的出口企业能利用的内外部资源不尽相同，因而劳动保护对不同贸易类型企业出口产品质量的影响也必然存在差异。表 4 - 5 第（5）列报告了对应的估计结果。三次交互项 $lab\_int \times law \times proc$、$lab\_int \times law \times mix$ 的估计系数依次为 0.074 和 0.048，且都在 1% 的水平下显著为正，说明《劳动合同法》实施对不同贸易类型企业出口产品质量的提升作用从大到小排序依次为：纯加工贸易企业、混合贸易企业及一般贸易企业。可能的解释有二：其一，人力资本扩张可有效促进加工贸易企业进行在职培训和研发，推动加工贸易企业升级，而加工贸易发展也能促进城镇劳动者的职业培训，《劳动合同法》实施有利于强化人力资本投资效应而促进企业出口产品质量提升；其二，劳动保护加强促进企业管理效率改进，有助于企业合理利用中间投入品，尤其有利于我国出口中占比较大的外资加工贸易企业合理利用跨国公司控制的技术及产品质量较高的进口中间品，使加工贸易企业从劳动保护加强中获得较强的质量升级效应。

（六） 地区法制环境异质性

地区法制环境决定该地区企业《劳动合同法》的执行程度。本章以樊纲等测度的《劳动合同法》实施前一年的 2007 年 "市场中介组织的发育和法律制度环境" 指标度量地区法制环境。① 估计结果见表 4 - 5 第（6）列，三次交互项 $lab\_int \times law \times lnlegal$ 的估计系数显著为正，说明《劳动合同法》实施对劳动密集型企业出口产品质量的提升作用随企业所处地区法制执行效率的提升而增大。这是因为法制执行程度越高的地区，法律中介、行业协会等机构法制建设越完备，《劳动合同法》越能得到较好的执行，劳动保护强度越高，劳企关系越稳固，企业进行在职培训及管理能力提升的动力越强，劳动者生产的 "干中学" 效应越容易得到强化，对该地区企业出口产品质量的提升作用越大。

---

① 樊纲、王小鲁、朱恒鹏：《中国市场化指数——各地区市场化相对进程 2011 年报告》，经济科学出版社，2011，第 184 ~ 185 页。

表 4 – 5　异质性分析结果

变量	(1) 经营时间异质性 $H = \ln age$	(2) 生产率水平异质性 $H = \ln tfp$	(3) 出口产品种类异质性 $H = hsd$	(4) 所有制属性异质性 $H = soes$	(5) 贸易类型异质性 $H = proc$	(6) 法制环境异质性 $H = \ln legal$
$lab\_int \times law$	−0.019 (0.020)	−0.104 *** (0.035)	−0.002 (0.023)	0.044 *** (0.005)	0.015 ** (0.007)	−0.020 (0.034)
$law \times H$	−0.011 (0.007)	−0.016 *** (0.004)	−0.035 ** (0.018)	0.072 ** (0.035)	−0.056 *** (0.012)	−0.022 ** (0.011)
$lab\_int \times H$	0.055 *** (0.011)	−0.012 ** (0.005)	−0.044 ** (0.021)	−0.024 (0.042)	−0.039 ** (0.015)	0.046 (0.069)
$lab\_int \times law \times H$	0.015 * (0.009)	0.021 *** (0.005)	0.048 ** (0.024)	−0.084 * (0.044)	0.074 *** (0.015)	0.027 * (0.014)
$law \times mix$					−0.041 *** (0.008)	
$lab\_int \times mix$					−0.044 *** (0.011)	
$lab\_int \times law \times mix$					0.048 *** (0.011)	
聚类数	70618	70618	70618	70618	70618	70618
R^2	0.813	0.813	0.813	0.813	0.813	0.813
F 值	44.196	44.174	44.431	44.454	41.370	43.933
观测值数	360238	360238	360238	360238	360238	360238

五　影响机制探讨[①]

本部分将采用 Baron 和 Kenny 提出的依次检验法构建中介效应模型[②]，讨论劳动保护影响企业出口产品质量可能存在的机制路径，以期进一步检

---

① 本章关注的是劳动保护加强背景下，企业如何通过变革而提升企业出口产品质量这一主题，且上述分析也充分证实劳动保护对企业出口产品质量提升存在促进作用，加上负向影响检验存在数据不可获得问题，导致本部分难以对劳动保护对企业出口产品质量负向影响的机制进行检验，所以，本部分仅从企业人力资本投资、管理效率改进及"干中学"效应发挥三方面对劳动保护影响企业出口产品质量的正向机制进行检验。

② Baron, R. M., Kenny, D. A., "The Moderator-Mediator Variable Distinction in Social Psychological Research: Conceptual, Strategic, and Statistical Considerations", *Journal of Personality and Social Psychology*, Vol. 51, No. 6, 1986.

验研究假说 H3 是否成立。一般地，在考虑相应控制变量和固定效应基础上，中介效应模型的构建分为三步：第一步，建立因变量（quality）对基本自变量（lab_int × law）的回归模型，即前文的基准模型（4 - 1）；第二步，中介变量（med_var）对基本自变量（lab_int × law）进行回归，见模型（4 - 5）；第三步，将因变量（quality）对基本自变量（lab_int × law）和中介变量（med_var）进行回归，见模型（4 - 6）。如果中介效应检验三步中的基本自变量和中介变量的估计系数都显著，并且第三步基本自变量的估计系数比第一步的要小且显著，说明存在部分中介效应；若第三步基本自变量的估计系数变得不显著，说明存在完全中介效应。相应的模型设定如下：

$$med\_var_{ijct} = \alpha + \lambda_1 lab\_int_i \times law_t + \theta \vec{X} + \mu_i + \mu_t + \varepsilon_{ijct} \qquad (4 - 5)$$

$$quality_{ijct} = \alpha + \kappa_1 med\_var_{ijct} + \psi \times lab\_int_i \times law_t + \theta \vec{X} + \mu_i + \mu_t + \varepsilon_{ijct} \qquad (4 - 6)$$

模型（4 - 5）～（4 - 6）中，med_var 表示中介变量，包括企业人力资本投资（train_rate）、管理效率（manage_eff）及劳动生产率（labor_prod）。企业人力资本投资采用企业培训经费投入占销售收入的比例度量。由于中国工业企业数据库只有 2004～2007 年报告了企业培训经费，本章借鉴 Upward 等[1]、李波和蒋殿春[2]的研究对 2008～2013 年的企业培训经费进行推算。企业劳动生产率以企业实际产品收入总值与就业人数之比的对数值度量。管理效率则借鉴 Qiu 和 Yu 的研究[3]，以控制企业就业人数、出口额、价格加成及企业固定效应和时间固定效应对企业销售管理行政费用影响之后的部分度量[4]。manage_eff 取值越大，意味着企业管理效率越低，反之则越高。

表 4 - 6 报告了基于模型（4 - 5）～（4 - 6）《劳动合同法》实施对企

---

[1]　Upward, R., Wang, Z., Zheng, J., "Weighing China's Export Basket：The Domestic Content and Technology Intensity of Chinese Exports", *Journal of Comparative Economics*, Vol. 41, No. 2, 2013.

[2]　李波、蒋殿春：《劳动保护与制造业生产率进步》，《世界经济》2019 年第 11 期。

[3]　Qiu, L. D., Yu, M., Managerial Efficiency and Product Decision：Evidence from Chinese Firms, Mimeo, Peking University, 2016.

[4]　具体测度过程参见 Qiu 和 Yu 的原文。Qiu, L. D., Yu, M., Managerial Efficiency and Product Decision：Evidence from Chinese Firms, Mimeo, Peking University, 2016.

业出口产品质量影响的中介效应检验结果。第（1）（3）（5）列为中介效应模型第二步，即模型（4-5）的估计结果，$lab\_int \times law$ 的估计系数依次显著为正、负、正，说明《劳动合同法》实施会显著促进高劳动密集型企业的培训经费投入、管理效率及劳动生产率提升；第（2）（4）（6）列为中介效应模型第三步的估计结果，中介变量 $train\_rate$、$manage\_eff$、$labor\_prod$ 的估计系数依次在 10%、1% 和 1% 的水平下显著为正、负和正，且在同时考虑三个中介变量的第（7）列估计结果中，相应的估计系数依然显著。同时，进一步对比发现，第（2）（4）（6）（7）列交互项 $lab\_int \times law$ 的估计系数比第一步略小[1]，说明企业人力资本投资效应、管理效率提升效应及"干中学"效应是《劳动合同法》实施影响企业出口产品质量提升的重要机制。并且，中介变量 $manage\_eff$、$labor\_prod$ 的 Sobel 检验和 Aroian 检验都在 5% 的水平下显著，再次证实企业管理效率改进及劳动者生产的"干中学"效应发挥的中介作用；然而，2008～2013 年的企业培训经费是间接估算而来，致使中介变量 $train\_rate$ 估算精度不够，导致其 Sobel 检验和 Aroian 检验不能通过，无法精确验证企业人力资本投资的中介作用。

表 4-6 影响机制估计结果

变量	（1）train_rate	（2）quality	（3）manage_eff	（4）quality	（5）labor_prod	（6）quality	（7）quality
$lab\_int \times law$	0.000 ** (0.000)	0.043 *** (0.005)	-0.258 *** (0.047)	0.048 *** (0.006)	1.786 *** (0.031)	0.041 *** (0.005)	0.043 *** (0.006)
$train\_rate$		0.058 * (0.030)					0.064 ** (0.031)
$manage\_eff$				-0.002 *** (0.000)			-0.002 *** (0.000)

---

① 由于在中介效应模型时增加的中介变量可能存在部分数据缺失，第一步和第三步的回归数据样本不一致而无法直接比较，我们针对第三步的表 4-6 第（2）（4）（6）（7）列估计的数据，重新进行的第一步估计而得到的交互项 $lab\_int \times law$ 的估计系数，四种数据情形下交互项 $lab\_int \times law$ 的估计系数依次为 0.043、0.048、0.043、0.048，以方便与第三步进行对比。

续表

变量	(1) train_rate	(2) quality	(3) manage_eff	(4) quality	(5) labor_prod	(6) quality	(7) quality
labor_prod						0.001 *** (0.000)	0.002 *** (0.000)
聚类数	70610	70610	65745	65745	70618	70618	65738
R^2	0.458	0.813	0.168	0.823	0.867	0.813	0.823
F 值	17.617	50.870	817.800	46.818	1817.946	50.013	43.407
观测值数	360126	360126	314230	314230	360233	360233	314142

第五节　劳动保护与企业出口产品质量：扩展性分析

一　贸易边际分析

从贸易边际的角度来看，劳动保护促进企业出口产品质量升级的源泉到底是通过集约边际还是扩展边际发挥作用呢？本章参照 Amurgo-Pacheco 和 Pierola 出口二元边际的界定[1]，结合 Baily 等关于加总生产率的分解方法[2]，根据企业出口产品－目的地维度差异，将当期企业出口产品质量分解为企业过去已经出口产品继续出口到过去已经出口过的市场的加权出口产品质量（老产品老市场）、企业过去已经出口产品出口到新市场的加权出口产品质量（老产品新市场）、企业过去没有出口产品出口到过去已经出口过的市场的加权出口产品质量（新产品老市场）、企业过去没有出口产品出口到新市场的加权出口产品质量（新产品新市场）。并且，进一步将企业出口老产品老市场的加权出口产品质量归为集约边际（im）变化；企业出口老产品新市场、新产品老市场、新产品新市场三类加权出口产品质量的加总归为扩展边际（em）变化。从而，企业出口产品质量变化可由

---

[1]　Amurgo-Pacheco, A., Pierola, M. D., "Patterns of Export Diversification in Developing Countries: Intensive and Extensive Margins", *World Bank Policy Research Working Paper*, No. 4473, 2008.

[2]　Baily, M. N., Hulten, C., Campbell, D., "Productivity Dynamics in Manufacturing Plants", *Brookings Papers on Economic Activity*, Vol. 23, 1992.

以下二元边际分解公式刻画：

$$quality_{it} = \underbrace{\sum_{ikd \in D_{opod}} s_{ikdt} \times r\_qua_{ikdt}}_{\substack{\text{老产品老市场} \\ \text{集约边际}} } + \underbrace{\begin{aligned} &\underbrace{\sum_{ikd \in D_{opnd}} s_{ikdt} \times r\_qua_{ikdt}}_{\text{老产品新市场}} + \\ &\underbrace{\sum_{ikd \in D_{npod}} s_{ikdt} \times r\_qua_{ikdt}}_{\text{新产品老市场}} + \\ &\underbrace{\sum_{ikd \in D_{npnd}} s_{ikdt} \times r\_qua_{ikdt}}_{\substack{\text{新产品新市场} \\ \text{扩展边际}}} \end{aligned}} \qquad (4-7)$$

公式（4-7）中，s_{ikdt} 表示 t 年 i 企业出口产品 k 到目的地 d 的出口额占 t 年 i 企业出口总额的比重，D_{opod}、D_{opnd}、D_{npod}、D_{npnd} 分别表示企业向老产品老市场出口、老产品新市场出口、新产品老市场出口及新产品新市场出口四个维度的出口样本集合。由于 HS 8 分位产品 - 目的地维度无法界定仅出口过一次的企业，为此，先对其进行剔除，再界定企业出口的 D_{opod}、D_{opnd}、D_{npod}、D_{npnd} 四种状态，并根据公式（4-7）对企业出口产品质量变动进行二元边际分解。

表 4-7 第（1）~（5）列汇报了劳动保护对企业出口产品质量变动二元边际的具体影响。不难发现，劳动保护仅对企业出口产品质量变动的扩展边际有显著的促进作用。这说明《劳动合同法》实施后，高劳动密集型企业主要通过扩展边际提高企业出口产品质量。进一步地，从扩展边际变动内涵来看，劳动保护主要影响企业的老产品新市场、新产品新市场的出口产品质量提升，这充分说明《劳动合同法》实施后，企业出口产品质量提升主要体现于企业出口新产品、新市场的产品质量变化。这是因为，企业在劳动保护强度加强时会积极进行管理能力建设，改变企业内部产品资源配置，增强其应对外部市场变化能力，促进企业及时调整出口产品种类和出口市场。这在一定程度上表明劳动保护在提升出口产品质量的同时，还能防止出口市场变化对企业出口产品质量升级的不利冲击。

二 企业内资源配置分析——基于出口产品质量分布的视角

从企业内部来看，管理效率提升最直接的结果是企业内资源配置程度提升。多产品 - 多市场出口企业存在相对优势和劣势出口产品，劳动保护加强会促进企业进行内部资源配置和调整，尤其是多产品 - 多市场出口企

表 4 - 7　贸易边际分析与企业内资源配置分析结果

变量	(1)	(2)	(3)	(4)	(5)	(6)	(7)	(8)
	im		*em*			*disp*		
	老产品老市场	(3) + (4) + (5)	老产品新市场	新产品老市场	新产品新市场	75 与 25 分位之差	90 与 10 分位之差	95 与 5 分位之差
lab_int × law	-0.022	0.070***	0.011**	-0.011**	0.071***	-0.020*	-0.056***	-0.070***
	(0.015)	(0.014)	(0.005)	(0.005)	(0.015)	(0.011)	(0.016)	(0.018)
聚类数	62441	62441	62441	62441	62441	62406	62406	62406
R²	0.388	0.359	0.283	0.215	0.349	0.589	0.649	0.674
F 值	793.985	765.234	71.953	75.855	860.741	308.748	400.884	449.638
观测值数	326017	326017	326017	326017	326017	325787	325787	325787

业更会极力调整出口产品种类和目的地市场，增加有竞争力的高质量产品出口比例，减少低质量产品的出口份额，这种自我调整和淘汰机制会保证企业出口产品质量总体水平的提升。本部分从企业出口产品质量分散度角度分析劳动保护对多产品－多市场出口企业出口产品质量分布的影响，探讨劳动保护的企业内资源配置机制是否存在。具体地，参照当前关于生产率分布的度量方法，采用企业出口 HS 8 分位产品－目的地维度的出口质量分散程度测度企业出口产品质量分布，即以企业的出口产品－目的地维度的出口产品质量第 75 分位数与第 25 分位数之差同中位数之比度量，度量公式为 $disp_{it} = (quality_{it}^{75} - quality_{it}^{25}) / quality_{it}^{M}$。其中，$quality_{it}^{75}$、$quality_{it}^{25}$、$quality_{it}^{M}$ 分别表示企业的出口产品－目的地维度出口产品质量的第 75 分位数、第 25 分位数及中位数。为保证稳健性，本章还分别以企业的出口产品－目的地维度的出口产品质量第 90 分位数与第 10 分位数之差、第 95 分位数与第 5 分位数之差替换第 75 分位数与第 25 分位数之差，再次计算企业出口产品质量分散度。然后，再采用以下模型进行估计：

$$disp_{ijct} = \alpha + \beta lab\_int_i \times law_t + \chi exp_c \times law_t + \delta \vec{X} + \mu_i + \mu_t + \varepsilon_{ijct} \qquad (4-8)$$

表 4 - 7 第 (6) ～ (8) 列报告了基于模型 (4 - 8) 的估计结果。交互项 $lab\_int \times law$ 的估计系数都显著为负，说明《劳动合同法》实施后，劳动密集度较高企业的出口产品质量分散度下降，即劳动保护促进企业出口产品和市场的调整，降低企业内出口产品质量的分散度，改善企业内资源配置效率。这可能的原因是劳动保护强度加强，企业注重了管理能力建设，增加相对优势出口产品和市场的人力资本投资，保证企业出口产品质量的总体提升。

第六节　研究结论与启示

本章采用 2004 ~ 2013 年中国工业企业数据和海关进出口数据，利用 2008 年《劳动合同法》实施为冲击，以《劳动合同法》实施前的 2004 ~ 2007 年企业劳动密集度识别处理组和对照组，采用双重差分模型研究劳动保护对企业出口产品质量的影响。本章研究指出：第一，劳动保护通过提高企业人力资本投资、改进管理效率、加强劳动者生产的"干中学"效应三个途径显著促进企业出口产品质量提升，即《劳动合同法》实施显著提升高劳动密集型企业的出口产品质量，并且，在进行变量替换、PSM-DID估计、控制地区特征、考虑两税合并干扰等一系列稳健性检验之后，研究结论依然成立；第二，《劳动合同法》实施对企业出口产品质量的影响存在异质性，即《劳动合同法》实施后，经营时间较长、生产率较高、多产品出口、非国有、纯加工贸易及高法制执行效率区域的劳动密集型企业出口产品质量水平提升更多；第三，从贸易边际来看，《劳动合同法》实施促进高劳动密集型企业出口产品质量提升主要是通过扩展边际方式呈现，尤其以企业出口的新产品和新市场开发及拓展为主导；第四，从企业出口产品质量分散度来看，《劳动合同法》实施后，高劳动密集型企业出口产品质量的分散度会显著降低，有助于出口企业内部资源配置效率的提升。

本章的研究启示有二。其一，加强《劳动合同法》的执行和监督，推动劳企双方共同形成与维护良好的劳动关系。一方面，深入企业进行《劳动合同法》宣传，强调劳企间劳动合同签订与维护的重要性，为企业进行自身变革（如人力投资、专业培训、管理能力建设等）提供契机；另一方面，在劳动者中进行广泛推广，塑造劳动者的合同意识和契约精神，在员工间营造良好的"干中学"风气，重塑劳动者的"工匠精神"，共同助力出口企业实现从"量"到"质"的转变。其二，适当允许部分企业拥有《劳动合同法》部分条款的豁免权，为其积极进行创新和变革提供"容错"空间。充分激发初创企业、一般贸易企业在劳动力市场上的活力，激发其创新动力，增强其经营弹性，鼓励其积极开拓新市场，推动我国形成一个有韧性的劳动保护体系。

第五章　劳动保护与中国制造业
出口技术升级

在经济高速增长阶段，我国凭借劳动力低成本优势，实现了出口贸易"爆炸式"增长，成了名副其实的贸易大国。与此形成鲜明对比的是，我国出口面临"大而不强"的现实挑战，出口产品技术水平不高、国际竞争力不足等问题长期存在。瑞士权威商学院洛桑国际管理学院公布的《世界竞争力排名》（2020版）显示，中国全球竞争力居第20位，并且，从全球价值链分工地位来看，我国出口技术含量仍处世界最低水平层次。[1] 目前，我国经济正处于高质量发展阶段，之前劳动力供过于求的局面发生了根本性变化，劳动力成本大幅度上升，过往的劳动力低成本优势难以为继[2]，如何提高我国制造业出口技术水平，提升制造业出口国际竞争力，促进贸易高质量发展成为当下经济高质量发展阶段亟须解决的重要问题之一。

长期以来，"提高出口技术水平、促进出口技术升级"始终处于我国经济建设中的关键位置。早在2003年，我国政府就已经意识到提升出口竞争力的重要性，并在《中共中央关于完善社会主义市场经济体制若干问题的决定》中提出要提高出口商品质量、档次和附加值，扩大高新技术产品出口，发展服务贸易，全面提高出口竞争力；2011年"十二五"规划纲要中明确提出要加快培育以技术、品牌、质量、服务为核心竞争力的新优

---

① 倪红福：《中国出口技术含量动态变迁及国际比较》，《经济研究》2017年第1期。
② 刘伟：《践行新发展理念 推动经济高质量发展——学习〈习近平谈治国理政〉第三卷体会》，《学习月刊》2020年第10期。

势；2016 年的"十三五"规划也再次强调要提高出口产品科技含量和附加值；2021 年的"十四五"规划也再次提出要优化出口商品质量和结构，稳步提高出口商品附加值，对我国出口技术升级提出更高的要求。与此同时，学界也纷纷从外商直接投资①、全球价值链嵌入②、最低工资③、人力资本升级④、知识产权保护⑤等方面探究中国出口技术复杂度大幅度上涨的原因，但其明显忽略了劳动保护在中国出口技术升级中的作用，尤其忽略了《劳动合同法》实施对中国制造业出口技术升级的影响。

随着我国劳动力供求局面的根本性转变，我国法制化建设进程也在不断加快，劳动者权益保护意识和观念也逐步加强，劳动者与用人单位的争议也逐渐增多，为规范劳动者和用人单位双方行为，构建和谐稳定的劳动关系，《劳动合同法》于 2007 年顺利推出，并于 2008 年实施，劳动保护强度也逐步得到提升。劳动保护不断加强无疑使企业原有不断上涨的劳动力成本又有大幅增长，大大增加了企业用工成本。⑥ 可是，劳动力作为企业最重要的生产要素之一，依然不可忽视，劳动保护加强不仅为充分发挥劳动投入潜力提供契机，还为刺激企业挖掘内部动力进行创新提供可能。李建强和赵西亮基于我国《劳动合同法》实施的准自然实验指出，劳动保护增强通过企业要素结构调整显著提升劳动密集型企业的创新数量和质量。⑦ 另外，劳动保护加强甚至还为企业不断调整和优化投入结构提供可能，尤其为企业积极进口、引进国外技术创造机遇。Weng 和 Peng 研究发现，本国劳动保护加强给国内业务带来挑战，促进本国企业积极开展离岸

---

① Xu, B., Lu, J., "Foreign Direct Investment, Processing Trade, and the Sophistication of China's Exports", *China Economic Review*, Vol. 20, No. 3, 2009.

② 刘维林、李兰冰、刘玉海：《全球价值链嵌入对中国出口技术复杂度的影响》，《中国工业经济》2014 年第 6 期。

③ 赵瑞丽、孙楚仁：《最低工资会降低城市的出口复杂度吗?》，《世界经济文汇》2015 年第 6 期。

④ 毛其淋、许家云：《贸易自由化与中国企业出口的国内附加值》，《世界经济》2019 年第 1 期。

⑤ 沈国兵、黄铄珺：《行业生产网络中知识产权保护与中国企业出口技术含量》，《世界经济》2019 年第 9 期。

⑥ 刘媛媛、刘斌：《劳动保护、成本粘性与企业应对》，《经济研究》2014 年第 5 期；谢增毅：《劳动力市场灵活性与劳动合同法的修改》，《法学研究》2017 年第 2 期。

⑦ 李建强、赵西亮：《劳动保护与企业创新——基于〈劳动合同法〉的实证研究》，《经济学》（季刊）2020 年第 1 期。

外包业务。[①] 那么，在当今全球价值链分工与合作不断深化的新型国际化分工大背景下，从中间品进口替代的角度来看，劳动保护加强究竟能否对我国制造业出口技术升级产生影响？如果能，其具体的机制又是如何？对这些问题的探究不仅能丰富《劳动合同法》实施的政策效果研究，还能为有效推动我国进出口贸易协调发展提供经验证据，深化劳动保护在进出口贸易中的协同作用，对现阶段贸易高质量发展有重要的现实含义。本章接下来的安排如下：第一节为介绍劳动保护与出口技术升级相关的研究进展；第二节为在理论分析后，提出本章的研究假说；第三节为本章的模型设定与数据说明；第四节则是从企业层面检验劳动保护是否会促进企业出口技术升级；第五节为对劳动保护影响企业出口技术升级的机制进行检验，并从企业、行业、地区、进口来源国四个方面进行异质性效应讨论，以期进一步证实本章的研究结论；第六节为从行业加总维度分析劳动保护对制造业出口技术升级的影响及其机制；第七节为在总结全文的基础上提出政策启示。

第一节　劳动保护与出口技术升级的研究进展

一　企业出口技术升级的研究进展

自 Rodrik 指出中国出口技术复杂度大大高于中国经济发展水平后[②]，大量研究围绕出口技术复杂度对中国出口技术升级问题进行深入探讨，并形成两类文献。一类是在拓展出口技术复杂度度量方法基础上对中国出口技术复杂度的发展现实进行深刻总结。[③] 其中，李小平等采用 Hidalgo 和

---

① Weng, D. H., Peng, M. W., "Home Bitter Home: How Labor Protection Influences Firm Off-shoring", *Journal of World Business*, Vol. 53, No. 5, 2018.

② Rodrik, D., "What's So Special about China's Exports?", *China & World Economy*, Vol. 14, No. 5, 2006.

③ 陈晓华、黄先海、刘慧：《中国出口技术结构演进的机理与实证研究》，《管理世界》2011年第3期；李小平、周记顺、王树柏：《中国制造业出口复杂度的提升和制造业增长》，《世界经济》2015年第2期。

Hausmann 的反射法①以及 Tacchella 等的适合度法②对中国制造业行业出口技术复杂度进行度量，发现不同类型制造业部门出口技术复杂度演变存在分化特征，即劳动密集型行业的出口技术复杂度稳步提升，而资本与技术密集型行业趋于下降。另一类是对中国出口技术复杂度提升的决定性因素进行讨论。比如 Xu 和 Lu、刘维林等、毛其淋、沈国兵和黄铄珺分别从外商直接投资、全球价值链嵌入、人力资本升级、知识产权保护等方面探求中国出口技术升级背后的原因。③ 从进口方面来看，李小平等、周记顺和洪小羽还分别关注了中间品进口种类扩张和进口中间品、资本品对中国企业出口技术复杂度的作用。④ 盛斌和毛其淋则更进一步，从影响最终品和中间品进口的进口关税研究贸易自由化对企业出口技术复杂度的作用。⑤ 与此同时，张先锋等、赵瑞丽和孙楚仁还研究了劳动力市场制度中的劳动力市场灵活性和最低工资制度对出口技术复杂度的影响⑥：前者基于 2000～2010 年中国制造业 22 个细分行业面板数据研究认为，劳动力市场灵活性通过用工成本效应和技术溢出效应促进行业出口技术复杂度提升；后者则利用 2000～2009 年 283 个地级市出口数据和最低工资数据指出，最低工资上涨，企业通过调整生产要素比例、市场自选择效应或创新等渠道提高企

① Hidalgo, C. A., Hausmann, R., "The Building Blocks of Economic Complexity", *Proceedings of the National Academy of Sciences*, Vol. 106, No. 26, 2009.

② Tacchella, A., Cristelli, M., Caldarelli, G., Gabrielli, A., Pietronero, L., "Economic Complexity: Conceptual Grounding of a New Metrics for Global Competitiveness", *Journal of Economic Dynamics and Control*, Vol. 37, No. 8, 2013.

③ Xu, B., Lu, J., "Foreign Direct Investment, Processing Trade, and the Sophistication of China's Exports", *China Economic Review*, Vol. 20, No. 3, 2009；刘维林、李兰冰、刘玉海：《全球价值链嵌入对中国出口技术复杂度的影响》，《中国工业经济》2014 年第 6 期；毛其淋：《人力资本推动中国加工贸易升级了吗？》，《经济研究》2019 年第 1 期；沈国兵、黄铄珺：《行业生产网络中知识产权保护与中国企业出口技术含量》，《世界经济》2019 年第 9 期。

④ 李小平、彭书舟、肖唯楚：《中间品进口种类扩张对企业出口复杂度的影响》，《统计研究》2021 年第 4 期；周记顺、洪小羽：《进口中间品、进口资本品与企业出口复杂度》，《国际贸易问题》2021 年第 2 期。

⑤ 盛斌、毛其淋：《进口贸易自由化是否影响了中国制造业出口技术复杂度》，《世界经济》2017 年第 12 期。

⑥ 张先锋、阚苗苗、王俊凯：《劳动力市场灵活性是否提升了出口技术复杂度》，《财贸研究》2018 年第 3 期；赵瑞丽、孙楚仁：《最低工资会降低城市的出口复杂度吗？》，《世界经济文汇》2015 年第 6 期。

业生产率水平，进而提高地区出口复杂度。很明显，两者研究得出的结论有显著差异，究其缘由，存在两方面原因：一是两者使用的数据样本维度不同，他们分别采用的是行业数据和地区数据，都是企业加总数据，无法刻画劳动保护制度变化后企业行为；二是两者的出发点不同，前者是从劳动力在不同行业自由流动方面进行剖析，后者是基于用人单位受地区最低工资标准约束的结果，且两者都是从本国市场进行思考，尚未深入研究外部市场进口替代可能带来的作用。

二　劳动保护的经济效应研究进展

从微观企业层面来看，现有文献主要关注了劳动保护对企业生产效率、企业创新、投资效率等业绩的影响，并形成两种不同的观点：促进论观点认为，劳动保护通过加强企业人力资本投资，增强员工认同，倒逼企业创新，提高企业生产率水平，改进企业绩效[1]；抑制论者则认为，劳动保护约束了企业用工灵活性，增加了经营成本，降低了企业经营弹性和投资效率，抑制了企业绩效[2]。不难看出，现有关于劳动保护对企业出口贸易影响的研究较少，仅有的一些研究则主要聚焦于出口贸易的宏观方面，也形成了两类不同的观点。如 Tang 从专用性技能获取的角度指出，劳动保护制度有利于技能专用性行业出口比较优势的形成[3]，而 Cuñat 和 Melitz 从行业波动性方面指出，灵活劳动力市场制度显著促进波动性较大行业的比

---

[1] Belot, M., Boone, J., Ours, J. V., "Welfare-Improving Employment Protection", *Economica*, Vol. 74, No. 295, 2007; Acharya, V. V., Baghai, R. P., Subramanian, K. V., "Wrongful Discharge Laws and Innovation", *Review of Financial Studies*, Vol. 27, No. 1, 2014；倪骁然、朱玉杰：《劳动保护、劳动密集度与企业创新——来自 2008 年〈劳动合同法〉实施的证据》，《管理世界》2016 年第 7 期；李波、蒋殿春：《劳动保护与制造业生产率进步》，《世界经济》2019 年第 11 期；李建强、赵西亮：《劳动保护与企业创新——基于〈劳动合同法〉的实证研究》，《经济学》（季刊）2020 年第 1 期。

[2] Autor, D. H., Kerr, W. R., Kugler, A. D., "Does Employment Protection Reduce Productivity? Evidence from US States", *Economic Journal*, Vol. 117, No. 521, 2007; Bjuggren, C. M., "Employment Protection and Labor Productivity", *Journal of Public Economics*, Vol. 157, 2018；刘媛媛、刘斌：《劳动保护、成本粘性与企业应对》，《经济研究》2014 年第 5 期；廖冠民、陈燕：《劳动保护、劳动密集度与经营弹性：基于 2008 年〈劳动合同法〉的实证检验》，《经济科学》2014 年第 2 期。

[3] Tang, H., "Labor Market Institutions, Firm-Specific Skills, and Trade Patterns", *Journal of International Economics*, Vol. 87, No. 2, 2012.

较优势形成①，两者关于劳动保护制度对出口比较优势形成的作用存在争议，且争议源自其中的影响机制。而劳动保护与企业出口贸易关系方面，仅有李波和杨先明关于劳动保护与企业出口产品质量关系进行的讨论，他们在劳动保护加强形成的稳定劳动关系前提下，指出劳动保护通过人力资本投资效应、管理效率改进效应及劳动者"干中学"效应发挥进而促进企业出口产品质量提升②，为本研究提供了深刻的启示和洞见，但他们的研究都没有进一步拓展到企业出口技术升级方面，尤其未触及劳动保护引起的进口替代效应对出口技术升级的作用，更未从资源再配置效应方面考察劳动保护对制造业加总行业出口技术升级的影响。

与现有研究相比，本研究在以下方面有所突破：其一，本章聚焦《劳动合同法》实施对制造业出口技术升级的作用，为评估《劳动合同法》的微观效应提供新的证据；其二，本章从中间品进口替代视角探讨劳动保护对企业出口技术升级的影响及其作用渠道，创新性地将劳动保护经济效应的理论阐释从国内资本与劳动间的要素替代转向进口中间品与本国中间品及生产要素之间的替代，有效刻画劳动保护在制造业进出口贸易协调发展中的作用；其三，从行业加总层面进一步思考劳动保护如何影响制造业加总行业出口技术增长，且还分析资源再配置效应在劳动保护影响行业出口技术增长中的作用，为我们深刻理解制造业出口技术升级的源泉提供证据。

第二节　理论分析与研究假说

一　劳动保护与劳动力成本上升

2008 年实施的《劳动合同法》对企业解除、终止劳动合同有明确的规定，要求企业不得随意解除或终止合同，且还对企业不履行合同规定了明

① Cuñat, A., Melitz, M. J., "Volatility, Labor Market Flexibility, and the Pattern of Comparative Advantage", *Journal of the European Economic Association*, Vol. 10, No. 2, 2012.

② 李波、杨先明：《劳动保护与企业出口产品质量——基于〈劳动合同法〉实施的准自然实验》，《经济学动态》2021 年第 7 期。

确的赔偿条款，对企业随意解雇行为进行了较多的限制（比如解雇理由、解雇程序、解雇补偿和违法解雇后果），加大企业违法成本，减少企业随意解雇员工的可能，劳动保护强度大幅度增强，企业用工调整难度和调整成本上升。Pissarides 指出劳动保护（或就业保护立法）是解雇成本的主要来源①，会显著增加企业的解雇成本，常常被用作企业用工调整成本的代理变量②。刘彩凤针对企业态度的调查发现，我国《劳动合同法》实施也会加大企业解雇成本③，并且，对不同规模和类型的解雇成本影响还存在差异④。廖冠民和陈燕基于 2004～2012 年中国 A 股上市公司的研究表明，《劳动合同法》实施增加企业用工成本，进而制约企业经营弹性。⑤ 谢增毅也指出《劳动合同法》中关于企业用工成本的相关规则也间接对用工成本产生不利影响。⑥

与此同时，《劳动合同法》还明确企业员工劳动报酬、社会保险条款，尤其是强制要求企业购买社会保险，这在大大提高员工社保参与率的同时，无疑也增加了企业人工成本。Wiel 基于荷兰企业员工调查数据，以1999 年《新荷兰法》中员工未来解雇通知期限的外生变化作为识别依据进行研究，发现劳动保护加强会引致在职员工工资的提高。⑦ Gao 等、Li 和Freeman 分别利用中国家庭收入调查项目（CHIP）的 2007～2009 年流动人口调查数据、珠三角地区问卷调查数据进行的研究发现，《劳动合同法》的实施提高了员工获签书面劳动合同的占比，扩大了其参加社会保障的覆盖面，加大了企业社保支出及生产成本，间接地得到了劳动保护加强提高企业

① Pissarides, C. A., "Policy Influences on Unemployment: The European Experience", *Scottish Journal of Political Economy*, Vol. 46, No. 4, 1999.

② Banker, R. D., Byzalov, D., Chen, L., "Employment Protection Legislation, Adjustment Costs and Cross-Country Differences in Cost Behavior", *Journal of Accounting and Economics*, Vol. 55, No. 1, 2013.

③ 刘彩凤：《〈劳动合同法〉对我国企业解雇成本与雇用行为的影响——来自企业态度的问卷调查》，《经济管理》2008 年第 Z2 期。

④ 王雷：《劳动力成本、就业保护与企业技术创新》，《中国人口科学》2017 年第 1 期。

⑤ 廖冠民、陈燕：《劳动保护、劳动密集度与经营弹性：基于 2008 年〈劳动合同法〉的实证检验》，《经济科学》2014 年第 2 期。

⑥ 谢增毅：《劳动力市场灵活性与劳动合同法的修改》，《法学研究》2017 年第 2 期。

⑦ Wiel, K. V. D., "Better Protected, Better Paid: Evidence on How Employment Protection Affects Wages", *Labour Economics*, Vol. 17, No. 1, 2010.

人工成本的经验证据。① 都阳和屈小博基于珠三角地区外向型制造业企业的调查分析，也发现《劳动合同法》中关于"最低工资、社会保险缴纳、加班工时与休假、解除劳动合同经济补偿"等规定也直接提高了制造业企业人工成本。② 刘媛媛和刘斌对我国《劳动合同法》实施进行的研究则发现，《劳动合同法》实施会显著提高企业人工成本黏性，尤其是薪酬黏性。③

可见，劳动保护加强会同时提高企业用工调整成本和人工成本，最终导致企业劳动力成本上升。Banker 等以就业保护立法作为用工调整成本的代理变量，基于 1990～2008 年 OECD 19 国的企业数据研究发现，就业保护立法会通过提升调整成本而增加劳动力成本黏性及经营成本黏性④，这也充分证实劳动保护会促进劳动力成本上升。

二　成本上升、中间品进口替代与企业出口技术升级

劳动力成本上升导致企业生产所需的中间品及生产要素等投入的相对价格都会发生变化，影响企业创新行为。⑤ 王雷的研究指出，劳动保护强化劳动力成本通过"要素替代效应""创造性破坏效应""人力资本效应"促进企业技术创新的作用。⑥ 随着中国主动扩大进口战略的持续推进，特别是鼓励关键设备进口政策的实施，进口中间品及关键设备在我国企业生产中的地位也不断提升，对我国企业出口和创新都有积极作用。⑦ 从企业投入来看，劳动保护加强也促使进口中间品对本国中间品的相对价格明显

① Gao, Q., Yang, S., Li, S., "Social Insurance for Migrant Workers in China: Impact of the 2008 Labour Contract Law", *Economic and Political Studies*, Vol. 5, No. 3, 2017; Li, X., Freeman, R. B., "How Does China's New Labour Contract Law Affect Floating Workers?", *British Journal of Industrial Relations*, Vol. 53, No. 4, 2015.

② 都阳、屈小博：《劳动合同法与企业劳动力成本——基于珠三角地区外向型制造业企业的调查与分析》，《山东经济》2010 年第 3 期。

③ 刘媛媛、刘斌：《劳动保护、成本粘性与企业应对》，《经济研究》2014 年第 5 期。

④ Banker, R. D., Byzalov, D., Chen, L., "Employment Protection Legislation, Adjustment Costs and Cross-Country Differences in Cost Behavior", *Journal of Accounting and Economics*, Vol. 55, No. 1, 2013.

⑤ 林炜：《企业创新激励：来自中国劳动力成本上升的解释》，《管理世界》2013 年第 10 期。

⑥ 王雷：《劳动力成本、就业保护与企业技术创新》，《中国人口科学》2017 年第 1 期。

⑦ 张杰：《进口对中国制造业企业专利活动的抑制效应研究》，《中国工业经济》2015 年第 7 期；谢红军、张禹、洪俊杰、郑晓佳：《鼓励关键设备进口的创新效应——兼议中国企业的创新路径选择》，《中国工业经济》2021 年第 4 期。

下降，企业会使用价格相对较低的进口中间品对本国中间品和劳动要素进行替代，进而推动我国制造业出口技术进步。Castellani 和 Fassio 利用瑞士 2001～2012 年的制造业企业数据研究指出，新投入品（含中间品和资本品）进口都会通过促进技术转移而推动企业新产品出口。[①] 因此，从进口中间品替代的角度来看，劳动保护加强会通过以下两类机制对制造业出口技术升级产生影响。

一是资本品进口的直接替代效应。劳动保护导致劳动力成本增加的约束下，企业使用资本对劳动进行替代，尤其是使用先进的进口设备进行替代，比如工业机器人的引进和使用，导致更多先进技术、资本设备进口。Autor 等针对美国的研究也指出，劳动保护引起的企业调整成本增加会刺激企业资本和技能的深化。[②] 刘媛媛和刘斌研究指出，《劳动合同法》实施导致的劳动保护降低企业用工灵活性，提高企业人工成本黏性，进而提高企业采用机器替代人工的可能。[③] 中国企业家调查系统基于 2014 年的《中国企业经营者问卷跟踪调查》的结果发现，人工成本上升较快的企业更倾向于更新升级机器设备。对企业而言，资本品进口替代不仅是企业资本替代劳动的一个重要方面，也是企业资本深化的重要部分，更是企业技术更新和引进的重要形式。资本品进口不仅可实现对低技能劳动力的替代，用以抵消劳动力成本上涨的负面作用[④]，还能因进口资本品技术优势高于本国资本品，大幅度提高企业技术水平。周记顺和洪小羽进一步指出资本品进口通过企业创新提升企业出口技术复杂度。[⑤] 此外，由于企业进口资本品进行替代及应用需要与之匹配的上下游生产技术，企业也必须努力提高自身研发水平，进而更好地吸收资本品的技术溢出，这也大大提高了企业的研发创新，推动了企业出口技术升级。钟建军发现，本国企业为与国外进

① Castellani, D., Fassio, C., "From New Imported Inputs to New Exported Products Firm-Level Evidence from Sweden", *Research Policy*, Vol. 48, No. 1, 2019.

② Autor, D. H., Kerr, W. R., Kugler, A. D., "Does Employment Protection Reduce Productivity? Evidence from US States", *Economic Journal*, Vol. 117, No. 521, 2007.

③ 刘媛媛、刘斌：《劳动保护、成本粘性与企业应对》，《经济研究》2014 年第 5 期。

④ 陈雯、陈鸣、施嘉明、鲁婷：《劳动力成本、进口替代与出口企业创新行为》，《国际贸易问题》2019 年第 7 期。

⑤ 周记顺、洪小羽：《进口中间品、进口资本品与企业出口复杂度》，《国际贸易问题》2021 年第 2 期。

口的关键零部件互补，也会扩大研发，进而改善企业全要素生产率，即"进口 – 研发互补效应"。① Bøler 等使用挪威工业企业数据发现研发投资和进口投入品之间具有互补性，发现进口投入品的增加会促进企业进行研发投资，带来技术进步。② Beers 对中国的研究指出，劳动力成本上升促使我国企业进口资本品以替代促进企业创新。③

二是低价格劳动密集型中间品进口替代的间接成本节约效应。劳动保护强度提高后，劳动力成本不可避免地上升，劳动密集型产品的生产成本也会随之上升，企业生产的重要中间品之一——劳动密集型中间品的成本也会上升，将导致本国劳动密集型中间品与进口劳动密集型中间品的相对价格上涨③，为企业加速进口劳动密集型中间品提供契机，进口低价的劳动密集型中间品替代本国劳动密集型中间品也成为企业的一种战略选择。Roy 对 2001 ~ 2009 年 30 国 21 个制造业部门的实证研究指出，劳动保护加强会导致国内生产成本明显高于国外，本国扩大劳动密集型行业进口。④ Weng 和 Peng 对 1990 ~ 2010 年五个发达国家信息技术行业的研究也发现，本国劳动保护加强会提高本国企业进行离岸外包的概率。⑤ 由此，企业中间品使用成本亦可得到节约，增加企业利润，为企业创新积累资金，最终提高企业出口技术水平。Blaum 等指出，投入品贸易提供的新颖、低价、高质量的投入品会降低企业单位成本和本国价格。他们基于法国数据的反事实分析发现，投入品贸易使法国企业单位成本下降程度的中位数为11%，其中 10% 的企业下降幅度达到 80%。⑥ Bas 和 Strauss-Kahn 针对法国1996 ~ 2005 年的研究进一步指出，低成本中间品进口会提高出口企业的预

① 钟建军：《进口中间品质量与中国制造业企业全要素生产率》，《中南财经政法大学学报》2016 年第 3 期。

② Bøler, E. A., Moxnes, A., Ulltveit-Moe, K. H., "R&D, International Sourcing, and the Joint Impact on Firm Performance", *American Economic Review*, Vol. 105, No. 12, 2015.

③ Beers, C. V., "Labor Standards and Trade Flows of OECD Countries", *The World Economy*, No. 97, 1998.

④ Roy, J., "The Effect of Employment Protection Legislation on International Trade", *Economic Modelling*, Vol. 94, 2021.

⑤ Weng, D. H., Peng, M. W., "Home Bitter Home: How Labor Protection Influences Firm Off-shoring", *Journal of World Business*, Vol. 53, No. 5, 2018.

⑥ Blaum, J., Lelarge, C., Peters, M., "The Gains from Input Trade in Firm-Based Models of Importing", *Nber Working Paper Series*, No. 21504, 2015.

期收益。① Colantone 和 Crinò 建立质量异质性产品种类内生增长模型，创新性构建质量调整的价格指数，利用 1995～2007 年欧盟 25 国数据进行研究，发现进口投入品会通过质量、成本两渠道发挥规模效应和低价高质种类效应，推动企业出口新产品扩张。② Bøler 等也指出，国际采购投入品不仅可以削减成本，还能提高研发投资的回报，进而推动企业研发投入扩张。③

据此，我们提出本章的研究假说。

研究假说 H4a：劳动保护加强促进企业出口技术升级。

研究假说 H4b：劳动保护加强通过"资本品进口的直接替代效应"和"低价格劳动密集型中间品进口的间接成本节约效应"两个渠道推动企业出口技术升级。

第三节 劳动保护与企业出口技术升级：研究设计

一 样本选取与数据来源

本章以 1998～2013 年中国工业企业数据库和 2000～2013 年海关进出口数据库为基础进行整理。首先，参照 Brandt 等的处理方法④，对 1998～2013 年的中国工业企业数据进行清洗，删除经济价值较低及没有进出口业务的废弃资源和废旧材料回收加工业企业，同时，按照中国工业企业数据常用的清理方法和使用惯例，删除不符合经济学常识、会计钩稽关系及西

---

① Bas, M., Strauss-Kahn, V., "Does Importing More Inputs Raise Exports? Firm-Level Evidence from France", *Review of World Economics*, Vol. 150, No. 2, 2014.

② Colantone, I., Crinò, R., "New Imported Inputs, New Domestic Products", *Journal of International Economics*, Vol. 92, No. 1, 2014.

③ Bøler, E. A., Moxnes, A., Ulltveit-Moe, K. H., "R&D, International Sourcing, and the Joint Impact on Firm Performance", *American Economic Review*, Vol. 105, No. 12, 2015.

④ Brandt, L., Biesebroeck, J. V., Zhang, Y., "Creative Accounting or Creative Destruction? Firm-Level Productivity Growth in Chinese Manufacturing", *Journal of Development Economics*, Vol. 97, No. 2, 2012.

藏企业的样本①，初步构成 1998～2013 年工业企业的非平衡面板数据。其次，按照下文企业进出口相关指标的测度要求，将海关进出口数据进行分类汇总，同时，借鉴 Yu 的研究②，按企业名称、电话号码＋邮政编码将上述形成的工业企业非平衡面板数据和分类汇总后的海关进出口数据进行匹配，形成 2000～2013 年的中国工业企业进出口非平衡面板数据。最后，考虑到 2004 年 3 月 1 日劳动和社会保障部通过的《最低工资规定》正式施行，进而导致 2004 年前后的劳动保护强度也存在着较大的差异，干扰以 2008 年《劳动合同法》实施作为准自然实验识别劳动保护对企业出口技术升级的影响，因此，进一步删除 2000～2004 年的企业样本，最终形成 2005～2013 年非平衡面板数据。此外，本章还将样本中所有价值类变量以 2000 年为基期换算得到其真实值。

二 变量度量

（一）企业出口技术水平

企业出口技术水平是企业所有出口产品技术水平的加总。现有研究普遍采用出口产品技术复杂度对出口产品技术水平进行度量。出口产品技术复杂度往往基于产品所有出口国的人均收入加权平均值计算而来，其权重选择以 Hausmann 等使用的显性比较优势指数为代表。③ 但这一测度不仅会受制于各国宏观经济波动的影响，还依赖于富国在高技术水平产品上更具有比较优势的假设前提，易形成"富国出口复杂产品，穷国出口简单产

---

① 剔除规则如下：（1）剔除总资产、职工人数（或就业人员）、工业总产值、工业增加值、中间投入、固定资产净值、固定资产净值年平均余额、出口交货值和销售额等缺失的数据；（2）剔除工业增加值、出口交货值、中间投入、就业人员、固定资产净值年平均余额、工资、福利和本年折旧小于 0 的数据；（3）剔除工业增加值、中间投入、就业人员、固定资产净值年平均余额为 0 值的样本；（4）剔除就业人数小于 8 人的企业；（5）剔除一些明显不符合会计原则的观测值，包括总资产小于流动资产，总资产小于固定资产净值，或者累计折旧小于当期折旧的观测值。
② Yu, M., "Processing Trade, Tariff Reductions and Firm Productivity: Evidence from Chinese Firms", *The Economic Journal*, Vol. 125, No. 585, 2015.
③ Hausmann, R., Hwang, J., Rodrik, D., "What You Export Matters", *Journal of Economic Growth*, Vol. 12, No. 1, 2007.

品；复杂产品由富国出口，简单产品由穷国出口"的循环结论。[1] 为此，Hidalgo 和 Hausmann 基于能力理论框架，利用反射法测度出口产品技术复杂度。[2] 其核心思想是以一国生产产品的多样化（diversification）和一种产品被多国生产的普遍化（ubiquity）作为刻画国家经济复杂度和产品生产复杂度的依据。其计算过程为：首先，计算一国产品生产的显性比较优势（RCA）指数，若一国生产产品的 $RCA \geq 1$，说明该国有更强的生产能力，同时将一国 $RCA \geq 1$ 的产品种类数加总得到的多样化代表该国的经济复杂度；其次，计算各国同一产品生产的显性比较优势指数，若多国生产同一种产品的 $RCA \geq 1$，则说明生产该产品需要的能力是普遍的，同时也将同一产品 $RCA \geq 1$ 的国家数目加总得到的普遍化代表该产品的生产复杂度；最后，采用反复迭代的方式不断提炼能力信息以改进上述粗略计算过程，直到国家和产品的排序不再发生变化，即国家间和产品间技术水平差异非常小时迭代过程停止，并将迭代过程中的产品种类数和国家数目分别加总，用以分别刻画包含产品信息的真实国家能力值和包含国家信息的真实产品能力值。其中，包含产品信息的真实国家能力值取值越大，表示该产品的生产过程越复杂。然而，Tacchella 等则指出，上述研究提出的反射法测度的出口产品复杂度在变量刻画、计算结果体现的能力信息等方面都有缺陷，进而基于适合度法（fitness）对反射法进行修正，通过多次迭代，不断收集国家 – 产品双方的能力信息，提炼包含产品信息的"国家适合性"和包含国家信息的"产品被生产普遍性"，最终确定国家适合度指数和产品复杂度指数。[3] 其计算公式为：

$$RCA_{cp} = \frac{X_{cp}/X_c}{\sum_c X_{cp}/X_c} \qquad (5-1)$$

① 李小平、周记顺、王树柏：《中国制造业出口复杂度的提升和制造业增长》，《世界经济》2015 年第 2 期。

② Hidalgo, C. A., Hausmann, R., "The Building Blocks of Economic Complexity", *Proceedings of the National Academy of Sciences*, Vol. 106, No. 26, 2009.

③ Tacchella, A., Cristelli, M., Caldarelli, G., Gabrielli, A., Pietronero, L., "Economic Complexity: Conceptual Grounding of a New Metrics for Global Competitiveness", *Journal of Economic Dynamics and Control*, Vol. 37, No. 8, 2013.

$$f^{(n)} = \sum_p M_{cp} Q_p^{(n-1)} q^{(n)} = \frac{1}{\sum_c M_{cp} \dfrac{1}{F_c^{(n-1)}}} \qquad (5-2)$$

$$F_c^{(n)} = \frac{f^{(n)}}{[f^{(n)}]_c} Q_P^{(n)} = \frac{q^{(n)}}{[q^{(n)}]_p} \qquad (5-3)$$

上式中，$f^{(n)}$ 和 $q^{(n)}$ 都为中间变量，其初始值为 $f^{(0)}=1$ 和 $q^{(0)}=1$。M_{cp} 为指示变量，若 $RCA_{cp} \geq 1$，则该值为 1，否则为 0。n 为迭代次数，$F_c^{(n)}$ 为国家出口适合度，$Q_P^{(n)}$ 是产品出口复杂度。$[f^{(n)}]_c$ 表示在 n 次迭代中所有国家适合度的平均值，$[q^{(n)}]_p$ 表示 n 次迭代中所有产品复杂度的平均值。在迭代过程中，当第 n 次与 $n+1$ 次得到的国家或产品序列不再改变时，所得 $Q_P^{(n)}$ 就是最终产品出口复杂度。

然而，沈国兵和黄铄珺却指出，某种产品具有强显性比较优势意味着生产该产品技术已经成熟、普及，产品周期进入成熟、衰退期，因而需要对 RCA 的判定标准进行细分，以区分强弱显性比较优势。[①] 本章也将 RCA 细分为：

$$M_{cp} = \begin{cases} 1.25 \ \text{强显性比较优势}(RCA_{cp} \geq 1.25) \\ \text{弱显性比较优势}(0.8 \leq RCA_{cp} < 1.25) \\ 0 \ \text{显性比较劣势}(RCA_{cp} < 0.8) \end{cases} \qquad (5-4)$$

接下来，利用 BACI 2000～2013 年的 245 个国家（地区）出口数据，结合细分后的 RCA 判定标准和上述公式，采用迭代法计算 5007 种 HS 6 位码[②]产品的出口技术复杂度 $[Q_p^{(n)}]$，再根据企业出口产品额加权计算得到企业出口技术复杂度（$extech_{it}$）：

$$extech_{it} = \sum_p \frac{x_{ipt}}{\sum_p x_{ipt}} Q_{pt}^{(n)} \qquad (5-5)$$

其中，$extech_{it}$ 是 t 年 i 企业出口技术复杂度，用以刻画企业出口技术水平情况，x_{ipt} 是 t 年 i 企业 p 产品出口总额，$Q_{pt}^{(n)}$ 是 t 年 p 产品出口技术复

---

① 沈国兵、黄铄珺：《行业生产网络中知识产权保护与中国企业出口技术含量》，《世界经济》2019 年第 9 期。

② BACI 数据库对进出口贸易数据的产品编码进行了统一调整，此处使用的 HS 编码版本为 HS 92 版本。

杂度。

（二） 劳动保护与劳动密集度

本章以 2008 年《劳动合同法》实施作为劳动保护变化的刻画依据。具体以《劳动合同法》实施的虚拟变量 *law* 表示，当样本所在年份在 2008 年及以后，*law* 取 1，否则取 0。劳动密集度（*labint*）则借鉴倪骁然和朱玉杰的研究①，以《劳动合同法》实施前的 2007 年 3 分位行业的就业人数对数值与实际销售收入对数值的比值度量，从而保证了处理组与对照组在法律实施前后的一致性。

（三） 控制变量

本章使用的控制变量包括企业层面和行业层面两个维度。企业层面控制变量包括，企业生产率（ln*tfp*），采用 Olley 和 Pakes 提出的 OP 法度量企业全要素生产率②；企业经营时间（ln*age*），以当年年份与企业开业年份之差加 1 的对数值计算；企业规模（ln*size*），选取企业当年销售收入的对数值度量；国有企业虚拟变量（*soes*）和外资企业虚拟变量（*foreign*），首先以企业当年国有资本占比是否高于 50% 区分国有企业和非国有企业，若高于 50%，则 *soes* 取 1，否则取 0，然后对剩下的非国有企业，以当年外商资本占比是否高于 25% 为依据进行处理，若其占比高于 25%，则 *soes* 取 1，否则取 0；企业融资约束 [ln（*credit*＋1）]，以利息支出占固定资产比重加 1 的对数值度量；企业资产负债率（*liab_asset*），以企业负债与总资产的比值度量；企业利润率（*prof_ratio*），以企业利润与销售总额的比值度量；加工贸易企业虚拟变量（*proc*），将从事过进料加工贸易和来料加工装配贸易等加工贸易的企业都认定为加工贸易企业，若为加工贸易企业，*proc* 取 1，否则取 0。行业层面控制变量，行业进口关税 [ln（*tariff*＋1）]，采用当前通用的海关 HS 产品编码 – 行业编码转换表，根据 WITS 数据库的中国 HS 6 位码产品进口关税，加权平均汇总至 2 分位行业进口关税，然后加 1 取对数值得到行业进口关税；行业市场集中度（*HHI*），以 2 分位行业

---

① 倪骁然、朱玉杰：《劳动保护、劳动密集度与企业创新——来自 2008 年〈劳动合同法〉实施的证据》，《管理世界》2016 年第 7 期。

② Olley, G. S., Pakes, A., "The Dynamics of Productivity in the Telecommunications Equipment Industry", *Econometrica*, Vol. 64, No. 6, 1996.

内企业就业人数计算的赫芬达尔－赫希曼指数度量，其取值越大，说明行业竞争程度越低。地区层面控制变量，最低工资（lnminwage）：采用各省份最高档最低工资标准的对数值作为各省最低工资。

三　模型设定

为考察劳动保护对企业出口技术升级的影响，可利用 2008 年《劳动合同法》实施前后企业出口技术水平的差异进行刻画。然而，由于《劳动合同法》是一部全国性的法律，其实施对所有出口企业都会产生影响，难以有效区分企业出口技术变化差异是来源于《劳动合同法》的实施，还是时间趋势使然。为缓解这一困扰，参照现有倪骁然和朱玉杰[1]、李波和蒋殿春[2]的研究，加上《劳动合同法》实施对劳动密集型企业冲击较大的这一事实，本章以行业劳动密集度作为处理组和对照组的区分依据，其中，高劳动密集型行业企业为处理组，低劳动密集型行业企业为对照组，建立《劳动合同法》实施虚拟变量与劳动密集度交互项的双重差分模型进行检验，从而有效刻画《劳动合同法》实施前后高、低劳动密集型行业企业出口技术水平差异，进而识别出劳动保护对企业出口技术升级的影响。同时，为了进一步控制最低工资规定的干扰，本书还同时控制了各省当年最低工资标准的对数。最后的双重差分模型设定如下：

$$extech_{ijct} = \alpha + \beta labint_{j07} \times law_t + \gamma lnminwage_{ct} + \delta \vec{X} + \mu_i + \mu_t + \varepsilon_{ijct} \quad (5-6)$$

其中，i、j、c、t 分别指企业、行业、地区以及时间。交互项 $labint_{j07} \times law_t$ 的估计系数 β 为劳动保护对企业出口技术升级的因果效应，$\beta > 0$ 说明《劳动合同法》实施后，高劳动密集型行业企业的出口技术水平大于低劳动密集型行业企业，即刻画劳动保护推动企业出口技术升级，证实前文研究假说 H4a；反之，则说明劳动保护降低企业出口技术水平，证伪前文研究假说 H4a。$\vec{X}$ 为上述部分度量的控制变量集合。μ_i、μ_t 分别为企业、时间固定效应。ε_{ijct} 则为随机误差项。表 5-1 汇报了主要变量的描述性统计

---

① 倪骁然、朱玉杰：《劳动保护、劳动密集度与企业创新——来自 2008 年〈劳动合同法〉实施的证据》，《管理世界》2016 年第 7 期。

② 李波、蒋殿春：《劳动保护与制造业生产率进步》，《世界经济》2019 年第 11 期。

结果。

表 5-1　主要变量的描述性统计

变量	定义	样本数	均值	标准差	最小值	最大值
Panel A 企业层面估计使用的变量						
extech	修正适合度法企业出口技术水平	277338	1.026	0.856	-2.065	3.729
	适合度法企业出口技术水平	277338	0.992	0.822	-2.182	3.689
	反射法企业出口技术水平	277338	1.514	0.473	0.587	5.253
labint	2 分位行业 ln（就业人数）/ln（实际销售收入）	29	0.594	0.030	0.556	0.664
	3 分位行业 ln（就业人数）/ln（实际销售收入）	165	0.593	0.036	0.495	0.690
	4 分位行业 ln（就业人数）/ln（实际销售收入）	478	0.592	0.040	0.465	0.721
	2007 年企业 ln（就业人数）/ln（实际销售收入）	199605	0.623	0.128	-16.715	1.424
	2005~2013 年企业平均 ln（就业人数）/ln（实际销售收入）	277098	0.634	0.084	0.201	12.861
capital_ratio1	企业资本品进口额/固定资产值	248050	0.074	0.183	0	0.615
capital_ratio2	企业资本品进口额/固定资产净值	245944	0.063	0.140	0	0.519
dpd_ratio	企业从发达国家进口额/进口总额	277338	0.777	0.347	0	1
lnprice	中低收入国家中间品进口价格对数	127092	2.339	2.222	-9.205	18.269
lnprice_adj2	HS 2 分位计算的质量调整后的中间品进口价格	127067	3.067	2.070	-5.826	18.270
lnprice_adj4	HS 4 分位计算的质量调整后的中间品进口价格	124667	2.898	2.088	-10.581	18.270
low_ratio	企业从中低收入国家进口中间品额/进口总额	277338	0.521	0.406	0	1

续表

变量	定义	样本数	均值	标准差	最小值	最大值
Panel B 行业层面估计使用的变量						
$\Delta\Gamma$	修正适合度法的行业出口技术增长	1272	-0.005	0.300	-2.192	2.212
	适合度法的行业出口技术增长	1272	-0.005	0.289	-2.183	2.141
	反射法的行业出口技术增长	1272	0.004	0.208	-3.422	3.357
$\Delta extech$	行业出口技术水平变动的水平效应	1272	-0.005	0.223	-1.605	2.249
Δcov	行业出口技术水平变动的资源再配置效应	1272	0	0.250	-1.730	1.869
cap_imp	行业资本品进口额/固定资产净值	1277	0.265	2.242	0	70.654
cap_dpd	行业从发达国家进口额/进口总额	1288	0.103	0.123	0	1
$lnprice\_inter$	行业质量调整后的中间品进口价格对数	1279	8.079	2.478	2.487	17.409
int_ml	行业从中低收入国家进口中间品额/进口总额	1285	0.077	0.525	0	17.128
$\Delta disp\_surv$	行业持续出口企业出口技术水平标准差的变动	1254	-0.014	0.140	-1.173	1.196
$entry\_ratio$	行业新进入出口市场企业数量/企业总数量	1288	0.030	0.053	0	1
$exit\_ratio$	行业退出出口市场企业数量/企业总数量	1288	0.019	0.034	0	0.500

第四节　劳动保护与企业出口技术升级：因果效应分析

一　基准估计

表5-2报告了基于模型（5-6）估计的劳动保护对企业出口技术升级影响的逐步回归结果，表中还同时控制了企业和时间固定效应。第（1）

列仅控制了最低工资标准和双重差分交互项，交互项估计系数在 1% 的水平下显著为正，说明在考虑最低工资的影响下，《劳动合同法》实施以后，高劳动密集型行业企业的出口技术水平比低劳动密集型行业企业的出口技术水平更高，即劳动保护显著促进企业出口技术水平提升，初步验证本书研究假说 H4a。最低工资 lnminwage 估计系数不显著，这可能与最低工资标准对企业技术升级存在正反两方面影响有关。[①] 第（2）～（6）列汇报了逐步加入影响企业出口技术水平的其他控制变量的估计结果，交互项 $labint \times law$ 的估计系数均在 1% 的水平下显著为正，这充分说明《劳动合同法》的实施显著促进高劳动密集型行业企业的出口技术升级，其促进作用并没有因为加入控制变量而削弱，进一步证实了本书的研究假说 H4a。第（7）列进一步加入了地区 - 时间和行业 - 时间联合固定效应，以排除各城市各年份和各行业各年份不可观测因素对本书结论造成的混杂性干扰，结果显示，交互项 $labint \times law$ 的估计系数仍在 1% 水平下显著为正，表明劳动保护对企业出口技术升级的促进作用并不会因为地区、产业、时间等混杂因素的影响而发生实质性改变，排除了最低工资等因素以及其他不可观测的控制变量对本书结论的影响。

从控制变量方面来看，企业生产率（lntfp）的估计系数显著为正，说明企业出口技术水平会随着企业生产率增加而提升。企业规模（lnsize）的估计系数在 1% 的水平下显著为负，这表明企业规模的扩张抑制企业出口技术水平，这主要源于产业转型方面的原因，规模较大的企业反而存在困难，组织惰性使得企业规模阻碍了企业出口技术升级和出口结构的改善。国有企业虚拟变量（soes）的估计系数在 1% 的水平下显著为正，说明国有企业的出口技术水平高于非国有企业。企业融资约束 [ln（credit +1）] 的估计系数在 5% 的水平下显著为正，说明融资约束程度越低，企业出口技术水平越高。加工贸易企业（proc）的估计系数为 - 0.061，且在 1% 的水平下显著，意味着加工贸易企业的出口技术水平低于非加工贸易企业。企

---

① 赵瑞丽、孙楚仁：《最低工资会降低城市的出口复杂度吗?》，《世界经济文汇》2015 年第 6 期；许和连、王海成：《最低工资标准对企业出口产品质量的影响研究》，《世界经济》2016 年第 7 期；赵瑞丽、何欢浪：《最低工资标准对企业创新行为的影响——兼论企业间创新资源的再配置》，《南开经济研究》2021 年第 1 期。

业利润率（*prof_ratio*）估计系数在 1% 的水平下显著为正，说明企业利润对企业出口技术升级有促进作用。行业进口关税 [ln（*tariff* + 1）] 的估计系数在 10% 的水平下显著为负，表明行业进口关税越高，企业出口技术水平越低。

表 5 - 2　基准回归结果

变量	（1）	（2）	（3）	（4）	（5）	（6）	（7）
labint × law	2.335 ***	2.327 ***	2.327 ***	2.350 ***	2.317 ***	2.313 ***	1.013 ***
	(0.770)	(0.768)	(0.767)	(0.772)	(0.771)	(0.749)	(0.304)
ln*minwage*	0.026	0.030	0.026	0.025	0.023	-0.023	
	(0.044)	(0.043)	(0.042)	(0.042)	(0.043)	(0.043)	
ln*tfp*		0.014 **	0.015 **	0.020 ***	0.017 ***	0.016 ***	0.006
		(0.006)	(0.006)	(0.006)	(0.006)	(0.006)	(0.004)
ln*size*		-0.017 ***	-0.017 ***	-0.022 ***	-0.017 ***	-0.017 ***	-0.005
		(0.006)	(0.006)	(0.007)	(0.006)	(0.006)	(0.004)
soes			0.018 ***	0.020 ***	0.023 ***	0.023 ***	0.000
			(0.005)	(0.005)	(0.005)	(0.005)	(0.007)
foreign			0.004	0.004	0.005	0.005	0.004
			(0.005)	(0.006)	(0.006)	(0.006)	(0.004)
ln*age*				0.024 *	0.023 *	0.023 *	0.013
				(0.013)	(0.013)	(0.013)	(0.012)
ln（*credit* + 1）				0.106 **	0.104 **	0.102 **	0.047
				(0.050)	(0.050)	(0.052)	(0.045)
liab_asset				-0.002	-0.002	-0.002	-0.000
				(0.001)	(0.001)	(0.001)	(0.001)
prof_ratio				0.001 ***	0.000 ***	0.000 ***	0.000 ***
				(0.000)	(0.000)	(0.000)	(0.000)
proc					-0.061 ***	-0.061 ***	-0.027 ***
					(0.017)	(0.017)	(0.007)
HHI						0.469	
						(9.869)	
ln（*tariff* + 1）						-0.063 *	
						(0.034)	

续表

变量	(1)	(2)	(3)	(4)	(5)	(6)	(7)
企业固定效应	控制	控制	控制	控制	控制	控制	控制
时间固定效应	控制	控制	控制	控制	控制	控制	控制
地区－时间 联合固定效应	不控制	不控制	不控制	不控制	不控制	不控制	控制
行业－时间 联合固定效应	不控制	不控制	不控制	不控制	不控制	不控制	控制
聚类数	165	165	165	165	165	165	163
R^2	0.869	0.869	0.869	0.870	0.870	0.870	0.881
F值	4.672	6.455	8.507	7.675	8.307	7.642	5.197
观测值	245394	243495	243495	235049	235049	235049	234698

注：括号内数据均为3分位行业层面的聚类标准误，＊、＊＊、＊＊＊分别表示在10%、5%、1%的水平下显著；下表同。

二 平行趋势与动态效应考察

上文基准分析的双重差分模型实际上估计的是高劳动密集型行业（处理组）的企业出口技术水平和低劳动密集型行业（对照组）的企业出口技术水平在《劳动合同法》实施后的平均差异，即刻画劳动保护对企业出口技术升级的平均效应。若《劳动合同法》实施前，处理组企业出口技术水平就明显高于对照组企业出口技术水平，这可能导致前文估计结果存在较大的偏误，明显高估劳动保护对企业出口技术升级的影响。可见，上文因果效应推断的一个重要的前提是《劳动合同法》实施前，处理组和对照组的企业出口技术水平没有显著的差别。本部分以《劳动合同法》实施前一年的2007年为基期，设定以下模型进行平行趋势检验：

$$extech_{ijct} = \alpha + \beta_1 labint_{j07} \times b\_law_t^{-3} + \beta_2 labint_{j07} \times b\_law_t^{-2} + \beta_3 labint_{j07} \times c\_law_t +$$
$$\beta_4 labint_{j07} \times a\_law_t^1 + \beta_5 labint_{j07} \times a\_law_t^2 + \beta_6 labint_{j07} \times a\_law_t^3 +$$
$$\beta_7 labint_{j07} \times a\_law_t^4 + \beta_8 labint_{j07} \times a\_law_t^5 + \gamma \ln minwage_{ct} + \vec{\delta} X + \mu_i + \mu_t + \varepsilon_{ijct}$$

$$(5-7)$$

其中，2005年时，$b\_law_t^{-3}$为1，否则为0；2006年时，$b\_law_t^{-2}$为1，否则为0；2008年时，c_law_t为1，否则为0；2009年时，$a\_law_t^1$为1，否

则为 0；2010 年时，$a\_law_t^2$ 为 1，否则为 0；2011 年时，$a\_law_t^3$ 为 1，否则为 0；2012 年时，$a\_law_t^4$ 为 1，否则为 0；2013 年时，$a\_law_t^5$ 为 1，否则为 0。交互项的估计系数 β 度量了《劳动合同法》实施前后，高、低劳动密集型行业的企业出口技术水平在不同年份的差异。如果估计系数 β_1 和 β_2 都不具有统计显著性，则说明《劳动合同法》实施之前，高、低劳动密集型行业企业在出口技术水平方面无显著差异，则平行趋势假设成立。估计系数 $\beta_4 \sim \beta_8$ 度量劳动保护的年度效应，若估计系数具有统计显著性，则说明劳动保护对该年受影响企业的出口技术水平产生实质性影响。

　　表 5 - 3 报告了模型（5 - 7）的估计结果，同时为了更直观展示交互项估计系数的变化，本章还绘制了对应估计系数的 95% 置信区间的线形图（见图 5 - 1）。由表 5 - 3 可知，交互项 $labint_i \times b\_law_t^{-3}$ 和 $labint_i \times b\_law_t^{-2}$ 的估计系数都不显著，这意味着在《劳动合同法》实施之前的 2 ~ 3 年，两组行业的企业出口技术水平并没有显著差异，也不存在《劳动合同法》对企业出口技术升级的"预期效应"，说明平行趋势假设成立。$labint_i \times c\_law_t$ 和 $labint_i \times a\_law_t^1$ 的估计系数也不显著，表明《劳动合同法》实施当年和实施后的第 1 年，两组行业的企业出口技术水平并没有显著差别；但交互项 $labint_i \times a\_law_t^2$、$labint_i \times a\_law_t^4$ 和 $labint_i \times a\_law_t^5$ 的估计系数都在 1% 的水平下显著为正，说明在《劳动合同法》实施之后的 2 ~ 5 年时间里，两组行业的企业出口技术水平差异总体上呈现扩大之势，进一步证实本章的研究假说 H4a。《劳动合同法》实施之后的估计结果表明，短期内劳动保护加强对企业出口技术水平的影响不明显，从第 4 年之后影响较为显著，说明《劳动合同法》的出口技术升级效应存在一定时滞。

表 5 - 3　平行趋势与动态效应估计结果

变量	$labint_i \times b\_law_t^{-3}$	$labint_i \times b\_law_t^{-2}$	$labint_i \times c\_law_t$	$labint_i \times a\_law_t^1$	$labint_i \times a\_law_t^2$
	- 1.045	- 0.832	- 0.317	1.079	3.004 ***
	(0.764)	(0.643)	(0.350)	(0.698)	(0.888)
变量	$labint_i \times a\_law_t^3$	$labint_i \times a\_law_t^4$	$labint_i \times a\_law_t^5$	控制变量	企业固定效应、时间固定效应
	1.236	3.669 ***	4.390 ***	控制	控制
	(0.834)	(1.323)	(1.364)		

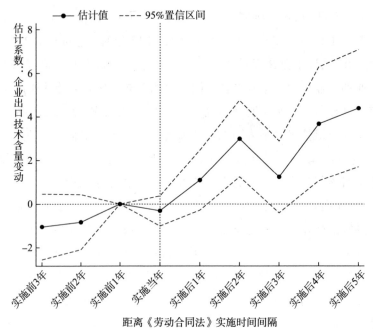

图5-1 平行趋势及动态效应估计

三 稳健性分析

（一）替换变量

与基准回归不同，第一，此处分别采用了2分位和4分位行业就业人数对数值与实际销售收入对数值的比值来替换行业劳动密集度，估计结果如表5-4第（1）～（2）列所示。可以看出，替换劳动密集型指标之后第（1）～（2）列的估计结果与基准回归基本相同，充分表明本书的研究结论稳健可靠，再次证实本部分的研究假说 H4a。[①] 第二，替换企业出口技术水平度量方法。鉴于本书被解释变量－企业出口技术水平的测度过程依赖国家能力信息的测度，而能力信息的测度方法不同会导致企业出口技术

[①] 为了进一步保证分组的可靠性和研究结论的稳健性，我们还借鉴方森辉、毛其淋：《高校扩招、人力资本与企业出口质量》，《中国工业经济》2021 年第 11 期。采用美国行业高级人力资本占比替代中国行业人力资本强度探究其对中国制造业企业出口产品质量影响的做法，利用 2002 年和 2007 年的美国制造业数据，根据公式 ln（年均就业人数）/ln（出厂总额）计算 3 分位行业劳动密集度并重新进行估计，回归结果依然支持劳动保护会显著促进中国制造业企业出口技术升级的结论。限于篇幅，估计结果备索。

水平存在差异。本书一方面采用未经比较优势分类修正、由 Tacchella 等提出的适合度法①测度企业出口技术水平;另一方面我们还采用 Hidalgo 和 Hausmann 提出的反射法②重新对企业出口技术水平进行测度,两方面验证企业出口技术水平度量指标变化是否会影响劳动保护对企业出口技术升级的作用效果。估计结果见表 5 - 4 第(3)~(4)列,交互项 $labint \times law$ 的估计系数分别在 1% 和 5% 的水平下显著为正,依然说明劳动保护加强会促进企业出口技术升级,表明本书的研究结论并不会受到企业出口技术水平度量方法的干扰,再次证实本部分的研究假说 H4a。

(二)安慰剂检验

如上文所述,采用双重差分模型估计劳动保护加强对企业出口技术水平影响的一个重要前提假设是,《劳动合同法》实施前,高劳动密集型行业(处理组)的企业和低劳动密集型行业(对照组)的企业出口技术水平之间并不存在显著性差异。若在假想的安慰剂实验下,交互项 $labint \times law$ 的估计系数不显著,说明没有《劳动合同法》实施的政策冲击,处理组和对照组的企业出口技术水平没有系统性差异,这也能排除《最低工资规定》等其他政策对两组企业出口技术水平差异的干扰,确保本书研究方法和结论的可靠性。本研究采用变更实验时间的方法进行安慰剂检验。本研究将《劳动合同法》实施时间提前两期,即用《劳动合同法》实施前两期 2006 年的虚拟变量 law_b2 替换模型(5 - 6)交互项中的变量 law。其中,虚拟变量 law_b2 的界定如下:当样本所在时期在 2006 年及以后,law_b2 取 1,否则取 0。对应的估计结果见表 5 - 4 第(5)列,交互项 $labint \times law\_b2$ 的估计系数并不显著,表明在《劳动合同法》实施之前,高、低劳动密集型行业的企业出口技术水平没有显著差异,这也在一定程度上进一步证实平行趋势成立,本书双重差分模型的应用符合前提假设。

(三)更换为平衡面板数据

《劳动合同法》的实施可能会对不同劳动密集型企业造成非对称影响,

---

① Tacchella, A., Cristelli, M., Caldarelli, G., Gabrielli, A., Pietronero, L., "Economic Complexity: Conceptual Grounding of a New Metrics for Global Competitiveness", *Journal of Eonomic Dynamics and Control*, Vol. 37, No. 8, 2013.

② Hidalgo, C. A., Hausmann, R., "The Building Blocks of Economic Complexity", *Proceedings of the National Academy of Sciences*, Vol. 106, No. 26, 2009.

使得非平衡面板数据难以排除企业退出和行业结构对本研究结果造成的干扰。为此，我们将数据更换为平衡面板数据对前文的基准模型进行再估计，结果见表 5 - 4 第（6）列，可以看出，关键解释变量 *labint × law* 的估计系数在 1% 的水平下显著为正，并且，使用平衡面板数据时，关键解释变量的估计系数较基准估计结果更大，说明《劳动合同法》实施对劳动密集型行业企业出口技术水平的促进作用并未因企业退出和行业结构的影响而改变，再次证明本研究结论的可靠性。

（四） 排除其他外生冲击的干扰

2008 年除《劳动合同法》实施之外，还发生了两税合并（内资企业和外资企业的所得税税率都统一调整为 25%）和全球金融危机这两大冲击事件，如果劳动密集度不同行业的企业受金融危机和两税合并的影响不同，那么前文以行业劳动密集度作为分组依据识别的劳动保护的出口技术升级效应不一定是《劳动合同法》实施的影响，还可能混杂了 2008 年同时出现的金融危机和两税合并这两大冲击的作用。此处将分开考察两税合并和金融危机对企业出口技术升级的影响，以便进一步考察在排除这两大外生冲击之后，《劳动合同法》实施促进劳动密集型行业的企业出口技术升级效应是否存在。

1. 排除两税合并的影响

鉴于 2008 年实施的两税合并将内资企业和外资企业的所得税税率都统一调整到 25%，最终影响的是企业所得税缴纳，为此，本书借鉴张明昂等的研究[①]，采用企业所得税有效税率刻画两税合并冲击，以排除两税合并对《劳动合同法》实施的干扰，以企业应交所得税与企业总利润的比值（以 *income_tax* 表示）直接反应两税合并后所得税承担结果，刻画两税合并这一冲击，对应的估计结果见表 5 - 4 第（7）列。不难看出，在考虑企业所得税有效税率之后，《劳动合同法》实施依然促进劳动密集型行业企业的出口技术升级。

---

① 张明昂、施新政、邵小快：《劳动力市场制度约束与企业出口：基于〈劳动合同法〉的证据》，《世界经济》2022 年第 2 期。

2. 排除金融危机的影响

正如李建强和赵西亮所言,金融危机对我国出口企业产生了负面影响[1],企业投入和产出都有所下降[2],从某种意义上讲,金融危机对企业创新应该有负向的冲击,因而对企业出口技术升级的影响也应该是负的。所以,前文相应的基准估计可以理解为劳动保护出口技术升级效应的一个下限。

表 5-4 稳健性估计结果一

变量	(1)	(2)	(3)	(4)	(5)	(6)	(7)
	不同劳动密集度		不同出口技术水平		实验提前两期	平衡面板数据	控制有效税率
	行业2分位	行业4分位	适合度法	反射法			
$labint \times law$	3.006***	1.941***	2.346***	0.295**		2.591***	2.301***
	(1.000)	(0.668)	(0.774)	(0.138)		(0.790)	(0.745)
lnminwage	0.016	0.023	0.004	-0.039**	0.045	0.119**	0.022
	(0.046)	(0.038)	(0.045)	(0.017)	(0.078)	(0.058)	(0.041)
$labint \times law\_b2$					0.424		
					(0.475)		
$income\_tax$							-0.007
							(0.009)
控制变量	控制	控制	控制	控制	控制	控制	控制
企业固定效应	控制	控制	控制	控制	控制	控制	控制
时间固定效应	控制	控制	控制	控制	控制	控制	控制
聚类数	29	474	165	165	160	144	165
R^2	0.871	0.870	0.861	0.856	0.945	0.856	0.871
F值	8.979	8.592	8.123	3.327	2.942	4.614	6.977
观测值	235049	235049	235049	235049	64205	23823	227383

注:①括号内数据第(1)(2)列分别为2分位行业、4分位行业聚类标准误,其余均为3分位行业层面的聚类标准误;②**、***分别表示在5%和1%的水平下显著。

当然,本书也不排除金融危机对出口技术升级的正向作用。为分离出金融危机的作用,本书在梳理利用《劳动合同法》实施识别劳动保护的经

---

① 李建强、赵西亮:《劳动保护与企业创新——基于〈劳动合同法〉的实证研究》,《经济学》(季刊)2020年第1期。

② 饶品贵、岳衡、姜国华:《经济政策不确定性与企业投资行为研究》,《世界经济》2017年第2期。

济影响研究中控制金融危机冲击的方法后，采用了以下三种方法排除金融危机的冲击。

第一，构建金融危机相关的交互项。本书基于金融危机对出口企业的异质性影响构建分组变量，然后将其与金融危机爆发时间虚拟变量（与《劳动合同法》实施虚拟变量界定一致，即 2008 年以后，金融危机爆发时间虚拟变量取 1，否则取 0，此处以《劳动合同法》实施虚拟变量 law 刻画）构成交互项，进而排除金融危机的干扰。具体分组方案有二：其一，考虑到本书研究的都是出口企业，而出口企业中的加工贸易企业两头在外，其受金融危机影响比非加工贸易企业更大，为此，我们构建了行业加工贸易出口份额（$proc\_ratio$）和金融危机爆发时间虚拟变量（law）的交互项（$proc\_ratio \times law$），并进行估计，估计结果见表 5 - 5 第（1）列；其二，结合金融危机对高资产负债率企业影响更大的现实[①]，此处构建行业资产负债率指标（$debt$）和金融危机爆发时间虚拟变量（law）的交互项（$debt \times law$），并进行估计，估计结果见表 5 - 5 第（2）列。不难看出，在两种控制金融危机冲击的方案中，交互项 $labint \times law$ 的估计系数依然显著为正，再次证实了劳动保护的出口技术升级效应。

第二，单独考察受金融危机影响较小的出口企业是否存在劳动保护的出口技术升级效应。若对受金融危机影响较小的出口企业进行研究依然能得出劳动保护显著促进企业出口技术升级的结论，那么，本研究受金融危机的干扰较小。为此，本书根据出口企业所在区域和出口市场将出口企业区分为受金融危机影响大、受金融危机影响小的出口企业，并进行分组估计。

从出口企业所在区域来看，郭勇研究国际金融危机的影响时指出，中国受金融危机影响最大的是海岸线及沿海的 7 个区域，分别是北京、广东、上海、天津、福建、江苏、浙江等地区，这些地区受到的影响远高于全国平均受影响程度。[②] 为此，本书将排除这些区域，对受影响较小地区出口

① 廖冠民、宋蕾蕾：《劳动保护、人力资本密集度与全要素生产率》，《经济管理》2020 年第 8 期。

② 郭勇：《国际金融危机、区域市场分割与工业结构升级——基于 1985—2010 年省际面板数据的实证分析》，《中国工业经济》2013 年第 1 期。

表 5-5 稳健性估计结果二

变量	(1) 加工贸易份额分组	(2) 资产负债率分组	(3) 受金融危机影响较小区域出口企业	(4)	(5) 企业出口欧美市场比例临界值 40%	(6) 50%	(7) 30%	(8) 外需冲击变量	(9)
labint × law	2.342*** (0.750)	2.351*** (0.744)	2.004*** (0.745)	1.939** (0.945)	2.276*** (0.769)	2.280*** (0.757)	2.292*** (0.769)	2.957*** (0.768)	2.315*** (0.750)
lnminwage	-0.026 (0.088)	0.024 (0.042)	0.107* (0.055)	0.090 (0.111)	0.007 (0.049)	0.013 (0.048)	0.008 (0.051)	-0.004 (0.046)	0.022 (0.043)
proc_ratio × law	0.021 (0.042)								
debt × law		0.169 (0.185)							
lnpotentD03								-0.019*** (0.006)	
lnpotentD02									-0.013** (0.005)
控制变量	控制	控制	控制	控制	控制	控制	控制	控制	控制
企业固定效应	控制	控制	控制	控制	控制	控制	控制	控制	控制
时间固定效应	控制	控制	控制	控制	控制	控制	控制	控制	控制
聚类数	160	164	161	151	165	165	165	98	165
R²	0.870	0.870	0.885	0.892	0.871	0.871	0.872	0.892	0.870
F值	7.026	7.076	3.982	1.441	7.097	7.045	7.111	6.534	6.967
观测值	234982	235047	47056	8380	206852	213667	196956	165966	235049

注：①括号内数据均为3分位行业层面的聚类标准误；②*、**、***分别表示在10%、5%、1%的水平下显著。

企业进行再估计及检验，估计结果见表5－5第（3）列。同样，我们还将受金融危机影响最小的河北、山西、河南、湖北、江西、贵州、云南7个区域样本进行估计，估计结果见表5－5第（4）列。

从企业出口市场来看，中国出口企业在金融危机时，受到最直接的影响是出口市场萎缩，尤其是欧美（欧盟和美国）市场需求的大幅度缩小，考虑到金融危机的主要爆发地在欧美地区，并且2007年中国出口到欧美市场的贸易总额占出口总额之比高达43%，我们以40%作为企业出口欧美市场份额的临界值，将企业出口欧美市场份额低于40%的企业归为受金融危机影响较小的企业，估计结果见表5－5第（5）列。稳健起见，我们还将企业出口欧美市场份额低于50%和30%的企业也归为受金融危机影响较小的企业，对应的估计结果见表5－5第（6）（7）列。

从上述排除金融危机的估计结果来看，*labint × law* 的估计系数依然显著，并且还有加强之势，说明本书的估计结果受金融危机的干扰较小。

第三，构建金融危机冲击变量。如上所述，金融危机最典型的冲击是外部需求冲击，其对中国出口企业最直接的一个影响是外部需求萎缩，尤其是欧美地区（欧盟和美国）的市场需求萎缩。为此，本书同样借鉴张明昂等的研究①，构建2、3分位行业的欧美市场潜在进口额的对数以刻画金融危机这一外部需求冲击。对应的估计结果见表5－5第（8）（9）列。不难发现，在控制欧美市场潜在进口影响后，劳动保护依然能显著促进企业出口技术升级。

第五节　劳动保护与出口技术水平：影响机制与异质性分析

一　影响机制考察

前文已经从多个角度验证了劳动保护对企业出口技术水平的积极影响，但对于《劳动合同法》实施的作用如何发挥并未考察。本章理论分析

① 张明昂、施新政、邵小快：《劳动力市场制度约束与企业出口：基于〈劳动合同法〉的证据》，《世界经济》2022年第2期。

部分的研究假说 H4b 指出，劳动保护加强会导致企业劳动力成本增加，企业会使用价格相对较低的进口中间品和资本品对我国中间品及劳动要素进行替代，进而促进我国出口技术升级。① 因此，本部分首先论证劳动保护到底能否促进企业劳动力成本上升；然后再对劳动保护推动出口技术升级的作用机制进行检验。

（一）机制作用前提检验：劳动保护与劳动力成本上升

如前文所述，劳动保护加强推动的劳动力成本上升主要包括企业用工调整成本和人工成本。其中，人工成本更多的是《劳动合同法》中要求企业必须依法缴纳社会保险费所带来的各类社会保险成本。对企业用工调整成本而言，由于无法直接观察和刻画企业用工调整成本，本书基于 Bottasso 等、Bassanini 和 Garnero 关于劳动保护引致的用工调整成本对劳动力再配置程度更高影响更大的研究思路②，以行业劳动力配置程度刻画劳动力用工调整成本变动。因而，可以预期，与低劳动力配置程度行业相比，高劳动力配置程度行业受《劳动合同法》实施带来的劳动力调整成本更高，劳动保护对该行业的出口升级效应影响应该更大。表 5 - 6 第 (1) ~ (2)列报告了《劳动合同法》实施对高、低劳动力配置程度行业企业的出口技术水平的影响，不难看出，劳动保护确实对高劳动力配置程度行业企业的出口技术升级效应更大，而且两组行业的影响差异还比较显著，说明劳动保护确实会引起企业用工调整成本上升。对社会保险成本来说，鉴于同样无法直接了解企业各类保险费用支出的现实，本书结合会计处理中单位支付的养老保险和失业保险作为管理费用核算、单位支付的医疗保险和工伤保险作为应付福利费用核算的操作方法，此处以企业人均管理费用（lnmanage）和人均应付福利费用（lnwefare）度量企业社会保险成本支出，并估计《劳动合同法》实施对其产生的影响。对应的估计结果见表 5 - 6 第 (3) (4) 列。可以看到，《劳动合同法》实施会提高劳动密集型行业企业

---

① 李强：《中间品与资本品进口影响出口升级效应研究：理论假说与检验》，《科研管理》2013 年第 11 期。

② Bottasso, A., Conti, M., Sulis, G., "Firm Dynamics and Employment Protection：Evidence from Sectoral Data", *Labour Economics*, Vol. 48, 2017；Bassanini, A., Garnero, A., "Dismissal Protection and Worker Flows in OECD Countries：Evidence from Cross-Country/Cross-Industry Data", *Labour Economics*, Vol. 21, 2013.

的管理费用和福利费用，并且，其对企业管理费用有显著的促进作用，但对企业应付福利费用支出的影响却并不明显，这可能是因为本书的研究样本中，企业应付福利费用只报告到 2008 年，导致《劳动合同法》实施的具体影响还没完全显现。

表 5 - 6　机制作用前提：用工调整和社会保险成本

变量	(1)	(2)	(3)	(4)
	分样本检验		社会保险成本	
	高劳动力配置行业企业	低劳动力配置行业企业	管理费用	福利费用
	extech	extech	lnmanage	lnwefare
$labint \times law$	2.357 ** (0.895)	2.007 * (1.161)	1.428 *** (0.443)	0.168 (0.461)
lnminwage	0.058 (0.047)	-0.019 (0.071)	0.949 *** (0.075)	0.013 (0.132)
diff	0.350 *** (0.000)			
控制变量	控制	控制	控制	控制
企业固定效应	控制	控制	控制	控制
时间固定效应	控制	控制	控制	控制
聚类数	90	75	165	163
R^2	0.866	0.881	0.763	0.663
F 值	6.858	10.558	92.997	18.035
观测值	144366	88090	234712	60357

注：①除组间系数差异 diff 括号内数据为 p 值外，其余括号内数据均为 3 分位行业层面的聚类标准误；②*、**、*** 分别表示在 10%、5% 和 1% 的水平下显著。

（二）影响机制检验

1. 资本品进口的直接替代效应

劳动保护加强导致的资本品进口替代劳动力可能是推动企业出口技术升级的重要因素。为检验资本品进口替代的直接效应，我们以资本品进口替代程度作为被解释变量，其余变量保持不变对基准模型进行估计。其中，资本品进口替代程度分别以进口资本品占企业固定资产比重（capital_ratio1）和进口资本品占企业固定资产净值比重（*capital_ratio*2）来度量。[①] 估计结果如表 5 – 7 第（1）～（2）列所示，交互项 *labint* × *law* 的估计系数均为正，且后者在 10% 的水平下显著[②]，说明《劳动合同法》实施显著增加高劳动密集型行业的企业资本品进口替代程度[③]。且已有研究表明，资本品进口又会扩大企业研发和促进企业创新，进而推动出口技术复杂度提升。[④] 至此，可以得出，《劳动合同法》实施会通过资本品进口替代促进企业出口技术升级。

此外，不同发展水平国家间的技术差异较大，尤其发达国家与非发达国家之间技术差异更大。考虑到从发达国家进口以高质量、高技术的机械设备为主，若劳动保护加强有利于推进企业从发达国家进口，那么，越容易推进资本品进口替代，进而实现技术升级。为此，我们按照 IMF 关于发达国家和非发达国家的划分，计算企业从发达国家进口资本品额占资本品进口总额的比重，并根据该比重的中位数将企业分为从不发达国家进口资本品的企业和从发达国家进口资本品的企业来进行分样本检验，估计结果如表 5 – 7 第（3）列和第（4）列所示。我们发现，第（4）列估计系数在 1% 的水平下显著为正且估计值较大，而第（3）列估计系数不显著且估计值较小，同时，组间系数差异检验（*diff*）也在 1% 的水平下显著，表明从发达国家进口和从不发达国家进口资本品的企业对本书的研究存在不同程度的影响，即对于从发达国家进口资本品较多的企业来说，劳动保护加强对企业出口技术升级的促进作用更明显。说明劳动保护加强会促使企业进

---

① 张杰：《进口对中国制造业企业专利活动的抑制效应研究》，《中国工业经济》2015 年第 7 期。

② 第（1）列估计中交互项 *labint* × *law* 的伴随概率为 12.3%。

③ 为保证此处资本品进口"直接替代效应"渠道的可靠性，此处我们还采用了与公式（5 – 7）相同的设定方法，也对此进行了平行趋势检验，估计结果也进一步证实《劳动合同法》实施前高、低劳动密集型行业企业的资本品进口不存在显著的差异，即平行趋势成立，保证了此处采用双重差分模型的适用性。限于篇幅，此处不再汇报平行趋势结果，备索。下文针对低价格劳动密集型中间品进口替代的"间接成本节约效应"的渠道，也做了类似的平行趋势检验和处理，不再赘述。

④ 周记顺、洪小羽：《进口中间品、进口资本品与企业出口复杂度》，《国际贸易问题》2021 年第 2 期；钟建军：《进口中间品质量与中国制造业企业全要素生产率》，《中南财经政法大学学报》2016 年第 3 期；Bøler, E. A., Moxnes, A., Ulltveit-Moe, K. H., "R&D, International Sourcing, and the Joint Impact on Firm Performance", *American Economic Review*, Vol. 105, No. 12, 2015。

口先进的资本品对劳动进行替代，加快技术更新换代，进而提高企业出口技术复杂度，这间接印证了资本品进口替代是劳动保护促进企业出口技术升级的一个可能渠道。不仅如此，本书还计算了企业从发达国家进口资本品额占资本品进口总额的比重，然后参照下文异质性分析部分建立的三重差分模型（5-8）进行估计，考察劳动保护对企业出口技术升级的影响是否因从发达国家进口比重的差异而改变，以期进一步验证资本品进口替代效应机制是否成立。表5-7第（5）列显示了三重差分的估计结果，三次交互项 $labint \times law \times dpd\_ratio$ 的估计系数在1%的水平下显著为正，表明劳动保护对企业出口技术水平的促进作用随着从发达国家进口资本品比重增大而增强，这充分说明当从发达国家进口资本品比重增加，可促进企业进行资本设备更新和替代，推动企业出口技术升级，也侧面证实劳动保护促进企业出口技术升级的资本品进口替代机制存在，验证了研究假说H4b。

表5-7　影响机制检验估计结果：资本品进口的直接替代效应机制

变量	（1）	（2）	（3）	（4）	（5）
	资本品进口占比		分样本检验		三重差分检验
			从不发达国家进口	从发达国家进口	
	capital_ratio1	capital_ratio2	extech	extech	extech
$labint \times law$	0.107	0.092 *	0.941	1.686 ***	1.604 **
	（0.069）	（0.054）	（0.599）	（0.525）	（0.696）
$labint \times law \times dpd\_ratio$					1.133 ***
					（0.300）
$labint \times dpd\_ratio$					-1.627 ***
					（0.499）
$law \times dpd\_ratio$					-0.724 ***
					（0.186）
dpd_ratio					0.996 ***
					（0.305）
lnminwage	0.003	0.003	-0.278 *	0.013	0.027
	（0.007）	（0.005）	（0.141）	（0.064）	（0.042）
diff			-0.745 ***		
			（0.002）		
控制变量	控制	控制	控制	控制	控制
企业固定效应	控制	控制	控制	控制	控制
时间固定效应	控制	控制	控制	控制	控制

变量	（1）	（2）	（3）	（4）	（5）
	资本品进口占比		分样本检验		三重差分检验
			从不发达国家进口	从发达国家进口	
	capital_ratio1	capital_ratio2	extech	extech	extech
聚类数	160	160	155	160	165
R^2	0.695	0.730	0.803	0.873	0.871
F 值	10.444	7.468	2.351	6.047	6.606
观测值	206296	204299	33878	67229	235049

注：①除组间系数差异 diff 括号数据为 p 值外，其余括号内数据均为 3 分位行业层面的聚类标准误；②＊、＊＊、＊＊＊分别表示在10%、5%和1%的水平下显著。

2. 低价格劳动密集型中间品进口替代的间接成本节约效应

如研究假说 H4b 所述，《劳动合同法》实施促进企业进口低价格中间品来节约成本，进而提高企业出口技术水平，因此，劳动保护有效的核心是企业进口中间品价格下降，尤其是进口劳动密集型中间品的价格下降。为了验证这一点，本书按照世界银行对全球各国按收入水平划分的方法，将企业从高收入国家以外的其他国家进口的中间品价格作为被解释变量进行分析，原因在于这些国家进口的劳动密集型中间品相对高收入国家更多。参照魏浩等关于企业进口价格的计算方法[1]，本书以进口额加权计算的中低收入国家进口中间品价格的对数值来度量中间品进口价格。同时，考虑到劳动保护加强不仅仅引起本国中间品价格上升，还会引起处于中间品下游的本国中间品价格上升，本书还参照 Colantone 和 Crinò 的研究[2]，采用质量调整的中间品进口价格进行替换，以保证成本节约机制验证的稳健性。其中，质量调整的中间品进口价格分别采用 HS 2 分位和 HS 4 分位产品替代弹性计算的质量来对中间品进口价格进行调整，分别记为 lnprice_adj2、lnprice_adj4。若交互项估计系数显著，则表明《劳动合同法》实施对低价格进口中间品产生明显影响。表 5-8 第（1）列以进口中间品加权价

① 魏浩、李翀、赵春明：《中间品进口的来源地结构与中国企业生产率》，《世界经济》2017年第6期。
② Colantone, I., Crinò, R., "New Imported Inputs, New Domestic Products", *Journal of International Economics*, Vol.92, No.1, 2014.

格的对数（lnprice）作为被解释变量来分析，交互项 $labint \times law$ 的估计系数显著为负，表明《劳动合同法》实施显著降低高劳动密集型行业企业进口劳动密集型中间品的价格。第（2）列和第（3）列分别以 HS 2 分位和 HS 4 分位质量调整的中间品进口价格 lnprice_ adj2、lnprice_ adj4 作为被解释变量来分析，结果显示交互项 $labint \times law$ 的估计系数均为负[1]，说明劳动保护同样也降低经质量调整后的企业劳动密集型中间品进口价格。根据前文理论部分的分析，进口低价格的劳动密集型中间投入品又会降低企业生产成本，促进企业出口技术含量的提升。至此，我们可以证实低价格中间品进口替代的成本节约效应成立。为进一步验证这一机制效应的发挥，本书借鉴钱学锋和王备对劳动密集型中间品的界定[2]，按照企业进口劳动密集型中间品总额占企业中间品进口额比重的中位数将企业分为非劳动密集型中间品进口企业和劳动密集型中间品进口企业，以进行分样本再检验。表 5 – 8 第（4）～（5）列分别展示了非劳动密集型中间品进口企业和劳动密集型中间品进口企业的回归结果，我们发现，进口劳动密集型中间品企业的估计结果高于进口非劳动密集型中间品企业的估计结果，且组间系数差异（diff）在 1% 的水平下显著，表明劳动保护对进口劳动密集型中间品企业较进口非劳动密集型中间品企业的出口技术升级具有更大的促进作用，这从侧面证实《劳动合同法》的实施会促进企业通过进口低价格的劳动密集型中间品以节约生产成本，进而促进企业出口技术升级，进一步支持了成本节约机制的成立。

与此同时，从不同收入水平国家的进口比重差异在一定程度上反映出我国与不同国家间的劳动力成本差异。相比于从高收入国家进口中间品，从其他中低收入国家进口中间品的价格相对较低，因此，若劳动保护加强推动我国从其他非高收入国家进口中间品占比增加，则表明我国加大了对相对价格较低的中间品的进口，能实现成本节约机制。为此，本书将企业从高收入国家以外的其他国家进口中间品占总进口比重刻画低价格中间品进口比重，同样采用下文的三重差分模型（5–8）进行估计，以期进一步

---

① 此处对应的伴随概率分别为 11.2% 和 26.8%。

② 钱学锋、王备：《中间投入品进口、产品转换与企业要素禀赋结构升级》，《经济研究》2017 年第 1 期。

验证间接的成本节约效应是否成立。表 5 - 8 第（6）列显示了估计结果。三次交互项 *labint × law × low_ratio* 的估计系数在 5% 的水平下显著为正，表明劳动保护对企业出口技术升级的作用随低收入国家进口比重的增大而增强，这在一定程度上说明从低收入国家进口价格较低的中间品比重增加，可有效减少中间品产品成本，发挥低价格中间品进口替代的成本节约效应，推动企业出口技术升级，再次证实劳动保护推动企业出口技术升级的成本节约机制存在，验证了研究假说 H4b。

表 5 - 8　影响机制检验估计结果：低成本中间品进口替代的间接成本节约效应机制

变量	（1）	（2）	（3）	（4）	（5）	（6）
	进口中间品价格			分样本检验		三重差分
				非劳动密集型	劳动密集型	
	lnprice	lnprice_adj2	lnprice_adj4	*extech*	*extech*	*extech*
labint × law	- 1.022 *	- 0.868	- 0.619	2.097 ***	2.332 ***	2.087 ***
	（0.594）	（0.543）	（0.556）	（0.729）	（0.803）	（0.782）
labint × law × low_ratio						0.625 **
						（0.258）
labint × low_ratio						- 0.692 **
						（0.297）
law × low_ratio						- 0.394 **
						（0.154）
low_ratio						0.439 **
						（0.180）
lnminwage	- 0.079	- 0.069	- 0.085	0.025	0.002	0.021
	（0.103）	（0.095）	（0.091）	（0.047）	（0.057）	（0.042）
diff				- 0.235 ***		
				（0.002）		
控制变量	控制	控制	控制	控制	控制	控制
企业固定效应	控制	控制	控制	控制	控制	控制
时间固定效应	控制	控制	控制	控制	控制	控制
聚类数	156	156	156	163	160	165
R^2	0.790	0.798	0.773	0.897	0.855	0.870

续表

变量	(1)	(2)	(3)	(4)	(5)	(6)
	进口中间品价格			分样本检验		三重差分
				非劳动密集型	劳动密集型	
	lnprice	lnprice_adj2	lnprice_adj4	extech	extech	extech
F 值	7.828	7.210	5.348	5.790	5.857	7.538
观测值	106987	106972	104928	98080	108873	235049

注：①除组间系数差异 *diff* 括号内数据为 p 值外，其余括号内数据均为 3 分位行业层面的聚类标准误；② * 、** 、*** 分别代表在 10%、5%、1% 的水平下显著。

二　异质性分析

前文的实证讨论中，一直是将不同类型企业混在一起考察劳动保护对企业出口技术升级的平均影响，并未考察不同维度特征导致劳动保护对企业出口技术水平的异质性影响。为考察劳动保护对企业出口技术水平在企业、行业、地区及进口来源国等方面的异质性影响，以期进一步证实或证伪前文的研究假说，本部分将构建三重差分模型考察其异质性效应。具体模型设定如下：

$$extech_{ijct} = \alpha + \beta_1 labint_{j07} \times law_t \times H + \beta_2 labint_{j07} \times law_t + \beta_3 labint_{j07} \times H + \\ \beta_4 law_t \times H + \beta_5 H + \gamma \ln minwage_{ct} + \delta \vec{X} + \mu_i + \mu_t + \varepsilon_{ijct} \qquad (5-8)$$

其中，H 分别取企业贸易类型（ *proc* ）、行业差异化程度（ *N_con* 和 *N_lib* ）、区域法治水平（ *legal* ）、进口来源国发达程度（ *developed* ）。这里，三次交互项 *labint* × *law* × *H* 的估计系数是我们主要关注的对象，其刻画了《劳动合同法》实施对高劳动密集型行业企业出口技术水平升级的异质性影响。

（一）企业贸易类型异质性

不同贸易类型的企业对于《劳动合同法》实施的反应不同，企业对进口高技术水平中间品的需求变动也不同，从而劳动保护对不同贸易类型的企业出口技术水平可能存在异质性影响。本部分采用前文区分加工贸易企业和一般贸易企业的方法，对模型（5-8）进行再估计。表5-9第（1）

列汇报了不同贸易类型企业对劳动保护促进企业出口技术升级的影响，结果显示三次交互项 $labint \times law \times proc$ 的估计系数在 1% 的水平下显著为正，表明相比于一般贸易企业，劳动保护对加工贸易企业的出口技术水平提升效应更大。这可能是源于加工贸易企业的加工贸易属性，其长期从事进出口加工业务，面对《劳动合同法》实施的成本压力，加工贸易企业能更快地了解进口市场信息，能更大程度地进口更多低价格的劳动密集型产品，进而实现对本国劳动和中间品的替代，发挥"成本节约效应"，促进企业出口技术升级，这在一定程度上证明本章研究假说 H4b 的成本节约机制的存在。

（二）行业差异化程度异质性

由于企业所处行业的产品差异化，其出口面临的竞争环境也存在差异，导致《劳动合同法》实施对企业出口技术升级的作用因行业产品差异化程度不同而存在差异。本书借鉴余淼杰和李晋的做法[1]，首先，根据 Rauch 对产品差异化的界定[2]，将在交易所中交易的产品和拥有指导价格的产品归为同质化产品，其他产品归为异质化产品；其次，以企业所在 3 分位行业是否包括异质化产品对行业差异化程度进行界定；最后，考虑到产品差异化程度划分提供了保守估计（con）和宽松估计（lib）两种方法，此处也对行业差异化程度进行了两种界定，分别是 N_con（当企业所在 3 分位行业存在保守估计的异质化产品时取 1，否则取 0）和 N_lib（当企业所在 3 分位行业存在宽松估计的异质化产品时取 1，否则取 0）。估计结果见表 5 - 9 第（2）~（3）列。三次交互项 $labint \times law \times N\_con$ 和 $labint \times law \times N\_lib$ 的估计系数分别为正[3]和显著为正，表明劳动保护对异质性产品行业的企业出口技术升级影响更大。可能的解释是《劳动合同法》实施会产生经营成本压力，企业用工调整能力受限，处于产品异质化更大行业的企业拥有的差异化生产能力更强，并且，其所处行业细分领域更多，面对的竞争压力相对更小，企业有更多的能力与进口资本品互补和匹配，从

---

① 余淼杰、李晋：《进口类型、行业差异化程度与企业生产率提升》，《经济研究》2015 年第 8 期。

② Rauch, J. E., "Networks Versus Markets in International Trade", *Journal of International Economics*, Vol. 48, No. 1, 1999.

③ 此处对应的伴随概率为 10.6%。

而实现出口技术升级。

（三）区域法治水平异质性

由于国家政策关注重点存在地区差异，我国不同地区法治水平也存在明显差异，那么，不同地区《劳动合同法》实施力度也会有所不同。这里采用樊纲等编制的《中国市场化指数——各地区市场化相对进程2011年报告》① 中《劳动合同法》实施前一年的2007年各地区的"市场中介组织的发育和法律制度环境"指标区分法治水平（legal），进而考察劳动保护对不同区域法治水平下的企业出口技术水平的影响。具体地，当2007年该指标的取值大于法治水平（legal）的中位数，则视该区域为高法治水平地区，legal 取值为1；否则，视为低法治水平地区，legal 取值为0。表5-9第（4）列显示了对应的估计结果，三次交互项 labint × law × legal 的估计系数显著为正，表明《劳动合同法》实施对企业出口技术水平的促进作用因企业所在地区的法治水平差异而不同，即企业所处地区法治水平越高，劳动保护对该地区企业出口技术升级作用越强。这可能是由于法治水平高的地区拥有更完备的法制建设，且法律执行效率更高，《劳动合同法》实施力度更大，出口企业劳动成本上升更快，促使企业更多地用进口中间品替代本国中间品和要素，从而导致劳动保护的企业出口技术升级效应更好地发挥。

（四）进口来源国发达程度异质性

不同国家在产业体系和劳动分工方面会存在显著差异，其技术与生产能力也不尽相同，致使劳动保护对从不同发展程度国家进口的企业出口技术水平影响也不同。本书采用IMF对发达国家与发展中国家的划分，将进口国区分为发达国家和非发达国家，即企业进口来源国含有发达国家时，developed 取1，否则取0。对应的异质性影响估计结果见表5-9第（5）列，不难发现，三次交互项 labint × law × developed 的估计系数在5%的水平下显著为正，表明《劳动合同法》实施对不同进口来源国的企业出口技术水平存在异质性影响，即劳动保护对从发达国家进口的企业出口技术水平提升作用更大。这是因为，从发达国家进口中间品，尤其是进口技术水平

① 樊纲、王小鲁、朱恒鹏：《中国市场化指数——各地区市场化相对进程2011年报告》，经济科学出版社，2011，第184~185页。

更高的资本品，企业能够得到更多学习、模仿新技术和新产品以提高生产效率及创新水平的机会，从而使得在此基础上进行的企业出口技术升级更快①，这也侧面证明了研究假说 H4b 中的进口资本品替代机制的成立。

表 5 – 9 异质性分析结果

变量	（1）	（2）	（3）	（4）	（5）
	企业贸易类型异质性	行业差异化程度异质性		区域法治水平异质性	进口来源国发达程度异质性
	$H = proc$	$H = N\_con$	$H = N\_lib$	$H = legal$	$H = developed$
$labint \times law \times H$	1.601 ***	1.643	1.763 *	0.586 *	1.123 **
	(0.604)	(1.007)	(1.004)	(0.329)	(0.437)
$labint \times law$	1.149 **	1.925 ***	1.882 ***	2.168 ***	1.502 ***
	(0.484)	(0.422)	(0.417)	(0.733)	(0.509)
$law \times H$	− 0.942 **	− 0.999 *	− 1.067 *	− 0.399 *	− 0.698 ***
	(0.365)	(0.598)	(0.596)	(0.202)	(0.263)
$labint \times H$	− 0.738	− 0.033	− 0.041	− 1.491 **	− 1.498 ***
	(0.482)	(0.076)	(0.075)	(0.651)	(0.553)
H	0.372				0.912 ***
	(0.290)				(0.334)
$lnminwage$	0.024	− 0.008	− 0.010	− 0.008	0.024
	(0.042)	(0.046)	(0.046)	(0.040)	(0.042)
控制变量	控制	控制	控制	控制	控制
企业固定效应	控制	控制	控制	控制	控制
时间固定效应	控制	控制	控制	控制	控制
聚类数	160	97	97	160	165
R^2	0.870	0.892	0.892	0.871	0.870
F 值	7.764	7.813	7.362	7.515	6.163
观测值	234982	165952	165952	234982	234982

注：①括号内数据均为 3 位行业层面的聚类标准误；② * 、 ** 、 *** 分别代表在 10%、5%、1% 的水平下显著。

---

① 李小平、彭书舟、肖唯楚：《中间品进口种类扩张对企业出口复杂度的影响》，《统计研究》2021 年第 4 期。

第六节　劳动保护与行业出口技术水平变动：
动态分解与影响渠道考察

前文基于微观企业层面考察了中间品进口替代视角下劳动保护对企业出口技术升级的作用及其可能的作用机制。然而，行业出口技术水平又是企业出口技术水平的加总，那么，从行业层面来看，劳动保护会促进行业整体出口技术升级吗？对这一问题的回答不仅有利于保证本研究内容的完整性及研究结论的可靠性，还有利于更加深刻地理解劳动保护与出口技术升级的关系。本部分将在企业出口动态分解框架下思考行业出口技术水平变化的来源，同时从中间品进口替代、资源再配置两方面考察劳动保护影响行业出口技术升级的影响渠道。

一　行业出口技术水平变动：动态分解

从微观基础来看，行业总体出口技术水平变动既可能是出口企业自身技术水平的提升，又可能是出口份额在不同出口技术水平企业间的再配置。那么，由此产生的问题是，中国制造业出口技术水平提升究竟是何种情形占据主导呢？为此，本部分借鉴 Olley 和 Pakes 的生产率增长分解框架①，从动态视角将制造业出口技术水平变化过程进行分解。以 t 期和 $t-k$ 期为例（k 为观测间隔），行业出口技术水平变动分解方程可表示为：

$$\Delta \Gamma_{jt} = \Gamma_{jt} - \Gamma_{jt-k} = (\overline{\Gamma}_{jt} - \overline{\Gamma}_{jt-k}) + [cov(s_{ijt}, extech_{ijt}) - cov(s_{ijt-k}, extech_{ijt-k})]$$

$$(5-9)$$

其中，$\Gamma_{jt} = \sum s_{ijt} extech_{ijt}$，表示 t 年 3 分位行业 j 内出口企业 i 的行业加总出口技术水平；s_{ijt} 表示 i 企业 t 年出口额占企业所在 3 分位行业出口总额的比重；$extech_{ijt}$ 表示 j 行业 i 企业 t 年的出口技术水平，度量方法参见前文；$\overline{\Gamma}_{jt}$ 表示 3 分位行业 j 在 t 年的所有出口企业的出口技术水平的未加权平

① Olley, G. S., Pakes, A., "The Dynamics of Productivity in the Telecommunications Equipment Industry", *Econometrica*, Vol. 64, No. 6, 1996.

均值；cov（s_{ijt}，$extech_{ijt}$）表示 t 年 3 分位行业 j 内出口企业 i 的出口市场份额与出口技术水平的协方差。

进一步地，从分解方程的构成结果来看，行业出口技术水平变化又可归为出口企业自身出口技术水平变动（水平效应）和不同出口技术水平企业的出口市场份额变化（资源再配置效应）两部分。据此，分解方程（5 - 9）又可表示为：

$$\Delta\Gamma_{jt} = \underbrace{\Delta extech_{jt}}_{水平效应} + \underbrace{\Delta cov(s_{ijt},extech_{ijt})}_{资源再配置效应} \qquad (5-10)$$

公式（5 - 10）中，$\Delta extech_{jt}$ 为企业未加权的平均出口技术水平变化，刻画企业出口技术水平变动的水平效应，以两时期行业内的企业未加权平均出口技术水平之差度量，当行业内企业出口技术水平提升时为正；$\Delta cov(s_{ijt},extech_{ijt})$ 为出口企业间资源配置效率变化，刻画企业间资源再配置效应，以两时期行业内的企业出口份额和出口技术水平协方差之差来衡量，表示出口份额在不同出口技术水平企业间的再配置情况，当行业内出口企业的资源再配置状况得到改善时为正。

表 5 - 10 报告了采用分解方程（5 - 10）对中国制造业 3 分位行业出口技术水平变化的分解结果。以修正的适合度法出口技术水平分解为例，2005～2013 年中国制造业出口技术水平增幅达到 0.1111，这主要表现于制造业企业自身出口技术水平的提升，即来源于水平效应的改变（0.0936），贡献率高达 84.25%；此外，资源再配置效应为 0.0175，也贡献了 15.75%，这说明中国制造业高技术水平的出口企业占据较大出口市场份额。第（2）行针对适合度法计算的出口技术水平进行分解的结果也进一步证实中国制造业出口技术水平变化也来自水平效应和资源再配置效应，两者的变动幅度分别为 0.0873 和 0.0362，对应的贡献率分别达到 70.69% 和 29.31%，以水平效应为主导。第（3）行对反射法计算的出口技术水平进行分解结果也显示，水平效应和资源再配置效应对中国制造业出口技术水平具有提升作用，两者的变动幅度分别为 0.0781 和 0.2099，尤其突出了资源再配置效应在中国制造业出口技术升级过程中的重要作用，此时的资源再配置效应贡献率高达 72.88%。

表 5 - 10　2005~2013 年中国制造业出口技术水平变动的动态分解

指标	出口技术水平变动幅度	水平效应		资源再配置效应	
		变动幅度	贡献率	变动幅度	贡献率
（1）对修正的适合度法出口技术水平分解	0.1111	0.0936	84.25%	0.0175	15.75%
（2）对适合度法出口技术水平分解	0.1235	0.0873	70.69%	0.0362	29.31%
（3）对反射法出口技术水平分解	0.2880	0.0781	27.12%	0.2099	72.88%

二　劳动保护与行业出口技术水平提升：进口中间品替代渠道

上述动态分解中指出，中国制造业出口技术水平在 2005~2013 年发生了大幅度的提升，那么，由此产生的问题是，劳动保护是否也促进制造业加总出口技术升级？进口中间品替代是否也是制造业加总出口技术水平增长的重要渠道？本部分延续企业微观层面的分析，一方面继续以《劳动合同法》实施为准自然实验，实证考察劳动保护是否会推动行业出口技术水平增长；另一方面还检验进口中间品替代引发的直接替代效应和间接成本节约效应是否也是劳动保护影响行业出口技术升级的重要渠道。具体中介效应模型构建如下[①]：

$$\Delta\Gamma_{jt} = \alpha + \gamma labint_{j07} \times law_t + \zeta Z + \mu_j + \mu_{j't} + \varepsilon_{jt} \qquad (5-11)$$

$$ME_{jt} = \alpha + \delta labint_{j07} \times law_t + \zeta Z + \mu_j + \mu_{j't} + \varepsilon_{jt} \qquad (5-12)$$

$$\Delta\Gamma_{jt} = \alpha + \chi ME_{jt} + \gamma labint_{j07} \times law_t + \zeta Z + \mu_j + \mu_{j't} + \varepsilon_{jt} \qquad (5-13)$$

上述模型中，$\Delta\Gamma$ 为相邻两期 3 分位行业出口技术水平之差。ME 为渠道变量，此处与前文企业层面的类似，以 3 分位行业从发达国家进口资本品总额与行业固定资产净值总额之比（cap_imp）作为资本品进口替代效应指标，cap_imp 取值越大，表示资本品进口替代程度越高；以 3 分位行业加权计算的质量调整后的中间品进口价格（$\ln price\_inter$）作为中间品进口替代的间接成本节约效应指标，$\ln price\_inter$ 取值越小，表示成本节约程度越高。Z 为控制变量集合，包括 3 分位行业加总全要素生产率（以行业

[①]　此处关于模型估计系数的含义与上文影响机制检验类似，具体参见上文关于模型（5-8）（5-9）的系数说明。

所有出口企业全要素生产率按出口额占比加权计算而来）、行业利润率
（以行业利润总额占总销售收入比重度量）、行业资产负债率（以行业负债
总额占总资产比重度量）、行业国有企业出口占比（以行业所有国有企业
出口总额占总出口额比重度量）、行业外资企业出口占比（以行业所有外
资企业出口总额占总出口额比重度量）。μ_j 为 3 分位行业固定效应，用以控
制不随 3 分位行业变化而变化的因素。$\mu_{j't}$ 为 2 分位行业 – 时间联合固定效
应，控制其他无法控制的随时间 – 行业变化的特征。

　　基于模型（5 – 11）～（5 – 13）的估计结果见表 5 – 11，第（1）列
结果显示，交互项 $labint \times law$ 的估计系数显著为正，说明《劳动合同法》
实施对高劳动密集型行业的出口技术增长有显著的促进作用，即劳动保护
也促进行业出口技术升级。第（2）（3）列是以适合度法加权计算的行业
出口技术水平变化和反射法加权计算的行业出口技术水平变化对被解释变
量进行替换，交互项 $labint \times law$ 的估计系数也显著为正，进一步表明劳动
保护促进行业出口技术升级。第（4）（6）列分别汇报了中介效应模型第
二步的劳动保护对行业资本品进口替代程度和中间品进口价格影响的估计
结果，交互项 $labint \times law$ 的估计系数都显著，说明劳动保护加强不仅会增
加行业资本品进口替代程度，还会显著降低行业中间品进口价格。第（5）
（7）列报告了中介效应模型第三步的估计结果，行业资本品进口替代程
度变量 cap_imp、行业中间品进口价格变量 $\ln price\_inter$ 的估计系数都在
10% 的水平下显著，并且，交互项 $labint \times law$ 的估计系数在 1% 的水平下
显著为正，说明资本品进口替代效应和中间品进口成本节约效应在劳动保护
促进行业出口技术水平增长中也承担中介变量角色。第（8）列同时加入行
业资本品进口替代程度变量 cap_imp、行业中间品进口价格变量 $\ln price\_inter$
的估计结果也进一步证实这一点。① 此外，第（5）（7）（8）列交互项 $labint \times law$ 的估计系数比第（1）列的估计系数要小，再次说明仅存在部分
中介效应。

　　如前文所述，国家间的发达水平和收入差距反映出国家间的技术水平
和生产成本的差异。因此，本部分基于中国制造业 3 分位行业对发达国家

———————

① 此处变量 cap_imp 和 $\ln price\_inter$ 需要在更高的水平下显著。

表 5 - 11　劳动保护对行业出口技术水平变化的作用及影响渠道

变量	(1) ΔΓ	(2) ΔΓ	(3) ΔΓ	(4) cap_imp	(5) ΔΓ	(6) lnprice_inter	(7) ΔΓ	(8) ΔΓ
labint × law	1.361*** (0.453)	1.263*** (0.470)	0.624** (0.257)	6.578* (3.753)	1.314*** (0.440)	−8.100** (3.966)	1.280*** (0.475)	1.239*** (0.463)
cap_imp					0.007* (0.004)			0.007 (0.004)
lnprice_inter							−0.012* (0.007)	−0.012 (0.007)
控制变量	控制	控制	控制	控制	控制	控制	控制	控制
3 分位行业固定效应	控制	控制	控制	控制	控制	控制	控制	控制
2 分位行业 - 时间固定效应	控制	控制	控制	控制	控制	控制	控制	控制
聚类数	161	161	161	163	161	163	161	161
R²	0.328	0.328	0.224	0.404	0.330	0.740	0.327	0.329
F 值	3.100	2.907	2.286	1.216	2.752	3.138	3.018	2.724
观测值	1266	1266	1266	1271	1266	1273	1262	1262

208

进口资本品和中低收入国家进口中间品的依赖程度差异，在模型（5-11）的基础上，引入制造业各行业对发达国家资本品进口依赖程度（记为 cap_dpd，以各行业从发达国家进口资本品总额占该行业总进口额的比重度量）和对中低收入国家中间品进口的依赖程度（记为 int_ml，以各行业从中低收入国家进口中间品总额占该行业进口中间品总额的比重度量）这两个变量，进而建立三重差分模型，考察劳动保护对行业出口技术水平增长是否会因进口资本品和中间品的依赖程度差异而存在异质性影响，以期进一步验证劳动保护是否会通过资本品进口直接替代效应和低成本中间品进口的成本节约效应而影响制造业出口技术水平提升。具体模型设定如下：

$$\Delta\Gamma_{jt} = \alpha + \gamma_1 labint_{j07} \times law_t + \gamma_2 labint_{j07} \times cap\_dpd + \gamma_3 law_t \times cap\_dpd +$$
$$\gamma_4 cap\_dpd + \gamma_5 labint_{j07} \times law_t \times cap\_dpd + \gamma_6 labint_{j07} \times int\_ml +$$
$$\gamma_7 law_t \times int\_ml + \gamma_8 int\_ml + \gamma_9 labint_{j07} \times law_t \times int\_ml + \zeta Z +$$
$$\mu_j + \mu_{j't} + \varepsilon_{jt}$$

$$(5-14)$$

若模型三次交互项 $labint \times law \times cap\_dpd$ 和 $labint \times law \times int\_ml$ 的估计系数都为正，说明劳动保护对行业出口技术水平增长随着对发达国家资本品进口依赖程度和中低收入国家中间品进口依赖程度的增加而增大，侧面说明资本品进口替代效应和中间品进口替代的成本节约效应是劳动保护影响行业出口技术水平增长的两个重要渠道。对应的估计结果见表5-12第（1）～（3）列，在逐步回归的三列估计中，三次交互项 $labint \times law \times cap\_dpd$ 和 $labint \times law \times int\_ml$ 的估计系数都显著为正，进一步说明资本品进口替代效应和中间品进口替代的成本节约效应这两个机制的存在。进一步对比交互项 $labint \times law$ 的估计系数，不难发现，交互项 $labint \times law$ 的估计系数和 t 值都较表5-11第（1）列有大幅度下降，再次说明资本品进口替代效应和中间品进口替代的成本节约效应确实是劳动保护影响行业出口技术水平增长的渠道。

三　劳动保护与行业出口技术水平增长：资源再配置效应的作用

如上所述，进口中间品替代在劳动保护影响行业出口技术水平提升过程中扮演着部分中介的角色，这意味着还存在其他影响途径。本部分在分解方程（5－10）的基础上，继续以《劳动合同法》实施为准自然实验，识别劳动保护对行业出口技术增长不同来源的影响，以期从资源再配置角度考察劳动保护对行业出口技术升级的作用。对应的估计模型设定如下：

$$Y_{jt} = \alpha + \gamma labint_{j07} \times law_t + \zeta Z + \mu_j + \mu_{j't} + \varepsilon_{jt} \tag{5－15}$$

其中，Y 表示基于模型（5－15）动态分解的行业出口技术水平增长的不同部分，包括方程（5－10）的水平效应项（$\Delta extech$）和资源再配置效应项（Δcov）。其他变量的说明同模型（5－11）。

表5－12 第（4）（5）列报告了对应的估计结果，第（4）列中，交互项 $labint \times law$ 的估计系数显著为正，表明劳动保护对行业出口技术增长的水平效应有显著的促进作用，即说明劳动保护加强在一定程度上能提高企业平均出口技术水平，也侧面验证了本章的研究假说 H4a；第（5）列交互项 $labint \times law$ 的估计系数为正[1]，表明劳动保护对行业出口技术增长的资源再配置效应也有一定的促进作用，即劳动保护能促进行业内出口企业出口市场份额的再配置效应。

进一步地，Melitz 和 Polanec 针对加总生产率增长的分析指出，资源再配置效应可进一步从企业进入退出动态的视角进行分解。[2] 由此，对应于行业出口技术增长的资源再配置效应中，其既来源于持续出口企业间的资源再配置效应，还可能来自高出口技术水平企业进入出口市场的进入效应和低出口技术水平企业退出出口市场的退出效应。为此，我们继续沿用模型（5－15），检验劳动保护对资源再配置效应不同来源构成的具体影响。具体地，首先根据李坤望等[3]使用的"三年判断标准"对企业出口状态进行界定，将企业出口状态划分为持续出口企业、新出口企业、退出企业及

---

[1] 此处估计系数的伴随概率为16.2%。

[2] Melitz, M. J., Polanec, S., "Dynamic Olley-Pakes Productivity Decomposition with Entry and Exit", *Rand Journal of Economics*, Vol. 46, No. 2, 2015.

[3] 李坤望、蒋为、宋立刚：《中国出口产品品质变动之谜：基于市场进入的微观解释》，《中国社会科学》2014 年第 3 期。

表 5 – 12 劳动保护对资源再配置效应不同构成的影响

变量	(1) $\Delta\Gamma$	(2) $\Delta\Gamma$	(3) $\Delta\Gamma$	(4) $\Delta extech$	(5) Δcov	(6) $\Delta disp\_surv$	(7) $entry\_ratio$	(8) $exit\_ratio$
$labint \times law \times cap\_dpd$	10.707 * (5.759)		12.220 ** (5.656)					
$labint \times law$	0.558 (0.576)	0.984 ** (0.473)	0.010 (0.564)	0.702 * (0.419)	0.659 (0.469)	-0.483 * (0.286)	0.171 (0.193)	-0.108 * (0.060)
$labint \times cap\_dpd$	-3.570 (15.298)		-4.520 (15.531)					
$law \times cap\_dpd$	-6.968 * (3.597)		-7.869 ** (3.546)					
cap_dpd	2.797 (9.310)		3.357 (9.445)					
$labint \times law \times int\_ml$		5.315 (3.337)	7.060 ** (3.201)					
$labint \times int\_ml$		1.035 (2.813)	-0.322 (2.565)					
$law \times int\_ml$		-2.998 (1.873)	-3.990 ** (1.800)					
int_ml		-0.590 (1.578)	0.174 (1.439)					
控制变量	控制	控制	控制	控制	控制	控制	控制	控制
3 分位行业固定效应	控制	控制	控制	控制	控制	控制	控制	控制

续表

变量	(1)	(2)	(3)	(4)	(5)	(6)	(7)	(8)
	$\Delta\Gamma$	$\Delta\Gamma$	$\Delta\Gamma$	$\Delta extech$	Δcov	$\Delta disp\_surv$	$entry\_ratio$	$exit\_ratio$
2分位行业–时间固定效应	控制	控制	控制	控制	控制	控制	控制	控制
聚类数	161	161	161	161	161	160	163	163
R^2	0.338	0.333	0.343	0.353	0.305	0.280	0.549	0.515
F 值	2.721	3.164	2.764	2.749	2.308	1.508	4.582	1.584
观测值	1266	1266	1266	1266	1266	1247	1280	1280

单次出口企业[1]；其次以相邻两年的 3 分位制造业行业内持续出口企业出口技术水平分散程度之差刻画持续出口企业间的资源再配置情况（记为 $\Delta disp\_surv$）、以新进入出口市场企业的出口技术水平高于所在 3 分位行业平均出口技术水平的出口企业数量与所有出口企业数量之比刻画行业出口市场进入情况（记为 $entry\_ratio$）、以退出出口市场企业的出口技术水平低于所在 3 分位行业平均出口技术水平的出口企业数量与所有出口企业数量之比刻画行业出口市场退出情况（记为 $exit\_ratio$）；最后以 $\Delta disp\_surv$、$entry\_ratio$、$exit\_ratio$ 三个变量为被解释变量，对模型（5 - 15）进行重新估计，对应的估计结果见表 5 - 12 第（6）~（8）列。第（6）列针对持续出口企业出口技术水平分散度增幅的估计中，交互项 $labint \times law$ 估计系数显著为负，说明《劳动合同法》实施对高劳动密集型行业的企业出口分散程度扩展有抑制作用，这表明劳动保护有利于行业内持续出口企业资源再配置效应的发挥。第（7）列针对进入效应项的估计结果显示，劳动保护并不能促进高出口技术水平企业更多地进入出口市场，这意味着，进入效应并不是资源再配置效应产生作用的途径，而第（8）列以退出效应项为被解释变量的估计结果则充分说明，《劳动合同法》实施会显著促进高劳动密集型行业的低出口技术水平出口企业从出口市场退出，有利于行业整体资源再配置效应的发挥，这表明退出效应是劳动保护促进制造业资源再配置效应的一个重要方面。

第七节 研究结论与启示

本章以 2008 年《劳动合同法》实施为准自然实验，利用 2005 ~ 2013

---

[1] 本章以目前能获取到的 2000 ~ 2015 年中国海关进出口数据库对企业出口动态进行界定。以出口企业前一期、当期、后一期的存在情况进行界定：（1）当观察到出口企业前一期、当期、后一期三期都连续存在，则将企业界定为连续出口企业；（2）观察前一期出口企业是否存在，若不存在，但当期和下一期都存在，则将出口企业界定为新进入出口市场企业；（3）观察后一期出口企业是否存在，若不存在，但当期和前一期都存在，则将该企业归为退出出口市场企业；（4）将仅出现一次的出口企业归为单次出口企业，避免重复定义出口状态的问题。详细关于出口动态的界定方法参见李坤望等的研究。李坤望、蒋为、宋立刚：《中国出口产品品质变动之谜：基于市场进入的微观解释》，《中国社会科学》2014 年第 3 期。

年中国工业企业数据和海关进出口数据，以企业所在 3 分位行业 2007 年劳动密集度作为处理组和对照组的识别依据，建立双重差分模型，从中间品进口替代视角研究劳动保护对企业和行业出口技术升级的影响。总结起来，本章得到以下结论：第一，《劳动合同法》实施显著提升高劳动密集型行业企业出口技术水平，并随着《劳动合同法》实施时间的推移而逐步加强，该结论在替换变量、安慰剂检验及考虑异常值和其他影响因素等多种稳健性检验下依然成立；第二，《劳动合同法》实施通过影响企业资本品进口替代和低成本中间品进口替代而推动高劳动密集型行业企业出口技术升级，并且，这一升级效应对加工贸易企业、异质性产品行业企业、地区法治水平较高企业及从发达国家进口企业作用强度更大；第三，《劳动合同法》实施不仅会通过资本品进口替代效应和低成本中间品进口替代的成本节约效应促进高劳动密集型行业出口技术增长，并且，持续出口企业间资源再配置效率改进和低出口技术水平企业出口市场退出率增加引起的资源再配置效应也是《劳动合同法》实施促进高劳动密集型行业出口技术提升的重要渠道。

基于上述研究，本章得到以下政策启示。其一，提高法律执行效率，落实执法效果。从进口的角度来看，中间品进口替代会显著推动中国制造业出口技术升级，而加强《劳动合同法》实施和执行能进一步推动企业进行资本品和低成本中间品进口。因而，有必要继续加强《劳动合同法》的监督和执行，进一步宣传和强调执行《劳动合同法》的益处，强化劳动契约签订与执行，形成良好有序的劳动关系，为企业积极进行要素替代和进口替代提供契机，实现劳动保护制度与扩大进口战略互动发展，共同推进制造业高质量发展。其二，充分认识劳动保护对不同类型出口企业的影响差异，探索建立差异化的劳动保护制度。从企业类型来看，《劳动合同法》实施对加工贸易企业和异质性产品行业企业的出口技术升级效应相对更大。因此，从劳动保护制度建设来看，一方面要对一般贸易企业和同质性竞争企业进行适度的劳动保护，在积极发挥劳动保护的进口替代效应的同时，激励它们大胆进行自主创新，努力形成进口与自主创新共同促进制造业升级的局面；另一方面也要给予一般贸易企业和同质性竞争企业更多的用工灵活性，减少用工成本带来的经验压力和创新失败的退出成本，为制造业出口升级提供一个良好的劳动力市场体系。

第六章　劳动保护与制造业出口
国内附加值转变*

　　20 世纪 80 年代以来，产品内分工的全球贸易模式逐渐盛行，生产的增值环节在各国间不断被切割，全球价值链（Global Value Chain，GVC）应运而生。在此背景下，凭借劳动力低成本优势和工业生产体系的相对完善，中国积极参与到全球生产与贸易体系中，出口贸易呈现"爆炸式"增长态势。然而，产品内分工的普遍存在使得以往采用贸易总量衡量一国贸易利得产生极大的误导性，为此，大量学者便提出用出口国内附加值（DVA）或出口国内附加值率（DVAR）来衡量一国参与国际分工的真实贸易利得。[①] 2014 年《全球价值链与我国贸易增加值核算报告》显示，中国单位货物贸易出口的附加值总体偏低，其中出口到发达国家的产品国内附加值率不足 60%。事实上，以出口国内附加值率衡量的中国企业贸易利得确有明显增加。根据 Koopman 等的测算，中国加入 WTO 后的制造业企业出口国内附加值率上升了 10% 左右[②]；张杰等的研究显示，2000～2006 年中国企

---

　*　本章系张雨微在李波的指导下共同完成。本章作者为李波和张雨微。

①　Koopman，R.，Wang，Z.，Wei，S. J.，"Estimating Domestic Content in Exports When Pro-cessing Trade Is Pervasive"，*Journal of Development Economics*，Vol. 99，No. 1，2012；Koop-man，R.，Wang，Z.，Wei，S. J.，"Tracing Value-Added and Double Counting in Gross Ex-ports"，*American Economic Review*，Vol. 104，No. 2，2014；Upward，R.，Wang，Z.，Zheng，J.，"Weighing China's Export Basket：The Domestic Content and Technology Intensity of Chinese Exports"，*Journal of Comparative Economics*，Vol. 41，No. 2，2013；Wang，Z.，Wei，S. J.，Yu，X.，Zhu，K.，"Characterizing Global Value Chains：Production Length and Upstreamness"，*National Bureau of Economic Research*，2017.

②　Koopman，R.，Wang，Z.，Wei，S. J.，"Estimating Domestic Content in Exports When Pro-cessing Trade Is Pervasive"，*Journal of Development Economics*，Vol. 99，No. 1，2012.

业出口国内附加值率上升了 8% 左右①；Kee 和 Tang 则发现出口国内附加
值率从 2000 年至 2007 年大约上升了 5%②。虽然学者们的研究方法和结果
不尽相同，但都反映出中国企业出口国内附加值率不断上升的事实。出口国
内附加值作为反映企业参与国际贸易利得的重要标准，如何提升中国企业在
全球分工中的获利能力，改善出口企业贸易利得，不仅关乎中国制造业国际
竞争优势，还是高质量发展阶段下畅通国内国际双循环的关键一环。

可是，一个不容忽视的现实是，中国经济正进入高质量发展阶段，先前
经历的二元经济结构转换带来的劳动力供过于求的局面发生了根本性转变，
人口红利正在逐渐消失，劳动力成本快速上涨。伴随这一转变的是劳动者权
益保护意识日益提高，劳动争议也逐渐增多。为适应劳动力市场变化，保护
劳动者合法权益，稳定劳企双方雇佣关系，维护中国制造业的全球竞争优
势，中国政府也积极探索劳动力市场制度改革。2008 年 1 月 1 日颁布实施的
《劳动合同法》正是中国劳动力市场制度探索的直接体现。事实上，劳动作
为企业生产中不可或缺的生产要素，企业大部分产出将用于补偿劳动投入，
以强化劳动保护为目的的《劳动合同法》实施也势必极大地影响企业雇佣行
为、治理机制和经营决策。现有研究指出，劳动保护的加强导致企业用工灵
活性受限，企业雇佣劳动力成本也开始上升③，这会逐渐削弱中国企业出口
的低成本优势，降低企业生产率，抑制企业出口。然而，劳动保护增加了员
工对所在企业的认同感和个人对自身技能的投资，同时，企业也会加大对员
工的培训投入，提高企业专用性人力资本投资和员工专用性技能的获取，促
进企业生产率的提高④，进而扩大企业出口。毋庸置疑，劳动保护会通过企
业成本增加和由要素替代及人力资本投资导致的生产率提高作用于企业出

---

① 张杰、陈志远、刘元春：《中国出口国内附加值的测算与变化机制》，《经济研究》2013
年第 10 期。

② Kee, H. L., Tang, H., "Domestic Value Added in Exports: Theory and Firm Evidence from
China", *American Economic Review*, Vol. 106, No. 6, 2016.

③ 刘媛媛、刘斌：《劳动保护、成本粘性与企业应对》，《经济研究》2014 年第 5 期；高山、
李征、宋顺峰：《劳动保护、用工成本与企业对外直接投资》，《国际贸易问题》2021 年
第 2 期。

④ Macleod, W. B., Nakavachara, V., "Can Wrongful Discharge Law Enhance Employment?",
Economic Journal, Vol. 117, No. 521, 2007; Belot, M., Boone, J., Ours, J. V., "Wel-
fare-Improving Employment Protection", *Economica*, Vol. 74, No. 295, 2007; 李波、蒋殿
春：《劳动保护与制造业生产率进步》，《世界经济》2019 年第 11 期。

口行为，那么不禁要问，如果我们把目光转向企业出口国内附加值率，中国劳动保护的加强是否会促进企业出口国内附加值率提升？如果是，其作用机制是什么？对上述问题的回答不仅有利于从出口国内附加值的角度评估《劳动合同法》政策实施的效果，也有助于探索提高中国制造业企业国际分工地位的相关政策创新。为此，本章构建 2008 年《劳动合同法》实施导致的劳动保护加强与衡量企业贸易利得的出口国内附加值率的分析框架，利用 2000~2013 年中国工业企业和海关进出口匹配数据库对劳动保护与企业出口国内附加值率之间的关系进行实证研究。本章的具体安排为：第一节为对出口国内附加值的研究进展的梳理；第二节为劳动保护影响企业出口国内附加值率的理论机制分析；第三节为具体的研究设计；第四节为劳动保护对企业出口国内附加值率影响的实证检验；第五节为劳动保护影响企业出口国内附加值率的异质性分析；第六节为研究结论与政策启示。

第一节　出口国内附加值的研究进展

现有关于出口国内附加值的研究，主要围绕出口国内附加值的核算方法及出口国内附加值的决定因素展开。

一　出口国内附加值测度的研究进展

现有文献往往采用出口国内附加值率刻画出口国内附加值，大多从宏观和微观两个层面对出口国内附加值进行测度。最早的测度研究从宏观展开，如 Hummels 等最早采用投入－产出模型从国家层面对附加值进行了测算，但该方法没有区分加工贸易企业与一般贸易企业，可能会高估出口国内附加值[1]；Koopman 等和王直等也分别从国家和行业层面研究出口国内附加值率并对 Hummels 等的方法进行了修正[2]。考虑到宏观层面测算的各

[1] Hummels, D., Ishii, J., Yi, K. M., "The Nature and Growth of Vertical Specialization in World Trade", *Journal of International Economics*, Vol. 54, No. 1, 2001.

[2] Koopman, R., Wang, Z., Wei, S. J., "Estimating Domestic Content in Exports When Processing Trade Is Pervasive", *Journal of Development Economics*, Vol. 99, No. 1, 2012；王直、魏尚进、祝坤福：《总贸易核算法：官方贸易统计与全球价值链的度量》，《中国社会科学》2015 年第 9 期。

国各行业出口国内附加值因忽略了企业异质性而容易产生加总偏误，且企业层面海关贸易数据已可获得，学者们开始直接从微观层面测算企业出口国内附加值，弥补了宏观层面测算方法的不足。例如，Upward 等[1]利用 Hummels 等方法的改进，首次提出了企业层面出口国内附加值的测算方法并对加工贸易企业和非加工贸易企业进行了区分，发现 2003~2006 年中国企业出口国内附加值仅提高了 7%，且非加工贸易企业的出口国内附加值远高于加工贸易企业的出口国内附加值；之后，张杰等、Kee 和 Tang 进一步考虑了贸易代理商、资本品进口以及中间品间接进口问题，不断提高微观层面测算企业出口国内附加值的精确性[2]。

二 企业出口国内附加值的决定因素研究进展

目前，企业出口国内附加值的决定因素大致可分为两类：一是类似于成本加成等的企业内部机制影响；二是外部环境因素影响，包括贸易自由化、外资进入、政府行为以及行业市场状况等。

（一）企业内部因素

企业内部层面分析出口国内附加值的研究相对较少，主要是从决定企业出口国内附加值的重要因素——成本加成率展开。首先是关于加成率的理论研究。Melitz 和 Ottaviano 在研究异质性企业模型时首次引入了可变企业成本加成，并将其视为内生因素[3]，随后国内外学者陆续以内生可变为假设前提对企业成本加成进行了研究。Loecker 和 Warzynski 认为出口企业的成本加成率相对于非出口企业会更高，成本加成率会根据企业进入或退出出口市场而发生变化[4]；Kugler 和 Verhoogen 对哥伦比亚制造业企业进行

① Upward, R., Wang, Z., Zheng, J., "Weighing China's Export Basket: The Domestic Content and Technology Intensity of Chinese Exports", *Journal of Comparative Economics*, Vol. 41, No. 2, 2013.

② 张杰、陈志远、刘元春：《中国出口国内附加值的测算与变化机制》，《经济研究》2013年第 10 期；Kee, H. L., Tang, H., "Domestic Value Added in Exports: Theory and Firm Evidence from China", *American Economic Review*, Vol. 106, No. 6, 2016。

③ Melitz, M. J., Ottaviano, G. I. P., "Market Size, Trade, and Productivity", *The Review of Economic Studies*, Vol. 75, No. 1, 2008.

④ Loecker, J. D., Warzynski, F., "Markups and Firm-Level Export Status", *American Economic Review*, Vol. 102, No. 6, 2012.

研究，发现成本加成率还会受到产品质量的影响①；然而，刘啟仁和黄建忠认为企业进入出口市场会面临更大的竞争压力，且"竞争效应"超过"选择效应"，导致中国高出口倾向的企业陷入"低加成率陷阱"②；黄先海等从加成率角度考察了中国中间品进口企业的盈利能力，得出中间品非进口企业的加成率反而更高的结论，在进一步引入全球价值链地位的深入研究中发现，中国中间品进口企业"低加成率"是由较低的全球价值链地位和融资约束导致的③。其次是企业成本加成与出口国内增加值关系的研究。赵玲等使用 2000～2006 年中国制造业微观企业数据对成本加成率与企业出口国内附加值率的关系进行研究，发现成本加成率可以通过产品价格效应和边际成本效应来促进企业出口国内附加值率提高④；余淼杰和崔晓敏、邵朝对和苏丹妮均发现成本加成是企业出口国内附加值率的一个决定因素且两者成正相关关系⑤。

（二）外部环境因素

相比于企业内部机制作用，现有文献还是更偏重于研究外部环境对企业出口 DVAR 的影响。首先，从贸易自由化的角度，Johnson 和 Noguera 运用引力模型分析发现贸易成本与国家出口国内附加值率成反向变动关系⑥；Kee 和 Tang 通过对加工贸易企业进行研究，发现中间品关税减免导致的贸易自由化增加了我国可得的中间品种类，提高了企业出口国内附加值率⑦；

① Kugler, M., Verhoogen, E., "Prices, Plant Size, and Product Quality", *The Review of Economic Studies*, Vol. 79, No. 1, 2012.
② 刘啟仁、黄建忠：《异质出口倾向、学习效应与"低加成率陷阱"》，《经济研究》2015 年第 12 期。
③ 黄先海、诸竹君、宋学印：《中国中间品进口企业"低加成率之谜"》，《管理世界》2016 年第 7 期。
④ 赵玲、高翔、黄建忠：《成本加成与企业出口国内附加值的决定：来自中国企业层面数据的经验研究》，《国际贸易问题》2018 年第 11 期。
⑤ 余淼杰、崔晓敏：《人民币汇率和加工出口的国内附加值：理论及实证研究》，《经济学》（季刊）2018 年第 3 期；邵朝对、苏丹妮：《产业集聚与企业出口国内附加值：GVC 升级的本地化路径》，《管理世界》2019 年第 8 期。
⑥ Johnson, R. C., Noguera, G., "Accounting for Intermediates: Production Sharing and Trade in Value Added", *Journal of International Economics*, Vol. 86, No. 2, 2012.
⑦ Kee, H. L., Tang, H., "Domestic Value Added in Exports: Theory and Firm Evidence from China", *American Economic Review*, Vol. 106, No. 6, 2016.

更进一步，毛其淋和许家云在研究体系中纳入了最终品贸易自由化，同时对一般贸易、加工贸易和混合贸易三类企业进行分析，更深入探讨了贸易自由化对企业出口国内附加值率的影响[1]。其次，从外资进入的角度，张杰等、Kee 和 Tang 均认为外商直接投资会促进企业出口国内附加值率的上升[2]；唐宜红和张鹏杨发现外商直接投资与我国出口国内附加值成正相关，但在全球价值链嵌入机制下，该影响并不显著[3]；毛其淋和许家云基于外资进入的水平溢出和前后向关联渠道得出这两种渠道对企业出口国内附加值率作用相反且总影响为正的结论[4]。最后，从行业、市场角度，李胜旗和毛其淋利用微观数据研究发现上游垄断对下游企业出口国内附加值率有明显抑制作用，且异质性分析表明，上游垄断对加工贸易企业及外资企业出口国内附加值率的抑制作用显著低于一般贸易企业及本土企业[5]；高翔等认为要素市场的扭曲会提高企业出口国内附加值率，主要原因是国内中间品相对价格降低对出口国内附加值率的促进作用大于成本加成下降带来的抑制作用[6]；邵朝对和苏丹妮首次将产业集聚与企业出口国内附加值率纳入分析框架研究，得出产业集聚会促进企业出口国内附加值率的结论，他们进一步对集聚外部性进行解构发现，产业集聚的马歇尔外部性（包括劳动力蓄水池、中间投入品种类增加、知识技术溢出）和融资外部性（集群商业信用）会使企业成本加成和国内中间品相对价格发生变化，进而影响企业出口国内附加值率[7]；

[1] 毛其淋、许家云：《贸易自由化与中国企业出口的国内附加值》，《世界经济》2019 年第 1 期。
[2] 张杰、陈志远、刘元春：《中国出口国内附加值的测算与变化机制》，《经济研究》2013 年第 10 期；Kee, H. L., Tang, H., "Domestic Value Added in Exports: Theory and Firm Evidence from China", *American Economic Review*, Vol. 106, No. 6, 2016。
[3] 唐宜红、张鹏杨：《FDI、全球价值链嵌入与出口国内附加值》，《统计研究》2017 年第 4 期。
[4] 毛其淋、许家云：《外资进入如何影响了本土企业出口国内附加值?》，《经济学》（季刊）2018 年第 4 期。
[5] 李胜旗、毛其淋：《制造业上游垄断与企业出口国内附加值——来自中国的经验证据》，《中国工业经济》2017 年第 3 期。
[6] 高翔、刘啟仁、黄建忠：《要素市场扭曲与中国企业出口国内附加值率：事实与机制》，《世界经济》2018 年第 10 期。
[7] 邵朝对、苏丹妮：《产业集聚与企业出口国内附加值：GVC 升级的本地化路径》，《管理世界》2019 年第 8 期。

吕越等基于微观企业层面研究得出，中国的市场分割会通过促进企业使用更多进口中间品、提高加工贸易份额以及阻碍企业创新三个路径降低企业出口国内附加值率[①]。此外，崔晓敏等进一步探讨了最低工资影响企业出口国内附加值率的渠道，发现其通过要素替代效应对企业出口国内附加值率产生正反两方面的影响，通过成本加成效应降低了企业出口国内附加值率。[②] 虽然最后的研究对中国最低工资制度与企业出口国内附加值率的关系进行了研究，但该研究考察的是 2007 年之前的企业出口国内附加值率，2008 年及之后的劳动保护与企业出口国内附加值率的关系我们并不清楚；并且，该研究仅关注了要素替代及企业成本加成影响渠道，对国内中间品相对价格这一重要渠道并未进行探讨。另外，实行最低工资标准主要是为签订劳动合同的工人提供最低保障，《劳动合同法》与此存在本质不同的是，其更多是为了保障劳动者权益和稳固劳企关系，并且涉及范围相对更广。

为此，本研究更进一步地从劳动保护如何改变企业出口国内附加值率进行探讨。与已有研究相比，本研究试图做出如下贡献。第一，首次从劳动保护政策的视角，以 2008 年《劳动合同法》实施作为准自然实验，采用双重差分模型对劳动保护加强与中国制造业企业出口国内附加值率的关系进行系统考察。本研究不仅有助于丰富和拓展企业出口国内附加值率影响因素，探索实现全球价值链升级的政策创新，还对量化评估《劳动合同法》政策实施效果的相关文献做出一定贡献。第二，从企业成本加成和国内中间品相对价格两个渠道提出理论研究假说，构建中介效应模型，系统剖析了劳动保护加强对企业出口国内附加值率的内在作用机理，这对政府制定和调整推动国际分工地位和贸易利得提升的劳动保护政策具有较强的启示意义。

---

① 吕越、盛斌、吕云龙：《中国的市场分割会导致企业出口国内附加值率下降吗》，《中国工业经济》2018 年第 5 期。

② 崔晓敏、余淼杰、袁东：《最低工资和出口的国内附加值：来自中国企业的证据》，《世界经济》2018 年第 12 期。

第二节　劳动保护影响出口国内附加值率的理论分析

本部分借鉴邵朝对和苏丹妮的研究[1]，通过改进 Kee 和 Tang、余淼杰和崔晓敏的研究框架[2]，形成企业成本加成和国内中间品相对价格决定企业出口国内附加值率的理论框架，梳理出劳动保护对企业出口国内附加值率的作用机理，并提出本章的研究假说。

一　企业出口 DVAR 的决定框架

（一）需求方面

在满足 Rodrìguez-López 超越对数支出函数的需求偏好假定的情况下[3]，得到代表性消费者对产品 α 的需求函数为式（6 - 1）。

$$q_\alpha = \gamma\left(\ln\frac{\vec{p}}{p_\alpha}\right)\frac{I}{P_\alpha} \qquad (6-1)$$

其中，γ 大于 0，刻画不同产品间的替代程度，取值越大，替代程度越高；p_α 为异质性产品 α 的价格；I 为消费者的总收入或总支出；$\vec{p} = \exp\left[\frac{1}{\gamma N} + \overline{\ln p}\right]$，$N$ 为消费者偏好且真实存在的异质性产品集合 Δ 内的产品数目，为企业在市场所能接受的最高价格，且 $\overline{\ln p} = \frac{1}{N}\int_{\alpha\in\Delta}\ln p_\alpha \mathrm{d}\alpha$。

（二）生产与定价方面

参照 Kee 和 Tang、邵朝对和苏丹妮对企业使用 4 种生产要素的设定[4]，

① 邵朝对、苏丹妮：《产业集聚与企业出口国内附加值：GVC 升级的本地化路径》，《管理世界》2019 年第 8 期。

② Kee, H. L., Tang, H., "Domestic Value Added in Exports: Theory and Firm Evidence from China", *American Economic Review*, Vol. 106, No. 6, 2016；余淼杰、崔晓敏：《人民币汇率和加工出口的国内附加值：理论及实证研究》，《经济学》（季刊）2018 年第 3 期。

③ Rodrìguez-López, J. A., "Proces and Exchange Rates: A Theory of Disconnect", The Review of Economic Studies, Vol. 78, No. 3, 2011.

④ Kee, H. L., Tang, H., "Domestic Value Added in Exports: Theory and Firm Evidence from China", *American Economic Review*, Vol. 106, No. 6, 2016；邵朝对、苏丹妮：《产业集聚与企业出口国内附加值：GVC 升级的本地化路径》，《管理世界》2019 年第 8 期。

得到如下的柯布道格拉斯形式的生产函数。其中，k 为资本，l 为劳动，m^d、m^i 分别为国内中间品和进口中间品，θ_q 为企业 q 的生产率，η 为中间品替代弹性。

$$y_q = \theta_q \cdot k_q^{\mu_k} \cdot l_q^{\mu_l} \cdot m_q^{\mu_m} \qquad (6-2)$$

$$m_q = \left(m_q^{d^{\frac{\eta-1}{\eta}}} + m_q^{i^{\frac{\eta-1}{\eta}}} \right)^{\frac{\eta}{\eta-1}} \qquad (6-3)$$

$$\mu_k + \mu_l + \mu_m = 1 , \ \eta > 1 \qquad (6-4)$$

假定单个企业的要素价格是外生的，由式（6-3）得到总中间品价格是由国内中间品和进口中间品价格决定的 CES 函数，为式（6-5）。其中资本、劳动、国内中间品、进口中间品及总中间品价格分别用 r、w、p^d、p^i 和 p^m 表示。在要素价格和目标产量外生给定时，由成本最小化原则得出如下式（6-6）的边际成本。在中间品总量外生给定时，由成本最小化原则，得到国内中间品和进口中间品的关系式为如下式（6-7）。

$$p^m = \left(p^{d^{1-\eta}} + p^{i^{1-\eta}} \right)^{\frac{1}{1-\eta}} \qquad (6-5)$$

$$mc_q = \frac{1}{\theta_q} \left(\frac{r}{\mu_k} \right)^{\mu_k} \cdot \left(\frac{w}{\mu_l} \right)^{\mu_l} \cdot \left(\frac{p}{\mu_m} \right)^{\mu_m} \qquad (6-6)$$

$$\frac{p^i m_q^i}{p^m m_q} = \frac{1}{1 + (p^d/p^i)^{1-\eta}} \qquad (6-7)$$

综合式（6-1）和（6-6），由利润最大化原则得出企业成本加成为如下式（6-8）。其中，e 代表自然对数，$W(\cdot)$ 为郎伯 W 函数，符合 $\frac{\partial W(x)}{\partial x} > 0$，$\frac{\partial^2 W(x)}{\partial x^2} < 0$，且 $W(0) = 0$，$W(e) = 1$。

$$v_q = W\left(\frac{\vec{p}}{mc_q} e \right) - 1 \qquad (6-8)$$

企业定价时在边际成本上进行了加成，由此得到企业 q 的总收益，为式（6-9）；企业总收益中进口中间品的份额，为式（6-10）。

$$p_q y_q = v_q mc_q y_q = v_q c_q \qquad (6-9)$$

$$\frac{p^i m_q^i}{p_q y_q} = \frac{p^i m_q^i}{v_q c_q} = \frac{1}{v_q} \cdot \frac{p^m m_q}{c_q} \cdot \frac{p^i m_q^i}{p^m m_q} = \frac{\mu_m}{v_q} \cdot \frac{p^i m_q^i}{p^m m_q} \qquad (6-10)$$

（三）企业出口 DVAR 的决定

由于不包含进口中间品剩余的总出口部分在总出口中所占的份额可代表企业出口 DVAR，即式（6-11）[1]，则根据式（6-7）和（6-10），企业 DVAR 的式（6-11）可变形为式（6-12）。其中，exp_q 和 imp_q 分别为企业 q 的总出口和进口中间品价值。

$$DVAR_q = (exp_q - imp_q)/exp_q = 1 - \frac{p^i m^i}{p_q y_q} \tag{6-11}$$

$$DVAR_q = 1 - \frac{\mu_m}{\upsilon_q} \cdot \frac{1}{1 + (p^d/p^i)^{1-\eta}} \tag{6-12}$$

对式（6-12）一阶求导可得：

$$\frac{\partial DVAR_q}{\partial \upsilon_q} = \frac{\mu_m}{\upsilon_q^2} \cdot \frac{1}{1 + (p^i/p^d)^{\eta-1}} > 0 \tag{6-13}$$

$$\frac{\partial DVAR_q}{(\partial p^d/p^i)} = (1-\eta) \cdot \frac{\mu_m}{\upsilon_q} \cdot \frac{(p^d/p^i)^{-\eta}}{[1 + (p^d/p^i)]^2} < 0 \tag{6-14}$$

由式（6-12）、（6-13）和（6-14）可知，企业出口 DVAR 由企业成本加成和国内中间品相对价格决定，且企业成本加成与出口 DVAR 成正相关关系，即成本加成的提高会促进企业出口 DVAR，而国内中间品相对价格与出口 DVAR 成负相关关系，即国内中间品相对价格的提高会降低企业出口 DVAR。

二　劳动保护影响企业出口 DVAR 的作用机制

劳动保护的加强不仅导致企业用工成本增加[2]，也激励企业加大人力

---

① Kee, H. L., Tang, H., "Domestic Value Added in Exports: Theory and Firm Evidence from China", *American Economic Review*, Vol. 106, No. 6, 2016.

② Autor, D. H., Kerr, W. R., Kugler, A. D., "Does Employment Protection Reduce Productivity? Evidence from US States", *Economic Journal*, Vol. 117, No. 521, 2007; Okudaira, H., Takizawa, M., Tsuru, K., "Employment Protection and Productivity: Evidence from Firm-Level Panel Data in Japan", *Applied Economics*, Vol. 45, No. 15, 2013; 李波、杨先明：《劳动保护与企业出口产品质量——基于〈劳动合同法〉实施的准自然实验》，《经济学动态》2021 年第 7 期。

资本投资①和资本替代劳动程度②，促进企业生产率和生产成本的提高。基于上文的理论决定框架，本部分将劳动保护的经济影响概括为生产成本效应和由人力资本投资、要素替代导致的生产率效应，并进一步探讨这两种效应如何作用于企业成本加成和国内中间品相对价格对企业出口 DVAR 产生的影响。

（一）劳动保护与企业成本加成

首先，人力资本投资方面，劳动保护主要通过激励企业加大对员工的培训等投入和劳动者自身对技能提升的投资，提高企业生产率途径来影响企业成本加成，进而影响企业出口 DVAR。一方面，对企业来说，《劳动合同法》限制企业随意解雇员工行为，要求企业必须对员工进行技能培训，增加对员工培训经费的支出，与此同时，企业也可以对培训员工要求一定的工作年限以保证其利益；并且，劳动保护的刚性规制增加了企业用工调整的难度，提高了企业雇佣新员工的谨慎性③，使得企业有更多激励现有员工的专用性人力资本投资④；Almeida 和 Aterido 的研究指出，一个地区的劳动规制刚性实施效力越强，则该地区劳动规制刚性对企业进行培训投入的激励就会越大⑤，员工的技能水平越有可能提升。另一方面，对劳动者来说，劳动保护加强有助于减少劳企纠纷，稳固了劳企关系，提高了劳动者对企业的认同感和自主学习积极性，促进劳动者对自身技能提升进行

① Almeida, R. K., Aterido, R., "On-the-Job Training and Rigidity of Employment Protection in the Developing World: Evidence from Differential Enforcement", *Labour Economics*, Vol. 18, 2011; 王雷：《劳动力成本、就业保护与企业技术创新》，《中国人口科学》2017 年第 1 期；李波、蒋殿春：《劳动保护与制造业生产率进步》，《世界经济》2019 年第 11 期。

② Vergeer, R., Kleinknecht, A., "Jobs Versus Productivity? The Causal Link from Wages to Labour Productivity Growth", *TU Delft Innovation Systems Discussion Papers*, 2007; 林炜：《企业创新激励：来自中国劳动力成本上升的解释》，《管理世界》2013 年第 10 期；刘媛媛、刘斌：《劳动保护、成本粘性与企业应对》，《经济研究》2014 年第 5 期。

③ Kugler, A. D., Saint-Paul, G., "How Do Firing Costs Affect Worker Flows in a World with Adverse Selection?", *Journal of Labor Economics*, Vol. 22, No. 3, 2004.

④ 王雷：《劳动力成本、就业保护与企业技术创新》，《中国人口科学》2017 年第 1 期；李波、杨先明：《劳动保护与企业出口产品质量——基于〈劳动合同法〉实施的准自然实验》，《经济学动态》2021 年第 7 期。

⑤ Almeida, R. K., Aterido, R., "On-the-Job Training and Rigidity of Employment Protection in the Developing World: Evidence from Differential Enforcement", *Labour Economics*, Vol. 18, 2011.

投资来获取职位晋升和工资水平上涨。[1] 而劳动者对与企业特质性相关的技能的投资从企业的角度看有利于提升企业人力资本水平，这会促进生产率提高。Acharya 等、李波和蒋殿春的研究进一步提供了理论支撑，他们均认为劳动保护的加强促进了劳企双方对人力资本进行投资，进而提高企业生产率。[2] 而生产率与企业成本加成成正相关关系，成本加成的提高最终又会促进企业出口 DVAR 增加。

其次，从要素替代角度出发，劳动保护主要通过用资本替代劳动，提高企业生产率途径促进企业成本加成，进而促进企业出口 DVAR 的增加。一方面，从劳动力成本和要素相对价格来看，《劳动合同法》的实施强制企业为农民工等低技能劳动力提供社会保险且为雇佣和解雇劳动力支付了更多[3]，这些都会增加劳动力成本，提高劳动力价格，激励企业用机器等相对便宜的资本替代劳动力，改善企业绩效[4]。根据劳动节约型技术进步理论，生产要素相对价格的变动鼓励企业自主研发新的生产方法，降低劳动力需求，导致企业朝着节约劳动力这种昂贵要素的创新方向发展，提高企业生产效率。[5] 另一方面，从要素投入风险来看，劳动保护的加强导致企业人工成本黏性和员工解雇难度增大，从而对劳动力要素投入的风险增加，这也在一定程度上促使企业用机器设备等资本替代劳动力。[6] 因此，

---

① Macleod, W. B., Nakavachara, V., "Can Wrongful Discharge Law Enhance Employment?", *Economic Journal*, Vol. 117, No. 521, 2007; Belot, M., Boone, J., Ours, J. V., "Welfare-Improving Employment Protection", *Economica*, Vol. 74, No. 295, 2007.

② Acharya, V. V., Baghai, R. P., Subramanian, K. V., "Wrongful Discharge Laws and Innovation", *Review of Financial Studies*, Vol. 27, No. 1, 2014; 李波、蒋殿春：《劳动保护与制造业生产率进步》，《世界经济》2019 年第 11 期。

③ Gao, Q., Yang, S., Li, S., "Social Insurance for Migrant Workers in China: Impact of the 2008 Labour Contract Law", *Economic and Political Studies*, Vol. 5, No. 3, 2017.

④ Vergeer, R., Kleinknecht, A., "Jobs Versus Productivity? The Causal Link from Wages to Labour Productivity Growth", *TU Delft Innovation Systems Discussion Papers*, 2007; Cingano, F., Leonardi, M., Messina, J., Pica, G., "The Effects of Employment Protection Legislation and Financial Market Imperfections on Investment: Evidence from a Firm-Level Panel of EU Countries", *Economic Policy*, Vol. 25, No. 61, 2010; 刘媛媛、刘斌：《劳动保护、成本粘性与企业应对》，《经济研究》2014 年第 5 期。

⑤ Hicks, J. R., "Marginal Productivity and the Principle of Variation", *Economica*, No. 35, 1932; Acemoglu, D., "When Does Labor Scarcity Encourage Innovation?", *Journal of Political Economy*, Vol. 118, No. 6, 2010.

⑥ 刘媛媛、刘斌：《劳动保护、成本粘性与企业应对》，《经济研究》2014 年第 5 期。

理论上，劳动保护会加快资本对劳动的替代频率，提高企业生产率水平，进而促进成本加成增加。

（二）劳动保护与国内中间品相对价格

从生产成本角度来看，劳动保护的加强会促进企业用工成本和解雇成本增加，通过提高企业生产成本来影响国内中间品相对价格，进而影响企业出口 DVAR。一方面，《劳动合同法》的实施加强了对劳动者权益的保护，提高了劳动者收入水平，同时也增加了企业的用工成本。[①] Cheng 等指出劳动者的平均工资和非工资形式的报酬会因劳动保护的加强而显著增加。[②] 同时，《劳动合同法》要求企业将所有员工都纳入社会保障体系，促使更多员工通过签订劳动合同来保障自身利益[③]，导致企业支付的社会保险和住房公积金等费用大幅增加[④]，提高了企业生产成本，影响企业产品定价。另一方面，劳动保护的加强降低了企业用工灵活度，增加了企业解雇员工的成本。与《劳动法》不同，《劳动合同法》对企业随意解雇员工行为规定了更多经济赔偿条款。[⑤] 李春云认为《劳动合同法》在经济补偿金、无固定期限劳动合同及违法成本三个方面提高了企业解雇成本。[⑥] 此外，工会组织的数量在新法实施后出现显著增加[⑦]，导致企业解除劳动合同难度进一步加大，给企业造成一定的人工成本。对于企业来说，用工成本和解雇成本的增加都会提高企业生产成本，从而抬高国内中间品相对价

① 刘彩凤：《〈劳动合同法〉对我国企业解雇成本与雇用行为的影响——来自企业态度的问卷调查》，《经济管理》2008 年第 Z2 期。

② Cheng, Z., Nielsen, I., Smyth, R., Determinants of Wage Arrears and Implications for the Socio-Economic Wellbeing of China's Migrant Workers: Evidence from Guangdong Province, *Handbook of Chinese Migration: Identity and Wellbeing*, RRIredale, FGuo (Eds.), Cheltenham: Edward Elgar Publishing, 2015, pp. 105 – 125.

③ Becker, J., Elfstrom, M., Forum, I.L.R., "The Impact of China's Labor Contract Law on Workers", International Labor Rights Forum, 2010; Li, X., Freeman, R.B., "How Does China's New Labour Contract Law Affect Floating Workers?", *British Journal of Industrial Relations*, Vol. 53, No. 4, 2015.

④ Gao, Q., Yang, S., Li, S., "Social Insurance for Migrant Workers in China: Impact of the 2008 Labour Contract Law", *Economic and Political Studies*, Vol. 5, No. 3, 2017.

⑤ 黄平：《解雇成本、就业与产业转型升级——基于〈劳动合同法〉和来自中国上市公司的证据》，《南开经济研究》2012 年第 3 期。

⑥ 李春云：《〈劳动合同法〉对企业解雇成本的影响分析》，《当代经济》2008 年第 10 期。

⑦ Li, X., Freeman, R.B., "How Does China's New Labour Contract Law Affect Floating Workers?", *British Journal of Industrial Relations*, Vol. 53, No. 4, 2015.

格，进而导致企业出口 DVAR 下降。

综上，特提出以下竞争性研究假说。

研究假说 H5a：《劳动合同法》的实施带来的劳动保护加强通过提高企业生产率促进企业出口 DVAR。

研究假说 H5b：《劳动合同法》的实施带来的劳动保护加强通过提高国内中间品相对价格降低企业出口 DVAR。

第三节　劳动保护与企业出口国内附加值率：研究设计

一　计量模型设定

本部分以 2008 年《劳动合同法》的实施为准自然实验，识别劳动保护对企业出口 DVAR 的影响。为排除时间趋势变化导致的混杂性因素干扰，特采用双重差分模型进行识别。考虑到《劳动合同法》的实施对劳动密集型企业的影响更大且众多学者以劳动密集度的高低作为区分处理组和对照组的依据[①]，此处我们也参考通用做法，以企业所在 3 分位行业 2007 年劳动密集度的高低来划分处理组和对照组，基本计量模型设定如下：

$$DVAR_{ijkt} = \alpha + \beta lab\_int_j \times law_t + \delta \vec{X} + \mu_i + \mu_t + \varepsilon_{ijkt} \qquad (6-15)$$

其中，i、j、k、t 分别代表企业、行业、地区及年份；$DVAR_{ijkt}$ 为被解释变量，表示企业出口国内附加值率，该值的大小反映了中国制造业企业在全球价值链中的分工地位和贸易利得的高低；lab_int_j 代表企业所处 3 分位行业的劳动密集度；《劳动合同法》是否实施用变量 law_t 来表示，若为 2008 年及以后年份，law_t 取 1，否则为 0；交互项 $lab\_int_j \times law_t$ 的系数 β 为

[①] 卢闯、唐斯圆、廖冠民：《劳动保护、劳动密集度与企业投资效率》，《会计研究》2015 年第 6 期；倪骁然、朱玉杰：《劳动保护、劳动密集度与企业创新——来自 2008 年〈劳动合同法〉实施的证据》，《管理世界》2016 年第 7 期；Ni，X.，Zhu，Y.，"The Bright Side of Labor Protection in Emerging Markets：The Case of Firm Transparency"，*Pacific-Basin Finance Journal*，Vol. 50，2018。

我们重点关注的对象，其表示劳动保护对企业出口 DVAR 的因果效应，若 $\beta > 0$，则说明相对于低劳动密集型企业来说，《劳动合同法》的实施对高劳动密集型企业的出口 DVAR 的促进作用更强，若 $\beta < 0$，则结论相反；一系列控制变量的集合用 $\vec{X}$ 来表示；μ_i、μ_t 分别为企业固定效应及年份固定效应；ε_{ijkt} 为随机误差项。

二 变量选取与度量

(一) 企业出口 DVAR 的度量

本部分在 Upward 等[1]、张杰等[2]、Kee 和 Tang[3] 对企业出口 DVAR 指标构造的基础上，参照邵朝对和苏丹妮的方法[4]对间接进口和返回增加值两个部分进行处理，具体为：删去企业使用的国内中间品中包含的间接进口部分；增加企业使用的进口中间品中包含的返回国内增加值部分。然而，由于这两部分微观数据的不可得性，我们借鉴 Wang 等的方法[5]分解出口增加值，并用中国行业层面的数据替换企业层面数据，即用行业间接进口比例替代中国企业间接进口比例，用行业返回增加值比例替代企业返回增加值比例。此外，由于贸易方式及中间贸易代理商问题会降低测算精度，我们对该问题也进行了处理，得到了如下中国制造业企业出口 DVAR 测度方法：

$$DVAR_{ijkt\hat{p}} = 1 - \frac{IM_{ijkt\hat{p}}^{total} \mid_{BEC} + (\upsilon_j^1 - \upsilon_j^2) \times EX_{ijkt\hat{p}}^{total}}{EX_{ijkt\hat{p}}^{total}} \qquad (6-16)$$

$$DVAR_{ijkt\hat{o}} = 1 - \frac{(IM_{jikt\hat{o}}^{total} \mid_{BEC} / SA_{ijkt}) \times EX_{jikt\hat{o}}^{total} + (\upsilon_j^1 - \upsilon_j^2) \times EX_{ijkt\hat{o}}^{total}}{EX_{ijkt\hat{o}}^{total}} \qquad (6-17)$$

---

① Upward, R., Wang, Z., Zheng, J., "Weighing China's Export Basket: The Domestic Content and Technology Intensity of Chinese Exports", *Journal of Comparative Economics*, Vol. 41, No. 2, 2013.

② 张杰、陈志远、刘元春：《中国出口国内附加值的测算与变化机制》，《经济研究》2013 年第 10 期。

③ Kee, H. L., Tang, H., "Domestic Value Added in Exports: Theory and Firm Evidence from China", *American Economic Review*, Vol. 106, No. 6, 2016.

④ 邵朝对、苏丹妮：《产业集聚与企业出口国内附加值：GVC 升级的本地化路径》，《管理世界》2019 年第 8 期。

⑤ Wang, Z., Wei, S. J., Zhu, K., "Quantifying International Production Sharing at the Bilateral and Sector Levels", *Nber Working Paper Series*, No. 19677, 2013.

$$DVAR_{ijkt\hat{m}} = \beta_{\hat{p}} \times \left[1 - \frac{IM_{ijkt\hat{p}}^{total} \mid_{BEC} + (v_j^1 - v_j^2) \times EX_{ijkt\hat{p}}^{total}}{EX_{ijkt\hat{p}}^{total}} \right] +$$

$$\beta_{\hat{o}} \times \left[1 - \frac{(IM_{ijkt\hat{o}}^{total} \mid_{BEC} / (SA_{ijkt} - EX_{ijkt\hat{p}}^{total})) \times EX_{ijkt\hat{o}}^{total} + (v_j^1 - v_j^2) \times EXP_{jikt\hat{o}}^{total}}{EX_{ijkt\hat{o}}^{total}} \right]$$

$$(6 - 18)$$

$DVAR_{ijkt\hat{p}}$、$DVAR_{ijkt\hat{o}}$ 和 $DVAR_{ijkt\hat{m}}$ 分别为加工贸易企业出口 DVAR、一般贸易企业出口 DVAR 及混合贸易企业出口 DVAR。下标 i、j、k、t 分别表示企业、行业、地区及年份；$\hat{p}$、$\hat{o}$、$\hat{m}$ 分别代表加工贸易、一般贸易及混合贸易。这里用广义经济分类标准 BEC 判别进口产品是最终品还是中间品。$IM_{ijkt\lambda}^{total} \mid_{BEC} (\lambda = \hat{p}, \hat{o})$ 表示企业总的进口中间品额。对于加工贸易企业，$IM_{ijkt\hat{o}}^{total} \mid_{BEC}$ 也代表出口产品中的真实进口中间品额；对于一般贸易企业，我们借鉴 Upward 等的做法[①]，设定国内销售产品和出口产品中所用的进口中间品占比相同，则 $(IM_{jikt\hat{o}}^{total} \mid_{BEC} / SA_{ijkt}) \times EX_{jikt\hat{o}}^{total}$ 为该类企业出口的真实进口中间品额，其中，SA_{ijkt} 表示企业总销售额，$EX_{ijkt\lambda}^{total} \mid_{BEC} (\lambda = \hat{p}, \hat{o})$ 企业出口额，用企业出口交货值来度量。$v_j^1 - v_j^2$ 为行业间接进口占比与行业返回增加值占比的差值；$\beta_{\hat{p}}$、$\beta_{\hat{o}}$ 都是混合贸易企业参数，分别为加工贸易产品出口比例和一般贸易产品出口比例。

（二）企业劳动密集度的度量

借鉴李波和蒋殿春的做法[②]，本部分先分别对 2007 年 3 分位行业的工资福利收入和销售收入取对数，用两者对数的比值来度量行业劳动密集度，并用于进行基准估计。考虑到仅使用 3 分位行业 2007 年的劳动密集度可能会存在估计偏误，我们采用同样的方法测算了 2 分位和 4 分位行业的劳动密集度并进行了稳健性检验；进一步地，还采用了 2007 年 3 分位行业的雇佣人数对数与销售收入对数的比值测度劳动密集度。另外，由于使用单一年份的行业雇佣人数和销售收入衡量全部的行业雇佣人数和销售收入不能反映其变化幅度，且《劳动合同法》实施前后的劳动密集度可能会受

---

① Upward, R., Wang, Z., Zheng, J., "Weighing China's Export Basket: The Domestic Content and Technology Intensity of Chinese Exports", *Journal of Comparative Economics*, Vol. 41, No. 2, 2013.

② 李波、蒋殿春:《劳动保护与制造业生产率进步》,《世界经济》2019 年第 11 期。

时间趋势影响，我们借鉴李建强和赵西亮、倪骁然和朱玉杰的做法，分别对 2004～2007 年 3 分位行业平均雇佣人数和平均销售收入取对数，然后用两者对数的比值来衡量行业劳动密集度。① 为保证基准结果的稳健可靠，我们又采用上述两种方法从企业层面进行劳动密集度再测度，具体以 2007 年企业工资福利收入对数与销售收入对数的比值、2007 年雇佣人数对数与销售收入对数的比值、2004～2007 年企业平均雇佣人数对数与平均销售收入对数的比值刻画。

（三）　其他变量的度量

企业层面控制变量，（1）企业年龄（lnage）：用企业当年所处年份减去开业年份加 1，再取对数来计算；（2）企业规模（lnsize）：对企业真实销售额取对数来衡量；（3）融资约束（lncredit）：以企业真实利息支出占真实固定资产比重加 1 取对数度量；（4）资产负债率（liab_asset）：用企业真实负债与企业真实总资产的比值来度量；（5）企业全要素生产率（lntfp）：采用 OP 法来测度；（6）国有企业虚拟变量（soes）：若企业所有制类型为国有企业，则 soes 取 1，否则 soes 取 0；（7）外资企业虚拟变量（foreign）：若企业所有制类型为外资企业，则 foreign 取 1，否则取 0；（8）企业贸易类型（加工贸易企业 pro、混合贸易企业 mix、一般贸易企业 ord）：对仅从事加工贸易的企业，pro 取 1，否则取 0，对既进行加工贸易又进行一般贸易的企业，mix 取 1，否则取 0，对仅从事一般贸易的企业，ord 取 1，否则取 0；（9）多产品出口企业（hsd）：若企业出口 HS 8 分位产品的种类大于 1，则将其界定为多产品出口企业，hsd 为 1，否则 hsd 为 0；（10）企业利润率（prof_asset）：用企业总利润与输出价格之比再除以企业真实总资产得到；（11）固定资产比率（capi_rate）：采用企业真实固定资产与真实总资产的比值来度量。行业层面控制变量，（1）行业竞争度（hhi）：借助赫芬达尔－赫希曼指数公式以企业雇佣人数来计算；（2）行业进口关税（lnim_duty）：采用 2 分位行业层面关税加 1 再取对数来得到。

_____

① 李建强、赵西亮：《劳动保护与企业创新——基于〈劳动合同法〉的实证研究》，《经济学》（季刊）2020 年第 1 期；倪骁然、朱玉杰：《劳动保护、劳动密集度与企业创新——来自 2008 年〈劳动合同法〉实施的证据》，《管理世界》2016 年第 7 期。

三 数据说明

本章使用的数据主要为以下四类。一是用来计算企业规模及年龄、行业竞争度等变量的企业层面数据，该数据来源于 1998～2013 年中国工业企业数据库。考虑到该数据存在缺失和错配等问题，本部分采用通用做法，借鉴 Brandt 等的研究[①]，对中国工业企业数据进行匹配和清洗。剔除了不符合经济学常识和会计钩稽关系、经济价值低且没有进出口贸易的"废弃资源和废旧材料回收加工业企业"，西藏企业这类样本数据；同时，由于劳动保护强度可能会在《最低工资规定》通过的 2003 年前后出现较大差异而干扰研究结果，我们进一步对 2003 年当年及以前的数据进行剔除，最终得到 2004～2013 年中国工业企业数据库。二是用来测度企业出口 DVAR 的产品层面贸易数据，该数据来自 2000～2013 年中国海关进出口数据库。该数据对通关企业的每一条进出口交易信息进行了详细记录，包括企业名称及税号、贸易类型、进出口产品的 8 分位 HS 编码、进出口数量及价值等，方便本章对企业出口 DVAR 进行测算。三是进一步修正企业出口 DVAR 指标的世界投入产出数据。对上述整理好的数据，我们还借鉴 Yu 的研究[②]，将 2004～2013 年中国工业企业数据库与 2000～2013 年中国海关进出口数据库进行匹配。具体步骤是：先按照企业名称和年份合并两个数据库，再根据企业所在地邮政编码和电话号码后七位来识别相同企业以得到 2004～2013 年的样本数据。四是本部分以 2000 年为基期对所有包括产出和投入等价值类变量进行了调整。主要变量的描述性统计结果如表 6-1 所示。

---

① Brandt, L., Biesebroeck, J. V., Zhang, Y., "Creative Accounting or Creative Destruction? Firm-Level Productivity Growth in Chinese Manufacturing", *Journal of Development Economics*, Vol. 97, No. 2, 2012.

② Yu, M., "Processing Trade, Tariff Reductions and Firm Productivity: Evidence from Chinese Firms", *The Economic Journal*, Vol. 125, No. 585, 2015.

表 6 - 1　描述性统计结果

变量	定义	样本数	均值	中位数	标准差	最小值	最大值
lab_int	2007 年 3 分位行业 ln（工资福利）/ln（销售收入）	477907	0.856	0.855	0.0200	0.765	0.892
	2007 年 2 分位行业 ln（工资福利）/ln（销售收入）	477907	0.864	0.865	0.0140	0.802	0.890
	2007 年 4 分位行业 ln（工资福利）/ln（销售收入）	477907	0.849	0.848	0.0240	0.710	0.902
	2007 年 3 分位行业 ln（雇佣人数）/ln（销售收入）	477907	0.481	0.480	0.0280	0.399	0.583
	2004～2007 年 3 分位行业 ln（平均雇佣人数）/ln（平均销售收入）	477907	0.491	0.487	0.0290	0.405	0.616
	2007 年企业层面 ln（工资福利）/ln（销售收入）	347972	0.770	0.774	0.0720	0.326	2.607
	2007 年企业层面 ln（雇佣人数）/ln（销售收入）	285115	0.494	0.496	0.0710	0.197	0.877
	2004～2007 年企业层面平均 ln（雇佣人数）/ln（销售收入）	315166	0.498	0.500	0.0710	0.211	0.956
DVAR	考虑间接进口和返回增加值	414512	0.768	0.853	0.205	0	0.972
	不考虑间接进口和返回增加值	380479	0.759	0.989	0.339	0.0280	1.015
lnage	ln（当年年份 - 开业年份 +1）	384702	2.270	2.303	0.646	0	4.174
lnsize	ln（真实销售额）	477890	10.90	10.75	1.398	2.645	19.75
lncredit	ln（利息支出占固定资产比重 +1）	477128	0.857	0.908	0.358	-6.905	1.743
liab_asset	企业真实负债/企业真实总资产	477849	0.658	0.586	0.899	-4.564	63.07
lntfp	ln（OP 法企业全要素生产率）	475342	7.052	6.968	0.981	-4.722	14.40
soes	是否为国有企业	477907	0.144	0	0.351	0	1
foreign	是否为外资企业	477907	0.473	0	0.499	0	1
pro	是否为加工贸易企业	477907	0.300	0	0.458	0	1
ord	是否为一般贸易企业	477907	0.461	0	0.498	0	1
hsd	是否为多产品出口企业	477907	0.810	1	0.392	0	1
prof_asset	真实利润/真实总资产	477745	0.0680	0.0330	0.902	-14.20	542.9
capi_rate	真实固定资产/真实总资产	477466	0.327	0.267	0.501	-0.891	126.9
hhi	以赫芬达尔-赫希曼指数计算的企业雇佣人数	477907	0.0180	0.00800	0.0350	0.00100	1
lnim_duty	ln（行业进口关税 +1）	410901	2.375	2.485	0.371	0.893	3.531

第四节　劳动保护影响企业出口国内
附加值率的实证分析

一　基准回归

表 6 - 2 报告了劳动保护对企业出口 DVAR 影响的基准回归结果。该表所有列均控制了企业固定效应及年份固定效应，劳动密集度与《劳动合同法》是否实施虚拟变量的交互项 $lab\_int \times law$ 的估计系数是我们的重点关注对象。其中，第（1）列为不加入控制变量的估计结果，可以看出交互项 $lab\_int \times law$ 的估计系数在 1% 的水平下显著为正，表明在 2008 年《劳动合同法》实施之后，劳动密集度较高行业比劳动密集度较低行业的企业出口 DVAR 提高更多，也就是说，劳动保护加强显著促进企业出口 DVAR 的提高，初步验证本章研究假说 H5a，证伪了研究假说 H5b。第（2）列进一步加入企业年龄、企业规模、融资约束、资产负债率以及企业全要素生产率控制变量，可以看出核心解释变量 $lab\_int \times law$ 的估计系数依然在 1% 水平下显著为正，说明在控制企业层面的一些特征时劳动保护加强仍会促进企业出口 DVAR 提高，且这一结果不会因是否加入控制变量而改变。第（3）～（6）列逐步加入影响企业出口 DVAR 的企业层面和行业层面控制变量，我们发现交互项 $lab\_int \times law$ 的估计系数仍显著为正，表明企业类型、利润率及固定资产比率等自身特征、行业竞争度和关税特征等因素均不会对劳动保护加强促进企业出口 DVAR 提高这一结果的稳健性产生干扰，再次证实前文研究假说 H5a。

从控制变量的回归结果来看，企业年龄（lnage）的估计系数显著为正，说明企业经营时间越长对企业出口 DVAR 的促进作用越大，可能的原因是经营时间较长的企业拥有相对成熟的生产技术和管理水平，更容易从国际贸易中获取学习经验，或者是年龄较长的企业往往有一定的资金积累以支持企业研发自己生产所需的中间品。融资约束（lncredit）的估计系数在 1% 的水平下显著为负，说明利息支出占固定资产比重越低，即企业融资约束程度越强，越能促进企业出口 DVAR 提高，这可能是因为融资约束使得企业倾向于使用国内中间品，提高了企业出口 DVAR。资产负债率（*liab_asset*）的估计系数显著为负，表明企业出口 DVAR 会随资产负债率的提高而降低。企业全要素生产率（ln*tfp*）的估计系数显著为正，表明全要素生产率越高的企业其出口 DVAR 也越高。外资企业虚拟变量（*foreign*）的估计系数显著为负，可能是因为外资企业中的加工贸易企业较多，其"两头在外"的特征不利于出口 DVAR 提高。① 加工贸易企业（*pro*）和一般贸易企业（*ord*）的估计系数分别在 1% 的水平下显著为负和显著为正，即加工贸易企业在装配环节倾向于使用更多的进口中间品，抑制了企业出口 DVAR 的提高②，这反映了加工贸易企业的出口 DVAR 往往较低③。企业利润率（*prof_asset*）、固定资产比率（*capi_rate*）以及行业竞争度（*hhi*）的估计系数分别为显著正向、显著负向和显著正向，表明利润率越高、固定资产比率越低、行业垄断程度越高，企业出口 DVAR 越高。

表 6 - 2　基准回归结果

变量	(1)	(2)	(3)	(4)	(5)	(6)
lab_int × *law*	0.946 ***	0.864 ***	0.857 ***	0.788 **	0.787 **	0.793 ***
	(3.23)	(2.68)	(2.67)	(2.56)	(2.56)	(2.62)
ln*age*		0.009 *	0.008 *	0.009 **	0.009 **	0.009 **
		(1.92)	(1.78)	(2.36)	(2.41)	(2.38)
ln*size*		− 0.007 ***	− 0.006 ***	0.002	0.002	0.002
		(− 3.72)	(− 3.43)	(1.28)	(1.31)	(1.40)
ln*credit*		− 0.022 ***	− 0.021 ***	− 0.011 ***	− 0.011 ***	− 0.011 ***
		(− 9.18)	(− 9.16)	(− 6.22)	(− 6.27)	(− 6.38)
liab_asset		− 0.002 ***	− 0.002 ***	− 0.001 ***	− 0.001	− 0.001 *
		(− 4.56)	(− 4.23)	(− 3.16)	(− 1.63)	(− 1.68)
ln*tfp*		0.011 ***	0.011 ***	0.003 *	0.003	0.002
		(5.42)	(5.16)	(1.72)	(1.38)	(1.30)
soes			− 0.013 ***	− 0.002	− 0.002	− 0.002
			(− 5.56)	(− 1.18)	(− 1.16)	(− 1.14)

① 高翔、刘啟仁、黄建忠：《要素市场扭曲与中国企业出口国内附加值率：事实与机制》，《世界经济》2018 年第 10 期。

② 闫志俊、于津平：《出口企业的空间集聚如何影响出口国内附加值》，《世界经济》2019 年第 5 期。

③ Kee, H. L., Tang, H., "Domestic Value Added in Exports: Theory and Firm Evidence from China", *American Economic Review*, Vol. 106, No. 6, 2016.

续表

变量	(1)	(2)	(3)	(4)	(5)	(6)
foreign			-0.008 ***	-0.004 ***	-0.004 ***	-0.004 ***
			(-6.24)	(-3.34)	(-3.30)	(-3.25)
pro				-0.032 ***	-0.032 ***	-0.032 ***
				(-6.03)	(-6.03)	(-6.02)
ord				0.093 ***	0.093 ***	0.093 ***
				(24.06)	(24.11)	(24.08)
hsd					-0.002	-0.001
					(-1.32)	(-1.28)
prof_asset					0.006 **	0.007 **
					(2.26)	(2.27)
capi_rate					-0.002 **	-0.002 **
					(-2.36)	(-2.40)
hhi						0.083 ***
						(3.11)
ln*im_duty*						-0.013
						(-1.18)
企业固定效应	控制	控制	控制	控制	控制	控制
年份固定效应	控制	控制	控制	控制	控制	控制
R^2	0.792	0.797	0.798	0.811	0.811	0.812
F 值	10.44	24.40	22.04	92.59	71.72	62.01
观测值	321308	280531	280531	280531	280452	280452

注：括号内数据均为 3 分位行业层面的聚类标准误，* 、** 、*** 分别表示在 10%、5%、1% 的水平下显著；下表同。

二 平行趋势与动态效应考察

双重差分模型使用的一个重要前提是准自然实验发生前，处理组和对照组企业的出口 DVAR 满足平行趋势假设，即《劳动合同法》实施前，高、低劳动密集度企业的出口 DVAR 具有相同的变动趋势。从现实来看，尽管《劳动合同法》的实施满足外生性条件[①]，但企业可能会在《劳动合同法》实施前变动投资决策，这就会导致时序上的反向因果问题，降低估计结果的精度；加上《劳动合同法》实施对企业出口 DVAR 的影响可能存

---

① 倪骁然、朱玉杰：《劳动保护、劳动密集度与企业创新——来自 2008 年〈劳动合同法〉实施的证据》，《管理世界》2016 年第 7 期。

在滞后性，而基准估计仅考察了劳动保护对企业出口 DVAR 的平均效应，未能捕捉该影响效应的滞后性和持续性等动态特征。为此，本部分将 2008 年《劳动合同法》实施的政策冲击逐年打开，考察政策实施前的平行趋势假设是否成立及实施后的动态效应。借鉴李波和蒋殿春的研究[①]，构建以下模型进行平行趋势检验：

$$DVAR_{ijkt} = \alpha + \sum_{n=-3}^{n=5} \beta_n lab\_int_j \times law_t^n + \vec{\delta X} + \mu_i + \mu_t + \varepsilon_{ijkt} \qquad (6-19)$$

其中，law_t^n 为政策虚拟变量，若样本所在期为 2005 年，law_t^{-3} 取值为 1，其他为 0；若样本所在期为 2006 年，law_t^{-2} 取值为 1，其他为 0；若样本所在期为 2007 年，law_t^{-1} 取值为 1，其他为 0；若样本所在期为 2008 年，law_t 取值为 1，其他为 0；依次类推，若样本所在期分别为 2009、2010、2011、2012、2013 年，则 law_t^n（$n=1$，2，3，4，5）分别取 1，其余为 0。表 6-3 报告了基于模型（6-19）的估计结果。可以发现，政策实施前两期的估计系数均没有通过 10% 水平的显著性检验，即《劳动合同法》实施前的 2～3 年内，高、低劳动密集型企业的出口 DVAR 变化趋势并没有明显差异，说明实验前 2～3 期的平行趋势假设得到满足；政策实施前 1 年（2007 年），交互项的估计系数在 1% 的水平下显著为正，可能的原因是，企业在 2007 年 6 月《劳动合同法》通过时就已经对该法律的实施形成了预期，开始对企业进行调整。《劳动合同法》实施当年，交互项的估计系数值明显增大且在 5% 的水平下显著为正，说明 2008 年《劳动合同法》的实施导致高、低劳动密集度企业的出口 DVAR 出现显著差异。在政策实施后的 1～5 年内，交互项的估计系数也通过了 5% 水平的显著性检验且估计值在政策实施后的第 4 期呈现扩大之势，这意味着《劳动合同法》实施后，相比于低劳动密集度企业，高劳动密集型企业的出口 DVAR 提高更多。此外，图 6-1 展示了式（6-19）的估计系数值和 95% 置信区间，可以更直观地看出政策实施前估计系数值在 0 值附近上下波动，而政策实施当年及实施后年份估计系数值发生了明显变化，且这种变化在政策实施后 4 年时再次增强。这些都表明《劳动合同法》实施对企业出口 DVAR 影响的效应具有一

① 李波、蒋殿春：《劳动保护与制造业生产率进步》，《世界经济》2019 年第 11 期。

定的持续性且随时间推移而进一步增强，再次证明前文的研究假说 H5a。

表 6 - 3　平行趋势与动态效应检验结果

变量	$lab\_int \times law^{-3}$	$lab\_int \times law^{-2}$	$lab\_int \times law^{-1}$	$lab\_int \times law$	$lab\_int \times law^1$	$lab\_int \times law^2$
	0.019	0.191	0.542 ***	1.060 **	0.944 ***	0.902 **
	(0.22)	(1.34)	(2.62)	(2.56)	(3.03)	(2.49)
变量	$labint \times law^3$	$labint \times law^4$	$labint \times law^5$	控制变量	企业	年份
	0.805 **	1.120 **	1.103 **	控制	控制	控制
	(2.25)	(2.36)	(2.23)			

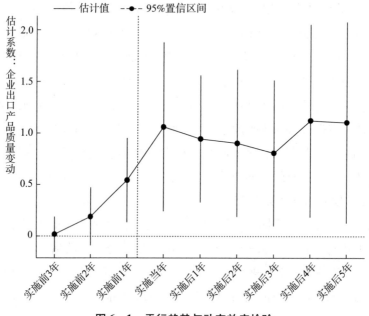

图 6 - 1　平行趋势与动态效应检验

三　稳健性分析

基准回归结果初步得出了本章的基本研究结论，即由《劳动合同法》实施导致的劳动保护加强显著促进了企业出口 DVAR。为了进一步确认该结论的可靠性，此处从多个角度设计了严格的稳健性检验，主要包括以下四个方面：第一，替换企业劳动密集度和出口 DVAR 测度指标；第二，考察两税合并事件的影响；第三，剔除异常数据样本进行再检验；第四，考察地区 - 年份、行业 - 年份、地区 - 行业 - 年份等其他因素的干扰。

（一）指标替换

1. 替换企业劳动密集度指标

在主要部分中，我们使用"3 分位行业工资福利收入对数与企业实际销售收入对数的比值"来衡量劳动密集度，为排除《劳动合同法》实施的影响因不同分位行业劳动密集度测度偏误导致的估计误差，本章分别使用2 分位行业 2007 年、4 分位行业 2007 年单独年份的工资福利收入对数与企业实际销售收入对数的比值、3 分位行业 2007 年单独年份雇佣人数对数与实际销售收入对数的比值以及 3 分位行业 2004～2007 年平均雇佣人数对数与平均销售收入对数的比值来测度行业劳动密集度，回归结果见表 6-4 第（1）～（4）列；此外，考虑到大量企业进入退出造成的数据非平衡性问题，本章借鉴李波和杨先明的做法[1]，从企业层面对劳动密集度进行再次测度，即分别采用 2007 年单独年份企业工资福利收入对数与实际销售收入对数的比值、2007 年单独年份企业雇佣人数对数与实际销售收入对数的比值、2004～2007 年企业平均雇佣人数对数与平均销售收入对数的比值来代替行业层面劳动密集度，回归结果见表 6-4 第（5）～（7）列。我们发现，交互项 $lab\_int \times law$ 的估计系数仍为正且在 5% 的水平下依然显著，说明本章的核心结论并不会因劳动密集度测度方法的不同而发生实质性改变，基准回归结论具有稳健性。

2. 替换企业出口 DVAR 指标

基准回归采用的企业出口 DVAR 指标在测算时删去了间接进口价值部分并增加了返回增加值部分，而一些学者的研究并未考虑这两部分价值，如张杰等[2]、Kee 和 Tang[3]。为此，本部分按照现有研究的方法，将这两部分替换为 0 值，尝试不考虑间接进口和返回增加值来测度企业出口 DVAR，并再次进行回归，估计结果见表 6-4 第（8）列。不难发现，交互项 $lab\_int \times law$ 的估计系数符号和显著性并未发生明显变化，前文核心结论依然成立。

① 李波、杨先明：《劳动保护与企业出口产品质量——基于〈劳动合同法〉实施的准自然实验》，《经济学动态》2021 年第 7 期。

② 张杰、陈志远、刘元春：《中国出口国内附加值的测算与变化机制》，《经济研究》2013 年第 10 期。

③ Kee, H. L., Tang, H., "Domestic Value Added in Exports: Theory and Firm Evidence from China", *American Economic Review*, Vol. 106, No. 6, 2016.

表 6-4 稳健性检验结果一

变量	(1)	(2)	(3)	(4)	(5)	(6)	(7)	(8)
		替换行业层面劳动密集度			替换企业层面劳动密集度			替换 DVAR
	2 分位 2007 年	4 分位 2007 年	3 分位 2007 年	3 分位 2004~2007 年	企业 2007 年	企业 2007 年	企业 2004~2007 年	不考虑间接进口和返回增加值 2004~2007 年
lab_int × law	1.284*** (2.77)	0.618** (2.44)	0.549*** (2.89)	0.535*** (2.90)	0.180** (2.36)	0.195*** (3.10)	0.214*** (3.20)	0.683** (2.18)
控制变量	控制	控制	控制	控制	控制	控制	控制	控制
企业固定效应	控制	控制	控制	控制	控制	控制	控制	控制
年份固定效应	控制	控制	控制	控制	控制	控制	控制	控制
R^2	0.812	0.811	0.812	0.812	0.808	0.808	0.810	0.825
F 值	61.41	63.04	62.69	63.33	58.13	60.09	61.79	172.0
观测值	280452	280452	280452	280452	219328	220595	236893	239782

（二）考察两税合并的影响

2008 年除《劳动合同法》的实施外，还发生了两税合并这一事件，这对于基准回归结果的稳健性来说也是一个潜在影响因素。2008 年两税合并政策开始执行，内外资企业所得税税率统一为 25%。该政策可能会混淆《劳动合同法》的实施对企业出口 DVAR 的影响效应，原因是两税合并政策会导致行业竞争程度加剧，促进企业创新[1]，改善企业生产率，推动企业出口国内附加值提升。为稳健起见，本研究根据企业注册类型对所有非外资企业样本进行再回归，估计结果见表 6-5 第（1）列。可以看出，交互项的估计系数依然在 5% 的水平下显著为正，说明两税合并事件带来的冲击并不会使《劳动合同法》实施促进企业出口 DVAR 增加这一结果发生实质性改变，再次证明了前文基准回归结果的稳健可靠。值得注意的是，相比于对所有样本进行回归的结果，劳动密集度和合同法是否实施虚拟变量的交互项估计系数值有所下降，表明两税合并也会影响企业出口 DVAR，但该影响程度并不会改变基准结果。

（三）删除异常年份数据样本

考虑到异常数据样本会导致基准估计结果与现实情况存在较大偏差，影响结论稳健性，因此，需要对采用的数据样本异常值进行调整，重新估计这一影响。由于 2009 年和 2010 年样本数据存在指标严重缺失和重大数据统计问题，大量学者使用 2007 年之后的中国工业企业数据库时通常将该年份数据进行剔除，如谭语嫣等[2]、李波和蒋殿春[3]。为此，本部分同样采用剔除 2009 年和 2010 年数据的做法，对劳动保护加强与企业出口 DVAR 的关系进行再次估计，回归结果见表 6-5 第（2）列。核心解释变量 $lab\_int \times law$ 的估计系数在 5% 的水平下显著为正，表明剔除异常值后，劳动保护加强对高劳动密集度行业企业的出口 DVAR 的促进作用显著高于低劳动密集度行业，并且这一结果相当稳健。

---

① 杨振兵：《两税合并促进行业竞争吗?》，《上海经济研究》2014 年第 11 期；杨振兵、张诚：《两税合并后外资企业创新效率提升了吗——来自中国制造业的证据》，《财贸经济》2015 年第 9 期。

② 谭语嫣、谭之博、黄益平、胡永泰：《僵尸企业的投资挤出效应：基于中国工业企业的证据》，《经济研究》2017 年第 5 期。

③ 李波、蒋殿春：《劳动保护与制造业生产率进步》，《世界经济》2019 年第 11 期。

表6-5　稳健性检验结果二

变量	(1)	(2)	(3)	(4)	(5)
	两税合并	删除2009~2010年样本	地区-年份	3分位行业-年份	地区-3分位行业-年份
$lab\_int \times law$	0.484** (2.21)	0.862** (2.48)	0.793*** (2.63)	0.831** (2.57)	0.831** (2.57)
控制变量	控制	控制	控制	控制	控制
企业固定效应	控制	控制	控制	控制	控制
年份固定效应	控制	控制	控制	控制	控制
R^2	0.779	0.817	0.812	0.814	0.814
F值	21.29	72.20	62.18	66.51	66.65
观测值	152138	227308	280451	280452	280451

（四）　其他因素干扰

前文在探讨《劳动合同法》实施对企业出口DVAR影响效应的同时并未考虑企业所在地区特征对该影响的干扰，比如企业所在地区劳动力结构、地区制度环境和执法效率等。考虑到地区特征也会影响研究结论的稳健性，此处进一步控制了地区-年份联合固定效应、3分位行业-年份联合固定效应以及地区-3分位行业-年份三重固定效应进行再估计，估计结果见表6-5第（3）~（5）列。我们发现，交互项 $lab\_int \times law$ 的估计系数均显著为正，虽然估计系数大小相比于基准回归稍有下降，但劳动保护加强仍会显著促进企业出口DVAR，表明无论是否控制地区层面等因素，前文结论均不会发生显著改变，再次证明研究假说H5a的稳健性。

第五节　劳动保护对企业出口国内附加值率的异质性效应分析

企业在经营时间、所有制类型、贸易类型、出口产品种类以及所处行业竞争度等方面均存在明显差异，因而，有必要进一步研究《劳动合同法》实施导致的劳动保护加强对不同特征企业的出口DVAR的异质性影响，这有利于更全面系统地揭示劳动保护与企业出口DVAR的关系。此处

242

采用三重差分模型考察这一异质性影响，具体模型构建如下：

$$DVAR_{ijkt} = \alpha + \beta_1 lab\_int_j \times law_t \times I + \beta_2 lab\_int_j \times law_t +$$
$$\beta_3 lab\_int_j \times I + \beta_4 law_t \times I + \delta \vec{X} + \mu_i + \mu_t + \varepsilon_{ijkt} \tag{6-20}$$

其中，I 代表异质类型变量，包括企业经营时间（lnage）、企业所有制类型（外资企业 foreign、国有企业 soes）、企业贸易类型（纯加工贸易企业虚拟变量 pro、一般贸易企业虚拟变量 ord）、是否为多产品出口企业（hsd）、行业竞争度（hhi）7 个变量。这里，我们重点关注三次交互项 $lab\_int \times law \times I$ 的估计系数 β_1，该系数的方向和显著性解释了《劳动合同法》实施对高、低劳动密集度企业出口 DVAR 的影响方向和是否存在异质性影响。

一　企业经营时间异质性

企业经营时间表明了企业参与市场的时间，通常年龄越大的企业进行国际贸易的经验就越足。考虑到经营时间不同的企业对《劳动合同法》实施时采取的生产及进出口等决策会有所差别，我们在基准模型基础上引入三次交互项 $lab\_int \times law \times lnage$ 来检验劳动保护加强对不同经营年限的劳动密集度企业出口 DVAR 的异质性影响效应，具体回归结果见表 6-6 第（1）列。结果显示，三次交互项 $lab\_int \times law \times lnage$ 的估计系数在 5% 的水平下显著为正，这意味着《劳动合同法》的实施对劳动密集型企业的出口 DVAR 的促进作用随着企业经营时间的增加而增强。对此，可能的解释是，经营时间长的企业积累了更多的出口经验，自身的技术水平和管理能力也相对成熟，在面对劳动保护政策变化时，其能够更快做出反应并调整生产决策以减少企业生产成本，维持企业生产效率，从而导致劳动保护加强对经营时间长的企业的出口 DVAR 具有更强的促进作用。这也在一定程度上说明降低企业生产成本和提高企业生产率有利于劳动保护加强对企业出口 DVAR 的促进作用。

二　企业所有制异质性

考虑到劳动保护加强对企业出口 DVAR 的影响效应可能会因企业所有

制的不同而存在显著差异，故该部分引入国有企业和外资企业虚拟变量建立三次交互项 $lab\_int \times law \times soes$ 和 $lab\_int \times law \times foreign$ 进行检验，估计结果见表6-6第（2）~（3）列。我们发现，三次交互项的估计系数分别为不显著和在5%的水平下显著为正，说明《劳动合同法》的实施主要提高了外资企业的出口 DVAR，而对国有企业出口 DVAR 并没有显著影响。一般来说，外资企业中从事加工贸易活动占比较大，样本初期使用进口中间品也较多，因此相比于国有企业，《劳动合同法》实施对外资企业使用国内中间品替代进口的作用空间更大，其出口 DVAR 提高也较多。另一个可能的解释是，所有制改革的推进导致国有企业参与出口行业的程度降低[①]，从而劳动保护加强对其出口 DVAR 产生的影响并不明显。

三　企业贸易类型异质性

改革开放以来，凭借充裕的劳动力资源优势，中国的加工贸易出口模式在总出口的占比中达到60%以上。[②] 与一般贸易企业不同，加工贸易企业更多利用廉价劳动力从事加工装配生产活动，这类企业可能受《劳动合同法》实施影响更大。那么，不同贸易类型出口企业对劳动保护加强做出的反应的不同，会导致《劳动合同法》实施对不同贸易类型企业出口 DVAR 的影响效应存在差异。为进一步探究这种异质性效应的存在，我们在模型中引入加工贸易企业虚拟变量和一般贸易企业虚拟变量，并分别构造三次交互项 $lab\_int \times law \times pro$ 和 $lab\_int \times law \times ord$ 进行再估计，估计结果见表6-6第（4）~（5）列。我们发现，劳动保护加强对加工贸易类的高劳动密集型企业出口 DVAR 的促进作用更大，而对一般贸易类的高劳动密集型企业出口 DVAR 的促进作用更小。可能的原因是劳动保护加强引起的人力资本扩张会推动加工贸易企业进行在职培训和产品研发，提高劳动者技能和工作效率；同时相比于一般贸易和混合贸易企业，加工贸易企业由《劳动合同法》实施带来的劳动力成本增加更为严重，企业受限于成本因素可能会更多使用国内中间投入品，进而促进企业出口 DVAR 增加。

---

① 胡浩然：《清洁生产环境规制与中国企业附加值升级》，《国际贸易问题》2021年第8期。
② 胡浩然：《清洁生产环境规制与中国企业附加值升级》，《国际贸易问题》2021年第8期。

四　出口产品种类异质性

企业出口产品种类与企业资源配置息息相关[①]，考虑到企业出口产品种类差异可能导致劳动保护加强对企业出口 DVAR 的影响效果存在差异，我们在本节引入是否为多产品出口企业的三次交互项 $lab\_int \times law \times hsd$ 来探讨其异质效应。回归结果见表 6 - 6 第（6）列，可以看出，三次交互项 $lab\_int \times law \times hsd$ 的估计系数在 5% 的水平下显著为正，说明相比于单产品出口企业，劳动保护加强对多产品出口企业的出口 DVAR 提升作用更大。可能的原因是面对《劳动合同法》实施带来的冲击，出口产品种类较多的企业更可能对内部资源进行重新配置和对出口产品种类进行调整，这有利于降低生产成本和提高企业生产效率。相比之下，出口单一产品的企业在面对劳动保护政策冲击时，调整生产决策难度较大，不利于企业出口DVAR 的提高。

五　行业竞争度异质性

自加入 WTO 以来，中国制造业企业出口贸易迅速扩张，参与全球价值链程度不断加深，不同行业呈现出明显差别。[②] 不同行业的竞争程度不同，《劳动合同法》实施对不同劳动密集度企业的出口 DVAR 可能存在异质性影响。为此，本部分引入行业竞争度并构造三次交互项 $lab\_int \times law \times hhi$ 进行再估计，估计结果见表 6 - 6 第（7）列。我们发现，三次交互项估计系数 $lab\_int \times law \times hhi$ 在 1% 的水平下显著为负，表明 hhi 越小，行业竞争程度越高，劳动保护加强对企业出口国内附加值率的促进作用就越强，这意味着，竞争性的市场比垄断性市场结构更有利于劳动保护加强对企业出口 DVAR 促进效应的发挥。一个可能的解释是，企业所处的行业竞争越激烈，劳动保护加强对企业生产率的提升作用就越明显[③]，进而越容易提高企业出口 DVAR。

---

① 易靖韬、蒙双：《多产品出口企业、生产率与产品范围研究》，《管理世界》2017 年第 5 期。

② 盛斌、王浩：《银行分支机构扩张与企业出口国内附加值率——基于金融供给地理结构的视角》，《中国工业经济》2022 年第 2 期。

③ Amiti, M., Konings, J., "Trade Liberalization, Intermediate Inputs, and Productivity: Evidence from Indonesia", *American Economic Review*, Vol. 97, No. 5, 2007.

表 6 – 6 异质性回归结果

变量	(1) 经营时间	(2) 企业所有制	(3)	(4) 企业贸易类型	(5)	(6) 出口产品种类	(7) 行业竞争度
	$I = lnage$	$I = soes$	$I = foreign$	$I = pro$	$I = ord$	$I = hsd$	$I = hhi$
$lab\_int \times law \times I$	0.379 ** (2.17)	− 0.089 (− 0.34)	0.495 ** (2.22)	0.883 * (1.73)	− 0.665 ** (− 2.31)	0.709 ** (2.42)	− 10.104 *** (− 2.65)
$lab\_int \times law$	− 0.088 (− 0.50)	0.809 *** (2.67)	0.529 *** (2.64)	0.587 ** (2.43)	0.982 *** (2.67)	0.255 * (1.78)	0.826 *** (2.76)
$lab\_int \times I$	− 0.097 (− 1.30)	− 0.033 (− 0.12)	− 0.341 * (− 1.94)	− 0.547 (− 1.22)	− 0.026 (− 0.14)	− 0.434 ** (− 2.09)	5.413 ** (1.99)
$law \times I$	− 0.328 ** (− 2.19)	0.054 (0.24)	− 0.401 ** (− 2.09)	− 0.720 (− 1.64)	0.530 ** (2.17)	− 0.601 ** (− 2.41)	8.316 *** (2.64)
控制变量	控制	控制	控制	控制	控制	控制	控制
企业固定效应	控制	控制	控制	控制	控制	控制	控制
年份固定效应	控制	控制	控制	控制	控制	控制	控制
R^2	0.812	0.812	0.812	0.812	0.813	0.812	0.812
F 值	52.94	55.23	55.16	55.97	45.87	53.45	54.77
观测值	280452	280452	280452	280452	280452	280452	280452

第六节 研究结论与启示

中国经济已经进入高质量发展阶段，劳动力市场管制与企业出口国内附加值率的关系很可能会对中国转变发展方式和提升国际分工地位产生重要影响。为此，本章利用 2004 ~ 2013 年中国工业企业与海关进出口的合并数据库，以 2008 年《劳动合同法》的实施为准自然实验，以高、低行业劳动密集度划分处理组和对照组，研究劳动保护加强对中国制造业企业出口 DVAR 的影响。本章得到的主要结论如下。（1）2008 年《劳动合同法》实施导致的劳动保护加强显著促进企业出口 DVAR，这一原因可能在于，劳动保护加强也会促进人力资本投资和资本对劳动的要素替代，提高企业生产率，进而增加企业成本加成。该结论在替换劳动密集度指标和企业出口 DVAR 指标、考察两税合并影响、剔除异常年份样本及控制地区层面特征进行估计之后，依然稳健可靠。（2）异质性分析表明：从企业经营时间看，劳动保护加强对企业出口 DVAR 的促进效应随着经营时间的增加而增强；从企业所有制来看，相比于国有企业，外资企业出口 DVAR 受到《劳动合同法》实施的正向影响更大；从企业贸易类型看，劳动保护加强会对加工贸易企业出口 DVAR 的促进作用更大，对一般贸易企业出口 DVAR 的促进作用更小；从出口产品种类看，相比于单一产品出口企业，劳动保护加强对多产品企业出口 DVAR 的促进作用更大；从行业竞争度看，《劳动合同法》的实施对企业出口 DVAR 促进作用随着行业竞争程度的增加而变大。

本部分的研究证实了劳动保护加强有利于增加中国制造业企业的贸易利得，验证了《劳动合同法》这一劳动力市场管制措施在提高国际分工地位和迈向全球价值链中高端环节中的可行性和重要性，这对于推动制造业企业提升出口竞争力和实现经济高质量发展具有较强的启示意义。

对政府来说，可从以下几个方面着手。（1）继续加强对劳动者权益的保护，落实《劳动合同法》的有效执行，推动形成稳固的劳企关系。既要加大对企业违反《劳动合同法》的惩罚力度，提高企业对劳动合同和合法用工的重视程度；又要推动地方政府相关部门大力宣传，提高劳动者保护自身利益的意识、加大为劳动者提供免费法律援助的力度。（2）从劳动力市场管制入手，出台相应的政策措施，引导形成企业加大培训投入、员工"干中学"和努力提升专业技能的企业运行机制。（3）打破垄断行业的进入壁垒，引入竞争机制，营造公平有序的市场环境，推动劳动保护积极效应的发挥。

对企业来说，可从以下几点进行改善。（1）积极应对劳动力市场冲击，合理扩大企业出口产品范围，调整企业生产结构和转变生产方式。（2）加大职业培训和研发投入，提高劳动者专业素质技能和促进研发人员创新。设定高薪酬标准吸引创新人才，带动企业形成有竞争力的团队，并定期对其进行考核，激励员工提高企业生产效率。

第七章 劳动保护制度与制造业出口
比较优势：跨国证据

当前，全球经济面临着贸易摩擦不断加剧和贸易保护主义抬头的双重压力，探究一国新型比较优势形成来源，缓解国家间贸易冲突，维护全球贸易稳定，对推动全球经济持续复苏和增长显得尤为重要。尤其是对目前倍感压力的中国出口贸易来说，积极探寻新型比较优势，推进制度转型，寻求制度型开放，为中国对外贸易注入新动力，是保证高质量发展阶段贸易大国向贸易强国转变的现实要求。事实上，经济学家一直都在致力于探究一国比较优势的源泉，探寻国际贸易模式形成的决定因素。要素禀赋理论和新贸易理论的形成与拓展无不是对比较优势来源进行理论探讨的直接体现，这些理论研究认为技术、创新及人力资本和物质资本积累均是比较优势形成的重要动力。然而，这些重要动力是制度范畴内更深层次的社会、政治和经济进程的产物，因而一国的制度也成了比较优势的重要源泉[1]，由此也形成了制度性比较优势解释贸易的独特方式和路径[2]。

大量研究关注了资本和中间品投入的市场环境——制度质量[3]、契约

---

① Nunn, N., Trefler, D., "Domestic Institutions as a Source of Comparative Advantage", *Handbook of International Economics*, Vol. 4, 2014.

② 黄先海、吴屹帆：《正式制度、非正式制度质量与比较优势》，《国际贸易问题》2020 年第 3 期。

③ Levchenko, A. A., "Institutional Quality and International Trade", *The Review of Economic Studies*, Vol. 74, No. 3, 2007；邱斌、唐保庆、孙少勤、刘修岩：《要素禀赋、制度红利与新型出口比较优势》，《经济研究》2014 年第 8 期；孙楚仁、王松、赵瑞丽：《制度好的省份会出口制度更密集的产品吗?》，《南开经济研究》2014 年第 5 期；孙楚仁、王松、陈瑾：《国家制度、行业制度密集度与出口比较优势》，《国际贸易问题》2018 年第 2 期。

制度①、社会信任②、环境规制③、契约执行效率④、知识产权保护⑤、合约实施效率⑥等制度因素如何影响一国（或地区）贸易模式与比较优势的形成。他们都基于行业特征与国家（或地区）的制度因素匹配程度，以行业特征作为国家（或地区）制度水平影响比较优势的作用渠道揭示比较优势的源泉，进而认为制度水平越高的国家（或地区）在制度依赖度越高的行业出口越多，该国（或地区）在该行业就具有比较优势。然而，不可否认的是，在生产过程中，除中间品和资本之外，还有另一种不可或缺的生产要素——劳动力，与劳动力密切联系的劳动力市场制度也是不容忽视的重要制度内容之一，劳动保护制度（或劳动保护法案）则是国家干预劳动力市场的重要体现，被广泛用于欧美等发达国家劳动力市场，同时也被中国、印度等发展中国家采用。劳动保护法案一般会明确劳企双方的权利和义务，规定劳企双方的产权结构，对劳企双方产生不同的激励效应，其作为一国制度的重要组成部分，也势必会深刻影响一国比较优势的形成。那么，劳动保护究竟如何影响一国比较优势的形成？不同发展水平国家和不同技术类型产业的比较优势的形成又有什么差异呢？对这一问题的讨论不仅可以从劳动力市场层面丰富制度性比较优势的形成理论，并且还在目前各国广泛实施劳动保护法案对劳动力市场进行干预的现实条件下，对劳动保护的实施效果进行评估，可为下一步的各国劳动保护政策调整提供依据。本章接下来的安排为：第一节梳理劳动保护制度影响比较优势形成的研究进展；第二节以劳动技能分工为出发点，构建技

---

① 黄玖立、吴敏、包群：《经济特区、契约制度与比较优势》，《管理世界》2013 年第 11 期。

② 王永进、盛丹：《社会信任与出口比较优势——基于 IVTSLS 和 PSM 方法的实证研究》，《国际贸易问题》2010 年第 10 期。

③ 李小平、卢现祥、陶小琴：《环境规制强度是否影响了中国工业行业的贸易比较优势》，《世界经济》2012 年第 4 期。

④ 李坤望、王永进：《契约执行效率与地区出口绩效差异——基于行业特征的经验分析》，《经济学》（季刊）2010 年第 3 期；Acemoglu, D., Antràs, P., Helpman, E., "Contracts and Technology Adoption", *American Economic Review*, Vol. 97, No. 3, 2007; Nunn, N., "Relationship-Specificity, Incomplete Contracts, and the Pattern of Trade", *Quarterly Journal of Economics*, Vol. 122, No. 2, 2007。

⑤ 余长林：《知识产权保护与中国出口比较优势》，《管理世界》2016 年第 6 期。

⑥ 茹玉骢、张利风：《合约实施效率与中国地区产业比较优势》，《国际贸易问题》2011 年第 2 期。

能专用性视角下劳动保护影响比较优势的两国－两部门理论模型，提出本部分的理论命题；第三节是相关的研究模型设定；第四节是技能专用性下劳动保护影响出口比较优势的实证检验；第五节是研究结论总结和政策启示分析。

第一节　劳动保护制度影响比较优势的研究进展

现有关于劳动力市场制度、劳动力技能和比较优势的研究指出，劳动力市场制度能够通过劳动力的行业分布影响一国贸易模式或比较优势。因而，本研究与劳动力技能、劳动力市场制度对一国比较优势或贸易模式形成的两类研究有直接关联。

一　劳动力技能分布下比较优势形成的研究进展

Grossman 和 Maggi 较早指出劳动力技能（天赋）对专业化分工的影响[①]，劳动力多样化程度较高（或劳动力天赋差异较大）的国家会倾向于出口由个人天赋决定程度较高的产品[②]。Bombardini 等进一步从劳动力市场中不可观测的技能分散（unobservable skill dispersion）出发，从理论和实证两方面指出，劳动力技能分散程度更高的国家劳动生产率更高，从而在任务间技能替代性程度更高的行业具有比较优势。[③] Asuyama 基于 1983～2000 年中国和印度出口数据研究发现，技能分类假说的存在致使技能分散程度更高的国家在生产链条较短的行业出口更多（如早期的印度），而技能分散程度更均匀的国家在生产链条较长的行业出口更多。[④] 此外，

---

①　Grossman, G. M., Maggi, G., "Diversity and Trade", *American Economic Review*, Vol. 90, No. 5, 2000.

②　Grossman, G. M., "The Distribution of Talent and the Pattern and Consequences of International Trade", *Journal of political Economy*, Vol. 112, No. 1, 2015.

③　Bombardini, M., Gallipoli, G., Pupato, G., "Skill Dispersion and Trade Flows", *American Economic Review*, Vol. 102, No. 5, 2012; Bombardini, M., Gallipoli, G., Pupato, G., "Unobservable Skill Dispersion and Comparative Advantage", *Journal of International Economics*, Vol. 92, No. 2, 2014.

④　Asuyama, Y., "Skill Distribution and Comparative Advantage: A Comparison of China and India", *World Development*, Vol. 40, No. 5, 2012.

Bougheas 和 Riezman 还采用两国－两部门模型研究了人力资本禀赋分布对比较优势的影响，他们认为，人力资本禀赋相同的国家，人力资本禀赋分散程度不仅决定了一国的出口比较优势，还影响贸易对收入不平等的作用。[①] 不难发现，上述研究一直从国家整体的技能分布角度考察国家技能分布与行业不同技能间的替代或互补的匹配性对一国比较优势的影响，尚未区分技能专用性水平的差异。

二 劳动力市场制度对出口影响的研究进展

Costinot 率先强调了劳动分工的重要性，他认为生产过程既有专业化的规模报酬递增带来的收益，又有契约执行的不确定性引致的交易成本，国家部门间的分工程度取决于这两者的权衡，从而一国在制度质量和人力资本更高的产业有比较优势，即更好的制度与更高教育水平的劳动力共同构成了高复杂性产业的比较优势。[②] Tang 从专用性技能的角度指出，相对于通用性技能而言，劳动力市场保护增强劳动者获得企业专用性技能的激励，从而劳动市场保护程度更高的国家更可能出口，尤其是专用性技能更高的行业出口更多，其针对 84 国部门数据的经验研究也证明了稳定的劳动关系会增加专用性投资。[③] 而 Cuñat 和 Melitz 则从劳动力市场灵活性的角度出发，认为劳动力市场制度的国家差异决定了企业面对异质性冲击的调整能力，当某一行业遭受更大的冲击时，更加灵活的劳动力市场更有利于一国该行业出口比较优势的形成，即劳动力市场灵活性更高的国家在产出波动性更大的行业更具比较优势。[④] Helpman 和 Itskhoki 也认为拥有较灵活劳动力市场会通过减少调整成本增加生产率而形成国家比较优势，且还会出

① Bougheas, S., Riezman, R., "Trade and the Distribution of Human Capital", *Journal of International Economics*, Vol. 73, No. 2, 2012.

② Costinot, A., "On the Origins of Comparative Advantage", *Journal of International Economics*, Vol. 77, No. 2, 2009.

③ Tang, H., "Labor Market Institutions, Firm-Specific Skills, and Trade Patterns", *Journal of International Economics*, Vol. 87, No. 2, 2012.

④ Cuñat, A., Melitz, M. J., "Volatility, Labor Market Flexibility, and the Pattern of Comparative Advantage", *Journal of the European Economic Association*, Vol. 10, No. 2, 2012.

口不同种类产品。[1] Belloc 则认为，国家间劳动市场制度的差异会影响工人工作努力程度，并造成部门劳动生产率差异，进而形成不同的比较优势。[2] 张先锋等也指出，劳动力市场灵活性通过用工成本效应与技术溢出效应促进出口技术复杂度的提升，并通过劳动力资源配置效应减轻产出波动对出口技术复杂度的负向影响。[3] 从第二类研究来看，大量文献忽视了劳动力市场制度中劳动力技能尤其是专用性技能的重要性，并且，这些研究的结论还相互冲突[4]，这一冲突的焦点在于一国劳动力市场制度的作用机制。

与本章有紧密联系的当属 Tang 的研究，他主要从劳动保护加强条件下劳动者在通用性技能和专用性技能间转换的视角研究国家劳动保护通过专用性技能获取对一国出口的影响。[5] 然而，一个不能忽视的现实困境是，对劳动者而言，在时间有限性和能力约束条件下，劳动者往往从事于自己的主业，掌握一门专用性技能或者通用性技能。其中，专用性技能劳动者会因技能的适用范围而在就业时遭受限制，但其技能专用性程度较高，被替代的可能性较低，能获得更高的工资回报（如建筑行业从业人员）；对通用性技能劳动者而言，其替代的可能性较高，就业概率较大，但所面临的竞争也较激烈，边际报酬较低（如一些服务行业从业者）。进一步地，由于不同类型技能劳动之间存在较大差异，劳动者从通用性技能转向专用性技能也存在一定壁垒，劳动者难以在专用性技能和通用性技能之间自由切换。鉴于此，本章以劳动技能分工为出发点，基于企业与不同技能劳动

① Helpman, E., Itskhoki, O., "Labour Market Rigidities, Trade and Unemployment", *The Review of Economic Studies*, Vol. 77, No. 3, 2010.

② Belloc, M., "Do Labor Market Institutions Affect International Comparative Advantage? An Empirical Investigation", *Department of Economics University of Siena Working Papers*, 2004.

③ 张先锋、阚苗苗、王俊凯：《劳动力市场灵活性是否提升了出口技术复杂度》，《财贸研究》2018 年第 3 期。

④ Tang, H., "Labor Market Institutions, Firm-Specific Skills, and Trade Patterns", *Journal of International Economics*, Vol. 87, No. 2, 2012; Cuñat, A., Melitz, M. J., "Volatility, Labor Market Flexibility, and the Pattern of Comparative Advantage", *Journal of the European Economic Association*, Vol. 10, No. 2, 2012; Helpman, E., Itskhoki, O., "Labour Market Rigidities, Trade and Unemployment", *The Review of Economic Studies*, Vol. 77, No. 3, 2010.

⑤ Tang, H., "Labor Market Institutions, Firm-Specific Skills, and Trade Patterns", *Journal of International Economics*, Vol. 87, No. 2, 2012.

者间的劳动合同执行差异，根据不完全契约理论，利用 2015 年 115 国 65 行业的跨国面板数据，研究技能专用性视角下劳动保护如何影响一国比较优势的形成及具体的形成机制。同时，本章还进一步从贸易边际方面寻找劳动保护影响比较优势形成的源泉，比较国家收入差异和行业技术差异下的劳动保护对比较优势形成的异质性影响。

与现有研究相比，本研究的区别有三：第一，以劳动技能分工为起点，创新性地把技能专用性水平差异融入比较优势理论之中，从理论上探究劳动保护如何影响比较优势的形成；第二，实证上，本研究不仅探讨劳动保护对比较优势形成的具体影响，还将探求其中具体的作用机制；第三，从贸易边际方面比较技能专用性视角下劳动保护促进比较优势形成的来源差异，且还从国家收入差距和行业技术密集度差异分析劳动保护、技能专用性对比较优势形成的异质性作用。

第二节　技能专用性下劳动保护影响出口比较优势的理论分析

本部分参照 Costinot、Krishna 和 Levchenko 的研究①，从劳动技能分工出发，构建技能专用性视角下劳动保护影响比较优势形成的理论模型。

一　假设

假定 1：世界有两个国家——国家 1 和国家 2，国家 1 的劳动保护强度高于国家 2。

假定 2：每个国家都只有劳动一种生产要素，厂商生产须投入 1 种通用性技能劳动和 z 种不同种类的专用性技能劳动。由于行业间技能专用性程度的差异，专用性技能劳动只在行业内流动，通用性技能劳动可跨行业流动。鉴于劳动分工的存在，每种技能劳动力只从事该技能对应的工作。

假定 3：每个国家都有大量的行业（或产业），对于任一相同行业，两

---

① Costinot, A., "On the Origins of Comparative Advantage", *Journal of International Economics*, Vol. 77, No. 2, 2009; Krishna, P., Levchenko, A. A., "Comparative Advantage, Complexity, and Volatility", *Journal of Economic Behavior & Organization*, Vol. 94, 2013.

国对同类型的专用性技能劳动依赖程度相同。

假定4：行业内厂商的最终产出服从里昂惕夫生产函数，即厂商产量由投入量最低的那类技能劳动投入量决定。

假定5：产品市场和劳动力市场都是完全竞争市场。

二 技术

根据行业内厂商的最终产出服从里昂惕夫生产函数假定，行业最终产出的生产函数可表示为：

$$q_z = \min(l^g, l^s_1, \cdots, l^s_i, \cdots, l^s_z) \tag{7-1}$$

q_z 表示行业 z 最终品的生产数量，i 表示专用性技能劳动的技能专用性程度，z 取值越大，表明行业 z 的劳动技能专用性程度越高。l^g 表示通用性技能劳动力的数量，l^s_i 表示第 i 类专用性技能劳动力的数量。

三 生产组织

对厂商而言，专用性技能劳动力是厂商生产不可或缺的要素；对劳动者来说，专用性技能需要一定的前期投入（如在职培训、人力资本投资等），有一定的沉没成本。因而，厂商和劳动者都希望签订劳动合同确保双方的利益。由于行业 z 最终品生产需要投入 z 种专用性技能劳动力，那么，厂商和专用性技能劳动力之间须签订 z 份劳动合同。劳动合同中的任何一方违约都会导致厂商产量减少，假定劳动合同违约时的厂商最终产量相对于执行劳动合同时的最终产量会损失 φ。基于企业资源基础观理论，大量研究指出企业特定资源及人力资本是企业保持持续性竞争优势的关键[1]，那么，企业生产效率提升也依赖员工所获得的企业专用性人力资本水平。行业技能专用性程度越高，劳动合同签订的种类越多，发生违约的概率越大，产量损失的越多，因而违约时的产量损失与技能专用性程度有

---

[1] Dutta, S., Narasimhan, O., Rajiv, S., "Conceptualizing and Measuring Capabilities: Methodology and Empirical Application", *Strategic Management Journal*, Vol. 26, No. 3, 2005; Wang, H. C., He, J., Mahoney, J. T., "Firm-Specific Knowledge Resources and Competitive Advantage: The Roles of Economic-and Relationship-Based Employee Governance Mechanisms", *Strategic Management Journal*, Vol. 30, No. 12, 2009.

关，技能专用性程度（z）越高，劳动合同违约时的产量损失（φ）越大，即 $\partial\varphi/\partial z > 0$。因此，劳动者与厂商双方执行劳动合同时的产量为 q_z，违约不执行劳动合同时的产量为 $(1 - \varphi)q_z$。

然而，由于契约的不完全性，劳动合同签订后，假定任意一种劳动合同被执行的概率记为 δ。因此，劳动合同被执行时，行业 z 最终品产量为 q_z 的概率为 δ^z；劳动合同违约时，行业最终品产量为 $(1 - \varphi)q_z$ 的概率为 $1 - \delta^z$。其中，劳动合同执行的概率由一国的劳动保护强度决定，一国劳动保护强度越高，双方执行劳动合同的概率越大；反之，则双方执行劳动合同的概率越小。那么，行业预期的最终产出为：

$$\pi(q_z) = \delta^z q_z + (1 - \delta^z)(1 - \varphi)q_z \qquad (7-2)$$

根据里昂惕夫生产函数的特征，最终品产量 $q_z = l_i^s$。同时，参照 Dornbusch 等关于李嘉图模型的设定形式[①]，z 行业每单位劳动的预期产出为：

$$\bar{q}_z = \pi(q_z)/L_z = [\delta^z + (1 - \delta^z)(1 - \varphi)]l_i^s/L_z \qquad (7-3)$$

其中，$L_z = l^g + \int_1^z l_i^s di$ 为行业 z 最终品生产使用的所有劳动总和。从而，行业 z 每单位产出的劳动需求为：

$$a_z = 1/\bar{q}_z = L_z / \{l_i^s[\delta^z + (1 - \delta^z)(1 - \varphi)]\} \qquad (7-4)$$

四　劳动保护与比较优势

由于世界上只有两个国家，国家 1 的劳动保护强度高于国家 2，那么，国家 1 的劳动合同被执行的概率高于国家 2，即 $\delta(1) > \delta(2)$。对任一行业而言，两国对任意一类专用性技能劳动的依赖程度和重要性相同，即两国的任意专用性技能劳动占总劳动比重相同 $l_i^s(1) L_z(1) = l_i^s(2) L_z(2)$。从而，两国行业 z 的相对劳动力需求可表示为：

---

① Dornbusch, R., Fischer, S., Samuelson, P. A., "Comparative Advantage, Trade, and Payments in a Ricardian Model with a Continuum of Goods", *The American Economic Review*, Vol. 67, No. 5, 1977.

$$A = \frac{a_z(2)}{a_z(1)} = \frac{L_z(2)/(l_i^z(2)\{\delta(2)^z + [1-\delta(2)^z](1-\varphi)\})}{L_z(1)/[l_i^z(1)\{\delta(1)^z + [1-\delta(1)^z](1-\varphi)\}]}$$

$$= \frac{\delta(1)^z + [1-\delta(1)^z](1-\varphi)}{\delta(2)^z + [1-\delta(2)^z](1-\varphi)} \tag{7-5}$$

令 $A_1 = \delta(1)^z + [1-\delta(1)^z](1-\varphi)$、$A_2 = \delta(2)^z + [1-\delta(2)^z](1-\varphi)$，从而：

$$\frac{\partial A_1}{\partial z} \times A_2 - \frac{\partial A_2}{\partial z} \times A_1 = \varphi\delta(1)^z\delta(2)^z[\ln\delta(1) - \ln\delta(2)] +$$

$$\varphi(1-\varphi)\{[1-\delta(2)^z]\delta(1)^z\ln\delta(1) - [1-\delta(1)^z]\delta(2)^z\ln\delta(2)\} + \tag{7-6}$$

$$\{\delta(1)^z[1-\delta(2)^z] - [1-\delta(1)^z]\delta(2)^z\}\frac{\partial\varphi}{\partial z}$$

进一步地，$\delta(1) > \delta(2)$，导致 $\ln\delta(1) > \ln\delta(2)$、$\delta(1)^z\ln\delta(1) > \delta(2)^z\ln\delta(2)$、$1-\delta(2)^z > 1-\delta(1)^z$、$\delta(1)^z[1-\delta(2)^z] > [1-\delta(1)^z]\delta(2)^z$，从而有：① $\varphi\delta(1)^z\delta(2)^z[\ln\delta(1) - \ln\delta(2)] > 0$；② $[1-\delta(2)^z]\delta(1)^z\ln\delta(1) - [1-\delta(1)^z]\delta(2)^z\ln\delta(2) > 0$；③ $\delta(1)^z[1-\delta(2)^z] - [1-\delta(1)^z]\delta(2)^z > 0$。

由于技能专用性程度（z）越高，劳动合同违约而引致的产量损失（φ）越大，有 $\frac{\partial\varphi}{\partial z} > 0$，致使 $\frac{\partial A_1}{\partial z}A_2 - \frac{\partial A_1}{\partial z}A_2 > 0$。那么：

$$\frac{\partial A}{\partial z} = \left(\frac{\partial A_1}{\partial z}A_2 - \frac{\partial A_2}{\partial z}A_1\right)\Big/ (A_2)^2 > 0 \tag{7-7}$$

根据式（7-7）可知，国家 1 在 z 值更高的行业有比较优势。这意味着劳动保护必须与行业的技能专用性程度结合到一起，才能有效发挥劳动保护制度的比较优势，避免劳动保护引致的调整成本增加对比较优势的削弱作用。因而，本部分的理论命题可概括如下。

理论命题：劳动保护强度较高国家在技能专用性水平较高行业有比较优势。

上述命题说明，较好的劳动保护制度在技能专用性程度较高行业会产生比较优势，这是因为行业的技能专用性程度越高，所需的不同类型专用性技能劳动种类越多，而较好的劳动保护制度能保障各类劳动合同的有效执行，能有效保证各类劳动技能间稳定的分工与协作关系，降低单位产出

256

所需的劳动，致使技能专用性程度较高行业的生产效率较高。

第三节 技能专用性下劳动保护影响出口比较优势的计量模型构建

一 模型设定

如上述理论命题所述，一个国家比较优势的形成不仅取决于一国的劳动保护强度，还依赖于行业的技能专用性水平。本部分借鉴黄玖立等、Nunn 的研究[①]，沿用比较优势形成研究中常用的"差异中差异"分析方法，在计量模型中引入行业技能专用性水平差异和国家劳动保护强度差异的交互项，刻画技能专用性视角下劳动保护对比较优势的影响。本部分以各国雇佣与解雇灵活度的对数值反向度量一国劳动保护强度，因此，若交互项的估计系数显著为负，说明劳动保护强度较高的国家在技能专用性水平较高行业具有比较优势，从而可证实本章第二节所提出的理论命题；反之，若交互项的估计系数为正，则证伪本章的理论命题。估计模型设定如下：

$$\ln export_{jc} = \beta_0 + \beta_1 spec\_skill_j \times PROTECT_c + \sum_m \beta_m w_j^m W_c^m + \mu_j + \mu_c + \mu_{jc} \quad (7-8)$$

其中，j 和 c 分别指行业和国家，μ_j 和 μ_c 分别为行业固定效应和国家固定效应，μ_{jc} 为随机干扰性。$\ln export_{jc}$ 为 c 国 j 行业出口额的对数值，$spec\_skill_j$ 为 j 行业技能专用程度；$PROTECT_c$ 为 c 国劳动保护强度。为便于区分，本部分把行业层面的控制变量均小写，国家层面的控制变量均大写。$w_j^m \times W_c^m$ 为行业与地区交互项构成的控制变量，w_j^m 为行业 j 特征 m 的控制变量，W_c^m 为国家 c 特征 m 的控制变量。参照现有研究，交互项中的控制变量包括行业物质资本密集度和国家物质资本丰裕度的交互项（$pc \times CAPITAL$）、行业技巧密度和国家人力资本水平的交互项（$hc \times HUMAN\_CAPITAL$）、行业全要素生产率增长速度和国家收入水平的交互项（$ps \times REAL\_GDP$）、行业契约密集度和

---

① 黄玖立、冼国明、吴敏、严兵：《学校教育与比较优势：解构作为渠道的技能》，《经济研究》2014 年第 4 期；Nunn, N., "Relationship-Specificity, Incomplete Contracts, and the Pattern of Trade", *Quarterly Journal of Economics*, Vol. 122, No. 2, 2007。

国家法律规则指数的交互项（$ci \times LAW$）、行业外部融资依赖程度和国家金融发展水平的交互项（$cd \times FINANCE$）。

二　变量与数据

（一）　出口贸易数据

本章的出口贸易数据来源于联合国商品贸易统计数据库（UN Comtrade），该数据库提供了全球各国海关协调编码 6 位码的双边贸易数据。考虑数据的可得性，本章选取了 2015 年 115 国的 1992 版海关协调编码（HS 1992）6 位码产品出口数据，然后采用世界综合贸易方案（WITS）网站提供的"HS 1992 - SIC 1987[①] 转换表"，把产品层面数据转换为行业层面数据；接下来，采用美国普查局网站提供的"SIC 1987 - NAICS 1997[②] 转换表"继续把该数据转换为 NAICS 4 位码行业数据。经过转换和计算，最终我们得到了 115 国 65 行业的出口数据。

（二）　国家层面的特征变量

国家劳动保护强度指标（$PROTECT$）采用《全球竞争力报告 2019》统计的各国雇佣与解雇灵活度指标的对数值进行反向度量。该指标是世界经济论坛根据他们对各国经理人进行高管民意调查（executive opinion survey）时关于问题"在你们国家，规章制度在多大程度上允许灵活雇佣和解雇工人？（1 = 根本不允许；7 = 很大程度上允许）"的回答进行加权计算而来。该指标的取值最高为 7，最低为 1，取值越低，说明该国劳动保护强度越高，反之，说明劳动保护强度越低。表 7 - 1 报告了 2015 年上述指标度量的各国劳动保护强度排名。

表 7 - 1　劳动保护强度排名前 10 位和后 10 位的国家

前 10 位	国家	雇佣与解雇灵活度	后 10 位	国家	雇佣与解雇灵活度
1	津巴布韦	1. 9681	1	瑞士	5. 6762
2	南非	2. 2229	2	冰岛	5. 4658

---

① SIC 1987 是指 1987 版美国标准产业分类。
② NAICS 1997 是指 1997 版北美产业分类体系。

续表

前 10 位	国家	雇佣与解雇灵活度	后 10 位	国家	雇佣与解雇灵活度
3	巴西	2.2673	3	新加坡	5.4024
4	斯洛文尼亚	2.4611	4	丹麦	5.3638
5	阿根廷	2.4875	5	马来西亚	5.2746
6	厄瓜多尔	2.5043	6	卡塔尔	5.2659
7	秘鲁	2.6515	7	阿联酋	5.0534
8	意大利	2.6541	8	美国	5.0112
9	乌拉圭	2.6733	9	英国	4.7634
10	阿曼	2.7932	10	格鲁吉亚	4.7525

国家特征的其他控制变量：各国收入水平（*REAL_ GDP*）和物质资本丰裕度（*CAPITAL*）两指标分别采用佩恩表（PWT 9.1）中以 2011 年不变国际价格度量的 2015 年各国真实国内生产总值对数值和资本存量对数值度量；各国人力资本水平（*HUMAN_ CAPITAL*）也以佩恩表 2015 年各国的人力资本指数度量；各国法律规则指数（*LAW*）以世界银行 2015 年的全球治理指数度量；各国金融发展水平（*FINANCE*）则参照 Chor 和 Manova 的计算方法[1]，采用世界银行的世界发展指标中 2015 年各国的流动负债占 GDP 比重度量。

（三）行业层面的特征变量

对于行业技能专用性程度，本章根据 Tang 计算的美国 SIC 4 位码的专用性技能密集度[2]，利用美国普查局网站提供的 "SIC 1987 – NAICS 1997 转换表"，以美国制造业当年产出占比为权重，加权计算得到 NAICS 4 位码行业的技能专用性程度。Tang 根据专用性人力资本理论中关于生产重要性员工的工资回报较高的结论，利用美国 1974~1993 年 20 次收入动态追踪调查（Panel Study of Income Dynamics，PSID）的员工工资、工作年限及

---

[1] Chor, D., Manova, K., "Off the Cliff and Back? Credit Conditions and International Trade During the Global Financial Crisis", *Journal of International Economics*, Vol. 87, No. 1, 2012.

[2] Tang, H., "Labor Market Institutions, Firm-Specific Skills, and Trade Patterns", *Journal of International Economics*, Vol. 87, No. 2, 2012.

相关特征数据，采用扩展员工工作年限的明瑟工资方程，测度美国 SIC 4 位码的专用性技能密集度。表 7 – 2 报告了技能专用性程度的测度结果。

表 7 – 2　技能专用性程度排名前 10 位和后 10 位的行业

前 10 位	行业	技能专用性程度	后 10 位	行业	技能专用性程度
1	石灰及石膏制品制造业	0.3036	1	音像设备制造业	– 0.1236
2	谷物和油籽碾磨业	0.2164	2	通信设备制造业	– 0.0579
3	石油和煤炭产品制造业	0.2163	3	玻璃及玻璃制品制造业	– 0.0419
4	面包和玉米饼制造业	0.2134	4	纺织业	0.0084
5	其他食品制造业	0.1934	5	磁光介质复制与制造	0.0262
6	制药及医药制造业	0.1907	6	半导体及其他电子元件制造业	0.0316
7	纸制品加工制造业	0.1697	7	建筑和结构金属制造业	0.0532
8	航空产品及零部件制造业	0.1506	8	塑料产品制造业	0.0543
9	纸浆、纸张或纸板制造业	0.1446	9	纱线、纤维加工业	0.0568
10	锯木和木材保存制造业	0.1444	10	电气照明设备制造业	0.0599

行业特征的其他控制变量：行业物质资本密集度（pc）、行业技巧密度（hc）、行业增加值比重（vr）、行业全要素生产率增长速度（ps）四个指标分别采用 2007 ~ 2011 年美国制造业产业数据库中的物质资本存量占总产值比重、非生产性工人占从业人员比重、行业增加值在行业总产出中的比重、五要素生产率[1]的平均增长率度量；行业契约密集度（ci）来源于 Nunn 计算的行业总中间投入中除组织交易和参考价格交易之外的其他中间投入占比[2]；行业外部融资依赖程度（cd）则采用 Chor 和 Manova[3] 参照 Rajan 和 Zingales[4] 的研究而计算的 NAICS 3 位码行业外资依赖程度度

---

[1]　此处的五要素生产率是指考虑了资本、生产性劳动、非生产性劳动、能源及非能源原材料五种生产要素后而计算的行业生产率。

[2]　Nunn, N., "Relationship-Specificity, Incomplete Contracts, and the Pattern of Trade", *Quarterly Journal of Economics*, Vol. 122, No. 2, 2007.

[3]　Chor, D., Manova, K., "Off the Cliff and Back? Credit Conditions and International Trade During the Global Financial Crisis", *Journal of International Economics*, Vol. 87, No. 1, 2012.

[4]　Rajan, R. G., Zingales, L., "Financial Dependence and Growth", *The American Economic Review*, Vol. 88, No. 3, 1998.

量——以总资本支出中除企业内部营运现金流之外的资金占比刻画，反映企业的外部资金需求。表 7 - 3 报告了本章相关变量的描述性统计结果。

表 7 - 3　主要变量的描述性统计

变量	样本数	均值	标准差	最小值	最大值
lnexport	7286	16. 976	3. 756	0	26. 222
rv	6932	1. 795	1. 086	0	4. 801
rv_p50	6078	1. 480	1. 051	0	4. 700
rv_p75	4709	1. 093	0. 959	0	4. 235
lnem	7286	4. 991	1. 997	0	10. 073
lnim	7286	11. 985	2. 222	0	18. 672
PROTECT	115	1. 315	0. 201	0. 677	1. 736
WAGE	111	2. 723	0. 651	0. 693	4. 411
LAW	115	0. 249	0. 943	- 1. 317	2. 063
CAPITAL	114	13. 332	1. 889	9. 522	18. 190
FINANCE	110	0. 679	0. 399	0. 151	2. 146
HUMAN_ CAPITAL	105	2. 786	0. 647	1. 207	3. 742
REAL_ GDP	114	12. 069	1. 798	7. 740	16. 678
FC_ INDEXT	111	0. 365	0. 284	0	0. 953
FC_ OTHER	111	0. 362	0. 162	0. 117	0. 510
spec_ skill	65	0. 104	0. 075	- 0. 124	0. 304
ci	62	- 0. 136	0. 164	- 0. 322	0. 569
pc	65	0. 980	0. 519	0. 351	3. 737
hc	65	0. 300	0. 112	0. 093	0. 642
vr	65	0. 476	0. 111	0. 155	0. 733
ps	65	0. 004	0. 023	- 0. 063	0. 059
cd	21	- 0. 129	1. 369	- 1. 857	5. 472
sp	61	4. 760	0. 972	2. 079	5. 996

注：rv、rv_p50 和 rv_p75 分别为以行业内各产品的平均关联密度的 1/4 分位数、中位数及 3/4 分位数为临界值计算的国家 - 行业层面的相关多样化程度指标，$lnem$、$lnim$ 分别为国家 - 行业出口的扩展边际和集约边际，为 WAGE 各国的冗余员工成本对数值，FC_ INDEX 和 FC_ OTHER 分别为 1997 年各国固定劳动合同指数对数值和各国同一法源组其他国家 1997 年的固定合同指数对数值，sp 为行业复杂度，各指标的具体计算过程和度量详见下文；表中的其他变量相关说明参见上文。

三 劳动保护、技能专用性与出口的关系

图 7-1 汇报了 115 国的出口技能专用性程度与劳动保护强度的散点图及拟合线，65 行业的技能专用性程度分别与高、低劳动保护强度国家①各行业出口占所有行业总出口比重的散点图及拟合线。从图 7-1 的左边部分可以看出，国家雇佣和解雇灵活度与国家出口的技能专用性程度成反比，初步说明，劳动保护强度加强会提高技能专用性程度更高行业的出口；从图 7-1 的右边部分可以发现，高劳动保护强度国家的行业出口占比随行业技能专用性程度的增加而增加，低劳动保护强度国家的行业出口占比随行业技能专用性程度的增加而下降，这说明高劳动保护强度国家更多的是技能专用性程度较高行业的出口，更少的是技能专用性程度较低行业的出口。图 7-1 的分析结果初步印证了本章的理论预期——劳动保护强度较高国家在技能专用性水平较高行业有比较优势。

第四节 技能专用性下劳动保护与出口比较优势：实证检验

一 基准分析

表 7-4 汇报了基于模型（7-8）的估计结果。其中，本部分关注的核心解释变量为国家劳动保护强度与行业技能专用性水平的交互项（$spec\_skill \times PROTECT$）。第（1）（2）列的区别在于前者控制了交互项中国家劳动保护强度（$PROTECT$）水平值，后者以国家固定效应控制国家层面的水平值（表 7-4 其他偶数列的控制方式类似）。交互项 $spec\_skill \times PROTECT$ 的估计系数显著为负，说明劳动灵活性国家在低技能专用性行业具有比较优势，也就是说，劳动保护强度较高的国家在技能专用性水平较高的行业有比较优势，验证了本章的理论命题。进一步地，为控制行业特征和国家特征双重维度的其他因素对本章估计结果带来的影响，第（3）~（8）列为

---

① 为便于区分，此处将小于雇佣和解雇灵活度 1/4 分位数的国家界定为高劳动保护强度国家，将大于雇佣和解雇灵活度中位数的国家归为低劳动保护强度国家。

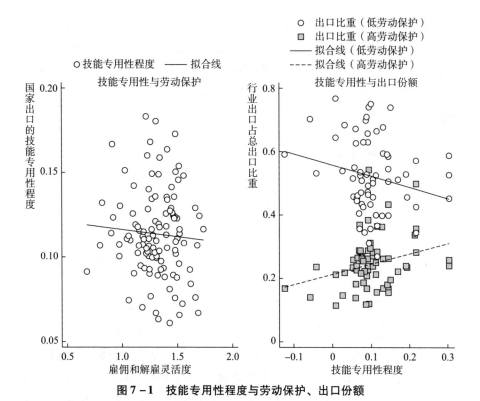

图7-1　技能专用性程度与劳动保护、出口份额

逐步控制其他影响出口的国家特征与行业特征交互项之后的估计结果，交互项 $spec\_skill \times PROTECT$ 依然在5%的水平下显著为负，再次表明高劳动保护国家在高技能劳动密集度行业的比较优势，充分说明其他影响出口的因素并不会对本章研究结论产生干扰，进一步证实本章的理论命题。

在加入控制变量的各列估计结果中，物质资本的交互项（$pc \times CAPITAL$）和人力资本的交互项（$hc \times HUMAN\_CAPITAL$）的估计系数分别在1%和5%的水平下显著为正，说明物质资本和人力资本分别在物质资本密集型和技术资本密集型行业有比较优势，与要素禀赋理论的预期结论一致。国家法律规则指数和行业契约密集度的交互项（$ci \times LAW$）的估计系数也在1%的水平下显著为正，说明法律规则越完善的国家在契约密集型行业越有比较优势，与 Nunn[1] 的研究结论一致。国家金融发展与行业

①　Nunn，N.，"Relationship-Specificity，Incomplete Contracts，and the Pattern of Trade"，*Quarterly Journal of Economics*，Vol. 122，No. 2，2007.

外部融资依赖的交互项（ $cd \times FINANCE$ ）的估计系数也显著为正，说明金融发展也是比较优势形成的重要源泉之一，这与 Chor 和 Manova 的研究预期一致。[1] 行业全要素生产率增长速度和国家收入水平的交互项（ $ps \times REAL\_GDP$ ）的估计系数为正，说明国家收入水平会通过生产率增长速度影响比较优势形成。

二　稳健性分析

（一）替换劳动保护度量指标

劳动保护加强会对企业解雇员工进行更多的限制和干预，其中的一个直接后果就是企业解雇冗余员工的成本增加。本部分采用世界银行提供的冗余员工成本对数值（记为 $WAGE$ ）替换前文以"雇佣与解雇灵活性"度量的劳动保护强度指标，直接刻画一国劳动保护强度。该指标的度量数据来源于世界银行在全球开展的企业调查（enterprise survey）中对企业经理人关于"解聘一个冗余职工提前通知和遣散需要支付的成本（以周薪度量)"这一问题回答的加权平均值，简称"冗余成本"，该指标取值越大，说明劳动保护强度越强，反之，则劳动保护强度越弱。对应的估计结果见表 7-5 第（1）列。交互项 $spec\_skill \times WAGE$ 的估计系数在 10% 的水平下显著为正，说明冗余成本增加会显著促进技能专用性程度较高行业的出口，也证实本章的理论命题。

（二）改变数据样本——使用出口国 - 进口国 - 行业数据

前文理论分析基于两国 - 两部门模型的框架展开，验证时采用的是国家 - 行业出口层面的数据，然而，现实中的国际贸易往往是在多国 - 多部门间展开，采用国家 - 行业维度数据无法控制进口国特征，尤其无法控制出口国 - 进口国双重特征（如双边关系、汇率波动等）。此处，我们采用出口国 - 进口国 - 行业维度的数据进行再检验，在模型中同时控制出口国 - 进口国联合固定效应以克服出口国 - 进口国同时变化的特征。估计结果见表 7-5 第（2）列。交互项 $spec\_skill \times PROTECT$ 的估计系数依然在 1% 的水平下显著为负，进一步说明劳动保护强度较高国家在技能专用性水平

---

[1]　Chor, D., Manova, K., "Off the Cliff and Back? Credit Conditions and International Trade During the Global Financial Crisis", *Journal of International Economics*, Vol. 87, No. 1, 2012.

表 7 - 4　基准回归

变量	(1)	(2)	(3)	(4)	(5)	(6)	(7)	(8)
PROTECT	0.070 (0.201)		0.718*** (0.214)		0.284 (0.196)		0.307 (0.204)	
spec_skill × PROTECT	-2.859** (1.394)	-3.326** (1.420)	-3.662** (1.535)	-3.737** (1.562)	-3.671** (1.540)	-3.743** (1.554)	-3.655** (1.542)	-3.726** (1.556)
CAPITAL			1.101*** (0.037)		1.073*** (0.036)		1.147*** (0.073)	
pc × CAPITAL			0.102*** (0.032)	0.109*** (0.033)	0.111*** (0.032)	0.119*** (0.033)	0.102*** (0.032)	0.109*** (0.033)
HUMAN_CAPITAL			0.791*** (0.208)		0.490** (0.201)		0.496** (0.200)	
hc × HUMAN_CAPITAL			2.401*** (0.631)	2.360*** (0.627)	1.471** (0.625)	1.386** (0.621)	1.452** (0.621)	1.368** (0.618)
LAW					0.122 (0.126)		0.120 (0.126)	
ci × LAW					0.842*** (0.210)	0.866*** (0.214)	0.829*** (0.210)	0.853*** (0.214)
FINANCE					-0.001 (0.089)		-0.009 (0.090)	
cd × FINANCE					0.217* (0.110)	0.222** (0.108)	0.221* (0.113)	0.225** (0.110)
REAL_GDP							-0.073 (0.067)	

续表

变量	(1)	(2)	(3)	(4)	(5)	(6)	(7)	(8)
$ps \times REAL\_GDP$							1.227 (0.970)	1.226 (0.974)
国家固定效应	不控制	控制	不控制	控制	不控制	控制	不控制	控制
行业固定效应	控制	控制	控制	控制	控制	控制	控制	控制
聚类数	65	65	65	65	62	62	62	62
F 值	0.132	0.800	0.685	0.800	0.694	0.800	0.694	0.800
R²	3.850	5.490	761.751	10.765	453.680	10.795	391.525	9.209
样本量	7286	7286	6672	6672	6053	6053	6053	6053

注：括号内数据为标准误，为行业层面的聚类稳健标准误；*、**、*** 分别代表在 10%、5%、1% 的水平下显著。下同。

较高行业具有比较优势。

（三）考虑零值问题

基准回归一直使用的是在国家－行业层面存在出口贸易的样本，并未包括那些没有出口的行业或国家样本，由此得出的估计结果可能只是探究了出口行业的比较优势如何形成，忽略了劳动保护在那些更易受国家及行业特性影响而发生出口行为改变行业中的作用。本章的样本数据中，从平衡面板的角度来看，有 891 个观测样本的贸易额为零值，约占总样本数据的 15%，这种非随机性产生的零值可能会导致可观测与未观测的贸易摩擦存在正相关性。上述原因都会导致剔除零值样本后进行估计的结果存在偏误。[①] 为此，本部分采用 Heckman 两步法进行估计，同时，为满足选择方程至少有一个变量不出现在出口方程中，我们在选择方程中加入行业增加值比重和国家收入水平的交互项（$vr \times REAL\_GDP$）。结果见表 7－5 第（3）（4）列。逆米尔斯比率（IMR）为 0.054，对应的伴随概率为 0.28，说明并不存在样本选择性偏误，并且，交互项 $spec\_skill \times PROTECT$ 估计系数也显著为负，再次证实本章的理论命题。

（四）排除其他干扰

1. 排除人力资本的干扰

前文基于模型（7－8）进行的回归结果意味着行业技能专用性水平取决于劳动保护强度，然而，专用性技能的形成也可能源于人力资本，国家间的人力资本差异可能导致基于模型（7－8）的基准估计结果有偏。专用性人力资本作为人力资本的一部分，对创造和维持竞争优势有重要作用[②]，并且也是专用性技能形成的重要来源。因而，人力资本水平提高也可能促进专用性技能水平提升，从而形成一国的比较优势。为

① Helpman, E., Melitz, M., Rubinstein, Y., "Estimating Trade Flows: Trading Partners and Trading Volumes", *The Quarterly Journal of Economics*, Vol. 123, No. 2, 2008; Silva, J. M. C. S., Tenreyro, S., "The Log of Gravity", *The Review of Economics and Statistics*, Vol. 88, No. 4, 2006.

② Chadwick, C., Dabu, A., "Human Resources, Human Resource Management, and the Competitive Advantage of Firms: Toward a More Comprehensive Model of Causal Linkages", *Organization Science*, Vol. 20, No. 1, 2009; Mayer, K. J., Somaya, D., Williamson, I. O., "Firm-Specific, Industry-Specific, and Occupational Human Capital and the Sourcing of Knowledge Work", *Organization Science*, Vol. 23, No. 5, 2012.

此，在模型中进一步控制人力资本水平和技能专用性程度的交互项（ *spec_ skill* × *HUMAN_ CAPITAL* ）。估计结果见表 7 – 5 第（5）列。交互项 *spec_ skill* × *HUMAN_ CAPITAL* 的估计系数不显著，说明人力资本并不会经技能专用性渠道而影响比较优势，而 *spec_ skill* × *PROTECT* 的估计系数依然显著为负，进一步说明技能专用性是劳动保护影响比较优势形成的渠道。

2. 排除行业复杂度的干扰

理论分析中指出，在劳动技能分工视角下，劳动保护强度较高国家在专用性技能水平较高行业有比较优势，这意味着劳动保护是影响一国比较优势形成的重要因素。然而，在任务分工的现实环境下，产品分工越来越细，劳动保护加强减少了产品专业化生产中的员工监督成本，进而对较高复杂度的行业（或产品）出口影响更大。[①] 因而，劳动保护也会通过影响行业（或产品）复杂度而影响比较优势的形成。那么，基于模型（7 – 8）进行的估计中，以交互项 *spec_ skill* × *PROTECT* 刻画的可能是经行业复杂度渠道对比较优势产生的影响，并不是通过影响技能专用性渠道而产生的。为克服行业复杂度可能带来的干扰，我们在文中加入行业复杂度与国家劳动保护强度的交互项（ *sp* × *PROTECT* ）。其中，行业复杂度（ *sp* ）借鉴 Krishna 和 Levchenko 的度量方法[②]，利用美国投入 – 产出表数据，以每个行业生产时使用的中间投入品种类数的对数值度量。另外，由于制度质量也会通过行业复杂度影响比较优势形成，我们还在模型中同时控制行业复杂度和国家法律规则指数的交互项（ *sp* × *LAW* ）。估计结果见表 7 – 5 第（6）（7）列。交互项 *sp* × *PROTECT* 的估计系数不显著，说明行业复杂度不是劳动保护影响比较优势形成的渠道。进一步地，交互项 *sp* × *LAW* 的估计系数显著为正，说明制度质量提升会通过影响行业复杂度而影响比较优势，证实了上述研究结果。并且， *spec_ skill* × *PROTECT* 交互项的估计系数在两种情形下都显著为负，进一步证实了本章的理论命题。

[①] Costinot, A. , "On the Origins of Comparative Advantage", *Journal of International Economics*, Vol. 77, No. 2, 2009.

[②] Krishna, P. , Levchenko, A. A. , "Comparative Advantage, Complexity, and Volatility", *Journal of Economic Behavior & Organization*, Vol. 94, 2013.

表 7 - 5 稳健性检验

变量	(1)	(2)	(3)	(4)	(5)	(6)	(7)
	替换指标	替换数据	Heckman 两步法		人力资本作用	行业复杂度渠道	
			选择方程	出口方程			
$spec\_skill \times$ WAGE	1.012* (0.534)						
$spec\_skill \times$ PROTECT		-5.531*** (1.283)	-19.367*** (5.809)	-3.737** (1.540)	-3.901** (1.586)	-3.705** (1.494)	-3.620** (1.488)
$vr \times GDPPP$			1.349 (1.133)				
IMR			0.054 [0.28]				
$spec\_skill \times$ HUMAN_CAPITAL					-1.779 (1.202)		
$sp \times PROTECT$						0.058 (0.221)	-0.019 (0.226)
$sp \times LAW$							0.124*** (0.045)
控制变量	控制	控制	控制	控制	控制	控制	控制
国家固定效应	控制	不控制	控制	控制	控制	控制	控制
行业固定效应	控制	控制	控制	控制	控制	控制	控制
出口国 – 进口国联合固定效应	不控制	控制	不控制	不控制	不控制	不控制	不控制
聚类数	62	62	62		58	58	
F 值	9.372	24.198		8.418	9.206	10.065	
R^2	0.797	0.671		0.800	0.809	0.810	
样本量	5881	424788	6944	6053	5660	5660	

注：小括号内数据为对应变量的似然比（LR）检验伴随概率；中括号内数据为 IMR 伴随概率。

三 内生性考察

虽然上述研究中控制了行业和国家层面的固定效应，能有效避免行业或国家单一维度因素遗漏对本章研究结论的影响。然而，国家 – 行业两维度共同作用的变量会不可避免地被遗漏，并且出口也可能反向影响国家劳动力市场制度和行业技能需求——如在技能专用性水平较高行业有比较优势的国家可能会更加注重与劳动保护相关的制度建设。Levchenko 的研究也发现，贸易开放后，预期在制度密集度部门获得更多优势的国家，制度质量会更高。[①] 因此，本部分使用的劳动保护强度变量可能是内生的，需要考虑其对研究结果可能带来的偏误。这要求我们采用合适的方法进行排除，本部分选用合适的工具变量进行两阶段最小二乘法（2SLS）估计，同时还将采用倾向得分匹配（PSM）方法进行考察，尽可能克服内生性所带来的偏误。

（一）工具变量估计

首先，参照工具变量选取常用的方法，直接选取历史变量作为工具变量，即选取 Botero 等[②]计算的 1997 年各国固定劳动合同指数对数值（记为 *FC_ INDEX*）作为工具变量，该指数以固定期限劳动合同是否只执行固定期限任务的虚拟变量（是取 1，否则取 0）及固定期限劳动合同最长期限变量两者的平均值度量，*FC_ INDEX* 取值越大，说明一国通过固定劳动合同实现的劳动保护强度越高。很明显，固定劳动合同指数涉及的这两个变量刻画的是一国对本国劳动保护的一种具体体现，包括合同期限和合同任务两方面。一般地，一国的劳动保护法案都会有明确的条款对临时合同和固定期限合同的期限、任务等进行规定，如中国 2008 年实施的《劳动合同法》对固定期限合同有明确的规定。从固定劳动合同指数两个变量测度的内容来看，固定劳动合同指数越高，一国对固定合同员工的保护程度越强，该国劳动保护强度越高，满足相关性要求。另外，由于 1997 年各国固定劳动合同指数属于历史数据，与本章 2015 年各国出口数据无直接的关联，满足外生性要求。为此本部分以 1997 年各国固定劳动合同指数为工具变量进行两阶段最小二乘估计，估计结果见表 7 - 6 第（1）～（2）列。

然而，长期来看，制度的演进存在着路径依赖特征，一国历史时期关于固定劳动合同的制度规范也可能影响当期劳动保护法案的制定和实施。为进一步增强估计的有效性，减少历史制度对现在的干扰，本部分还参照

[①] Levchenko, A. A., "International Trade and Institutional Change", *The Journal of Law, Economics, and Organization*, Vol. 29, No. 5, 2013.

[②] Botero, J. C., Djankov, S., Porta, R. L., Lopez-De-Silanes, F., Shleifer, A., "The Regulation of Labor", *Quarterly Journal of Economics*, Vol. 119, No. 4, 2004.

Acemoglu 等以各国所在国家收入组计算该组其他国家的民主化浪潮均值为民主的工具变量的计算方法[1]，结合 Porta 等关于各国法源（legal origin）的分类[2]，把样本国细分为英国法源、法国法源、德国法源、斯堪的纳维亚法源以及社会主义法源五组国家，考虑到同组法源国家的法源相似特征及同组国家劳动保护相关制度和劳动力市场干预类似的特点，本章以上文使用的 1997 年各国固定合同指数变量为基础，进一步计算同组法源的其他国家固定劳动合同指数平均值的对数值，以此作为一国劳动保护强度的又一工具变量，即以同一法源组其他国家历史时期的固定合同指数的对数值为工具变量，记为 FC_OTHER，并进行 2SLS 估计，对应的估计结果见表 7 - 6 第（3）～（4）列。

此外，为进一步保证基于上述工具变量而开展的 2SLS 估计有效性和稳健性，同时也为更好地检验工具变量是否存在过度识别问题，检验工具变量的外生性，我们将上述选取的两个变量（FC_INDEX 和 FC_OTHER）同时作为一国劳动保护强度的工具变量，并进行两阶段最小二乘估计，估计结果见表 7 - 6 第（5）～（6）列。

表 7 - 6 第（1）（3）（5）列分别为三种不同工具变量下 2SLS 估计的第一阶段估计结果。不难发现，工具变量的交互项（$spec\_skill \times FC\_INDEX$、$spec\_skill \times FC\_OTHER$）都在 1% 的水平下显著为负，说明一国历史时期通过固定劳动合同开展的劳动保护会显著促进一国现在的劳动保护强度，并且 F 值也都远大于 10，进一步证实本部分选取的工具变量满足相关性要求。第（2）（4）（6）列分别为对应的第二阶段估计结果，三列估计结果的 Anderson-Rubin Wald、Kleibergen-Paap rk LM 以及 Cragg-Donald Wald F 三个统计量检验均拒绝原假设，可以看出本部分选取的工具变量不存在弱识别和识别不足问题，工具变量都与内生变量具有较强的相关性，说明本部分选取工具变量的可靠性，再次证明本部分选取的工具变量相关性要求成立。另外，从第（6）列可以看出，Hansen 检验 J 统计量的伴随概率

① Acemoglu, D., Naidu, S., Restrepo, P., Robinson, J. A., "Democracy Does Cause Growth", *Journal of Political Economy*, Vol. 127, No. 1, 2019.
② Porta, R. L., Lopez-De-Silanes, F., Shleifer, A., "The Economic Consequences of Legal Origins", *Journal of Economic Literature*, Vol. 46, No. 2, 2008.

为 0.370，不能在 10% 的显著性水平下拒绝工具变量为过度识别的原假设，表明我们选取的工具变量外生性要求满足。从第二阶段估计结果来看，第 (2)(4)(6) 三列中的交互项 $spec\_ skill \times PROTECT$ 的估计系数也显著为负，并且估计系数的绝对值都大于基准回归的 3.726，表明劳动保护与出口互为因果的内生性问题可能会低估劳动保护的影响，从而再次证实本章的理论命题。

表 7-6 工具变量检验与估计结果

变量	(1) $spec\_ skill \times PROTECT$ 第一阶段	(2) lnexport 第二阶段	(3) $spec\_ skill \times PROTECT$ 第一阶段	(4) lnexport 第二阶段	(5) $spec\_ skill \times PROTECT$ 第一阶段	(6) lnexport 第二阶段
$spec\_skill \times FC\_INDEX$	-0.102 *** (0.002)				-0.092 *** (0.002)	
$spec\_skill \times PROTECT$		-11.226 ** (4.557)		-20.656 ** (9.164)		-12.368 *** (4.462)
$spec\_skill \times FC\_OTHER$			-0.056 *** (0.001)		-0.023 *** (0.002)	
控制变量	控制	控制	控制	控制	控制	控制
国家固定效应	控制	控制	控制	控制	控制	控制
行业固定效应	控制	控制	控制	控制	控制	控制
Anderson-Rubin Wald 统计量		5.969 [0.017]		5.267 [0.025]		4.071 [0.022]
Kleibergen-Paap rk LM 统计量		13.403 [0.000]		13.699 [0.000]		14.514 [0.001]
Cragg-Donald Wald F 统计量		2525.081		1700.746		1272.830
Hansen J 统计量						0.805 [0.370]
聚类数	62	62	62	62	62	62
F 值	664.574	6.192	503.583	9.603	605.771	6.498
R^2	0.981	0.781	0.977	0.795	0.982	0.781
样本量	4267	4267	5929	5929	4267	4267

注：Anderson-Rubin Wald 统计量为内生回归元联合显著性的 F 检验，原假设为第一阶段内生回归元联合显著性检验值为 0；Kleibergen-Paap rk LM 统计量为工具变量识别不足检验统计量，原假设为方程存在识别不足问题；Cragg-Donald Wald F 统计量为工具变量弱识别检验，原假设为方程存在弱相关问题，其 10% 的显著性水平下的临界值为 16.38；中括号内数据为对应统计量的 p 值。

（二）倾向得分匹配估计

上文中，我们基于工具变量的 2SLS 估计研究了技能专用性视角下劳动保护对比较优势形成的因果效应，发现工具变量（ *FC_ INDEX* 、 *FC_ OTHER* ）与劳动保护之间存在较强的相关性。这为我们继续利用各国两类工具变量的差异，分析技能专用性视角下劳动保护对比较优势的作用，为有效减少内生性问题干扰提供可能。同时，也为我们进一步检验技能专用性在劳动保护影响比较优势形成中的作用提供机会。具体地，本部分参照 Nunn 采用倾向得分匹配估计契约执行通过契约密集度渠道如何影响比较优势的做法①，以工具变量 *FC_ INDEX* 和 *FC_ OTHER* 的中位数为临界值，将所有国家划分为高劳动保护强度国家和低劳动保护强度国家，构建高劳动保护强度国家各行业出口额与低劳动保护强度国家各行业出口比值的对数值，记为 $\ln(export_{ju}t_{jd})$ ，并以此作为被解释变量，以行业技能专用性程度（ *spec_ skill* ）为解释变量，在控制高 - 低国家对固定效应（ μ_{ud} ）的基础上，估计 $\ln(export_{ju}t_{jd})$ 对 *spec_ skill* 的影响。估计模型设定如下：

$$\ln(export_{ju}/export_{jd}) = \mu_{ud} + \gamma spec\_skill_j + \varepsilon_{udj} \qquad (7-9)$$

模型（7-9）中，估计系数 γ 的大小意味着，相比于低劳动保护强度国家，高劳动保护强度国家出口的技能专用性程度；另外，其也刻画了技能专用性在劳动保护影响比较优势形成中的作用强弱。很明显，根据前文提出的劳动保护强度较高国家在技能专用性水平较高行业有比较优势的理论命题，估计系数 γ 预期符号为正，即高劳动保护强度国家出口的行业技能专用性程度高于低劳动保护强度国家。

表 7-7 的 Panel A 和 Panel B 分别汇报了以工具变量 *FC_ INDEX* 和 *FC_ OTHER* 区分高、低劳动保护强度不同国家后，基于模型（7-9）进行估计的结果。第（1）列报告了两种不同区分国家标准的估计结果。*spec_ skill* 的估计系数显著为正，说明相比于低劳动保护强度国家，高劳动保护强度国家出口的行业技能专用性程度更高，再次证实了前文的理论命

① Nunn, N., "Relationship-Specificity, Incomplete Contracts, and the Pattern of Trade", *Quarterly Journal of Economics*, Vol. 122, No. 2, 2007.

题，也说明技能专用性是劳动保护影响比较优势的渠道之一。

然而，上文基于模型（7-9）进行估计可能面临的一个问题是，以工具变量 *FC_ INDEX* 和 *FC_ OTHER* 的中位数为分组依据，高、低劳动保护强度国家可能在诸如法律制度、金融发展、收入水平、要素禀赋等方面存在差异，从而导致估计出的比较优势差异并不是源于劳动保护强度不同，致使表7-7第（1）列的估计结果存在偏误。为此，我们基于 Rosenbaum 和 Rubin 倾向得分匹配的思路[①]，根据法律规则指数、物质资本丰裕度等匹配变量，对高、低劳动保护强度国家进行重新配对，形成新的样本数据；然后，利用匹配后的样本数据对模型（7-9）进行再估计，从而达到减少法律制度、要素禀赋等因素差异对估计结果造成干扰的目的。具体匹配过程分为两步[②]：第一步，采用与上文相同的思路，利用工具变量 *FC_ INDEX* 的中位数将所有国家分为两组，将 *FC_ INDEX* 高于中位数的国家定义为高劳动保护强度国家，变量 *H_ dum* 取1，否则，为低劳动保护国家，变量 *H_ dum* 取0；第二步，根据匹配变量 *B*（包括各国法律规则指数 *LAW*、各国贸易开放程度 *OPEN* [③]、各国收入水平 *REAL_ GDP*、各国人力资本水平 *HUMAN_ CAPITAL*、物质资本丰裕度 *CAPITAL*），建立二元选择模型 $Pr(H\_ dum_c) = \Phi(B_c)$，采用 Logit 模型逐年估计各国的倾向得分（$\widehat{score}$），随后根据估计倾向得分结果，采用最近邻匹配法（nearest neighbor matching），以1:3的比例进行匹配，从而形成匹配后的样本数据。

表7-7第（2）~（7）列分别汇报了基于模型（7-9）对不同匹配变量进行倾向得分匹配后的样本数据进行估计的结果，Panel A 和 Panel B 的区别在于前者是以工具变量 *FC_ INDEX* 的中位数为高、低劳动保护强度国家分组依据，后者是以工具变量 *FC_ OTHER* 的中位数为分组依据。从第（2）~（7）列的估计结果来看，所有回归中 *spec_ skill* 的估计系数

---

① Rosenbaum, P. R., Rubin, D. B., "Constructing a Control Group Using Multivariate Matched Sampling Methods that Incorporate the Propensity Score", *The American Statistician*, Vol. 39, No. 1, 1985.

② 此处仅以工具变量 *FC_ INDEX* 的中位数作为高、低劳动保护强度国家分组依据为例，简要介绍匹配过程。

③ 此处以世界银行的世界发展指标数据库中的各国进出口贸易总额占 GDP 比重度量各国贸易开放程度。

都显著为正，只是控制部分国家特征之后的估计系数小于第（1）列的基准估计系数，当然也存在控制部分国家特征后的估计系数大于基准估计系数的情形，再次说明本章关于劳动保护强度较高国家在技能专用性水平较高行业有比较优势的研究结论不会因国家特征的差异而有所改变，进一步证实本章研究结论。

表7-7　倾向得分匹配估计结果

匹配变量	（1）基准	（2）LAW	（3）OPEN	（4）REAL_GDP	（5）HUMAN_CAPITAL	（6）CAPITAL	（7）ALL
Panel A：以变量 FC_INDEX 的中位数作为分组依据							
spec_skill	1.574 *** (0.489)	1.569 *** (0.531)	1.102 ** (0.504)	1.896 *** (0.508)	1.558 *** (0.430)	2.200 *** (0.560)	1.770 *** (0.536)
高-低国家固定效应	控制	控制	控制	控制	控制	控制	控制
聚类数	65	65	65	65	65	65	65
F 值	10.354	8.719	4.789	13.945	13.106	15.412	10.907
R^2	0.766	0.765	0.774	0.756	0.752	0.756	0.768
样本量	190556	176393	153324	163518	139792	168313	142828
Panel B：以变量 FC_OTHER 的中位数作为分组依据							
spec_skill	2.551 *** (0.868)	2.444 *** (0.797)	2.671 *** (0.891)	2.696 *** (0.844)	1.857 *** (0.675)	2.728 *** (0.848)	3.126 *** (0.791)
高-低国家固定效应	控制	控制	控制	控制	控制	控制	控制
聚类数	65	65	65	65	65	65	65
F 值	8.630	9.396	8.989	10.212	7.574	10.357	15.626
R^2	0.745	0.742	0.748	0.725	0.737	0.726	0.736
样本量	190819	173252	177040	163843	113295	162071	123891

四　扩展性分析

（一）中介效应模型分析

在劳动保护加强的前提下，高劳动保护强度国家在高技能专用性水平行业具有比较优势的前提是行业内各专用性技能之间能有效地进行分工与合作，行业内分工与合作能否有效实施很大程度上取决于劳动保护强度。很明显，由于行业内劳动技能分工的存在，劳动保护加强会减少劳动合同违约的可能，促进行业内劳动技能分工更加精细，从而产业内多样化程度不断加深，而行业内多样化是一种水平多样化，有利于产业内知识与技术的交流与扩散，促进技术创新和进步①，发挥"雅各布斯外部性效应"，从而有利于比较优势的形成。然而，行业内劳动技能分工顺利开展的条件是行业内各劳动技能之间的合作，事实上，劳动保护加强也会促进行业内劳动技能之间形成更加稳定的合作关系，促进行业内各劳动技能之间的有效合作，增强劳动技能之间的互补性，增强行业内产品关联程度，从而增加该行业比较优势形成的概率。② 不难看出，技能专用性视角下劳动保护促进比较优势的作用中介是一国的行业内多样化及关联性，因而，行业相关多样化可能是技能专用性视角下劳动保护促进比较优势形成的作用中介。为检验这一中介机制的存在，本部分将借鉴盛斌和景光正、徐业坤和马光源在研究地方官员推动企业产能扩张、金融结构影响全球价值链地位的影响机制时都采用的中介效应模型③，对技能专用性视角下劳动保护促进比较优势形成的中介机制进行探究，以期进一步检验本章理论命题是否成立。一般地，在控制相应控制变量和固定效应的基础上，中介效应模型的构建分为三步：第一步，建立因变量（lnexport）对基本自变量（$spec\_skill \times PROTECT$）的回归模型，也即前文的基准模型（7-8）；第二步，中介变量——相关多样化（rv）对基本自变量（$spec\_skill \times PROTECT$）进行回归，见模型（7-10）；第三步，将因变量（lnexport）对基本自变量（$spec\_skill \times PROTECT$）和中介变量（$rv$）进行回归，见模型（7-11）。若三步检验中的基本自变量和中介变量的估计系数都显著，且第三步基本自变量的估计

---

① 沈鸿、向训勇：《专业化、相关多样化与企业成本加成——检验产业集聚外部性的一个新视角》，《经济学动态》2017 年第 10 期；Glaeser, E. L., Kallal, H. D., Scheinkman, J. A., Shleifer, A., "Growth in Cities", *Journal of Political Economy*, Vol. 100, No. 6, 1992。

② 吴小康、于津平：《产品关联密度与企业新产品出口稳定性》，《世界经济》2018 年第 7 期；吴小康、郑莹：《产品关联与中国区域比较优势结构演化》，《当代财经》2017 年第 10 期；Hidalgo, C. A., Klinger, B., Barabási, A. L., Hausmann, R., "The Product Space Conditions the Development of Nations", *Science*, Vol. 317, No. 5837, 2007。

③ 盛斌、景光正：《金融结构、契约环境与全球价值链地位》，《世界经济》2019 年第 4 期；徐业坤、马光源：《地方官员变更与企业产能过剩》，《经济研究》2019 年第 5 期。

系数比第一步的小且显著，说明存在部分中介效应；若第三步基本自变量的估计系数变得不显著，说明存在完全中介效应。相应的模型设定如下：

$$rv_{jc} = \lambda_0 + \lambda_1 spec\_skill_j \times PROTECT_c + \sum_m \lambda_m w_j^m \times W_c^m + \varepsilon_j + \varepsilon_c + \varepsilon_{jc} \quad (7-10)$$

$$\ln export_{jc} = \kappa_0 + \kappa_1 spec\_skill_j \times PROTECT_c + \kappa_2 rv_{jc} + \sum_m \kappa_m w_j^m \times W_c^m + \mu_j + \mu_c + \mu_{jc}$$

$$(7-11)$$

模型（7-10）（7-11）中，变量 rv 为国家 - 行业层面的相关多样化程度，其他变量的含义同模型（7-8）。本书借鉴 Hidalgo 等、贺灿飞和陈韬的研究[①]，对国家 - 行业维度的相关多样化指标进行度量。具体度量过程如下。

首先，计算产品关联度。参照 Hidalgo 等基于产品空间思想计算任意两种产品被一国同时出口的概率测度产品关联度，同时出口的概率越大，两种产品的关联度越高。[②] 那么，某国 m、n 两种产品出口的关联度 φ_{mn} 计算公式如下：

$$\varphi_{mn} = \min\{\Pr(x_m \mid x_n), \Pr(x_n \mid x_m)\} \quad (7-12)$$

式（7-12）中，$\Pr(x_m \mid x_n)$ 为某国在 n 产品具有比较优势的情形下 m 产品也同时具有比较优势的概率，$\Pr(x_n \mid x_m)$ 的含义界定与 $\Pr(x_m \mid x_n)$ 类似。x_m 表示某国 m 产品是否具有比较优势，以 c 国 m 产品为例，x_{cm} 的计算公式为：

$$x_{cm} = \begin{cases} 1, rca_{cm} \geqslant 1 \\ 0, rca_{cm} < 0 \end{cases} \quad (7-13)$$

式（7-13）中，rca_{cm} 为 c 国 m 产品显性比较优势指数，其计算公式为：

$$rca_{cm} = \frac{export_{cm} / \sum_m export_{cm}}{\sum_c export_{cm} / \sum_c \sum_m export_{cm}} \quad (7-14)$$

---

① Hidalgo, C. A., Klinger, B., Barabási, A. L., Hausmann, R., "The Product Space Conditions the Development of Nations", *Science*, Vol. 317, No. 5837, 2007；贺灿飞、陈韬：《外部需求冲击、相关多样化与出口韧性》，《中国工业经济》2019 年第 7 期。

② Hidalgo, C. A., Klinger, B., Barabási, A. L., Hausmann, R., "The Product Space Conditions the Development of Nations", *Science*, Vol. 317, No. 5837, 2007.

其中，$export_{cm}$ 为 c 国 m 产品出口总额。$rca_{cm} \geq 1$，说明 c 国 m 产品具有比较优势。从而，$\Pr(x_m \mid x_n)$ 可界定为产品 m、n 同时具有比较优势的国家数与产品 n 具有比较优势的国家数之比。具体计算公式为：

$$\Pr(x_m \mid x_n) = \frac{\sum_c x_{cm} x_{cn}}{\sum_c x_{cn}} \tag{7-15}$$

本书以 UN Comtrade 数据库中 2015 年 HS 1992 版 4 位码产品出口数据为基础，利用公式（7-12）~（7-15），计算任意两产品之间的关联度。

其次，计算产品关联密度。借鉴前人产品关联密度计算方法，可知 c 国 j 行业内 m 产品的关联密度计算公式为：

$$rel_{cjm} = \frac{\sum_{m \neq n, m \in j, n \in j} x_{cm} \varphi_{mn}}{\sum_{m \neq n, m \in j, n \in j} \varphi_{mn}} \tag{7-16}$$

式（7-16）中，rel_{cjm} 为 c 国 j 行业 m 产品与 c 国 j 行业所有其他产品的平均关联密度，分子表示 c 国 j 行业 m 产品与 c 国 j 行业所有其他产品的关联密度，分子表示世界 j 行业 m 产品与世界 j 行业其他所有产品的关联密度。

最后，计算相关多样化程度。参考贺灿飞和陈韬计算相关多样化的思路[1]，以公式（7-16）计算的 c 国 j 行业内各产品的平均关联密度（rel_{cjm}）第 1、第 4 分位数为临界值，将 c 国 j 行业内高于临界值的产品归为相关产品集合，记为 set_{cj}，结合 Boschma 等的相关多样化计算公式[2]，计算 c 国 j 行业的相关多样化水平。相关多样化水平（rv）的计算公式为：

$$rv_{cj} = \sum_{n \in set_q} \left(export_{cjn} / \sum_{n \in set_q} export_{cjn} \right) \left[\log_2 \left(\frac{1}{export_{cjn} / \sum_{n \in set_q} export_{cjn}} \right) \right] \tag{7-17}$$

根据公式（7-17），结合本章使用 UN Comtrade 数据库中各国的出口

---

① 贺灿飞、陈韬：《外部需求冲击、相关多样化与出口韧性》，《中国工业经济》2019 年第 7 期。

② Boschma, R., Minondo, A., Navarro, M., "Related Variety and Regional Growth in Spain", *Papers in Regional Science*, Vol. 91, No. 2, 2012.

数据，计算国家－行业层面的相关多样化指数，然后，利用计算后的相关多样化指标，对中介效应模型进行估计。表7－8报告了中介效应模型相关检验的结果，第（1）列为基准模型估计结果，第（2）（3）列分别为模型（7－10）（7－11）的估计结果。第（2）列中，交互项 $spec\_skill \times PROTECT$ 的估计系数在5%的水平下显著为负，说明劳动保护加强对高技能专用性程度行业的相关多样化水平影响更大。第（3）列中，相关多样化指标的估计系数在1%的水平下显著为正，说明相关多样化会显著增强比较优势，并且交互项 $spec\_skill \times PROTECT$ 估计系数的绝对值相比第（1）列下降，说明相关多样化充当中介变量的角色，存在部分中介效应，验证了本章的理论命题。与此同时，为保证估计结果的稳健性，我们还进一步以 c 国 r 产业内各产品的平均关联密度的中位数和第3、第4分位数为临界值，重新计算公式（7－17）得到新的相关多样化指标，分别记为 rv_p50 和 rv_p75，对应的中介效应模型估计结果见表7－8第（4）～（7）列，不难发现，相关多样化依然是技能专用性视角下劳动保护影响比较优势的中介变量，只是此处由原来的部分中介效应转为全部中介效应，再次说明劳动保护加强显著促进技能专用性水平较高行业的比较优势形成，证实了前文的理论命题。

表7－8　中介效应模型

变量	（1）	（2）	（3）	（4）	（5）	（6）	（7）
	lnexport	rv	lnexport	rv_p50	lnexport	rv_p75	lnexport
$spec\_skill \times PROTECT$	-3.726 ** (1.556)	-1.720 ** (0.854)	-2.666 * (1.351)	-4.168 *** (1.031)	-0.701 (1.375)	-4.450 *** (0.996)	1.507 (1.445)
rv			0.263 *** (0.035)				
rv_p50					0.330 *** (0.033)		
rv_p75							0.381 *** (0.040)
控制变量	控制	控制	控制	控制	控制	控制	控制
国家固定效应	控制	控制	控制	控制	控制	控制	控制
行业固定效应	控制	控制	控制	控制	控制	控制	控制

续表

变量	(1)	(2)	(3)	(4)	(5)	(6)	(7)
	lnexport	rv	lnexport	rv_p50	lnexport	rv_p75	lnexport
聚类数	62	62	62	62	62	62	62
F 值	9.209	2.721	15.022	5.632	19.104	7.631	16.992
R^2	0.800	0.620	0.800	0.458	0.807	0.346	0.812
样本量	6053	5759	5759	5049	5049	3948	3948

（二） 贸易边际的视角

上述分析表明劳动保护强度高的国家在技能专用性高的行业有比较优势，即技能专用性视角下劳动保护显著促进出口规模。根据国际贸易理论，出口规模可分解为扩展边际和集约边际两部分。既然劳动保护影响出口规模，那么，其到底通过何种边际影响总体出口规模呢？为此，我们首先根据黄玖立等的研究[①]，把本章的出口规模分解为扩展边际和集约边际两部分。模型（7-18）设定如下：

$$lnexport_{jc} = \ln(partner\_prod_{jc}) + \ln(export_{jc}/partner\_prod_{jc}) \qquad (7-18)$$

模型（7-18）中，右侧第一项为 c 国 j 行业"贸易伙伴-产品类比"组数量的对数，刻画扩展边际，以 lnem 表示；右侧第二项为 c 国 j 行业在"贸易伙伴-产品类比"组的平均出口额，刻画集约边际，以 lnim 表示。

从表7-9第（1）（2）列发现，交互项 spec_skill × PROTECT 的估计系数一个不显著，一个在5%的水平下显著为负，即劳动保护对技能专用性较高行业的出口扩展边际没有影响，而对技能专用性较高行业的出口集约边际有显著的正向影响。这说明劳动保护与技能专用性对出口扩张的影响主要体现于集约边际方面，意味着劳动保护强度加强会促进和维护行业劳动技能分工和技能结构，有助于技能专用性较高程度行业的出口平均规模提升，保持该行业出口规模的扩张，但无法促进技能专用性较高程度行业的出口国家数量和产品种类数量的提升，不能有效避免出口市场和产品市场的单一性风险和不确定性风险。这可能与本章的研究视角有关，本章

---

① 黄玖立、冼国明、吴敏、严兵：《学校教育与比较优势：解构作为渠道的技能》，《经济研究》2014 年第 4 期。

重点考量的是技能专用性视角下劳动保护对比较优势形成的促进作用，正如理论框架部分所述，由于劳动技能间分工的存在，劳动保护加强带来的是行业内不同专用性劳动技能之间的分工与合作加强，分工与合作的相互作用提高了相关多样化水平，促进了行业内产品产量和效率的提升，有助于维持和提高行业内原有产品的出口——出口的集约边际；而对新产品和新市场的开发，则需要更新行业专用性技能劳动投入，培养新的专用性技能，劳动保护加强难以为此提供有效保障，故劳动保护加强无法对高技能专用性水平行业出口新产品和新市场产生作用——对出口扩展边际无影响。

（三）考虑国家收入水平的差异

劳动市场灵活性跨国差异与国家收入水平相关[①]，如前文表 7-1 所示，劳动保护强度较高的国家以中低收入国家为主（如津巴布韦、南非、巴西等），劳动保护强度较低的国家以高收入国家为主（如瑞士、新加坡、美国等）。高收入和低收入国家在产业体系与劳动分工方面存在明显的差异，这意味着劳动保护对高、低两类不同收入水平国家出口存在异质性影响。本部分按照世界银行对全球各国按收入水平分为低收入、中低收入、中高收入及高收入四类国家的划分，把全球国家分为高收入和低收入两组国家，其中，将低收入、中低收入国家归为低收入组国家，把中高收入、高收入国家归为高收入组国家，然后进行分组回归。

表 7-9 第（3）（4）列汇报了分组回归的结果。不难发现，交互项 $spec\_skill \times PROTECT$ 的估计系数在高收入组国家显著为负，而在低收入组国家不显著。这说明劳动保护加强对高收入组国家的高技能专用性水平行业的出口有促进作用，但劳动保护强度提高对低收入组国家的较高技能专用性水平行业的出口没有影响。我们认为，这是因为中低收入国家一般从事加工贸易，往往专注于产品中的一个方面，有大量同质的通用性技能劳动力，并负责产品中的一个环节，劳动保护强度提高对其出口的影响相对较小；而高收入国家产业体系健全，劳动分工更加精细、明确，推进劳动保护制度建设可大大缓解专用性技能劳动力的不确定性风险，增加专用

① Cuñat, A., Melitz, M. J., "Volatility, Labor Market Flexibility, and the Pattern of Compara-tive Advantage", *Journal of the European Economic Association*, Vol. 10, No. 2, 2012.

性技能劳动力的收益，维持稳定的劳动关系可促进其比较优势的进一步提升。

（四） 考虑行业技术密集度的差异

劳动保护水平提升在健全与完善一国劳动力市场制度的同时，也为维持劳动关系稳定提供了制度基础。然而，由于行业在劳动投入、劳动分工、技能结构等方面存在差异，不同行业对专用性技能的依赖和需求也存在差异。因此，劳动保护加强对不同技能专用性程度的行业出口产生的影响也不尽相同。本部分参照 Wu 对美国 NAICS 4 位码行业进行的高、低技术密集度区分①，把 NAICS 4 位码行业区分为高技术密集度行业和低技术密集度行业，然后分别进行估计，估计结果见表 7 - 9 第（5）（6）列。

估计结果显示，劳动保护强度提高只会促进高技术密集度的高技能专用性行业比较优势的形成，对低技术密集度的高技能专用性行业出口并没有影响，这说明劳动保护与技能专用性的匹配只会促进高技术密集度行业比较优势的形成，而不会对低技术密集度行业出口产生任何影响。这可能是因为，低技术密集度行业所需中间投入和技能结构比较单一，不同技能之间的替代性较强，行业的技能专用性程度较低，无法通过加强劳动保护形成自身的比较优势；而高技术密集度行业的产品结构更加复杂，分工程度更加细化，其生产的过程往往需要更多协作和更稳定的劳动技能，对技能的专用性程度要求也更高，因此，加强劳动保护会改善和稳固行业内的技能结构，积极发挥行业内不同技能之间的互补性和协作性，从而劳动保护加强对高技能专用性行业的高技术密集度行业出口的影响更大。

表 7 - 9　贸易边际与异质性分析

变量	(1)	(2)	(3)	(4)	(5)	(6)
	$lnem$	$lnim$	高收入组国家	低收入组国家	高技术密集度行业	低技术密集度行业
$spec\_skill \times PROTECT$	- 0.566 (0.505)	- 3.160** (1.223)	- 4.557*** (1.429)	- 0.774 (3.162)	- 5.670** (2.569)	- 1.198 (1.517)

① Wu, Y., "State R&D Tax Credits and High-Technology Establishments", *Economic Development Quarterly*, Vol. 22, No. 2, 2008.

续表

变量	(1)	(2)	(3)	(4)	(5)	(6)
	lnem	lnim	高收入组国家	低收入组国家	高技术密集度行业	低技术密集度行业
控制变量	控制	控制	控制	控制	控制	控制
聚类数	62	62	62	62	22	40
F 值	3.124	9.030	8.755	1.476	2.803	2.815
R^2	0.919	0.598	0.816	0.701	0.867	0.773
样本量	6053	6053	4219	1834	2150	3903

第五节 研究结论与启示

目前，国际贸易摩擦不断加剧、贸易保护主义时有抬头，生产过程呈现"碎片化"特征，国际贸易主要形式也由产品贸易转向任务贸易[1]，劳动保护法案在全球各国广泛实施，任务贸易时代下劳动分工呈现出技能分工和任务分工模式，充分发挥劳动保护法案在技能分工中的作用，形成一国的新型比较优势，不仅有利于我们从理论层面对比较优势形成的源泉进行更深层次的理解，更有利于缓解双边贸易摩擦，推动全球贸易复苏。尤其是对中国这样的劳动力大国而言，劳动技能分工正在不断深化，探求劳动保护制度如何形成中国出口的新型比较优势，对中国实现贸易大国向贸易强国转变有极其重要的现实意义。本章借鉴 Costinot、Krishna 和 Levchenko 的研究[2]，以劳动技能分工为起点，依据两国-两部门的分析框架，构建技能专用性视角下劳动保护影响比较优势形成的理论模型，理论分析表明，劳动保护较强国家在技能专用性水平较高行业有比较优势。在经验研究中，本章利用 2015 年 115 国 65 行业的跨国面板数据，参照黄玖

① Grossman, G. M., Rossi-Hansberg, E., "Trading Tasks: A Simple Theory of Offshoring", *American Economic Review*, Vol. 98, No. 5, 2008.

② Costinot, A., "On the Origins of Comparative Advantage", *Journal of International Economics*, Vol. 77, No. 2, 2009; Krishna, P., Levchenko, A. A., "Comparative Advantage, Complexity, and Volatility", *Journal of Economic Behavior & Organization*, Vol. 94, 2013.

立等、Nunn 的研究①，建立"差异中差异"模型进行经验分析发现：（1）由于劳动技能分工与合作的存在，劳动保护加强有利于技能专用性水平较高行业的相关多样化水平提升，从而使劳动保护强度高的国家在技能专用性水平高的行业有比较优势，且这一研究结论并不因度量指标改变、样本数据替换、出口零值及内生性问题的影响而改变，验证了本章的理论命题；（2）国家劳动保护不会通过行业复杂度渠道影响比较优势形成，国家人力资本水平也不会通过行业技能专用性水平渠道促进比较优势形成；（3）从比较优势的形成来源来看，技能专用性视角下劳动保护对出口扩张的影响主要沿出口平均规模的集约边际实现，新产品和新市场开发的扩展边际并没有发挥作用；（4）异质性分析表明，劳动保护强度加强仅显著促进技能专用性水平较高行业的高收入组国家和高技术密集度行业的比较优势形成，而对低收入组国家和低技术密集度行业比较优势的形成没有影响。

本章为各国积极干预劳动力市场，进行劳动力市场制度建设和劳动保护法案调整具有积极的意义。各国应根据自身劳动力技能水平发展情况，结合产业技术密集程度的差异，积极支持和发展那些与本国特有技能水平相适应的产业，着重推进高技术密集度行业发展，发挥劳动技能分工的专业化优势，积极实施劳动保护制度，从而在国际市场上取得出口比较优势。另外，本研究也为接下来中国如何从劳动力的成本优势向技能优势转变进而建设贸易强国指明着力方向。一段时间以来，中国劳动力市场面临着大学生"就业难"和"技工荒"的矛盾，这体现的正是通用性技能劳动和专用性技能劳动面临的"窘境"，而本章研究表明了专用性技能在劳动保护加强促进出口比较优势中的重要作用。因而，亟须探索形成以企业在职培训和专用技能提升为导向、以劳动者自主学习和继续教育为核心的劳动力市场运行机制，充分发挥劳动保护制度的积极作用。国务院办公厅2019 年颁布的《职业技能提升行动方案（2019—2021 年）》中也明确要求企业须为职工提供职业技能培训，指出了专用性技能的重要性。因而，政

---

① 黄玖立、冼国明、吴敏、严兵：《学校教育与比较优势：解构作为渠道的技能》，《经济研究》2014 年第 4 期；Nunn, N., "Relationship-Specificity, Incomplete Contracts, and the Pattern of Trade", *Quarterly Journal of Economics*, Vol. 122, No. 2, 2007。

府应有必要从企业和劳动者双方入手，对劳企双方的技能提升予以鼓励和支持，在劳动保护政策制定与实施上适当予以倾斜，为比较优势的形成提供一个有活力、有韧性的劳动力市场，促进中国从劳动力成本优势向技能优势的转变，实现贸易大国向贸易强国的转变。

第八章　劳动保护下中国制造业出口
转型的对策

第一节　劳动保护制度实施的国际经验与启示

综观全球，各国基本上都根据本国的实际情况建立起与自身政治、经济、文化和社会发展相适应的劳动保护制度。各国在劳动保护方面的法律、工会组织和其他技术措施，正经历着一个从无到有、从初级到不断完善的动态发展过程。本章将通过比较在劳动保护相关的法律、工会组织和职业技能培训三方面具有典型性的几个国家，分析其在不同社会制度和经济发展水平下，劳动保护制度的组织安排，为加强和完善我国劳动保护制度提供可借鉴的经验。

一　各国劳动保护相关法律

（一）德国

1. 历史沿革

德国没有颁布专门的劳动法典，其建立了更倾向于劳动者保护的劳动法律体系。为了调整劳动关系，德国建立了由《德国民法典》《联邦休假法》《解雇保护法》《就业促进法》等劳动法律构成的系列法律体系。

德国在劳动保护领域居于世界领先地位，以政府劳动监察和企业联合工伤保险的双轨劳动保护体制为典型特点。在法律沿革方面，德国劳动保护立法源于工伤保险法规，在《工人补偿法》的基础上，才逐步有了对工人的保护。随着工伤保险法律、规章的逐步完善，德国劳动保护体系逐渐建立起来。德国早在 1839 年颁布了历史上第一部关于劳动保护的法律——《劳动保护法》，从企业管理、协会监察、政府监察三方面规定了企业、工伤保险协会和各联邦州的监察部门的劳动保护责任；并且，在 1884 年颁布了世界上第一部工伤保险法——《工伤事故保险法》。《劳动保护法》和《工伤事故保险法》是德国的基础法《社会法典》的重要组成部分，列于该法典的第 7 部分。

2. 特点

一是具有全面的工伤事故安全保障。德国的《工伤事故保险法》在工伤事故的定义、范围、补偿方法和数额等方面都有明确规定。例如，该法对工伤的赔偿，包括负伤后的治疗和待遇、伤残待遇、伤亡者家属待遇及接受培训期间的待遇等都做了明确的规定。

二是重视劳动保护法律法规的更新。德国早在 19 世纪 40 年代就制定和实施了劳动保护政策、法规和标准，但随着时间的推移，原有的劳动保护相关法律规定已不合时宜，对此德国加强了对原有劳动保护法规的修订和标准体系的更新。

（二）法国

1. 历史沿革

法国的劳动立法完善，社会保障制度也较全面，作为成文法国家之一，其也是世界上较早实行劳动法典的国家。法国《劳动法典》于 1910 年颁布，由劳动方面的法律、条例和规定三篇组成，每一篇内部按照内容共分为九卷，在《劳动法典》中，除了一般性原则规定，还有许多具体可操作的规定。法国在劳动领域除了《劳动法典》，还颁布了《社会保险法典》，是典型的劳动法制法典化国家。

2. 特点

一是重视对初次就业劳动者权益的保护。法国《劳动法典》中，根据劳动者的现实状态将劳动合同分为学徒劳动合同和劳动合同两类。学徒劳动合同为初次就业人员提供较为充分的劳动权益保护，包括一般劳动合同中劳动与报酬对价，对职业技能训练的培养方案也有特殊规定，学徒劳动合同制注重学以致用，以迅速将理论培训和企业工作实操相结合为目的培养职工。

二是劳动立法和司法较重视对女性劳动者的保护。法国的《劳动法典》中规定,雇主对雇员要承担实际的包括男女平等的非歧视义务。该义务的履行体现在就业权、职业待遇和非歧视原则的保障机制方面。在就业权上,法国《劳动法典》规定了数条禁止性条款,对女性进入劳动力市场给予保护。例如在《劳动法典》法律第 123 – 1 条、第 122 –45 条和第 122 – 25 条中分别规定禁止雇主以招聘对象的性别、家庭条件、种族、籍贯和宗教信仰为由拒聘,禁止雇主查询有关当事人的妊娠情况。

(三) 日本

1. 历史沿革

1911 年,日本颁布了第一部劳动法律——《工厂法》,此后至二战前,日本劳动法发展缓慢。二战后,日本逐渐重视对劳动法学理论研究和劳动契约制度领域的研究,至 19 世纪 70 年代,已形成较为完整的劳动法律体系。从体系上来看,日本劳动法主要由三个部分组成:一是个别的劳动关系法,以个别的劳动关系即雇佣关系为代表的劳动法有《劳动基准法》,还包括《劳动标准法》《最低工资法》《劳动安全卫生法》;二是集团的劳动关系法,即劳资关系法,包括《工会法》《劳资关系调整法》《国有企业劳资关系法》;三是劳动市场法,即雇佣政策法。《劳动基准法》及其他法律规定中没有设置确保履行的处罚条例,在实际运用过程中,对复杂的劳动关系问题缺乏解释力,导致无法进行实质性监督指导。在经过深入调查和劳资双方广泛争议后,日本于 2007 年颁布了《劳动合同法》,作为对《劳动基准法》的补充和完善。

2. 特点

一是日本的劳动立法体系相对完善,修正较为及时。日本《劳动合同法》是根据现实需要,对《劳动基准法》在劳动合同制度领域的规定做了补充和具体细化,而且日本的判例能作为法律的有效补充。日本还以省令形式发布有关劳动法的实施细则,比如《职业安全法实施细则》。

二是日本劳动法没有统一的劳动法典。日本的劳动法体系是以一系列单项法律为框架的,没有统一的劳动法典,这在很大程度上受美国 1935 年制定的《国家劳资关系法》和 1938 年制定的《公平劳动标准法》影响。

三是日本劳动法的监督检查机制较灵活和完善。日本政府为了保障劳动法和相关法律的执行，设立了配套的劳动监察机构，对《劳动标准法》《职业安定法》等法律的执行情况监督检查。

（四）印度

1. 历史沿革

印度的劳工法律体系较为完善，在独立前后相继颁布了一百多部劳动法律法规。印度于 1923 年颁布实施《劳工补偿法》，此后陆续出台了《工资支付法》《雇佣法》《最低工资法》《离职金法》等法律法规，其颁布的诸多劳动法律法规涉及劳工事务的方方面面。中央和地方政府还采取了相应的配套措施，并对工时、休假、劳工保险与女工和童工问题做了具体规定。在劳动关系协调方面，印度颁布有《劳动争议法》《劳动合同法》等相关法律法规，强化了政府在三方协调机制中的作用。在违反劳动相关法律的惩罚机制上，印度在《劳动合同法》中采用有期徒刑和罚金两种形式。

2. 特点

一是繁杂的劳动法律法规阻碍劳动保护的落实。通过对印度劳动保护相关法律法规的梳理发现，印度在不断加强劳动者权益保护，但其劳动法律体系较复杂，过度的劳动保护结构体系使得印度滥用罢工权的现象突出，此类问题增加了外商投资风险，制约了印度的产业升级。

二是以政府为主导的劳动纠纷调节机制。在劳动立法方面，印度与劳动相关法律涉及范围广，具体法条规定较详细。印度的《劳动合同法》强调以政府为主导的三方协商机制化解劳资纠纷，积极引导劳资双方在企业内实现共治。

二　劳动保护下各国职业技能培训模式

随着工业化大生产的驱动和生产方式的不断变革，许多国家从健全法律法规和提高劳动保护技术含量等方面实施劳动保护这项综合性工程，其共同点是都重视对职工的职业技能培训。本研究通过对比德国、美国和澳大利亚这几个主要工业化国家的职业技能培训模式，为中国特色职业技能培训模式提供启示。

（一）德国

1. 模式介绍

德国职业教育主要由三部分组成："双元制"职业技能培训、全日制职业学校教育和职业教育过渡阶段。其中，20世纪初形成的"双元制"职业技能培训最为典型。"双元制"的两大主体是企业和职业学校，此模式可概括为多个"双元"：身份上，既是企业的工人，又是职业学校的学生；培训地点和培训内容上，既有企业的在岗技能实训，又有学校的通识教育和相关职业的技术教育。接受"双元制"职业技能培训的青少年，大部分时间在企业作为"学徒"，与企业签订培训合同协议后，企业根据国家认定的职业行业工种标准，自主决定培训内容、培训期限和培训补贴对"学徒"进行培训。在职业学校，这些青少年作为非全日制学生接受通识教育和相关职业的技术教育。

2. 特点

一是完善的法律保障。德国"双元制"培训模式有完善的法律法规作为保障，如1969年的《联邦就业促进法》和2005年的《联邦职业教育法》等。这些法律法规以校企合作的规范为重点，明确企业和职业学校培训的边界，为企业参与职业教育提供法律支持。

二是多元的资金保障。德国"双元制"模式实行共担经费投资制度，职业学校的经费主要来自地方与州政府，企业的职业教育经费主要由企业、政府和学徒共同承担。企业是经费投资的主体，承担包括学徒的生活津贴、社会保险，指导教师的工资和津贴，购买和维护培训设备设施、教材的费用等。

三是配套的运行机构保障。为加深企业和职业学校的联系，德国联邦政府和各州政府相继建立了以企业为主导的制度体系，并在联邦、州和地方建立了行业协会和企业培训咨询委员会，为职业技能培训提供了配套保障措施，企业在职业教育培训中具有更大的参与权和自主权。

（二）美国

1. 模式介绍

美国的职业教育培训以1862年颁布的《莫雷尔法案》为起点，典型模式为社区学院，主要是为高中毕业后有意愿掌握一技之长以直接就业的青少年准备的。其主要内容可以概括为：将职业学校教学与生产实际相结合，设置更侧重实践的课程，实践培训课程根据社区发展需要，使培训学生参加在岗实际劳动，并在此过程中接受职业学校老师和企业专家联合指导。

2. 特点

一是灵活的职业教育管理体系。美国职业教育法治体系是由美国联邦政府、州政府与地方政府三方组成的合作关系。联邦政府主要从宏观层面上进行监督和指导；州政府通过组建独立的职业教育机构，确定本地区职业技能培训实施方案，同时还具体组织实施。在管理上，美国更关注职业教育的实施效率，运用各种开放性的管理办法、技术和策略，允许更多人员和机构参与到职业教育法案的制定和实施中。

二是重视培养质量及个人发展。其中的体现有二：其一，职业教育的资助对象不限年龄、不限残健，使得职业教育的量能得到深化，让职业教育成为每位公民的福利；其二，贯穿终身教育理念，依靠职业技能培训来达到就业与继续教育的双重目标，鼓励各州创建学术和技能标准，将职业教育的概念拓展为"生涯教育"。

（三）澳大利亚

1. 模式介绍

在第三次工业革命的驱动下，澳大利亚的职业技能培训发展成为以技术与职业教育（TAFE）为主的模式。20 世纪 90 年代，澳大利亚建立了国家职业资格认证框架、国家职业培训机构、新型学徒制度等。2011 年，澳大利亚颁布了《国家职业教育与培训监管（过程条款）法》，对职业技能培训管理体系进行了改革。

2. 特点

一是地方政府承担主要管理职能。澳大利亚政府重视职业教育培训价值，对培训的投入逐年提高，其中联邦政府和地方政府是主要投资方。州政府主要承担职业技能培训的管理职能和财政支持责任，TAFE 学院的管理职能也大部分由州政府承担。

二是丰富多元的培训课程。同英国提供的学分框架一样，澳大利亚的培训课程通过模块或单元的形式呈现，形成了网络化的职业技能培训平台，学员可在任何时候根据自己的需要选择、停止或开始培训课程。澳大利亚 TAFE 的课程包括信息、通信、汽车、电子、建筑等近百个，涵盖了航天、化学、运输、金融、资产维护、农业、影视、园艺、食品、体育等多个领域，同时充分利用现代网络技术，开展远程网络教学。

三　各国工会组织情况

在国外，劳动保护是代表劳动者权益的工会组织的重要职能之一。各国在工会组织的建立与运营过程中，因文化和经济背景的差异，在组织形式、运行模式上存在较大的区别。西方发达资本主义国家工业历史深厚，工会组织历史悠久，故本章将浅析以美国和德国为代表的发达资本主义国家的工会情况，及以印度为代表的发展中国家的工会情况，以期形成对我国工会组织建设的启示。

（一）美国工会

1. 工会简介

美国的工会主要分为两大体系，分别是 1955 年成立的美国劳工联合会 – 产业工会联合会（AFL-CIO）和 2005 年从 AFL-CIO 分出的变革谋胜工会联合会。两者都主张自己代表美国和加拿大劳工的利益，积极从事政治游说工作。

2. 基本职能

以全美汽车工人联合会（UAW）为例，其是美国工会的代表。UAW是当下美国最大的独立工会，早在 1935 年成立后即组织一系列罢工活动，通过与福特、通用和克莱斯勒三大汽车厂商谈判，为工人争取到加班工资、带薪假期等一系列权利。其余工会也依托各自行业，在行业内形成劳动保护，履行集体谈判争取劳工福利的职能。

3. 存在的问题

美国工会在发展过程中逐渐演变为官僚组织，在迎接大选等重要政治时刻，工会往往忘记自身劳动保护的初心，而投身于政治洪流中，在这过程中，不免出现为了支持自身党派而恶意损害其他行业、其他工会工人的利益的情况。奥巴马参加 2008 年大选时，曾向工会做出许多承诺，并得到工会大力支持，工会为其及民主党筹款多达 4 亿美元。美国工会的职能正在退化，工会的领导人在一系列政治斗争中，逐渐变为工人贵族，工会高层把工会当成自己的政治资本，工会存在很大的寻租空间。

（二）德国工会

1. 工会简介

德国作为工业发展强国，其工会也是欧洲最具有实力、运作最成功的工会组织之一。德国工会是工人自愿形成的无政治属性的独立社会组织，受到法律的严格保护。德国规定政党与工会不可形成任何附属关系，但工会可通过其在政党内部的会员的力量，达到影响立法与社会政策的目的。德国工会以行业为划分依据，形成八个不同行业自身的工会组织，同时，全国性的工会组织"德工联"作为全国工会组织的核心，起到总领全国劳动保护全局，指导其他行业劳动保护工会组织的作用。

2. 基本职能

德国工会的主要职能为维护劳工权益、处理劳资纠纷、代表工人参与国家事务处理，与法国类似，德国的劳动合同可由工会与劳动雇佣方形成集体谈判来协定。与其他国家不同，德国的工会并不设立在企业内部，而是通过指导企业内部的职工委员会来开展工作。

3. 存在的问题

一是产业工会主导的劳动协约交涉制度逐渐僵化。德国的劳动协约交涉体系中，产业工会拥有绝对的支配地位，其优先考虑劳动者的利益，但逐渐僵化的体制逐渐违背市场经济规律。首先，在经济全球化和市场经济原理强化的背景下，德国决定劳动者工资的标准是劳动者的职务和工作年限，而非劳动者的技术能力和教育水平。其次，如果遭遇金融危机此类经济冲击，德国法律严格的解雇制度引致解雇劳动者必然付出高昂的成本。比如，产业工会不允许实际工资水平低于劳动协约制定的标准，因此德国在面对经济危机时只有缩短劳动时间才能达到分散风险的目的。

二是工会数量和入会率逐渐下降。20 世纪 80 年代以来，德国工会的数量、工会的会员人数出现下降趋势，一方面由于德国经济不景气，劳资谈判的质量每况愈下，另一方面也因为工会与社会民主党、企业工厂委员会的关系逐渐恶化。

（三）印度工会

1. 工会简介

印度工会的起源便决定了它与政治不可分割。印度工会起源于印度人民反抗英国殖民统治时期，中产阶级号召组建工会以反抗殖民统治，这决定了印度工会与政治有着千丝万缕的关系。目前，印度非官方登记的工会就多达 8 万多个，这还没有算上未进行登记的非官方工会。目前 Bharatiya Mazdoor Sangh（BMS）、Indian National Trade Union Congress（INTUC）、the All India Trade Union Congress（AITUC）是印度规模最大的工会，这些全国性工会都和政党有密切联系，接受政党的领导。BMS 隶属印度人民党，INTUC 隶属国大党，AITUC 隶属印度共产党。

2. 基本职能

印度工会的基本职能与其他国家工会基本一致，使用集体谈判形式维护工人利益。此外，印度工会更关注工人的福利水平待遇、社会认同度、工人相关法律的制定等方面。由于印度在工人的医疗保障和社会保障方面没有具体的立法支持，印度工会致力于争取工人的福利保障。

3. 存在的问题

在全球化进程的影响下，印度的工会逐渐受到非政治集团的控制，有些工会组织者借工会之名，做着宣扬宗教主义、种族主义的事情，完全背离建立工会的初衷。并且，随着新兴产业的崛起，旧产业的工会的组织形态发生了改变，新创立的工会越来越多以无组织的形态存在，工人的工作状态也发生了变化。在印度 3.9 亿的劳动力队伍中，有 7% 的人属于严格意义上正规的"工人贵族"，其余的占劳动力队伍 83%～93% 的人主要从事"无组织的"或"非正式的"工作。

四　基于国外劳动保护的经验借鉴

通过对比不同国家劳动保护机制可以发现，劳动保护必须与政治社会结构相匹配，才能有效地实现劳动者权益保护和经济发展的均衡。下面将从劳动保护立法、工会组织、职业技能培训等方面概括国外劳动保护机制对我国劳动保护的政策启示。

（一）国外劳动保护立法可借鉴经验

尽管各国的劳动保护在司法、立法和行政的历史沿革等方面存在区别，但最大的共同点就是通过建立健全法规体系来支持劳动保护机制的规范和迅速发展。国外劳动保护立法并非尽善尽美，但某些方面对于我国仍具有借鉴意义。

一是完善劳动保护相关立法，重视判例的参考作用。我国劳动合同法的制定虽然也广泛征求了意见，但缺乏对劳动者和雇主双方的深入调研，一定程度上导致该法出台后争议不断。我国在劳动保护相关法律制定过程中，应重视判例理论对法律的补充作用，通过对实践中典型案例的分析来增加对劳动保护相关的司法解释。

二是重视对劳动者权益的保护，将劳动者权益纳入刑法保护范围。对劳动合同权益法律规定得越详细、可操作性越强，就越利于劳动保护。日本将劳动者权益纳入刑法保护范围，其《劳动标准法》规定大量的附属刑法条款。我国劳动关系复杂，劳动者的卫生安全权利难以得到保障，某些地区的工伤事故较突出。但我国《劳动法》在第12章法律责任中只有6个条款规定了刑事责任，其中，可追究用人单位刑事责任的法律条款只有3条。

（二）国外工会组织的经验启示

尽管劳动保护相关的法律为广大劳动者的合法权益提供了保护，但没有工会组织的加持，劳动者的合法权益难以得到保障。职工教育管理模式的缺乏，劳工的维权意识薄弱，工会的维权能力不足，致使我国大多数工会组织在协调劳资纠纷方面存在缺位。而许多企业工会的存续在很大程度上依赖于企业和政府，缺乏谈判话语权，使得其在职工工资谈判等方面的集体约谈中作用不大，对此，国外工会组织对我国工会组织发展的启示有三。一是既需要政府的参与，又需要工会能够依据劳动法和工会组织章程独立开展工作，同时劳动者也应积极争取自身合法权益。二是对工会的行政和经费管理进行改革，实行经费由政府、行业协会和企业共担的机制，保证工会维权的独立性。三是在工会管理方面，工会组织应积极参与相关立法和执法监督活动，重视利用集体约谈和集体合同维护劳动者权益的机会；同时，聘请劳动保护专家给予工会组织指导和帮助，承担劳动者生产过程和生产环境的安全检查工作。

（三）国外职业技能培训的经验启示

全球金融危机后，国外许多发达国家制造业开始实行"再工业化"战略，为了保持经济发展动力和保持国际竞争力，许多国家对劳动者技能提出了更高要求。各国在具体内容和培训模式等方面存在差异性，但其职业技能培训模式中的共性部分仍对我国具有一定的借鉴意义。

一是重视职业技能培训的法制。区别于学校教育，国外职业技能培训有专门的法律作为保障，对职业技能培训中可能存在的问题进行了统一的规范。我国应该对职业技能培训的法律法规的相关内容进行更新和完善，以法律的形式明确规定劳动行政部门、培训机构、用人单位、劳动者等参与方的责任与义务。通过提升职业技能培训法制建设的重视程度，补齐我国职业技能培训立法方面的短板。二是拓宽职业技能培训的渠道、增强资源的可获得性。以日本为例，日本的职业技术人员可以随时参加职业技能培训高等院校的培训，获得技能提升的机会。我国应该鼓励劳动者积极参加企业提供的职业技能培训，除此之外，政府应以财政资金的方式为职业技能提升的劳动者提供提升补贴；同时，强化企业和培训机构、职业技能院校的合作，探索建立符合产业发展需求和企业生产要求的职业技能等级认定体系，通过等级认定的劳动者，可获得相应的培训补贴。

第二节　劳动保护推动中国制造业出口转型的对策分析

随着东部沿海地区企业在发展中出现各种问题，制造业转移到劳动成本较低的国家，我国制造业企业也面临着"用工难"问题，我国制造业出口转型的劳动力优势不复从前，面临着较为严重的成本压力。因此，本部分在借鉴国外劳动保护制度管理经验的基础上，从劳动保护视角出发，提出推动我国制造业出口转型升级的对策建议，为保障人力资本提供政策建议。

（一）继续完善劳动保护相关法律法规

近年来，随着人口结构的改变，中国人口红利逐渐消失，制造业劳动力供给正在发生深刻的变化，以往依靠低技能劳动密集型的产业模式亟待改变。一方面，当前制造业企业劳动者受教育程度、法治和维权意识普遍提高；另一方面，立法活动的交易成本和谈判成本较高，我国劳动保护相关立法在很大程度上不够完备。基于此，有必要从劳动保护的角度进行相关的制度建设。

第一，完善劳动合同法相关司法解释。认真制定《劳动法》《劳动合同法》等劳动保护相关法律文件的司法解释和配套规章制度，针对法律实施过程中存在的具体问题做出细化规定，对《劳动合同法》中笼统的条款界定予以翔实地解释，推动其在实践中的可操作性。针对用人单位、劳动行政部门的责任和义务，做出明确的规范和解释，

第二，尽快启动解雇劳动立法，预防和遏制不当的劳动解雇行为。劳动力市场中的买方垄断势力，可能导致用人单位随意地单方面解除劳动合同，因此，完善解雇劳动保护制度具有重要的实践意义。我国的劳动行政部门或有关部门应该加强执法力度，加大对用人单位不当的解雇行为的惩罚力度，维护劳动者合法权益和劳动相关法律的权威。

第三，加强对劳动保护相关制度的监督和管理，确保其实施效率。国务院劳动行政部门以及地方各级人民政府的劳动行政部门要认真履行对劳动保护相关制度的监督管理职责，特别是要加强对劳动合同的签订和实际履行的监督，确保用人单位认真贯彻落实劳动合同。同时，建立和完善劳动关系协调和劳动争议解决的机制，适当延长我国劳动法的诉讼时效，切实保护劳动者的合法权益。

（二）优化劳动力市场环境和激励机制

高素质人才招聘和留用难度较大，制造业劳动力队伍缺乏新鲜的血液补充，不利于制造强国建设；制造业岗位与劳动力资源的空间分离突出，东部、中部、西部劳动力素质随区位差异逐渐拉大，劳动力供需矛盾加剧。因此，必须对当前的劳动力市场环境进行调整和优化以激励劳动者更好地从事劳动工作。

第一，应加强对制造业劳动力市场变化情况的动态追踪，定期发布劳动力市场监测分析报告。建议有关劳动行政部门同高校智囊团加强合作，加强对制造业劳动力市场的调研，按年度发布监测报告，发挥对制造业劳动力区域流动的指引作用；同时，构建适用于各区域劳动力变化的指标体系，加强各区域对劳动力市场的研判。

第二，重点优化中西部、东北地区劳动力市场环境，增强对制造业劳

动力的吸引力。首先是鼓励增加中西部、东北地区人才引进政策的灵活性，有效利用国家对该地区的政策扶持，申报国家级人才项目，增加高素质劳动力聚集度，促进适应人才发展的产业聚集。其次是聘请高素质人才和技能人才在本地担任经济顾问，借助现代化远程办公体系，对工作进行指导。

第三，改善制造业劳动者工作环境，给予其工作之余的人文关怀。一方面，企业应该加强安全生产和劳动保护，推进工作轮岗机制，减少劳动者工作的枯燥感；另一方面，极力关注制造业劳动者的精神需求，根据企业经营状况，提供健身娱乐场所或图书角，酌情提供子女教育、带薪产假等福利，提升劳动者幸福感和归属感。

第四，消除户籍制度壁垒，健全和完善社会保障体系。农民工作为制造业劳动力的重要组成部分，是推动国家现代化建设的重要力量。消除以户籍制度为核心的身份壁垒，继续推进新型城镇化，落实和完善居住制度的户籍制度改革，有利于农民工这类劳动者享受相对平等的权益，推动农村剩余劳动力向制造业流动，更好地服务于制造业强国建设。此外，在劳动保护制度推进上，推动各个相关法律制度之间相辅相成的协作和配合，使得《劳动合同法》真正得到有效落实；并且，尽快健全劳动者社保关系的跨地区转移接续制度，避免劳动者权益因社保转移未落实而受损。

（三）重视劳动者职业技能培训

中国是第一制造业大国，但仍处于全球价值链相对较低的位置。当前我国制造业面临着人口老龄化和适龄劳动力减少引致的劳动力成本上升问题，并且，制造业劳动力素质改善相对滞后，在此冲击下，推进制造业劳动力职业技能培训，培养更多高技能劳动人才是应对中国制造业出口转型升级挑战的有效策略。

第一，以市场需求为导向，引导技能人才培养方向，推动产教融合纵向发展。我国制造业职业技能培训应紧扣市场需求，始终服务于本国产业发展的需要。一是要重视职业技能培训对我国制造业出口升级转型的意义，将其作为产业规划的组成部分，做到统一规划、同步规划，通过人力资本积累提高劳动效率；同时，根据制造业企业发展的需要，加强与职业技能院校、高校、科研院所和教育部门等机构的合作，重点加强新兴产业相关的专业学科建设，建立与产业融合发展的职业技能培训体系。二是推广校企合作模式，鼓励企业与职业技能院校共建研发中心和实训基地，企业根据职业岗位的需要设置技能培训要求，与职业技能院校共同制订培养方案，推广"订单式培训""委托式培养"模式，使校企合作贯彻落实到各环节。三是充分发挥我国技能公共实训中心（基地）的价值，依托其为职业技能培训提供实训场所、实训设备和技能平台，以及专家咨询和技术指导服务，政府可根据本地产业布局和制造业未来升级方向，通过技能公共实训基地提前储备人才。

第二，实现培训资金多元化投入机制，重视劳动者素质提升。在一些发达国家的职业技能培训中，职业技能培训经费的来源是明确而多元的，尽管培训模式存在差异，但政府、行业、企业和个人共同支撑培训经费的机制是相同的。因此，除了政府在职业技能培训经费保障中承担应有责任外，应对主动承担职业技能培训的企业给予缴纳税金、社保比例等方面的减免优惠，调动参与主体对劳动者职业技能培训的积极性。

第三，完善职业技能培训配套保障措施。通过分析发达国家职业技能培训的经验发现，其通过立法的形式对涉及职业技能培训中的关键问题做了相应规定，明确参与各方的责任与义务。因此，在推动我国制造业出口升级转型过程中，应将《就业促进法》和《职业教育法》等根据职业技能培训相关的内容、劳动行政部门的规章、政策性规范内容等及时更新和修订，将具有指导意义的内容以立法的形式确定下来。

参考文献

常凯：《劳权论——当代中国劳动关系的法律调整研究》，中国劳动社会保障出版社，2004。

陈东、刘金东：《劳动保护有助于缩小就业弱势群体的相对收入差距吗——以新〈劳动合同法〉的实施为例》，《财贸经济》2014年第12期。

陈强远、韦丰、曹晖：《最低工资标准调整与外资活动——来自国家企业信用信息公示的微观证据》，《统计研究》2022年第3期。

陈雯、陈鸣、施嘉明、鲁婷：《劳动力成本、进口替代与出口企业创新行为》，《国际贸易问题》2019年第7期。

陈晓华、黄先海、刘慧：《中国出口技术结构演进的机理与实证研究》，《管理世界》2011年第3期。

崔晓敏、余淼杰、袁东：《最低工资和出口的国内附加值：来自中国企业的证据》，《世界经济》2018年第12期。

《当代中国的劳动保护》编辑部：《新中国劳动保护四十年》，《劳动保护》1988年第7期。

都阳、屈小博：《劳动合同法与企业劳动力成本——基于珠三角地区外向型制造业企业的调查与分析》，《山东经济》2010年第3期。

杜鹏程、徐舒、吴明琴：《劳动保护与农民工福利改善——基于新〈劳动合同法〉的视角》，《经济研究》2018年第3期。

樊纲、王小鲁、朱恒鹏：《中国市场化指数——各地区市场化相对进程2011年报告》，经济科学出版社，2011。

范维唐主编《我国安全生产形式、差距和对策》，煤炭工业出版社，2003。

高凌云、屈小博、贾朋：《外商投资企业是否有更高的退出风险》，《世界经济》2017 年第 7 期。

高山、李征、宋顺锋：《劳动保护、用工成本与企业对外直接投资》，《国际贸易问题》2021 年第 2 期。

高翔、刘啟仁、黄建忠：《要素市场扭曲与中国企业出口国内附加值率：事实与机制》，《世界经济》2018 年第 10 期。

高新月、鲍晓华：《反倾销如何影响出口产品质量?》，《财经研究》2020 年第 2 期。

郭勇：《国际金融危机、区域市场分割与工业结构升级——基于 1985—2010 年省际面板数据的实证分析》，《中国工业经济》2013 年第 1 期。

何强、袁鸣、仲伟冰：《去芜存菁：劳动保护与企业创新——基于边际劳动生产率视角的实证研究》，《产业经济研究》2019 年第 3 期。

贺灿飞、陈韬：《外部需求冲击、相关多样化与出口韧性》，《中国工业经济》2019 年第 7 期。

胡浩然：《清洁生产环境规制与中国企业附加值升级》，《国际贸易问题》2021 年第 8 期。

黄玖立、吴敏、包群：《经济特区、契约制度与比较优势》，《管理世界》2013 年第 11 期。

黄玖立、冼国明、吴敏、严兵：《学校教育与比较优势：解构作为渠道的技能》，《经济研究》2014 年第 4 期。

黄平：《解雇成本、就业与产业转型升级——基于〈劳动合同法〉和来自中国上市公司的证据》，《南开经济研究》2012 年第 3 期。

黄先海、吴屹帆：《正式制度、非正式制度质量与比较优势》，《国际贸易问题》2020 年第 3 期。

黄先海、诸竹君、宋学印：《中国中间品进口企业"低加成率之谜"》，《管理世界》2016 年第 7 期。

李波、蒋殿春：《劳动保护与制造业生产率进步》，《世界经济》2019 年第 11 期。

李波、杨先明：《劳动保护与企业出口产品质量——基于〈劳动合同法〉实施的准自然实验》，《经济学动态》2021 年第 7 期。

李春云：《〈劳动合同法〉对企业解雇成本的影响分析》,《当代经济》2008年第 10 期。

李钢、沈可挺、郭朝先：《中国劳动密集型产业竞争力提升出路何在——新〈劳动合同法〉实施后的调研》,《中国工业经济》2009 年第 9 期。

李建强、叶云龙、于雨潇、王红建：《〈劳动合同法〉、利润冲击与企业短期应对——基于企业盈余管理的视角》,《会计研究》2020 年第 9 期。

李建强、赵西亮：《劳动保护与企业创新——基于〈劳动合同法〉的实证研究》,《经济学》(季刊) 2020 年第 1 期。

李坤望、王永进：《契约执行效率与地区出口绩效差异——基于行业特征的经验分析》,《经济学》(季刊) 2010 年第 3 期。

李坤望、蒋为：《市场进入与经济增长——以中国制造业为例的实证分析》,《经济研究》2015 年第 5 期。

李坤望、蒋为、宋立刚：《中国出口产品品质变动之谜：基于市场进入的微观解释》,《中国社会科学》2014 年第 3 期。

李强：《中间品与资本品进口影响出口升级效应研究：理论假说与检验》,《科研管理》2013 年第 11 期。

李胜旗、毛其淋：《制造业上游垄断与企业出口国内附加值——来自中国的经验证据》,《中国工业经济》2017 年第 3 期。

李祥云、祁毓：《中国的财政分权、地方政府行为与劳动保护——基于中国省级面板数据的分析》,《经济与管理研究》2011 年第 3 期。

李小平、卢现祥、陶小琴：《环境规制强度是否影响了中国工业行业的贸易比较优势》,《世界经济》2012 年第 4 期。

李小平、彭书舟、肖唯楚：《中间品进口种类扩张对企业出口复杂度的影响》,《统计研究》2021 年第 4 期。

李小平、周记顺、王树柏：《中国制造业出口复杂度的提升和制造业增长》,《世界经济》2015 年第 2 期。

廖冠民、陈燕：《劳动保护、劳动密集度与经营弹性：基于 2008 年〈劳动合同法〉的实证检验》,《经济科学》2014 年第 2 期。

廖冠民、宋蕾蕾：《劳动保护、人力资本密集度与全要素生产率》,《经济管理》2020 年第 8 期。

林炜：《企业创新激励：来自中国劳动力成本上升的解释》，《管理世界》2013 年第 10 期。

刘斌、李冰心、王雷：《劳动保护是否限制企业的用工灵活性》，《现代财经》（天津财经大学学报）2016 年第 12 期。

刘彩凤：《〈劳动合同法〉对我国企业解雇成本与雇用行为的影响——来自企业态度的问卷调查》，《经济管理》2008 年第 Z2 期。

刘啟仁、黄建忠：《异质出口倾向、学习效应与"低加成率陷阱"》，《经济研究》2015 年第 12 期。

刘啟仁、铁瑛：《企业雇佣结构、中间投入与出口产品质量变动之谜》，《管理世界》2020 年第 3 期。

刘维刚、倪红福、夏杰长：《生产分割对企业生产率的影响》，《世界经济》2017 年第 8 期。

刘维林、李兰冰、刘玉海：《全球价值链嵌入对中国出口技术复杂度的影响》，《中国工业经济》2014 年第 6 期。

刘伟：《践行新发展理念 推动经济高质量发展——学习〈习近平谈治国理政〉第三卷体会》，《学习月刊》2020 年第 10 期。

刘媛媛、刘斌：《劳动保护、成本粘性与企业应对》，《经济研究》2014 年第 5 期。

卢闯、唐斯圆、廖冠民：《劳动保护、劳动密集度与企业投资效率》，《会计研究》2015 年第 6 期。

鲁晓东、连玉君：《中国工业企业全要素生产率估计：1999—2007》，《经济学》（季刊）2012 年第 2 期。

吕铁、王海成：《劳动力市场管制对企业技术创新的影响——基于世界银行中国企业调查数据的分析》，《中国人口科学》2015 年第 4 期。

吕越、盛斌、吕云龙：《中国的市场分割会导致企业出口国内附加值率下降吗》，《中国工业经济》2018 年第 5 期。

马弘、乔雪、徐嫄：《中国制造业的就业创造与就业消失》，《经济研究》2013 年第 12 期。

马双、甘犁：《最低工资对企业在职培训的影响分析》，《经济学》（季刊）2014 年第 1 期。

毛其淋：《人力资本推动中国加工贸易升级了吗?》，《经济研究》2019 年第 1 期。

毛其淋、盛斌：《中国制造业企业的进入退出与生产率动态演化》，《经济研究》2013 年第 4 期。

毛其淋、许家云：《贸易自由化与中国企业出口的国内附加值》，《世界经济》2019 年第 1 期。

毛其淋、许家云：《市场化转型、就业动态与中国地区生产率增长》，《管理世界》2015 年第 10 期。

毛其淋、许家云：《外资进入如何影响了本土企业出口国内附加值?》，《经济学》（季刊）2018 年第 4 期。

毛其淋、许家云：《中间品贸易自由化、制度环境与生产率演化》，《世界经济》2015 年第 9 期。

倪红福：《中国出口技术含量动态变迁及国际比较》，《经济研究》2017 年第 1 期。

倪晓然、朱玉杰：《劳动保护、劳动密集度与企业创新——来自 2008 年〈劳动合同法〉实施的证据》，《管理世界》2016 年第 7 期。

钱学锋、王备：《中间投入品进口、产品转换与企业要素禀赋结构升级》，《经济研究》2017 年第 1 期。

邱斌、唐保庆、孙少勤、刘修岩：《要素禀赋、制度红利与新型出口比较优势》，《经济研究》2014 年第 8 期。

饶品贵、岳衡、姜国华：《经济政策不确定性与企业投资行为研究》，《世界经济》2017 年第 2 期。

茹玉骢、张利风：《合约实施效率与中国地区产业比较优势》，《国际贸易问题》2011 年第 2 期。

邵朝对、苏丹妮：《产业集聚与企业出口国内附加值：GVC 升级的本地化路径》，《管理世界》2019 年第 8 期。

沈国兵、黄铄珺：《行业生产网络中知识产权保护与中国企业出口技术含量》，《世界经济》2019 年第 9 期。

沈鸿、向训勇：《专业化、相关多样化与企业成本加成——检验产业集聚外部性的一个新视角》，《经济学动态》2017 年第 10 期。

盛斌、景光正：《金融结构、契约环境与全球价值链地位》，《世界经济》2019 年第 4 期。

盛斌、毛其淋：《进口贸易自由化是否影响了中国制造业出口技术复杂度》，《世界经济》2017 年第 12 期。

盛斌、王浩：《银行分支机构扩张与企业出口国内附加值率——基于金融供给地理结构的视角》，《中国工业经济》2022 年第 2 期。

施炳展、邵文波：《中国企业出口产品质量测算及其决定因素——培育出口竞争新优势的微观视角》，《管理世界》2014 年第 9 期。

施炳展、王有鑫、李坤望：《中国出口产品品质测度及其决定因素》，《世界经济》2013 年第 9 期。

苏丹妮、盛斌、邵朝对：《产业集聚与企业出口产品质量升级》，《中国工业经济》2018 年第 11 期。

苏汝维：《劳动保护工作三十年的回顾与展望》，《经济与管理研究》1981 年第 5 期。

孙楚仁、王松、陈瑾：《国家制度、行业制度密集度与出口比较优势》，《国际贸易问题》2018 年第 2 期。

孙楚仁、王松、赵瑞丽：《制度好的省份会出口制度更密集的产品吗?》，《南开经济研究》2014 年第 5 期。

孙灵燕、李荣林：《融资约束限制中国企业出口参与吗?》，《经济学》（季刊）2012 年第 1 期。

孙睿君：《我国的动态劳动需求及就业保护制度的影响：基于动态面板数据的研究》，《南开经济研究》2010 年第 1 期。

谭语嫣、谭之博、黄益平、胡永泰：《僵尸企业的投资挤出效应：基于中国工业企业的证据》，《经济研究》2017 年第 5 期。

唐代盛、李敏：《四川就业保护制度严格性测量及比较分析》，《中国劳动》2016 年第 10 期。

唐宜红、张鹏杨：《FDI、全球价值链嵌入与出口国内附加值》，《统计研究》2017 年第 4 期。

汪建新：《贸易自由化、质量差距与地区出口产品质量升级》，《国际贸易问题》2014 年第 10 期。

王贵东：《1996—2013 年中国制造业企业 TFP 测算》，《中国经济问题》2018 年第 4 期。

王贵东：《中国制造业企业的垄断行为：寻租型还是创新型》，《中国工业经济》2017 年第 3 期。

王海成、许和连、邵小快：《国有企业改制是否会提升出口产品质量》，《世界经济》2019 年第 3 期。

王雷：《劳动力成本、就业保护与企业技术创新》，《中国人口科学》2017 年第 1 期。

王雷、刘斌：《劳动力市场比较优势与跨区域资本配置》，《财经研究》2016 年第 12 期。

王孝松、翟光宇、林发勤：《反倾销对中国出口的抑制效应探究》，《世界经济》2015 年第 5 期。

王永进、盛丹：《社会信任与出口比较优势——基于 IVTSLS 和 PSM 方法的实证研究》，《国际贸易问题》2010 年第 10 期。

王直、魏尚进、祝坤福：《总贸易核算法：官方贸易统计与全球价值链的度量》，《中国社会科学》2015 年第 9 期。

魏浩、李翀、赵春明：《中间品进口的来源地结构与中国企业生产率》，《世界经济》2017 年第 6 期。

文雁兵、陆雪琴：《中国劳动收入份额变动的决定机制分析——市场竞争和制度质量的双重视角》，《经济研究》2018 年第 9 期。

吴福象、刘志彪：《中国贸易量增长之谜的微观经济分析：1978—2007》，《中国社会科学》2009 年第 1 期。

吴小康、于津平：《产品关联密度与企业新产品出口稳定性》，《世界经济》2018 年第 7 期。

吴小康、郑莹：《产品关联与中国区域比较优势结构演化》，《当代财经》2017 年第 10 期。

谢红军、张禹、洪俊杰、郑晓佳：《鼓励关键设备进口的创新效应——兼议中国企业的创新路径选择》，《中国工业经济》2021 年第 4 期。

谢建国、章素珍：《反倾销与中国出口产品质量升级：以美国对华贸易反倾销为例》，《国际贸易问题》2017 年第 1 期。

谢增毅：《劳动力市场灵活性与劳动合同法的修改》，《法学研究》2017年第2期。

徐业坤、马光源：《地方官员变更与企业产能过剩》，《经济研究》2019年第5期。

许和连、王海成：《最低工资标准对企业出口产品质量的影响研究》，《世界经济》2016年第7期。

许家云、毛其淋、胡鞍钢：《中间品进口与企业出口产品质量升级：基于中国证据的研究》，《世界经济》2017年第3期。

许明：《市场竞争、融资约束与中国企业出口产品质量提升》，《数量经济技术经济研究》2016年第9期。

薛继亮：《产业升级、贸易结构和就业市场配置研究》，《中国人口科学》2018年第2期。

闫志俊、于津平：《出口企业的空间集聚如何影响出口国内附加值》，《世界经济》2019年第5期。

杨慧梅、李坤望：《资源配置效率是否影响了出口产品质量?》，《经济科学》2021年第3期。

杨汝岱：《中国制造业企业全要素生产率研究》，《经济研究》2015年第2期。

杨振兵：《两税合并促进行业竞争吗?》，《上海经济研究》2014年第11期。

杨振兵、张诚：《两税合并后外资企业创新效率提升了吗——来自中国制造业的证据》，《财贸经济》2015年第9期。

易靖韬、蒙双：《多产品出口企业、生产率与产品范围研究》，《管理世界》2017年第5期。

易靖韬、蒙双：《贸易自由化、企业异质性与产品范围调整》，《世界经济》2018年第11期。

殷德生、唐海燕、黄腾飞：《国际贸易、企业异质性与产品质量升级》，《经济研究》2011年第S2期。

于传荣、王若琪、方军雄：《新〈劳动合同法〉改善了上市公司的创新活动吗》，《经济理论与经济管理》2017年第9期。

余长林：《知识产权保护与中国出口比较优势》，《管理世界》2016年第

6 期。

余淼杰、崔晓敏：《人民币汇率和加工出口的国内附加值：理论及实证研究》，《经济学》（季刊）2018 年第 3 期。

余淼杰、崔晓敏、张睿：《司法质量、不完全契约与贸易产品质量》，《金融研究》2016 年第 12 期。

余淼杰、李晋：《进口类型、行业差异化程度与企业生产率提升》，《经济研究》2015 年第 8 期。

余淼杰、张睿：《人民币升值对出口质量的提升效应：来自中国的微观证据》，《管理世界》2017 年第 5 期。

余淼杰、张睿：《中国制造业出口质量的准确衡量：挑战与解决方法》，《经济学》（季刊）2017 年第 2 期。

岳文：《异质性企业、中间品贸易自由化与出口国内附加值》，《商业研究》2019 年第 9 期。

詹宇波、姚林肖、高扬：《中国劳动保护强度测度——基于 1994—2016 省际面板数据》，《上海经济研究》2020 年第 2 期。

张成刚、李彦敏：《雇佣保护会降低生产率吗？——基于行业数据的实证分析》，《经济学动态》2015 年第 12 期。

张杰：《进口对中国制造业企业专利活动的抑制效应研究》，《中国工业经济》2015 年第 7 期。

张杰、陈志远、刘元春：《中国出口国内附加值的测算与变化机制》，《经济研究》2013 年第 10 期。

张杰、翟福昕、周晓艳：《政府补贴、市场竞争与出口产品质量》，《数量经济技术经济研究》2015 年第 4 期。

张杰、郑文平、翟福昕：《中国出口产品质量得到提升了么？》，《经济研究》2014 年第 10 期。

张明昂、施新政、邵小快：《劳动力市场制度约束与企业出口：基于〈劳动合同法〉的证据》，《世界经济》2022 年第 2 期。

张明志、季克佳：《人民币汇率变动对中国制造业企业出口产品质量的影响》，《中国工业经济》2018 年第 1 期。

张平南、黄浩溢、金畅：《最低工资增强了中间品贸易自由化对企业出口国内附加值率的影响吗？——基于中国加入 WTO 的实证研究》,《产业经济评论》2018 年第 5 期。

张先锋、阚苗苗、王俊凯：《劳动力市场灵活性是否提升了出口技术复杂度》,《财贸研究》2018 年第 3 期。

张幼文：《从廉价劳动力优势到稀缺要素优势——论"新开放观"的理论基础》,《南开学报》2005 年第 6 期。

赵玲、高翔、黄建忠：《成本加成与企业出口国内附加值的决定：来自中国企业层面数据的经验研究》,《国际贸易问题》2018 年第 11 期。

赵瑞丽、何欢浪：《最低工资标准对企业创新行为的影响——兼论企业间创新资源的再配置》,《南开经济研究》2021 年第 1 期。

赵瑞丽、孙楚仁：《最低工资会降低城市的出口复杂度吗?》,《世界经济文汇》2015 年第 6 期。

钟建军：《进口中间品质量与中国制造业企业全要素生产率》,《中南财经政法大学学报》2016 年第 3 期。

周记顺、洪小羽：《进口中间品、进口资本品与企业出口复杂度》,《国际贸易问题》2021 年第 2 期。

祝树金、段凡、邵小快、钟腾龙：《出口目的地非正式制度、普遍道德水平与出口产品质量》,《世界经济》2019 年第 8 期。

祝树金、汤超：《企业上市对出口产品质量升级的影响——基于中国制造业企业的实证研究》,《中国工业经济》2020 年第 2 期。

祝树金、赵玉龙：《资源错配与企业的出口行为——基于中国工业企业数据的经验研究》,《金融研究》2017 年第 11 期。

Acemoglu, D., Antràs, P., Helpman, E., "Contracts and Technology Adoption", *American Economic Review*, Vol. 97, No. 3, 2007.

Acemoglu, D., Naidu, S., Restrepo, P., Robinson, J. A., "Democracy Does Cause Growth", *Journal of Political Economy*, Vol. 127, No. 1, 2019.

Acemoglu, D., Pischke, J. S., "The Structure of Wages and Investment in General Training", *Journal of Political Economy*, Vol. 107, No. 3, 1999.

Acemoglu, D., "When Does Labor Scarcity Encourage Innovation?", *Journal of Political Economy*, Vol. 118, No. 6, 2010.

Acharya, V. V., Baghai, R. P., Subramanian, K. V., "Labor Laws and Innovation", *The Journal of Law and Economics*, Vol. 56, No. 4, 2013.

Acharya, V. V., Baghai, R. P., Subramanian, K. V., "Wrongful Discharge Laws and Innovation", *Review of Financial Studies*, Vol. 27, No. 1, 2014.

Ackerberg, D. A., Caves, K., Frazer, G., "Identification Properties of Recent Production Function Estimators", *Econometrica*, Vol. 83, No. 6, 2015.

Aghion, P., Fally, T., Scarpetta, S., "Credit Constraints as a Barrier to the Entry and Post-Entry Growth of Firms", *Economic Policy*, Vol. 22, No. 52, 2007.

Aghion, P., Howitt, P., Brant-Collett, M., García-Peñalosa, C., *Endogenous Growth Theory*, Massachusetts: MIT Press, 1998, p. 55.

Almeida, R. K., Aterido, R., "On-the-Job Training and Rigidity of Employment Protection in the Developing World: Evidence from Differential Enforcement", *Labour Economics*, Vol. 18, 2011.

Amiti, M., Khandelwal, A. K., "Import Competition and Quality Upgrading", *Review of Economics and Statistics*, Vol. 95, No. 2, 2012.

Amiti, M., Konings, J., "Trade Liberalization, Intermediate Inputs, and Productivity: Evidence from Indonesia", *American Economic Review*, Vol. 97, No. 5, 2007.

Amurgo-Pacheco, A., Pierola, M. D., "Patterns of Export Diversification in Developing Countries: Intensive and Extensive Margins", *World Bank Policy Research Working Paper*, No. 4473, 2008.

Asuyama, Y., "Skill Distribution and Comparative Advantage: A Comparison of China and India", *World Development*, Vol. 40, No. 5, 2012.

Autor, D. H., Kerr, W. R., Kugler, A. D., "Does Employment Protection Reduce Productivity? Evidence from US States", *Economic Journal*, Vol. 117, No. 521, 2007.

Baily, M. N., Hulten, C., Campbell, D., "Productivity Dynamics in Manufacturing Plants", *Brookings Papers on Economic Activity*, Vol. 23, 1992.

Banker, R. D., Byzalov, D., Chen, L., "Employment Protection Legislation, Adjustment Costs and Cross-Country Differences in Cost Behavior", *Journal of Accounting and Economics*, Vol. 55, No. 1, 2013.

Barbosa, N., Faria, A. P., "Innovation across Europe: How Important Are Institutional Differences?", *Research Policy*, Vol. 40, No. 9, 2011.

Baron, R. M., Kenny, D. A., "The Moderator-Mediator Variable Distinction in Social Psychological Research: Conceptual, Strategic, and Statistical Considerations", *Journal of Personality and Social Psychology*, Vol. 51, No. 6, 1986.

Bas, M., Strauss-Kahn, V., "Does Importing More Inputs Raise Exports? Firm-Level Evidence from France", *Review of World Economics*, Vol. 150, No. 2, 2014.

Bas, M., Strauss-Kahn, V., "Input-Trade Liberalization, Export Prices and Quality Upgrading", *Journal of International Economics*, Vol. 95, No. 2, 2015.

Bassanini, A., Garnero, A., "Dismissal Protection and Worker Flows in OECD Countries: Evidence from Cross-Country/Cross-Industry Data", *Labour Economics*, Vol. 21, 2013.

Bassanini, A., Nunziata, L., Venn, D., "Job Protection Legislation and Productivity Growth in OECD Countries", *Economic Policy*, Vol. 24, No. 58, 2009.

Becker, J., Elfstrom, M., Forum, I. L. R., "The Impact of China's Labor Contract Law on Workers", International Labor Rights Forum, 2010.

Beers, C. V., "Labor Standards and Trade Flows of OECD Countries", *The World Economy*, No. 97, 1998.

Belloc, M., "Do Labor Market Institutions Affect International Comparative Advantage? An Empirical Investigation", *Department of Economics University of Siena Working Papers*, 2004.

Belot, M., Boone, J., Ours, J. V., "Welfare-Improving Employment Protection", *Economica*, Vol. 74, No. 295, 2007.

Bernini, M., Guillou, S., Bellone, F., "Financial Leverage and Export Quality: Evidence from France", *Journal of Banking & Finance*, Vol. 59, 2015.

Bjuggren, C. M., "Employment Protection and Labor Productivity", *Journal of Public Economics*, Vol. 157, 2018.

Blaum, J., Lelarge, C., Peters, M., "The Gains from Input Trade in Firm-Based Models of Importing", *Nber Working Paper Series*, No. 21504, 2015.

Bøler, E. A., Moxnes, A., Ulltveit-Moe, K. H., "R&D, International Sourcing, and the Joint Impact on Firm Performance", *American Economic Review*, Vol. 105, No. 12, 2015.

Bloom, N., Eifert, B., Mahajan, A., Mckenzie, D., Roberts, J., "Does Management Matter? Evidence from India", *The Quarterly Journal of Economics*, Vol. 128, No. 1, 2013.

Bloom, N., Manova, K., Reenen, J. V., Sun, S. T., Yu, Z., "Managing Trade: Evidence from China and the US", *Nber Working Paper Series*, No. 24718, 2018.

Bombardini, M., Gallipoli, G., Pupato, G., "Skill Dispersion and Trade Flows", *American Economic Review*, Vol. 102, No. 5, 2012.

Bombardini, M., Gallipoli, G., Pupato, G., "Unobservable Skill Dispersion and Comparative Advantage", *Journal of International Economics*, Vol. 92, No. 2, 2014.

Boschma, R., Minondo, A., Navarro, M., "Related Variety and Regional Growth in Spain", *Papers in Regional Science*, Vol. 91, No. 2, 2012.

Botero, J. C., Djankov, S., Porta, R. L., Lopez-De-Silanes, F., Shleifer, A., "The Regulation of Labor", *Quarterly Journal of Economics*, Vol. 119, No. 4, 2004.

Bottasso, A., Conti, M., Sulis, G., "Firm Dynamics and Employment Protection: Evidence from Sectoral Data", *Labour Economics*, Vol. 48, 2017.

Bougheas, S., Riezman, R., "Trade and the Distribution of Human Capital", *Journal of International Economics*, Vol. 73, No. 2, 2007.

Brambilla, I., Porto, G. G., "High-Income Export Destinations, Quality and Wages", *Journal of International Economics*, Vol. 98, 2016.

Brandt, L., Biesebroeck, J. V., Zhang, Y., "Creative Accounting or Creative Destruction? Firm-Level Productivity Growth in Chinese Manufacturing", *Journal of Development Economics*, Vol. 97, No. 2, 2012.

Broda, C., Weinstein, D. E., "Globalization and the Gains from Variety", *The Quarterly Journal of Economics*, Vol. 121, No. 2, 2006.

Castellani, D., Fassio, C., "From New Imported Inputs to New Exported Products Firm-Level Evidence from Sweden", *Research Policy*, Vol. 48, No. 1, 2019.

Chadwick, C., Dabu, A., "Human Resources, Human Resource Management, and the Competitive Advantage of Firms: Toward a More Comprehensive Model of Causal Linkages", *Organization Science*, Vol. 20, No. 1, 2009.

Chen, N., Juvenal, L., "Quality, Trade, and Exchange Rate Pass-Through", *Journal of International Economics*, Vol. 100, No. 2016.

Cheng, Z., Nielsen, I., Smyth, R., Determinants of Wage Arrears and Implications for the Socio-Economic Wellbeing of China's Migrant Workers: Evidence from Guangdong Province, *Handbook of Chinese Migration: Identity and Wellbeing*, RRIredale, FGuo (Eds.), Cheltenham: Edward Elgar Publishing, 2015, pp. 105 – 125.

Chor, D., Manova, K., "Off the Cliff and Back? Credit Conditions and International Trade During the Global Financial Crisis", *Journal of International Economics*, Vol. 87, No. 1, 2012.

Cingano, F., Leonardi, M., Messina, J., Pica, G., Employment Protection Legislation, Productivity and Investment: Evidence from Italy EALE Conference, University of Torino, Italy, 2008.

Cingano, F., Leonardi, M., Messina, J., Pica, G., "The Effects of Employment Protection Legislation and Financial Market Imperfections on Investment: Evidence from a Firm-Level Panel of EU Countries", *Economic Policy*, Vol. 25, No. 61, 2010.

Colantone, I., Crinò, R., "New Imported Inputs, New Domestic Products", *Journal of International Economics*, Vol. 92, No. 1, 2014.

Costinot, A., "On the Origins of Comparative Advantage", *Journal of International Economics*, Vol. 77, No. 2, 2009.

Crozet, M., Head, K., Mayer, T., "Quality Sorting and Trade: Firm-Level Evidence for French Wine", *The Review of Economic Studies*, Vol. 79, No. 2, 2012.

Cuñat, A., Melitz, M. J., "Volatility, Labor Market Flexibility, and the Pattern of Comparative Advantage", *Journal of the European Economic Association*, Vol. 10, No. 2, 2012.

Damiani, M., Pompei, F., Ricci, A., "Temporary Employment Protection and Productivity Growth in EU Economies", *International Labour Review*, Vol. 155, No. 4, 2016.

Deakin, S., Lele, P., Siems, M., "The Evolution of Labour Law: Calibrating and Comparing Regulatory Regimes", *International Labour Review*, Vol. 146, No. 3 – 4, 2007.

Dolado, J. J., Ortigueira, S., Stucchi, R., "Does Dual Employment Protection Affect TFP? Evidence from Spanish Manufacturing Firms", *SERIEs*, Vol. 7, No. 4, 2016.

Dornbusch, R., Fischer, S., Samuelson, P. A., "Comparative Advantage, Trade, and Payments in a Ricardian Model with a Continuum of Goods", *The American Economic Review*, Vol. 67, No. 5, 1977.

Dougherty, S., Robles, V. C. F., Krishna, K., "Employment Protection Legislation and Plant-Level Productivity in India", *Nber Working Paper Series*, No. 17693, 2011.

Dutta, S., Narasimhan, O., Rajiv, S., "Conceptualizing and Measuring Capabilities: Methodology and Empirical Application", *Strategic Manage-*

ment Journal, Vol. 26, No. 3, 2005.

Engellandt, A., Riphahn, R. T., "Temporary Contracts and Employee Effort", *Labour Economics*, Vol. 12, No. 3, 2005.

Fan, H., Li, Y. A., Yeaple, S. R., "Trade Liberalization, Quality, and Export Prices", *The Review of Economics and Statistics*, Vol. 97, No. 5, 2015.

Faruq, H. A., "How Institutions Affect Export Quality", *Economic Systems*, Vol. 35, No. 4, 2011.

Feenstra, R. C., Romalis, J., "International Prices and Endogenous Quality", *The Quarterly Journal of Economics*, Vol. 129, No. 2, 2014.

Gao, Q., Yang, S., Li, S., "Social Insurance for Migrant Workers in China: Impact of the 2008 Labour Contract Law", *Economic and Political Studies*, Vol. 5, No. 3, 2017.

Glaeser, E. L., Kallal, H. D., Scheinkman, J. A., Shleifer, A., "Growth in Cities", *Journal of Political Economy*, Vol. 100, No. 6, 1992.

Grinza, E., Rycx, F., "The Impact of Sickness Absenteeism on Firm Productivity: New Evidence from Belgian Matched Employer-Employee Panel Data", *Industrial Relations: A Journal of Economy and Society*, Vol. 59, No. 1, 2020.

Grossman, G. M., Maggi, G., "Diversity and Trade", *American Economic Review*, Vol. 90, No. 5, 2000.

Grossman, G. M., Rossi-Hansberg, E., "Trading Tasks: A Simple Theory of Offshoring", *American Economic Review*, Vol. 98, No. 5, 2008.

Grossman, G. M., "The Distribution of Talent and the Pattern and Consequences of International Trade", *Journal of Political Economy*, Vol. 112, No. 1, 2015.

Gürtzgen, N., Hiesinger, K., "Dismissal Protection and Long-Term Sickness Absence: First Evidence from Germany", *ZEW-Discussion Papers*, 2020.

Hallak, J. C., "Product Quality and the Direction of Trade", *Journal of International Economics*, Vol. 68, No. 1, 2006.

Haltiwanger, J., Scarpetta, S., Schweiger, H., "Cross Country Differences in Job Reallocation: The Role of Industry, Firm Size and Regulations", *Labour Economics*, Vol. 26, 2014.

Hanson, G. H., "The Rise of Middle Kingdoms: Emerging Economies in Global Trade", *The Journal of Economic Perspectives*, Vol. 26, No. 2, 2012.

Hausmann, R., Hwang, J., Rodrik, D., "What You Export Matters", *Journal of Economic Growth*, Vol. 12, No. 1, 2007.

Head, K., Ries, J., "Increasing Returns Versus National Product Differentiation as an Explanation for the Pattern of U. S. -Canada Trade", *American Economic Review*, Vol. 91, No. 4, 2001.

Helpman, E., Itskhoki, O., "Labour Market Rigidities, Trade and Unemployment", *The Review of Economic Studies*, Vol. 77, No. 3, 2010.

Helpman, E., Melitz, M., Rubinstein, Y., "Estimating Trade Flows: Trading Partners and Trading Volumes", *The Quarterly Journal of Economics*, Vol. 123, No. 2, 2008.

Hicks, J. R., "Marginal Productivity and the Principle of Variation", *Economica*, No. 35, 1932.

Hidalgo, C. A., Hausmann, R., "The Building Blocks of Economic Complexity", *Proceedings of the National Academy of Sciences*, Vol. 106, No. 26, 2009.

Hidalgo, C. A., Klinger, B., Barabási, A. L., Hausmann, R., "The Product Space Conditions the Development of Nations", *Science*, Vol. 317, No. 5837, 2007.

Holmlund, B., "What Do Labor Market Institutions Do?", *Labour Economics*, Vol. 30, 2014.

Hopenhayn, H., Rogerson, R., "Job Turnover and Policy Evaluation: A General Equilibrium Analysis", *Journal of Political Economy*, Vol. 101, No. 5, 1993.

Hummels, D., Ishii, J., Yi, K. M., "The Nature and Growth of Vertical Specialization in World Trade", *Journal of International Economics*,

Vol. 54, No. 1, 2001.

Ichino, A., Riphahn, R. T., "Absenteeism and Employment Protection: Three Case Studies", *Swedish Economic Policy Review*, Vol. 11, 2004.

Ichino, A., Riphahn, R. T., "The Effect of Employment Protection on Worker Effort: Absenteeism During and after Probation", *Journal of the European Economic Association*, Vol. 3, No. 1, 2005.

Irmen, A., "Capital-and Labor-Saving Technical Change in an Aging Economy", *International Economic Review*, Vol. 58, No. 1, 2017.

Ji, L., Wei, S. J., "Learning from a Puzzle: When Can Stronger Labor Protection Improve Productivity", *Working Paper*, 2014.

Johnson, R. C., Noguera, G., "Accounting for Intermediates: Production Sharing and Trade in Value Added", *Journal of International Economics*, Vol. 86, No. 2, 2012.

Kee, H. L., Tang, H., "Domestic Value Added in Exports: Theory and Firm Evidence from China", *American Economic Review*, Vol. 106, No. 6, 2016.

Khandelwal, A., "The Long and Short (of) Quality Ladders", *Review of Economic Studies*, Vol. 4, No. 77, 2010.

Khandelwal, A. K., Schott, P. K., Wei, S. J., "Trade Liberalization and Embedded Institutional Reform: Evidence from Chinese Exporters", *American Economic Review*, Vol. 103, No. 6, 2013.

Koeniger, W., "Dismissal Costs and Innovation", *Economics Letters*, Vol. 88, No. 1, 2005.

Koopman, R., Wang, Z., Wei, S. J., "Estimating Domestic Content in Exports When Processing Trade Is Pervasive", *Journal of Development Economics*, Vol. 99, No. 1, 2012.

Koopman, R., Wang, Z., Wei, S. J., "Tracing Value-Added and Double Counting in Gross Exports", *American Economic Review*, Vol. 104, No. 2, 2014.

Krishna, P., Levchenko, A. A., "Comparative Advantage, Complexity, and Volatility", *Journal of Economic Behavior & Organization*, Vol. 94,

No. 2013.

Kugler, A. D. , Saint-Paul, G. , "How Do Firing Costs Affect Worker Flows in a World with Adverse Selection?", *Journal of Labor Economics*, Vol. 22, No. 3, 2004.

Kugler, M. , Verhoogen, E. , "Prices, Plant Size, and Product Quality", *The Review of Economic Studies*, Vol. 79, No. 1, 2012.

Lagos, R. , "A Model of TFP", *The Review of Economic Studies*, Vol. 73, No. 4, 2006.

Lall, S. , "The Technological Structure and Performance of Developing Country Manufactured Exports, 1985–98", *Oxford Development Studies*, Vol. 28, No. 3, 2000.

Lashitew, A. A. , "Employment Protection and Misallocation of Resources across Plants: International Evidence", *CESifo Economic Studies*, Vol. 62, No. 3, 2015.

Levchenko, A. A. , "Institutional Quality and International Trade", *The Review of Economic Studies*, Vol. 74, No. 3, 2007.

Levchenko, A. A. , "International Trade and Institutional Change", *The Journal of Law, Economics, and Organization*, Vol. 29, No. 5, 2013.

Levinsohn, J. , Petrin, A. , "Estimating Production Functions Using Inputs to Control for Unobservables", *The Review of Economic Studies*, Vol. 70, No. 2, 2003.

Li, X. , Freeman, R. B. , "How Does China's New Labour Contract Law Affect Floating Workers?", *British Journal of Industrial Relations*, Vol. 53, No. 4, 2015.

Loderer, C. , Waelchli, U. , Zeller, J. , "Employment Protection and Investment Opportunities", *ECGI-Finance Working Paper*, 2016.

Loecker, J. D. , Warzynski, F. , "Markups and Firm-Level Export Status", *American Economic Review*, Vol. 102, No. 6, 2012.

Macleod, W. B. , Nakavachara, V. , "Can Wrongful Discharge Law Enhance Employment?", *Economic Journal*, Vol. 117, No. 521, 2007.

Mainar, I. G. , Green, C. P. , Paniagua, M. N. , "The Effect of Permanent Employment on Absenteeism: Evidence from Labor Reform in Spain", *ILR Review*, Vol. 71, No. 2, 2018.

Manova, K. , Yu, Z. , "Multi-Product Firms and Product Quality", *Journal of International Economics*, Vol. 109, 2017.

Manso, G. , "Motivating Innovation", *The Journal of Finance*, Vol. 66, No. 5, 2011.

Mayer, K. J. , Somaya, D. , Williamson, I. O. , "Firm-Specific, Industry-Specific, and Occupational Human Capital and the Sourcing of Knowledge Work", *Organization Science*, Vol. 23, No. 5, 2012.

Melitz, M. J. , Ottaviano, G. I. P. , "Market Size, Trade, and Productivity", *The Review of Economic Studies*, Vol. 75, No. 1, 2008.

Melitz, M. J. , Polanec, S. , "Dynamic Olley-Pakes Productivity Decomposition with Entry and Exit", *Rand Journal of Economics*, Vol. 46, No. 2, 2015.

Michaely, M. , *Trade, Income Levels, and Dependence*, Amsterdam: North-Holland, 1984, p. 55.

Mukoyama, T. , Osotimehin, S. , "Barriers to Reallocation and Economic Growth: The Effects of Firing Costs", *American Economic Journal: Macroeconomics*, Vol. 11, No. 4, 2019.

Murphy, G. , Siedschlag, I. , Mcquinn, J. , "Employment Protection and Innovation Intensity", *ESRI Working Paper*, No. 445, 2012.

Ni, X. , Zhu, Y. , "The Bright Side of Labor Protection in Emerging Markets: The Case of Firm Transparency", *Pacific-Basin Finance Journal*, Vol. 50, 2018.

Nunn, N. , "Relationship-Specificity, Incomplete Contracts, and the Pattern of Trade", *Quarterly Journal of Economics*, Vol. 122, No. 2, 2007.

Nunn, N. , Trefler, D. , "Domestic Institutions as a Source of Comparative Advantage", *Handbook of International Economics*, Vol. 4, 2014.

Okudaira, H. , Takizawa, M. , Tsuru, K. , "Employment Protection and Productivity: Evidence from Firm-Level Panel Data in Japan", *Applied Economics*, *Vol.* 45, No. 15, 2013.

Olley, G. S. , Pakes, A. , "The Dynamics of Productivity in the Telecommunications Equipment Industry", *Econometrica*, Vol. 4, No. 6, 1996.

Olsson, M. , "Employment Protection and Sickness Absence", *Labour Economics*, Vol. 16, No. 2, 2009.

Pagés, C. , Micco, A. , "The Economic Effects of Employment Protection: Evidence from International Industry-Level Data", *Bank IDB Publications Working Papers*, No. 1095, 2010.

Pissarides, C. A. , "Policy Influences on Unemployment: The European Experience", *Scottish Journal of Political Economy*, Vol. 46, No. 4, 1999.

Piveteau, P. , Smagghue, G. , "Estimating Firm Product Quality Using Trade Data", *Journal of International Economics*, Vol. 118, 2019.

Porta, R. L. , Lopez-De-Silanes, F. , Shleifer, A. , "The Economic Consequences of Legal Origins", *Journal of Economic Literature*, Vol. 46, No. 2, 2008.

Poschke, M. , "Employment Protection, Firm Selection, and Growth", *Journal of Monetary Economics*, Vol. 56, No. 8, 2009.

Qiu, L. D. , Yu, M. , "Export Scope, Managerial Efficiency, and Trade Liberalization: Evidence from Chinese Firms", *Journal of Economic Behavior & Organization*, Vol. 177, No. 9, 2020.

Radulescu, R. , Robson, M. , "Does Strict Employment Protection Legislation Influence the Rate of Workplace Accidents?", *The Manchester School*, Vol. 88, No. 1, 2020.

Rajan, R. G. , Zingales, L. , "Financial Dependence and Growth", *The American Economic Review*, Vol. 88, No. 3, 1998.

Rauch, J. E. , "Networks Versus Markets in International Trade", *Journal of International Economics*, Vol. 48, No. 1, 1999.

Riphahn, R. T. , "Employment Protection and Effort among German Employees", *Economics Letters*, Vol. 85, No. 3, 2004.

Rodrìguez-López, J. A. , "Prices and Exchange Rates: A Theory of Disconnect", *The Review of Economic Studies*, Vol. 78, No. 3, 2011.

Rodrik, D. , "What's So Special About China's Exports?", *China & World Economy*, Vol. 14, No. 5, 2006.

Rosenbaum, P. R. , Rubin, D. B. , "Constructing a Control Group Using Multivariate Matched Sampling Methods that Incorporate the Propensity Score", *The American Statistician*, Vol. 39, No. 1, 1985.

Roy, J. , "The Effect of Employment Protection Legislation on International Trade", *Economic Modelling*, Vol. 94, No. 2021.

Saint-Paul, G. , "Employment Protection, International Specialization, and Innovation", *European Economic Review*, Vol. 46, No. 2, 2002.

Schott, P. K. , "Across-Product Versus within-Product Specialization in International Trade", *The Quarterly Journal of Economics*, Vol. 119, No. 2, 2004.

Schott, P. K. , "The Relative Sophistication of Chinese Exports", *Economic Policy*, Vol. 23, No. 53, 2008.

Serfling, M. , "Firing Costs and Capital Structure Decisions", *The Journal of Finance*, Vol. 71, No. 5, 2016.

Shi, B. , "Extensive Margin, Quantity and Price in China's Export Growth", *China Economic Review*, Vol. 22, No. 2, 2011.

Silva, J. M. C. S. , Tenreyro, S. , "The Log of Gravity", *The Review of Economics and Statistics*, Vol. 88, No. 4, 2006.

Syverson, C. , "Product Substitutability and Productivity Dispersion", *Review of Economics and Statistics*, Vol. 86, No. 2, 2004.

Tacchella, A. , Cristelli, M. , Caldarelli, G. , Gabrielli, A. , Pietronero, L. , "Economic Complexity: Conceptual Grounding of a New Metrics for Global Competitiveness", *Journal of Economic Dynamics and Control*, Vol. 37, No. 8, 2013.

Tang, H. , "Labor Market Institutions, Firm-Specific Skills, and Trade Patterns", *Journal of International Economics*, Vol. 87, No. 2, 2012.

Upward, R., Wang, Z., Zheng, J., "Weighing China's Export Basket: The Domestic Content and Technology Intensity of Chinese Exports", *Journal of Comparative Economics*, Vol. 41, No. 2, 2013.

Vergeer, R., Kleinknecht, A., "Do Labour Market Reforms Reduce Labour Productivity Growth? A Panel Data Analysis of 20 OECD Countries (1960 – 2004)", *International Labour Review*, Vol. 153, No. 3, 2014.

Vergeer, R., Kleinknecht, A., "Jobs Versus Productivity? The Causal Link from Wages to Labour Productivity Growth", *TU Delft Innovation Systems Discussion Papers*, 2007.

Vig, V., "Access to Collateral and Corporate Debt Structure: Evidence from a Natural Experiment", *The Journal of Finance*, Vol. 68, No. 3, 2013.

Voudouris, I., Deligianni, I., Lioukas, S., "Labor Flexibility and Innovation in New Ventures", *Industrial and Corporate Change*, Vol. 26, No. 5, 2017.

Wang, H. C., He, J., Mahoney, J. T., "Firm-Specific Knowledge Resources and Competitive Advantage: The Roles of Economic-and Relationship-Based Employee Governance Mechanisms", *Strategic Management Journal*, Vol. 30, No. 12, 2009.

Wang, Z., Wei, S. J., Yu, X., Zhu, K., "Characterizing Global Value Chains: Production Length and Upstreamness", *Nber Working Paper Series*, No. 23261, 2017.

Wang, Z., Wei, S. J., Zhu, K., "Quantifying International Production Sharing at the Bilateral and Sector Levels", *Nber Working Paper Series*, No. 19677, 2013.

Wasmer, E., "General Versus Specific Skills in Labor Markets with Search Frictions and Firing Costs", *The American Economic Review*, Vol. 96, No. 3, 2006.

Weng, D. H., Peng, M. W., "Home Bitter Home: How Labor Protection Influences Firm Offshoring", *Journal of World Business*, Vol. 53, No. 5, 2018.

Wiel, K. V. D., "Better Protected, Better Paid: Evidence on How Employment

Protection Affects Wages", *Labour Economics*, Vol. 17, No. 1, 2010.

Wu, Y., "State R&D Tax Credits and High-Technology Establishments", *Economic Development Quarterly*, Vol. 22, No. 2, 2008.

Xu, B., Lu, J., "Foreign Direct Investment, Processing Trade, and the Sophistication of China's Exports", *China Economic Review*, Vol. 20, No. 3, 2009.

Yu, M., "Processing Trade, Tariff Reductions and Firm Productivity: Evidence from Chinese Firms", *The Economic Journal*, Vol. 125, No. 585, 2015.

Zhou, H., Dekker, R., Kleinknecht, A., "Flexible Labor and Innovation Performance: Evidence from Longitudinal Firm-Level Data", *Industrial and Corporate Change*, Vol. 20, No. 3, 2011.

图书在版编目（CIP）数据

劳动保护推动中国制造业出口转型升级研究／李波
著. -- 北京：社会科学文献出版社，2024.5
ISBN 978 - 7 - 5228 - 3512 - 9

Ⅰ.①劳…　Ⅱ.①李…　Ⅲ.①劳动保护 - 影响 - 制造
工业 - 出口贸易 - 研究 - 中国　Ⅳ.①F426.4

中国国家版本馆 CIP 数据核字（2024）第 080144 号

劳动保护推动中国制造业出口转型升级研究

著　　者／李　波

出 版 人／冀祥德
责任编辑／仇　扬
文稿编辑／郭晓彬
责任印制／王京美

出　　版／社会科学文献出版社·文化传媒分社（010）59367004
　　　　　　地址：北京市北三环中路甲 29 号院华龙大厦　邮编：100029
　　　　　　网址：www. ssap. com. cn
发　　行／社会科学文献出版社（010）59367028
印　　装／三河市尚艺印装有限公司

规　　格／开本：787mm × 1092mm　1/16
　　　　　　印张：20.75　字数：328 千字
版　　次／2024 年 5 月第 1 版　2024 年 5 月第 1 次印刷
书　　号／ISBN 978 - 7 - 5228 - 3512 - 9
定　　价／98.00 元

读者服务电话：4008918866